I0796369

neukirchener
theologie

Die Botschaft des Neuen Testaments

Herausgegeben von Walter Klaiber

Walter Klaiber
Der zweite Korintherbrief

Neukirchener Theologie

Walter Klaiber

Der zweite Korintherbrief

2012

Neukirchener Theologie

Dieses Buch wurde auf FSC-zertifiziertem Papier gedruckt. FSC (Forest Stewardship Council) ist eine nichtstaatliche, gemeinnützige Organisation, die sich für eine ökologische und sozialverantwortliche Nutzung der Wälder unserer Erde einsetzt.

Bibliografische Information der Deutschen Nationalbibliothek

Die Deutsche Nationalbibliothek verzeichnet diese Publikation in der Deutschen Nationalbibliografie; detaillierte bibliografische Daten sind im Internet über http://dnb.d-nb.de abrufbar.

Umschlaggestaltung: Andreas Sonnhüter, Wuppertal
Lektorat: Volker Hampel, Neukirchen-Vluyn
DTP: Volker Hampel, Neukirchen-Vluyn
Gesamtherstellung: Hubert & Co., Göttingen
Printed in Germany
ISBN 978-3-7887-2576-1 (Print)
ISBN 978-3-7887-2608-9 (eBook-PDF)
www.neukirchener-verlage.de

Vorwort

»Meine Kraft ist in den Schwachen mächtig.« Dieses Wort des erhöhten Christus an den Apostel Paulus aus 2. Korinther 12,9 gehört zu den bekanntesten Aussagen dieses Briefs. Für 2012 ist es als Jahreslosung ausgewählt worden. Immer wieder hat es zu Menschen gesprochen und sie ermutigt oder getröstet. Nur: Wie ist es zu verstehen? Schon die Übersetzungen weisen erhebliche Unterschiede auf. Und noch wichtiger ist die Frage: Gilt es allen, die es lesen, oder ist es eine ganz spezielle Zusage für Paulus?

Liest man den ganzen Brief, stellt man bald fest, dass es darin nicht nur um das persönliche Ergehen des Paulus geht, sondern vor allem um seine Autorität als Apostel. Seine Vollmacht wird massiv infrage gestellt. Es geht also auch um Macht in der Kirche. Paulus selbst aber versucht, die Gemeinde »kraft der Sanftmut und Milde Christi« zu ermahnen und auf den rechten Weg zu bringen (10,1)! Geht das? Kann man so eine Kirche leiten? Oder ist Paulus sehr viel raffinierter, als es auf den ersten Blick den Anschein hat, und setzt die »Schwachheit als Waffe« ein, wie es ein kritischer Ausleger formuliert hat?

Dieses Ineinander verschiedener Fragen macht die Lektüre des 2. Korintherbriefs so spannend. Das persönliche Ergehen des Paulus und die Frage nach vollmächtiger Verkündigung und Autorität in der Leitung von Kirche und Gemeinde sind eng miteinander verflochten und verbinden sich mit der grundsätzlichen Frage nach dem Wesen des Evangeliums. Dass dazu auch noch zwei ganze Kapitel von kirchlicher Partnerschaft und Bereitschaft zum ökumenischen Teilen handeln, erhöht die Aktualität des Briefs.

Für jemand, der sechzehn Jahre lang als Bischof versucht hat, Kirche durch die Verkündigung des Wortes vom Kreuz und unter Berufung auf die »Sanftmut und Milde Christi« zu leiten, stellt es eine besondere Herausforderung dar, dem nachzuspüren, wie es Paulus damit ergangen ist. Auch heute wird der Ruf nach vollmächtiger Verkündigung und einer starken Führung laut, was sich aber oft eigentümlich mit der Berufung auf christliche Freiheit und auf die Notwendigkeit eigener, selbst verantworteter Entscheidung mischt.

Unsere Auslegung des 2. Korintherbriefs will deshalb erkunden, wie es Paulus gelungen ist, in dieser Spannung zu leben, und zwar nicht nur als Apostel und Amtsträger, sondern eben auch als einer, der dieses Spannungsfeld mit seiner ganzen Person durchlitten hat. So gibt es wenige Stellen im Neuen Testament, an denen die Frage, wie ein Christ mit einer chronischen Krankheit oder Behinderung umgehen kann, so hilfreich behandelt wird wie hier.
Der Brief gibt auch einige historische Probleme auf: Was war genau die Situation, auf die Paulus reagiert? Mit welchen Gegnern hatte er zu tun? Ist der Brief aus einem Guss oder aus einer ganzen Korrespondenz zusammengefügt? Auch diese Fragen, die in der Auslegung des Schreibens immer wieder aufgegriffen und recht unterschiedlich beantwortet werden, sollen uns in unserer Auslegung beschäftigen. Aber sie werden nicht im Mittelpunkt stehen. Im Zentrum steht die Frage: Welche Botschaft hat der Apostel auch in schwierigen Auseinandersetzungen für seine Gemeinde und – möglicherweise – auch für uns?
Ich freue mich über die sehr freundliche Aufnahme, die die bisherigen Auslegungen in dieser Reihe bei Leser und Leserinnen und in den veröffentlichten Rezensionen erfahren haben. Ich bin dankbar, dass nun auch dieser Band pünktlich erscheinen kann, und hoffe, dass er vielen hilft, die nicht immer einfachen Aussagen des Paulus in diesem Brief besser zu verstehen.
Auch diesmal danke ich meiner Frau für die kritische Durchsicht des Manuskripts und Herrn Dr. Volker Hampel für die sorgfältige Lektorierung und die Erstellung der Druckvorlage.
Der teilweise sehr kämpferische Brief schließt mit einem Segen, der im Leben der Kirche zum wichtigsten neutestamentlichen Segenswort geworden ist. Diesen Segenswunsch möchte ich der Auslegung dieses Briefs voranstellen: »Die Gnade des Herrn Jesus Christus und die Liebe Gottes und die Gemeinschaft des Heiligen Geistes sei mit euch allen« (2Kor 13,13).

Tübingen, 22. Februar 2012 Walter Klaiber

Inhalt

Vorwort 5

Einleitung 9

Die Auslegung 13

1,1–2 Der Briefkopf 13

1,3–11 Lobpreis und Dank für erfahrene Errettung 19

1,12–14 Der Anlass des Briefs: Fragen zum Dienst des Apostels 27

I

1,15 - 7,16 Der apostolische Dienst im Grundsatz und in der Praxis 33

1,15 – 2,11 *Das umstrittene Verhalten des Apostels* 33

1,15–22 Die Zuverlässigkeit des Apostels und die Zuverlässigkeit Gottes 34

1,23 – 2,11 Gründe für das Verhalten des Apostels 42

2,12 – 7,3 *Das Wesen des apostolischen Dienstes* 51

2,12 – 4,6 *Die apostolische Verkündigung: schöpferische Offenbarung der Herrlichkeit* 52

2,12 – 3,6 *Gewicht und Bedeutung des apostolischen Dienstes* 53

2,12–17 Die Verkündigung des Evangeliums als Triumphzug Christi 53

3,1–6 Die Gemeinde als Brief Christi 60

3,7–18 Die Herrlichkeit des neuen Bundes 68

4,1–6 Die Wirkung der apostolischen Verkündigung 81

4,7 – 5,10 *Die apostolische Existenz: Leben in Leiden und Hoffnung* 88

4,7–15 Der Schatz in tönernen Gefäßen 88

4,16 – 5,10 Gegenwärtige Niedrigkeit und zukünftige Herrlichkeit 96

5,11 – 6,10 *Der apostolische Auftrag: Der Dienst der Versöhnung* 110

5,11 – 6,2 Botschafter an Christi statt 110

6,3–10 Die Botschaft prägt den Boten 132

6,11 – 7,3 Ein Platz in den Herzen der Korinther 140
7,4–16 Die Freude über die erneuerte Gemeinschaft ... 150

II
8,1 - 9,15 Die Geldsammlung für Jerusalem 159
8,1–15 Von der Gnade des Gebens 159
8,16–24 Verantwortlicher Umgang mit Spendengeldern 167
9,1–5 Vorbereitungen für den Abschluss der Sammlung 170
9,6–15 Vom Segen der Freigiebigkeit 173

III
10,1 - 13,13 Das Ringen um die Gemeinde 183
10,1–18 *Die Frage nach der Vollmacht des Apostels* 184
10,1–11 Der Vorwurf eines schwächlichen Auftretens .. 184
10,12–18 Der rechte Maßstab für die missionarische Arbeit 193
11,1 – 12,10 *Die Rede eines »Narren« und die Kraft der Gnade* 197
11,1–15 *Der Ernst der Lage* 198
11,1–4 Die Sorge des Apostels um die Gemeinde 198
11,5–15 Die wahre Natur der Gegner 202
11,16 – 12,10 *Das Selbstlob des Paulus* 209
11,16–33 Der Ruhm des wahren Apostels 209
12,1–10 Das Lob der Schwachheit 224
12,11 – 13,10 *Eine Perspektive für die Zukunft* 234
12,11–18 Unhaltbare Vorwürfe gegen Paulus 235
12,19 – 13,10 Die wirklichen Probleme erkennen 241
13,11–13 Der Briefschluss 252

Die Botschaft des 2. Korintherbriefs – eine Zusammenfassung . 259
I. Die Schwierigkeiten in Korinth 259
II. Die Botschaft des Paulus 265
III. Die Botschaft heute 274

Weiterführende Literatur 279
Abkürzungen 281
Register wichtiger Begriffe 285

Einleitung

Der zweite Brief des Paulus an die Gemeinde in Korinth ist sicher der persönlichste Brief von ihm, den wir kennen. Nirgends steht sein persönliches Ergehen und Erleiden so sehr im Mittelpunkt wie in diesem Brief. Dennoch geht es nicht um ihn persönlich, sondern um seine Aufgabe und sein Amt als Apostel, um die Frage, woran man echte Autorität erkennt und wie solche Autorität in Kirche und Gemeinde ausgeübt wird. Es ist also zugleich ein durch und durch kirchlicher Brief, in dem es um Amt und Apostolizität geht. Aber weil dies so stark mit dem persönlichen Ergehen des Paulus, mit seinen Schwierigkeiten und seiner Krankheit verknüpft ist, spricht dieser Brief auch Fragen an, die das Leben jedes Christen und jeder Christin betreffen.

Über die Situation, in der dieser Brief entstand, sind wir einigermaßen unterrichtet. Paulus schrieb ihn während eines Aufenthalts in Mazedonien, vermutlich in Philippi oder Thessalonich, im Verlauf einer Reise, die ihn bald auch nach Korinth führen sollte. Die Reisepläne, die er im 1. Korintherbrief mitgeteilt hatte (16,5–9), hatte er aus verschiedenen Gründen nicht wie geplant durchführen können. Er war länger als beabsichtigt in Ephesus geblieben, wo er gegen Ende seines Aufenthalts auch eine sehr gefährliche Situation zu überstehen hatte (1,8–11).

Aus dem 2. Korintherbrief selbst erfahren wir, dass Paulus von Ephesus aus schon einmal kurzfristig nach Korinth gereist war, um dort schwierige Dinge zu regeln. Bei diesem Besuch wurde er von einem Gemeindeglied angegriffen und beleidigt. Da sich die Gemeinde nicht entschlossen auf seine Seite stellte, musste er unverrichteter Dinge wieder abreisen (2,1.5). Nach der Rückkehr schrieb er einen scharfen Brief nach Korinth, in dem er die Gemeinde aufforderte, die Person, die ihn beleidigt hatte, zurechtzuweisen (2,6; vgl. 7,12). Da Paulus sagt, er habe ihn unter Tränen geschrieben (2,4), wird er »Tränenbrief« genannt. Mit diesem Brief schickt Paulus seinen engen Mitarbeiter Titus nach Korinth, um die Angelegenheit zu bereinigen. Er wartet aber nicht in Ephesus, bis er wieder zurückkommt, sondern reist ihm entgegen, zunächst bis Troas (2,12f) und, als er ihn dort nicht antrifft, nach kurzer mis-

sionarischer Tätigkeit weiter nach Mazedonien (2,13). Dort trifft Titus endlich ein und berichtet von dem guten Ausgang seiner Mission und der Bereitschaft der Korinther, sich mit Paulus zu versöhnen (7,6f). In dieser Situation schreibt Paulus den 2. Korintherbrief, wohl ziemlich genau ein Jahr nach dem 1. Korintherbrief, also im Frühjahr 55 oder 56 n.Chr.
Allerdings gibt es erhebliche Zweifel daran, ob der ganze Brief, wie wir ihn jetzt vor uns haben, zu dem Schreiben gehört, das in dieser versöhnlichen Stimmung abgeschickt worden war. Die Kap. 10–13 scheinen aus einer völlig anderen Situation heraus geschrieben. Paulus steht plötzlich wieder in einer heftigen Auseinandersetzung mit der Gemeinde. Wie ist dieser Stimmungsumschwung zu erklären? Hatte Paulus plötzlich neue Nachrichten erhalten? Aber warum erwähnt er das nicht? Darum nehmen viele Ausleger an, die Kap. 10–13 seien der Hauptteil eines ursprünglich selbständigen Briefs, der später hinzugefügt wurde. Wann wurde dieser Brief geschrieben? Dafür gibt es drei Vorschläge:
1. Viele halten ihn für einen Teil des »Tränenbriefs«. Dafür spricht der heftige Ton der Auseinandersetzung. Dagegen steht allerdings die Tatsache, dass gerade der Vorfall nicht erwähnt wird, um den es in diesem Brief nach 2,1–5; 7,12 in der Hauptsache ging. Die Vertreter dieses Vorschlags nehmen an, dass dieser Teil nach Beilegung des Konflikts weggelassen wurde.
2. Weil im Mittelpunkt von 10–13 vor allem die Auseinandersetzung mit Gegnern des Paulus steht, die in Korinth aufgetaucht sind (vgl. auch 3,1), nehmen andere an, es handle sich um einen weiteren Brief, der kurz nach dem Tränenbrief geschrieben wurde.
3. Da es aber auch Hinweise auf eine etwas spätere Entstehung dieses Schreibens gibt, wird neuerdings nicht selten vermutet, die Kap. 10–13 seien erst einige Zeit nach den Kap. 1–9 geschrieben und versandt worden, nachdem neue Nachrichten aus Korinth eingetroffen waren.
Wir lassen diese Fragen zunächst offen.
Hat man sich einmal für die Überlegung geöffnet, der 2. Korintherbrief könne nicht aus einem Guss sein, entdeckt man auch noch andere Hinweise darauf, dass er aus mehreren Teilen zusammengefügt worden sein könnte. Die doppelte Behandlung der Geldsammlung für Jerusalem in Kap. 8 und 9 lässt daran denken, dass Kap. 9, vielleicht auch beide Kapitel, ursprünglich selbständige »Kollektenbriefe« waren, die später mit dem »Versöhnungsbrief« (1–7) verbunden wurden. Aber auch dieser Brief scheint nicht einheitlich zu sein. Schon früh fiel auf, dass der enge Zusammenhang zwischen 2,13 und 7,15 durch einen umfangreichen Briefteil unterbrochen wurde, der ein eigenständiges Thema, nämlich den Dienst

des Apostels, behandelt. War auch dies ein ursprünglich selbständiger »Verteidigungsbrief«, der vor oder kurz nach dem Tränenbrief geschrieben worden war und später in den Versöhnungsbrief eingefügt wurde?
Die Forschung ist in den letzten Jahrzehnten zu unterschiedlichen Ergebnissen im Blick auf diese Fragen gekommen. Galt es lange Zeit in der historisch-kritischen Forschung als ausgemacht, dass der Brief aus mindestens vier ursprünglichen Einzelbriefen zusammengesetzt worden sei, geht man in den letzten Jahren wieder eher von seiner Einheitlichkeit aus. Nur die Einordnung der Kap. 10–13 wird immer noch kontrovers diskutiert.
Wir legen unserer Auslegung den ganzen Brief zugrunde, wie er von Anfang an durch die Handschriften, die wir kennen, überliefert worden ist. Wir werden aber im Verauf der Auslegung an den entsprechenden »Nahtstellen« zwischen den vermuteten unterschiedlichen Briefteilen diese Fragen noch einmal aufnehmen und ihre Bedeutung für das Verständnis des Briefs berücksichtigen.
Zwei wichtige Feststellungen können schon hier gemacht werden:
1. Alle Teile des Briefs sind von Paulus selbst verfasst worden. (Über eine mögliche Ausnahme, nämlich 6,14 – 7,1, werden wir an der entsprechenden Stelle sprechen.)
2. Alle Teile des Briefs ringen, wenn auch in unterschiedlicher Weise, um die Frage nach der Autorität der Verkündigung und des Dienstes des Paulus. Das könnte man auf den ersten Blick als ein Problem der Vergangenheit abtun. Die Art, wie Paulus diese Frage behandelt, zeigt aber, dass es um eine sehr viel grundsätzlichere Fragestellung geht: Wie begründet sich Autorität aus dem Evangelium und wie verhalten sich die Erfordernisse einer kraftvollen und vollmächtigen Kirchen- und Gemeindeleitung zu den Grundsätzen einer Theologie des Kreuzes? Das sind Fragen, die bis heute aktuell und brisant sind.

Die Auslegung

1,1–2
Der Briefkopf

1 [1]Paulus, Apostel Christi Jesu durch Gottes Willen, und Timotheus, der Bruder,
an die Gemeinde Gottes, die sich in Korinth befindet, (zusammen) mit allen Heiligen, die in ganz Achaia sind:
[2]Gnade (sei mit) euch und Friede von Gott, unserem Vater, und dem Herrn Jesus Christus.

Wie in jedem der paulinischen Briefe steht am Anfang des 2. Korintherbriefs ein Briefkopf, der Absender und Adressaten nennt und das Schreiben mit einem förmlichen Gruß beginnt. Paulus folgt damit den in der Antike für Briefe üblichen Regeln. Die für Briefe in griechischer Sprache verwendete »Normalform« findet sich in Apg 23,26: »Klaudius Lysias dem edlen Statthalter Felix: Zum Gruß!« (vgl. Apg 15,23; Jak 1,1). An die Stelle der Formel *zum Gruß* tritt in jüdischen Briefen oft das Wort *Friede*. Wie bei einer persönlichen Begegnung steht auch im Brief der Friedensgruß am Anfang. Paulus hat aus diesen Vorgaben eine Grundform des Briefkopfs entwickelt, die er in allen seinen Briefen verwendet. Wir finden sie am klarsten in 1Thess 1,1:

Paulus und Silvanus und Timotheus
an die Gemeinde in Thessalonich,
die in Gott, dem Vater, und im Herrn Jesus Christus lebt:
Gnade (sei mit) euch und Friede.

Die drei Elemente des Briefkopfs sind klar zu erkennen. *Absender* (hier Paulus, Silvanus und Timotheus), *Adressatin* (hier die Gemeinde in Thessalonich, charakterisiert durch einen Nebensatz) und *Gruß* (wie immer bei Paulus der Friedensgruß, dem ein Zuspruch der Gnade vorausgeht). Dieser Grundform folgt Paulus im Wesentlichen auch im 2. Korintherbrief, erweitert sie aber, anders als im 1. Korinther- oder Römerbrief, kaum.

Als *Absender* nennt er zunächst seinen Namen. Das ist in seinen Briefen immer *Paulus,* obwohl nach dem Bericht der Apostelgeschichte sein jüdischer Geburtsname Saulus war (Apg 7,58, wohl eine Anspielung auf seine Herkunft aus dem Stamm Benjamin, vgl. Phil 3,5). Im griechisch-lateinischen Sprachbereich aber benutzt er den Namen *Paulus,* und zwar nicht erst seit seiner Bekehrung (Apg 13,9).

Zum Namen tritt eine Art »amtlicher« Absenderangabe, die Funktion und Vollmacht nennt, in der Paulus den Brief sendet. Er schreibt ihn als *Apostel Christi Jesu.* Diese Erweiterung findet sich auch in Röm 1,1; 1Kor 1,1 und Gal 1,1, also den Briefen, in denen es unter anderem auch um die geistliche Autorität des Paulus geht. Das griechische Wort *apostolos* bedeutet ins Deutsche übersetzt: *Gesandter.* Aber in der Antike wurde es im politisch-diplomatischen Bereich nicht in dieser Bedeutung verwendet. Die frühe Christenheit hat das eher seltene Wort aufgegriffen und damit Menschen bezeichnet, die in der Gemeinde Christi mit einer wichtigen Aufgabe betraut waren. Gelegentlich sind es Abgesandte von Gemeinden, die *Apostel* genannt werden (2Kor 8,23; Phil 2,25). Aber wenn Paulus sich als *Apostel Christi Jesu* bezeichnet, reiht er sich in die Gruppe der Apostel ein, die von Jesus Christus selbst zu einem besonderen Dienst berufen und gesandt wurden. Diese Auffassung von besonders beauftragten Gesandten Jesu Christi knüpft an die alttestamentliche Vorstellung an, dass Gott bestimmte Menschen sendet und beauftragt, in seinem Auftrag zu reden (Jes 6,8f). In diesem Sinn sagt Jesus zu seinen Jüngern: »Wer euch hört, hört mich« (Lk 10,16). Im Hintergrund dieser Sendungstheologie mag auch der jüdische Rechtssatz stehen, dass der Abgesandte eines Menschen diesen rechtsgültig vertritt.

Obwohl Paulus nicht zum Kreis der ersten Jünger Jesu gehörte, beansprucht er, ein von Jesus Christus beauftragter Apostel zu sein. Denn ihm ist wie den anderen Aposteln der Auferstandene begegnet (1Kor 9,1; 15,7–9) und hat ihn berufen, vor allem den nichtjüdischen Menschen das Evangelium zu verkündigen (Gal 1,1.15–17). Er sieht sich darum als Apostel der »Völker«, also der nichtjüdischen »Heiden« (vgl. Röm 1,5; 11,13; Gal 2,7). Er weiß, dass dieser Anspruch umstritten ist. In der Apostelgeschichte gelten nur die Zwölf, die Jesus von Anfang an begleitet haben, als wirkliche Apostel (Lk 6,13; Apg 1,15–26; anders 14,14). Paulus dagegen zählt sich zu den vom auferstandenen Christus selbst berufenen und mit der grundlegenden Verkündigung des Evangeliums betrauten Aposteln. Diese Gruppe ist größer als der Kreis der Zwölf; aber Paulus geht davon aus, dass er der Letzte war, der zu dieser Aufgabe berufen wurde (1Kor 15,7–9). Dennoch ist er

überzeugt, dass er die gleiche Autorität und Vollmacht verliehen bekommen hat wie die Apostel, die vor ihm berufen wurden. Das unterstreicht der Zusatz *durch den Willen Gottes*. Paulus wusste sich von Gott zum Apostel berufen. (Anders als in 1Kor 1,1 fehlt das Wort »berufen«, was aber keine besondere Bedeutung haben dürfte.) Dass er das Evangelium verkündigte und wie er das tat, entsprang nicht seinem eigenen Entschluss und nicht einer Beauftragung durch Menschen, sondern entsprach dem Willen Gottes (Gal 1,1). Ohne diese Gewissheit hätte er seine nicht immer einfache Mission nicht erfüllen können. Er schreibt an die Gemeinde als *Apostel Christi Jesu durch Gottes Willen*, und dies signalisiert ihr, dass er sie als Gesandter Jesu Christi und als Bote des Evangeliums ansprechen möchte.
Auch die in der Antike ungewöhnliche Erwähnung eines Mitabsenders zeigt, dass der Brief nicht als privates Schreiben gedacht ist. Paulus nennt hier Timotheus, der auch sonst oft als Absender erwähnt wird (Phil 1,1; Phlm 1; in 1Thess 1,1 zusammen mit Silvanus).

Timotheus war einer der engsten Mitarbeiter des Paulus. Er ist durch die Verkündigung des Paulus zum Glauben gekommen (1Kor 4,17: *mein Sohn im Herrn*); nach Apg 16,1–3 stammt er aus Lystra in Lykaonien, einer Landschaft in Kleinasien, und war der Sohn eines griechischen Vaters und einer judenchristlichen Mutter. Deutlich jünger als Paulus begleitet er diesen seit der zweiten Missionsreise als Mitarbeiter. Paulus betont immer wieder, wie sehr er ihm vertraut (Phil 2,19–22), und hält durch ihn die Verbindung zu seinen Gemeinden während seiner eigenen Abwesenheit aufrecht (1Thess 3,2). Nachdem Paulus zunächst allein mit der Verkündigung in Korinth begonnen hatte, kamen später Timotheus und Silas/Silvanus aus Mazedonien nach und unterstützten ihn in der missionarischen Arbeit (1,19; Apg 18,5). Kurz vor Abfassung des 1. Korintherbriefs hatte Paulus Timotheus zu einem Besuch der Gemeinde nach Korinth entsandt (1Kor 4,17; 16,10), um dort nach dem Rechten zu sehen. Über den Erfolg oder Misserfolg dieser Mission schreibt Paulus allerdings nichts. In den Pastoralbriefen (1Tim/2Tim/Tit) wird Timotheus dann zum Modell für die Weiterführung der kirchlichen Arbeit in der Nachfolge des Apostels.

Wie Sosthenes in 1Kor 1,1 wird Timotheus als *der Bruder* bezeichnet (so auch Phlm 1). Das kennzeichnet ihn als Mitchristen, aber auch als Mitarbeiter (vgl. 1Thess 3,2: Wir »sandten Timotheus, unseren Bruder und Gottes Mitarbeiter am Evangelium Christi«). Das Nebeneinander von *Apostel* und *Bruder* beschreibt also einerseits die Kollegialität, in der Paulus mit seinen Mitarbeitern zusammenarbeitete. Es deutet aber auch das Autoritätsgefälle an, das zwischen dem Apostel und den anderen Missionaren bestand.

Obwohl Paulus häufig Mitabsender nennt, sind sie nicht als Mitverfasser der Briefe zu betrachten. Zwar schreibt Paulus gerade im 2. Korintherbrief sehr häufig in der »Wir-Form« (vgl. 1,4–14). Aber an entscheidenden Stellen wechselt er dann doch zum »Ich« (1,15–17). Daran zeigt sich, dass er allein der Verfasser ist. Paulus nennt seine Mitarbeiter als Mitabsender, weil sie mit ihm die Verantwortung für die Arbeit und damit auch für einen solchen offiziellen Brief trugen. Er macht damit deutlich, dass er in seiner Arbeit nicht alleinsteht, sondern sich mit anderen verbunden und von ihrem Vertrauen getragen weiß.
In V. **1b** nennt Paulus die *Adressaten*. Der Brief geht *an die Gemeinde Gottes, die sich in Korinth befindet.*

Die Bezeichnung *Gemeinde Gottes* hat einen feierlichen Klang. Ihr Verständnis ergibt sich aus einem doppelten Hintergrund. Für griechisch Sprechende bedeutet das Wort *ekklesia* (meist mit *Gemeinde* oder *Kirche* übersetzt) *Versammlung,* und zwar vor allem die Vollversammlung der Bürger einer Stadt oder eines Vereins (Apg 19,32.39). Auch im 1. Korintherbrief, in dem der Begriff häufig vorkommt, bezeichnet es oft die *Gemeindeversammlung* (vgl. 11,18; 14,19). Das Besondere der Verwendung im Neuen Testament liegt darin, dass nicht nur die Versammlung selbst, sondern auch die Gemeinschaft derer, die zu dieser Versammlung gehören, *ekklesia* genannt wird (so 2Kor 8,1.18f; vgl. 1Kor 14,23: »Wenn die gesamte *Gemeinde* ... zusammenkommt«). Hier zeigt sich die andere Wurzel des Begriffs. Im Alten Testament wird Israel als das Volk Gottes an einigen Stellen sehr betont *Versammlung des HERRN* (EÜ; ZB) oder *Gemeinde des HERRN* (LÜ) genannt (z.B. in Dtn 23,2–9). Auch die Qumran-Gemeinde kennt den Begriff *Versammlung Gottes* als Bezeichnung des endzeitlichen Gottesvolks (vgl. 1QM IV,10). Die griechische Übersetzung des Alten Testaments benutzt an diesen Stellen das Wort *ekklesia,* während das hebräische Wort für *Gemeinde* meist mit *synagoge* wiedergegeben wird. Um sich von der jüdischen Synagoge zu unterscheiden, haben vermutlich griechisch sprechende Christen (vgl. Apg 6,1), den Begriff *ekklesia / Gemeinde Gottes* als Bezeichnung für die christliche Gemeinde aufgegriffen. Dass die Wendung *Gemeinde Gottes* von ihrer alttestamentlichen Wurzel her die besondere Würde der christlichen Gemeinde betont, zeigt sich auch darin, dass Paulus sie gerade dann verwendet, wenn er von seiner Vergangenheit als Verfolger der Gemeinde spricht (1Kor 15,9; Gal 1,13).

Indem Paulus die Christen in Korinth als *Gemeinde Gottes, die sich in Korinth befindet,* anspricht, setzt er einen doppelten Akzent: Sie sind für ihn die Vollversammlung des Volkes Gottes an diesem Ort, zusammengerufen und zusammengefügt durch Gottes Ruf. Der Zusatz: *die sich in Korinth befindet* deutet aber auch an: Als Gottes Volk an diesem Ort ist sie Teil eines größeren Ganzen.

Darum weitet Paulus den Kreis der Adressaten aus. Er tut das hier zwar nicht ganz so umfassend wie in 1Kor 1,2 (»zusammen mit allen, die den Namen unseres Herrn Jesus Christus ... anrufen«). Aber er schließt bewusst die Christen der Umgebung Korinths mit ein. Der Brief geht an die Gemeinde in Korinth *(zusammen) mit allen Heiligen, die in ganz Achaia sind.*
Die Provinz *Achaia* wurde von den Römern im Jahr 27 v.Chr. errichtet und umfasste das südliche und mittlere Griechenland. Hauptstadt war Korinth, wo der Statthalter residierte. Eine christliche Gemeinde gab es in Kenchreä (Röm 16,1), wahrscheinlich auch in Athen, das als »freie Stadt« politisch allerdings nicht zu Achaia zählte. Missionsstrategisch hatte Paulus mit den Hauptstädten immer auch die Provinzen im Blick (vgl. 1Thess 1,7f; 1Kor 16,15.19; 2Kor 11,10). Auch die Sammlung für Jerusalem organisierte er provinzweise (2Kor 9,2; Röm 15,26). Dies könnte einer der Gründe sein, warum *ganz Achaia* im Briefkopf ausdrücklich erwähnt wird, denn in Kap. 8 und 9 wird sich Paulus ausführlich mit diesem Thema beschäftigen.
Der Brief gilt *allen Heiligen* in diesem Gebiet. Damit ist nicht nur eine Auswahl besonders ausgezeichneter Christen angesprochen. Der Begriff *Heilige* kennzeichnet *alle* Christen und wird in diesem Sinne von Paulus in seinen Briefen sowohl in der Adressenangabe (Röm 1,7; 1Kor 1,2; Phil 1,1) als auch in Grüßen (13,12; Röm 16,15) verwendet. Grund dafür ist aber nicht eine durch die persönliche Lebensführung erworbene Heiligkeit. *Heilig* sind die Christen, weil Gott sie in seine Gemeinschaft berufen und durch Christus geheiligt hat (so ausdrücklich in 1Kor 1,2).

Im Hintergrund des Begriffs steht der Sprachgebrauch im Alten Testament: Hier werden die Engel *Heilige* genannt, da sie ganz zu Gott und seinem Wirken gehören (vgl. Sach 14,5; Hiob 5,1). In Dan 7,18–27 heißt das Gottesvolk der Endzeit »*Heilige* (des Höchsten)«. Dieser Sprachgebrauch findet sich auch in den Qumranschriften. In der Überzeugung, zum endzeitlichen Gottesvolk zu gehören, hat die Urgemeinde in Jerusalem sich und ihre Glieder als *Heilige* bezeichnet. Darum meint dieser Begriff an manchen Stellen speziell diese Gemeinde (vgl. 1Kor 16,1; Röm 15,25f). Für Paulus aber sind alle Christen *Heilige,* weil sie in Christus ganz zu Gott gehören. Sie sind das gemeinsam, darum benutzt Paulus den Begriff außer in Phil 4,21 nur im Plural. Nicht einzelne Heilige schließen sich zusammen, sie bilden vielmehr, weil sie gemeinsam zu Christus gehören, die Gemeinschaft der Heiligen!

Auffällig ist, dass Paulus, wenn er die Christen in Achaia nennt, nicht von weiteren *Gemeinden* spricht. Das muss aber nicht bedeuten, dass in diesem Gebiet keine anderen Gemeinden bestanden (zu Kenchreä siehe Röm 16,1). Umgekehrt darf man auch die Tatsache nicht überbewerten, dass Paulus die Gemeinde in Korinth nicht *Heilige* nennt, wie das in 1Kor 1,2 sehr betont geschah. Paulus wechselt zwischen diesen Bezeichnungen seiner Adressaten, ohne dass wir immer den Grund dafür feststellen könnten (in Röm 1,7; Phil 1,1 nur: *Heilige*; in Gal 1,1; 1Thess 1,1 nur: *Gemeinde*). Aber eine Akzentverschiebung ist doch erkennbar: Im 1. Korintherbrief standen Probleme zur Diskussion, die die Zugehörigkeit der korinthischen Christen zu Gott infrage stellten. Darum musste ihnen ins Gedächtnis gerufen werden, dass sie in Christus *Geheiligte* sind und dass dies für ihr Verhalten bestimmend sein muss. Im 2. Korintherbrief geht es um andere Fragen. Darum wird in Korinth die Gemeinde als gemeinsam verantwortliches Gegenüber zum Apostel angesprochen, während die Christen in der übrigen Provinz Achaia vor allem im Blick auf ihre Teilnahme an der Geldsammlung für Jerusalem genannt sind. Das soll aber auch die Gemeinde in Korinth daran erinnern, dass sie nicht isoliert dasteht, sondern eingebunden ist in eine größere Gemeinschaft von Christen, die gemeinsam in das endzeitliche Gottesvolk der *Heiligen* eingegliedert sind.

Der *Eingangsgruß* bildet den letzten Teil des Briefkopfs (**2**). Für ihn benutzt Paulus meist dieselben Worte (vgl. 1Kor 1,3). Im Griechischen fehlt das Verb. Es heißt: *Gnade euch und Friede …* Man kann das als Zusage übersetzen (Gnade *ist* mit euch) oder auch als Zuspruch (Gnade *sei* mit euch). Da es sich um eine Anrede zu Beginn des Briefs handelt, legt sich im Deutschen die zweite Übersetzung nahe. Aber der Zuspruch von Gnade und Friede ist mehr als ein frommer Wunsch; er trägt in sich die Zusage, dass Gott den Adressaten in seiner Gnade und mit seinem Frieden nahe ist. Ausgangspunk der Formulierung ist der Friedensgruß. Er ist typisch für jüdische Briefe. Das Wort *Friede* wird also im Sinne des alttestamentlichen *Schalom* gebraucht. Es geht um ein gedeihliches Miteinander und umfassendes Wohlergehen, vor allem aber um die vertrauensvolle Gemeinschaft mit Gott, die nur Gott selbst schenken kann. Darum stellt Paulus dem Friedenswunsch den Zuspruch der *Gnade* voran. Denn *Gnade* meint hier nicht nur Vergebung von Schuld, sondern heilvolle Zuwendung Gottes zu den Menschen, also sein schöpferisches, rettendes und befreiendes Handeln als Ganzes.

Weil nur Gottes Gnade echte Versöhnung wirkt, darum kommt der wahre *Friede von Gott, unserem Vater, und dem Herrn Jesus Christus.* Schon im Alten Testament bekennt das Volk, dass Gott sein wahrer Vater ist (Jes 63,16). Auch in jüdischen Gebeten aus der Zeit des Neuen Testaments wird Gott als Vater angeredet.

Dass aber alle Menschen ihn Vater nennen dürfen, das wagen erst die Christen aufgrund des Handelns Gottes in Jesus Christus zu sagen. So beschädigt das Vaterbild durch manche menschlichen Väter auch sein mag, durch die Art, wie Jesus Gott als den Vater zeigt und seine Liebe lebt, wird dieses Bild zur Quelle und zum Ausdruck für ein neu begründetes Urvertrauen. Nur von ihm sind die Zuwendung und der Friede zu erwarten, in denen sich menschliches Leben und tragfähige Gemeinschaft bergen und entfalten können.

Gott, unser Vater, und der *Herr Jesus Christus* scheinen unverbunden nebeneinanderzustehen und beschreiben doch zwei Weisen der Begegnung mit Gott, die nicht voneinander zu trennen sind. Jesus Christus verkörpert als *Herr* seiner Gemeinde und dieser Welt die rettende und befreiende Seite des Handelns Gottes. Das Bekenntnis zu ihm als *Herrn* markiert aber auch, dass Gnade und Friede Gottes nur dort gelebt und bewahrt werden können, wo Christus das Leben in allen Bereichen bestimmt.

Mehr als eine Formalie ist für Paulus der Briefkopf seiner Briefe. Durch seine sorgfältige Formulierung möchte er deutlich machen, dass er an die Gemeinde als ein von Gott Beauftragter schreibt. Er stellt auch klar, dass er dies nicht in einsamer Entscheidung tut, sondern mit anderen Mitarbeitern verbunden ist. Aber auch den Adressaten wird bewusst gemacht, dass sie mehr sind als ein Club zur Pflege gemeinsamer religiöser Interessen: Sie bilden an ihrem Ort die *Gemeinde Gottes,* die von Gott berufene heilige Versammlung. Und sie stehen nicht allein, sondern sind mit anderen, die zu Gottes Volk gehören und deshalb *Heilige* sind, in gemeinsamer Verantwortung verbunden. Über allem aber, was Paulus an Erfreulichem und Schmerzlichem schreiben wird, stehen die Zusage und der Zuspruch, dass Gott durch Jesus Christus der Gemeinde in seiner Gnade und mit seinem Frieden begegnen wird.

1,3–11
Lobpreis und Dank für erfahrene Errettung

3Gelobt (sei) der Gott und Vater unseres Herrn Jesus Christus, der
Vater des Erbarmens und Gott aller Ermutigung, 4der uns angesichts
all unserer Bedrängnis ermutigt, sodass (auch) wir die ermutigen
können, die sich in aller Art von Bedrängnis befinden, durch die
Ermutigung, durch die wir selbst von Gott ermutigt werden. 5Denn
wie die Leiden Christi uns überreich zuteilwerden, so wird uns
durch Christus auch unsere Ermutigung überreich zuteil. 6Werden

wir also bedrängt, (geschieht das) zu eurer Ermutigung und Rettung, werden wir ermutigt, (geschieht auch das) zu eurer Ermutigung, die sich im standhaften Ertragen derselben Leiden auswirkt, die auch wir erleiden. [7]Unsere Hoffnung für euch ist unerschütterlich, da wir wissen, dass ihr wie an den Leiden so auch an der Ermutigung teilhabt.

[8]Denn wir wollen euch, Brüder und Schwestern, nicht in Unkenntnis lassen über die uns bedrängende Notsituation, die sich in (der Provinz) Asia ereignete. Denn im Übermaß, über (unsere) Kraft hinaus, mussten wir Schweres ertragen, sodass wir sogar am Leben verzweifelten. [9]Ja, was uns betrifft, hatten wir sogar (schon) das Todesurteil empfangen, (und das geschah,) damit wir nicht (mehr) auf uns selbst unser Vertrauen setzen, sondern auf Gott, der die Toten auferweckt. [10]Er hat uns aus dieser so schrecklichen Todesnot gerettet und wird uns (weiterhin) retten. Auf ihn haben wir unsere Hoffnung gesetzt, dass er uns auch noch weiterhin retten wird, [11]wozu ja auch ihr durch (euer) Gebet für uns mithelft, damit aus dem Mund vieler für die Gnadengabe, die uns zuteilwurde, vielfach für uns gedankt wird.

Es gehört zu den Gepflogenheiten in antiken Briefen, dass der Schreiber oder die Schreiberin zu Beginn eines Briefs den Adressaten versichert, an sie in Fürbitte und Dank im Gebet zu denken. Paulus folgt dieser Sitte in der Regel und nutzt den einleitenden Abschnitt, um schon vorsichtig anzudeuten, welches Anliegen ihn im folgenden Brief bewegen wird (vgl. Röm 1,8–15; 1Kor 1,4–9; Phil 1,3–11; 1Thess 1,2f). Umso auffälliger ist, dass er in zwei Briefen von dieser Regel abweicht. Im Galaterbrief nennt Paulus sofort nach dem Briefkopf das Problem, um das es ihm geht. Im 2. Korintherbrief folgt auf den Briefkopf anstelle einer *Danksagung* für das, was Gott unter den Adressaten gewirkt hat, ein *Lobpreis* Gottes für die Rettung und Hilfe, die der Apostel erfahren hat. Obwohl der Ton gegenüber den Briefempfängern durchaus herzlich bleibt, ist das doch ein Indiz dafür, dass Paulus die Situation in der Gemeinde in Korinth kritisch sieht. Der eigentliche *Lobpreis* umfasst nur die V. 3f. Die V. 5–7 erläutern, warum die Hilfe, die der Apostel erfahren hat, auch für die Gemeinde wichtig ist, und die V. 8–11 berichten, worin diese Hilfe bestand.

Mit den Worten *Gelobt (sei) der Gott und Vater unseres Herrn Jesus Christus* (**3**) knüpft Paulus an eine häufig bezeugte alttestamentliche Formulierung an, mit der Gott für seine Hilfe in bestimmten Situationen gedankt wird (vgl. Gen 24,27; Ex 18,10; 1Sam 25,32 u.ö.). Im Hebräischen und Griechischen fehlt in dieser Formel das Verb; wir können also übersetzen: *Gelobt sei*, aber auch: *Gelobt ist*. Der ursprüngliche Sinn umfasst beides: Der Sprecher fordert sich (und andere) auf, Gott zu loben und zu danken, und vollzieht damit auch schon, wozu er auffordert.

Bemerkenswert ist, dass das Wort, das wir im Deutschen in der Regel mit *gelobt* oder *gepriesen* übersetzen, sowohl im Hebräischen als auch im Griechischen von dem Wort für *segnen* abgeleitet ist. Allerdings heißt das griechische Wort wörtlich übersetzt *wohl reden* und hat die Bedeutung *segnen* erst in der Übersetzung des Alten Testaments erhalten (vgl. das lateinische *bene-dicere*, von dem *benedictus* abgeleitet ist). In der englischen Übersetzungstradition wird das entsprechende Wort oft mit *blessed* (*gesegnet*) wiedergegeben. Manche Theologen haben aus diesem Sachverhalt geschlossen, dass nicht nur Gott Menschen segnet, sondern auch Menschen Gott. Tatsächlich gibt es im Alten Testament einige wenige Stellen, wo dieser Gedanke ausgesprochen scheint (vgl. Gen 14,19f, wo Melchisedek Abraham segnet und sagt: »Gesegnet sei Abram von Gott, dem Höchsten, der Himmel und Erde geschaffen hat! Und gesegnet sei Gott, der Höchste, der deine Bedränger in deine Hand ausgeliefert hat!« [REB]; ähnlich 1Sam 25,32f). Aber trotz der Benutzung desselben Wortes besteht hier ein klarer Unterschied. Gott *segnet* Menschen, indem er ihnen Lebensfülle schenkt; Menschen »*segnen*« Gott, indem sie ihn *preisen* und *loben*. Schon die griechische Übersetzung des Alten Testaments macht an den entsprechenden Stellen durch eine unterschiedliche Wortform deutlich, dass es dabei um zwei verschiedene Vorgänge geht. Und im Neuen Testament gibt es keinen Hinweis darauf, dass man das Aussprechen der Formel *Gelobt sei Gott* als ein Segnen Gottes verstand.

Typisch für diese Form des Lobpreises ist, dass durch knappe Ergänzungen deutlich gemacht wird, wer Gott ist, dem man dankt (vgl. Gen 14,12: »Gelobt sei der HERR, der Gott Abrahams«). Der Dank des Apostels gilt dem *Gott und Vater unseres Herrn Jesus Christus*. Für uns klingt die Genitivverbindung *der Gott … unseres Herrn Jesus Christus* etwas ungewöhnlich, weil sie Jesus Gott gegenüberzustellen scheint und den Eindruck erweckt, als habe Jesus einen besonderen Gott. Für Paulus und die Urchristenheit aber war die ganze Wendung eine beliebte liturgische Formel, die besagte: Der Gott, der die ganze Welt erschaffen hat und der sich Abraham und dem Volk Israel offenbarte, dieser Gott ist uns eindeutig und endgültig als derjenige begegnet, den Jesus verkündigt, in seinem Handeln gelebt und uns als seinen und unseren Vater nahegebracht hat (vgl. 11,31; Röm 15,6; Kol 1,3; Offb 1,6).

Wie dieser Gott handelt, wird nun durch eine Ergänzung der Begriffe *Gott* und *Vater* in umgekehrter Reihenfolge erklärt. Er ist *der Vater des Erbarmens*. In dieser Aussage klingt Ps 103,13 an:

»Wie sich ein Vater über Kinder erbarmt, so erbarmt sich der HERR über die, die ihn fürchten.« Auch im Judentum sprach man vom Gott bzw. Herrn des Erbarmens (Weish 9,1; 1QH 18[10],14; 19[11],29). Damit wird nicht nur gesagt, dass Gott barmherzig ist oder Mitleid mit den Menschen hat. Sein Handeln ist von seinem Erbarmen über die schwierige Situation der Menschen bestimmt. Deshalb steht das griechische Wort für *Erbarmen* oder *Barmherzigkeit* im Plural, was im Deutschen nur schwer wiederzugeben ist (evtl. *Barmherzigkeitserweise*). Gott erweist sich den Seinen gegenüber als *Vater des Erbarmens,* indem er sich in seinem Wort und seinem Handeln helfend und rettend ihrer Not annimmt.
Das unterstreicht die parallele Aussage *der Gott aller Ermutigung* oder *der Gottes allen Trostes* (so die herkömmliche Übersetzung LÜ, EÜ, ZB). Die Übersetzung mit *Trost* ist nicht falsch, aber ungenau. Denn im heutigen Deutsch meinen *Trost* und *trösten,* jemand angesichts eines unabänderlichen Verlusts beizustehen. Das griechische Wort, das Paulus hier benutzt, hat wie das hebräische, das dahintersteht, einen breiteren Bedeutungsumfang. Wenn es in Jes 40,1 heißt: »Tröstet, tröstet mein Volk«, dann bedeutet das ja nicht: »Helft meinem Volk über den Verlust seiner Heimat und seines Heiligtums hinweg«, sondern: »Macht meinem Volk Mut«, denn seine »Gefangenschaft wird zu Ende gehen«. Auch in Ps 86,17 trifft die Übersetzung: »weil du mir hilfst … und mir Mut machst« besser den Ton des Hebräischen als die traditionelle: »weil du mir beistehst … und mich tröstest« (LÜ). Das Stichwort *Trost, trösten* meint also nicht nur Gottes Beistand in auswegloser Situation, sondern »sein helfendes, aus Bedrängnis und Tod errettendes … Eingreifen«, das die notvolle Situation grundlegend verändert (Hofius, 251). Wir übersetzen deshalb den Begriff, der in unserem Abschnitt zu einer Art Leitmotiv wird, mit *Ermutigung, ermutigen.* Der Gott *aller Ermutigung* ist der Gott, der den Seinen durch Wort und Tat in ihrer Not beisteht und ihnen hilft. Aller wirkliche Trost und jede echte Ermutigung kommen von ihm.
Das hat Paulus erfahren, und das ist der Grund für seinen Lobpreis Gottes, an dem er der Gemeinde Anteil geben möchte (**4**). Er kann bezeugen, dass Gott es ist, *der uns angesichts all unserer Bedrängnis ermutigt.* Von *Bedrängnis* spricht Paulus vor allem im Blick auf Schwierigkeiten, Widerstände und Leiden, die durch die Zugehörigkeit zu Christus entstehen (vgl. Röm 5,3; 1Kor 7,28). Ein Leben in *Bedrängnis* unter Anfeindungen und Schwierigkeiten ist deshalb in besonderer Weise Kennzeichen der apostolischen Existenz (vgl. 6,4). Aber gerade darin erfährt der Apostel immer wieder neu die Ermutigung und Hilfe Gottes.

Paulus spricht hier und in den folgenden Versen von *uns* und von *wir*. Es ist nicht immer klar, welchen Personenkreis er damit meint. An manchen Stellen fasst er sich und seine Mitarbeiter durch dieses *Wir* zusammen (1,19; 12,18f). An anderen Stellen sind offensichtlich alle Christen darin eingeschlossen (1,2f; 3,18; 5,1–10). In vielen Fällen macht der Wechsel zwischen *Wir* und *Ich* deutlich, dass Paulus im sog. *schriftstellerischen Plural* (oder *Plural der Bescheidenheit*) von sich selbst spricht (1,13f.18f.23f; 2,1–13; 7,2–10; 9,1–4; 13,1–4 und wohl auch 3,1–5). Die vielen Passagen in der *Ich*-Form sprechen auch dagegen, in Timotheus den Mitverfasser des Briefs zu sehen. Offen bleibt aber zunächst die Frage, ob Paulus an manchen dieser Stellen (ähnlich wie in 1Kor 4,9) ein *apostolisches Wir* benutzt, in das er die anderen Apostel und weitere Verkündiger einschließt (4,1–17; 5,18–21). Diese Frage ist auch deshalb so spannend, weil in manchen dieser Passagen das *Wir* eindeutig einem *Ihr der Adressaten* gegenübersteht, diese dann aber doch wieder mit einzuschließen scheint (vgl. 4,14f mit 4,16–18). Hier wird die Einzelauslegung der entsprechenden Stellen weiterführen müssen. Für unsere Stelle aber ergibt der Überblick, dass Paulus in 1,4–11 von eigenen Erfahrungen spricht, was nicht ausschließt, dass auch der eine oder andere seiner Mitarbeiter davon betroffen war.

Darum sieht Paulus Leiden und Schwierigkeiten nicht nur negativ (**5**). Sie sind für ihn *Leiden Christi*. Paulus meint damit Leiden *um Christi willen*, also seelische Stresssituationen und das Erleiden von körperlicher Gewalt aufgrund des Bekenntnisses zu Jesus Christus. Die Zugehörigkeit zum gekreuzigten Christus wird für ihn auch dadurch Wirklichkeit, dass er durch sein eigenes Leiden Anteil am Leiden Christi erhält (vgl. Phil 3,10, wo Paulus die »Teilhabe an den Leiden Christi« als wichtiges Ziel seines Lebens mit Christus bezeichnet). Dass diese Erfahrungen *uns überreich zuteilwerden* bzw. (anders übersetzt) *reichlich auf uns überfließen*, ist für Paulus in besonderer Weise Kennzeichen der apostolischen Existenz. Das *uns* bezieht sich hier also auf ihn selbst und seine Mitarbeiter. Der Apostel trägt nicht nur die Botschaft vom gekreuzigten Christus weiter. In dem, was er an Widerstand und Feindschaft um dieser Botschaft willen erleidet, wird auch »das Sterben Jesu« an seinem Leib sichtbar, damit auch »das Leben Jesu«, also die Kraft zum Leben, die er schenkt, leiblich erfahrbar wird (vgl. 4,10f).
Darum ist Leiden auf sich zu nehmen nur die eine Seite dieser Erfahrung. *Denn wie die Leiden Christi* das Leben des Apostels in überreichem Maße bestimmen, *so wird durch Christus uns auch überreich unsere Ermutigung zuteil*. Die Verbindung mit Christus führt nicht nur ins Leiden; sie öffnet auch die Tür zu einer Begegnung mit Gott, aus der der Apostel immer wieder die *Ermutigung* und den *Trost* gewinnt, die ihn befähigen, seinem Auftrag treu zu bleiben. Und weil beides, das Leiden und die Ermutigung, dem

Apostel *überreich* zufließt, darum kann er auch der Gemeinde Anteil an der Hilfe und der Kraft geben, die er selbst in dieser Situation erfährt.
So hat beides, das, was dem Apostel an Leiden und *Bedrängnis* zustößt, und das, was er an Hilfe, *Ermutigung* und *Trost* erfährt, für die Gemeinde eine positive Auswirkung (**6**). Auffallend ist dabei, dass das, was ihn bedrängt, nicht nur zur *Ermutigung,* sondern auch zur *Rettung* bzw. zum *Heil* der Gemeinde dient. Hat das apostolische Leiden eine rettende und erlösende Wirkung? Manche Handschriften lassen die Worte *und Rettung* weg, wahrscheinlich, weil sie diesen Gedanken ausschließen wollen. Andere Ausleger fassen die Bedeutung allgemeiner: Das Leiden des Apostels wird der Gemeinde *zum Besten* dienen. Man könnte dafür auf Phil 1,19 hinweisen, wo Paulus von der Überzeugung spricht, dass ihm »dies [d.h. sein Prozess und seine Gefangenschaft] *zum Heil* [also *zum Guten*] ausgehen wird«.
Aber man wird das Wort nicht zu allgemein verstehen dürfen. Wenn Paulus von *Rettung* und *Heil* spricht, geht es immer auch um das endzeitliche Heil, d.h. um die Aufnahme in die Gemeinschaft und das Leben mit Gott. Die Bedrängnis und das Leiden des Apostels sind Teil seiner Verkündigung. Was er erleidet, gehört zur »Zeichensprache« des Evangeliums und gibt »leibhaftig« die Botschaft von Gottes rettendem Handeln weiter, die durch das Wort vom Kreuz ausgerichtet wird (vgl. 4,10–12). Wenn der Apostel in Bedrängnis gerät, dient das der Gemeinde zu Ermutigung und Rettung, weil dadurch der gekreuzigte Christus verkündigt wird.
Doch auch die andere Seite ist wichtig: Wird der Apostel durch die Hilfe Gottes, die er erfährt, *ermutigt,* wird dies auch für die Gemeinde zur *Ermutigung* und stärkt sie in dem, was sie selbst zu bestehen hat. Diese Ermutigung und Stärkung *wirkt sich aus* und zeigt sich *im standhaften Ertragen* von Schwierigkeiten und Anfechtungen, ja Paulus spricht sogar von *denselben Leiden, die auch wir erleiden.* Das überrascht, denn der Apostel sagt in seiner Korrespondenz mit den Korinthern sonst nichts davon, dass diese dasselbe erdulden müssten wie er. Er vermeidet einen solchen Schematismus und pflegt keine Märtyrerideologie, dass nur der verfolgte Christ ein rechter Christ sei. Aber er geht doch davon aus, dass auch den Christen in Korinth die Erfahrung der Verfolgung und Unterdrückung nicht erspart bleiben wird. *Dieselben* Leiden nennt er das, nicht weil es um genau die gleichen Erfahrungen geht, sondern weil in ihnen gleichermaßen die Nachfolge Christi zum Ausdruck kommt.
Das unterstreicht V. 7: Die Hoffnung des Apostels im Blick auf die Gemeinde ist gerade deshalb so *unerschütterlich* und fest ge-

gründet, weil sie von der Überzeugung getragen ist, *dass ihr wie an den Leiden so auch an der Ermutigung teilhabt*. Hinter diesen Worten steckt eine sehr umfassende und tiefgehende Sicht dessen, was Christsein bedeutet: Es ist *Gemeinschaft mit* und *Anteilhabe an* Christus und all dem, was Gott durch ihn gewirkt hat (vgl. 1Kor 10,16). Dieses gemeinsame Anteilhaben begründet auch die Gemeinschaft der Christen untereinander. Das schließt ein, an den *Leiden* Christi *teilzuhaben*, aber auch, an der *Ermutigung*, dem *Zuspruch* und dem *Trost teilzuhaben*, die durch die Wirklichkeit seiner Auferstehung begründet sind. Weil die Gemeinschaft der Christen untereinander in der Gemeinschaft mit Christus begründet ist, hofft Paulus zuversichtlich, dass die bleibende Gemeinschaft der Korinther mit Christus sich auch in schwierigen Situationen bewährt und dass dadurch auch die gefährdete Gemeinschaft zwischen ihnen und ihm den nötigen Halt bekommt. Aber indem er das so deutlich sagt, lässt er auch etwas von der Sorge spüren, die hinter dieser Aussage steckt.

Paulus bleibt aber nicht bei allgemeinem Lobpreis. Noch in der Briefeinleitung kommt er auf seine persönliche Situation zu sprechen (**8–11**). Dazu redet er die korinthischen Christen ganz persönlich mit *Brüder und Schwestern* an (der Plural des griechischen Wortes für *Brüder* kann auch *Geschwister* bedeuten und Männer *und* Frauen bezeichnen). Paulus benutzt die Formulierung *ich will euch nicht in Unkenntnis lassen* (**8**) gerne, um seinen Briefpartnern etwas Wichtiges mitzuteilen (vgl. 1Thess 4,13; 1Kor 10,1; Röm 1,13). Sie schließt also nicht aus, dass die Briefempfänger schon etwas von der Sache gehört haben. Das könnte auch hier der Fall sein, denn Paulus sagt kaum etwas über die näheren Umstände des Vorfalls, von dem er berichtet. Er ist in der Provinz Asia, also vermutlich in deren Hauptstadt Ephesus, in eine äußerst *bedrängende Notsituation* gekommen, die ihn in fast unerträglichem Maß *belastet* hat. Die Lage schien aussichtslos, sodass er (und möglicherweise auch seine Begleiter) sogar *am Leben verzweifelten*, weil sie mit dem sicheren Tod rechneten.

Wir wissen nicht, auf welches Ereignis Paulus hier anspielt. Die Bedrohung, von der er in 1Kor 15,32 spricht (»mit wilden Tieren gekämpft«), liegt zu weit zurück, um hier infrage zu kommen. Viele denken an den »Aufstand« der Silberschmiede in Ephesus, von dem Apg 19,23–42 erzählt. Das würde aber bedeuten, dass die Sache für Paulus nicht so glimpflich ausging, wie das die Apostelgeschichte berichtet. Es gibt manche Indizien dafür, dass Paulus gegen Ende seines Aufenthalts in Ephesus für einige Zeit im Gefängnis unter Anklage war. Das würde die Situation des Philipper- und des Philemonbriefs (evtl. auch des Kolosserbriefs) besser erklären.

Allerdings darf V. **9** nicht so verstanden werden, als sei über Paulus schon ein richterliches Todesurteil verkündet worden. Er hatte im Blick auf sich selbst schon *das Todesurteil empfangen,* d.h. innerlich mit dem Leben abgeschlossen. Darum denken manche Ausleger auch an eine schwere Krankheit, die Paulus an den Rand des Todes brachte. Sie verweisen dafür auch auf 12,7–10, wo mit dem »Stachel im Fleisch« wohl eine chronische Krankheit gemeint ist. Wahrscheinlicher ist, dass Paulus von einer äußeren Bedrohung spricht. Aber mehr als Vermutungen sind aufgrund der Angaben des Paulus nicht möglich.

Diese schwierige Situation hatte aber – zumindest in der Rückschau – eine positive Wirkung. So an die Grenze der eigenen Existenz geführt zu werden, brachte Paulus dazu, nicht mehr das *Vertrauen auf sich selbst* und die eigenen Möglichkeiten und Kräfte *zu setzen, sondern* allein *auf Gott, der die Toten auferweckt.* Auch im Judentum zur Zeit des Neuen Testaments hat man Gott als den gepriesen, der *die Toten lebendig macht,* und daraus die Hoffnung auf sein rettendes und befreiendes Handeln schon in der Gegenwart geschöpft (so auch die zweite Bitte des jüdischen »Achtzehnbittengebets«). Für die Christen hat sich Gott als der Gott offenbart, der »Jesus von den Toten *auferweckt* hat« (Röm 8,11; 10,9). So war es für sie zur Gewissheit geworden, dass Gott auch noch eingreifen und retten konnte, wenn menschliche Möglichkeiten am Ende sind (vgl. Röm 4,17). Paulus hat in der verzweifelten Situation, in der er sich befand, für sich gelernt, sein Vertrauen auf diesen Gott zu setzen, und nicht mehr auf die eigene Kraft und das eigene Können zu vertrauen.

Darin ist er nicht enttäuscht worden (**10**). Er ist *aus dieser so schrecklichen Todesnot* gerettet worden. Wörtlich sagt Paulus: *aus solchem Tod.* Wie die Beter in den alttestamentlichen Psalmen sieht Paulus in seiner verzweifelten Lage schon die Situation des Todes (vgl. Ps 55,5; 88,4–6; 116,3) und in der Hilfe, die er erfahren hat, nichts weniger als Rettung aus dem Tod (vgl. Ps 33,19; 56,14; 116,8). In dieser wunderbaren Rettung ist ihm die Auferweckungskraft Gottes begegnet, und er ist überzeugt, dass Gott ihn durch sie auch in Zukunft *retten wird.* Er muss das noch einmal betonen: Auf diesen Gott hat er seine *Hoffnung gesetzt* und vertraut fest darauf, dass er ihn auch *weiterhin,* also in anderen schwierigen Situationen und auch in der letzten Bewährungsprobe des Lebens, *retten wird.*

Diese Gewissheit erwächst nicht aus einem einsamen Herzen (**11**). Es ist die Fürbitte der Gemeinden, die mit zu dieser Gewissheit verhilft und um die der Apostel indirekt bittet. Das eigentliche Ziel dieser Gemeinschaft im Gebet ist der gemeinsame Dank: *aus dem*

Mund vieler (wörtlich: *durch viele Gesichter* oder auch: *durch viele Personen*) soll *für die Gnadengabe, die uns zuteil wurde,* d.h. für das Wirken des Apostels und seine gnädige Bewahrung, *vielfach für uns gedankt* werden. Gerade die etwas überladene Konstruktion des Satzes macht deutlich, worauf es Paulus ankommt: Die gemeinsame Erfahrung von Hilfe, Rettung und Bewahrung soll auch in den gemeinsamen Dank dafür münden, was Gott für die anderen tut. Durch solchen Dank wird Gott verherrlicht und »gesegnet«, also etwas von dem, was man empfangen hat, in Lob und Anbetung zurückgegeben.
Deswegen gehört der Bericht über seine persönliche Erfahrung noch zu diesem ersten Abschnitt des Briefs unter der Überschrift »Lobpreis«. Hier zeigt sich auch, warum Paulus diese Form gewählt hat: Während er sonst in seinen Briefen in der »Danksagung« am Anfang die Gemeinde seiner Fürbitte versichert und für ihr Ergehen dankt, wirbt er hier intensiv darum, dass die Gemeinde mit ihm in der Gemeinsamkeit des füreinander Betens und Dankens bleibt.

Mit seinem eigenen Gotteslob möchte Paulus eine Gebetsgemeinschaft anstiften, in der die Fürbitte für verfolgte Christen und Menschen in schwierigen Situationen und ebenso der Dank für erfahrene Hilfe und Rettung ihren Platz haben. Paulus hat eine Gemeinschaft vor Augen, in der ermutigende Erfahrungen genauso miteinander geteilt werden wie belastende und bedrängende Erlebnisse. Wirkliches Mit-Leiden, echte Sym-Pathie unter Christen schließt beides ein: die gemeinsame Klage und den gemeinsamen Dank. Gerade die Erfahrung letzter Hilflosigkeit macht die völlige Abhängigkeit von Gott bewusst, und daraus erwächst das Vertrauen auf den Gott, der auch aus dem Tod retten kann.

1,12–14
Der Anlass des Briefs: Fragen zum Dienst des Apostels

12Denn das ist (der Grund für) unser Rühmen, das Zeugnis unseres Gewissens: In Heiligkeit und Lauterkeit, die Gott schenkt, und nicht (etwa) in Weisheit, die vom Fleisch bestimmt ist, sondern in Gottes Gnade haben wir unser Leben in der Welt geführt, und zwar besonders euch gegenüber. 13Denn wir schreiben euch nichts anderes als das, was ihr lest und erkennt. Ich hoffe aber, dass ihr (es noch) völlig erkennen werdet, 14so wie ihr uns ja (schon) zum Teil erkannt habt, (nämlich) dass wir euer Ruhm sind wie auch ihr der unsrige am Tag unseres Herrn Jesus.

Wie in vielen seiner Briefe nennt Paulus nach der Briefeinleitung die Thematik, um die es ihm in seinem Schreiben geht (vgl. Röm 1,16f; 1Kor 1,10–17). Auf den ersten Blick scheint es dabei im 2. Korintherbrief nicht um theologische Fragen zu gehen, sondern um die Art, wie Paulus seinen apostolischen Auftrag ausführt. Wie er davon spricht, ist freilich erstaunlich. Mit einem *denn* knüpft er an den vorherigen Satz an und begründet, warum es zu gemeinsamem Lob und Dank kommen soll (**12**). Dabei verweist er auf das, worin Grund und Inhalt seines *Rühmens* besteht. Das erstaunt deswegen, weil Paulus sich an anderer Stelle sehr kritisch über das *Rühmen* äußert (vgl. 1Kor 1,29–31; Röm 3,27). Auffallend ist, dass die Wortgruppe *Ruhm, rühmen* im 2. Korintherbrief häufig auftaucht (genau 29-mal, und zwar vor allem in den Kap. 10–12). Dies ist offensichtlich durch das Verhalten einer Gruppe von christlichen Lehrern veranlasst, die in Korinth aufgetaucht sind und sich auf bestimmte Vorzüge ihres Dienstes beriefen. Es mag aber auch noch andere Gründe dafür gegeben haben, dass Paulus sich hier auf dieses Thema einlässt. Vor Gott kann und soll sich niemand *rühmen*; ihm gegenüber kann man sich nicht auf Herkunft, Verdienste, Frömmigkeit oder sonstige Vorzüge berufen. Das aber schließt nicht aus, dass man anderen gegenüber Wert und Qualität der eigenen Arbeit geltend macht. Die Zürcher Bibel übersetzt sogar: *Denn darauf sind wir stolz* und macht damit deutlich, dass für Paulus christliche Demut und ein gesundes Selbstbewusstsein keine Gegensätze sind.
Paulus beruft sich dafür auch auf das *Zeugnis unseres Gewissens*. Für ihn ist das Gewissen keine unabhängige Instanz, die über Gut oder Böse entscheiden kann. Wohl aber ist es ein neutraler Zeuge, der über die Einhaltung vorgegebener Maßstäbe und Normen wacht. Auch hier gilt, dass ein gutes Gewissen zu haben, noch kein Freispruch im Urteil Gottes bedeutet (vgl. 1Kor 4,4). Wohl aber ist das Gewissen ein wichtiger Faktor, wenn es um das Urteil über die subjektive Ehrlichkeit geht. Das aber ist in der Auseinandersetzung, in der der Apostel steht, offensichtlich der Fall. Was aber bezeugt das Gewissen des Paulus? Und was ist Grund und Gegenstand seines Stolzes und seines *Rühmens*?
Es sind eine Lebensführung und die Ausübung seines Dienstes in der *Heiligkeit und Lauterkeit, die Gott schenkt*. Allerdings steht in den meisten Übersetzungen hier nicht *Heiligkeit*, sondern *Einfalt* oder *Aufrichtigkeit*. Woran liegt das?

Fast alle alten und als zuverlässig eingeschätzten Handschriften der Paulusbriefe haben an unserer Stelle *Heiligkeit*, während in der Masse der späteren Handschriften *Einfalt* steht. Normalerweise würde man in diesem Fall

Heiligkeit als ursprünglichen Wortlaut ansehen. Dennoch haben sich die Herausgeber der maßgebenden Ausgaben des griechischen Textes und die meisten Übersetzer für *Einfalt* entschieden. Warum? Ein Grund dafür ist, dass das griechische Wort für *Heiligkeit* bei Paulus sonst nicht vorkommt, das Stichwort *Einfalt* aber gerade im 2. Korintherbrief mehrmals (2Kor 8,2; 9,11.13; 11,3). Paulus benutzt gerne solche Doppelausdrücke wie *Einfalt und Lauterkeit.* Aber gerade deshalb ist zu vermuten, dass *Einfalt* die spätere Lesart sein dürfte, an die das ungewohnte *Heiligkeit* angeglichen wurde. Die Entscheidung ist schwierig, weil in den griechischen Handschriften beide Worte sehr ähnlich aussehen und ein einfaches Schreibversehen zur Verwechslung führen konnte. Wir haben uns für *Heiligkeit* entschieden, weil dies der Wortlaut der ältesten Handschriften ist und eine Angleichung an die geläufige Redewendung wahrscheinlicher ist als umgekehrt.

Heiligkeit und Lauterkeit beansprucht Paulus also für sich und seine Lebensführung. *Heiligkeit* beschreibt ein Leben, das ganz Gott zur Verfügung steht und von ihm in Dienst genommen ist (vgl. 1Thess 5,23). Paulus schreibt sich damit nicht eine besonders heroische Frömmigkeit zu. Für alle Christen gilt, dass sie durch Christus zu Gott gehören (1Kor 1,2; 6,11), und das prägt auch seine Lebens- und Amtsführung. *Lauterkeit* ist die Entsprechung dazu im Verhalten gegenüber anderen. Das bedeutet *Reinheit* im Blick auf die Motive, *Echtheit* und *Integrität,* weil Worte und Taten übereinstimmen, und *Untadeligkeit,* die das Licht der Sonne nicht scheut. Warum Paulus das betonen muss, wird sich in 2,17 (vgl. 4,2) zeigen. Dabei beruft Paulus sich nicht auf Charaktereigenschaften, die er sich selbst zuschreibt. Der griechische Text spricht von *Gottes* Heiligkeit und Lauterkeit. Paulus will damit sagen, dass sein Leben durch die Heiligkeit und Lauterkeit gekennzeichnet ist, *die Gott schenkt.* Er will sich nicht selbst rühmen, will aber auch das nicht verstecken, was Gott gibt.
Bei all dem geht es um die Arbeit des Paulus als Apostel, aber auch um seine persönliche Lebensführung oder (wie man früher übersetzt hat) seinen *Wandel.* Paulus beschreibt mit einem Gegensatzpaar, wodurch sein Verhalten, Handeln und Reden gekennzeichnet ist. Er beginnt mit der Negation: Nicht *in fleischlicher Weisheit* hat er seine Arbeit getan und sein Leben geführt. *Fleischlich* bzw. *vom Fleisch bestimmt sein* beschreibt hier menschliches Verhalten, das nur auf die eigene verletzliche und vergängliche irdische Existenz schaut. Es bleibt darum dem menschlich, allzu menschlichen Egoismus und der Sorge um sich selbst verhaftet, die nur das Ihre suchen und um sich selbst kreisen. *Weisheit,* die sich davon bestimmen lässt, ist höchstens berechnende Schläue, aber nicht die Weisheit, die Gott schenkt und die zum Leben führt. Anders als im 1. Korintherbrief spielt das Streben nach religiöser

Weisheit im 2. keine besondere Rolle. Hier geht es eher um Vorwürfe gegen Paulus, er habe nur den eigenen Vorteil im Auge und lasse sich von solchen egoistischen Antrieben (dem *Fleisch*) bestimmen (1,17; 10,2).

Der negativen Aussage stellt Paulus die positive gegenüber. *In der Gnade Gottes* hat er seinen Dienst ausgeübt und sein Leben geführt. Das ist eine fundamentale Aussage für das Selbstverständnis des Paulus. Für ihn ist sein apostolischer Auftrag *Gnade*: Ausdruck der unbegreiflich gütigen Zuwendung Gottes zu ihm, der die Sache Christi verfolgt hat, und Zeichen des unbegrenzten Vertrauens, das Gott dem schenkt, dessen Widerstand er überwunden hat. Paulus hat in der Begegnung mit Christus beides erfahren: die Begnadigung des Sünders und die Begnadung und Beauftragung des Verfolgers (vgl. 1Kor 15,10; Röm 1,5). Darum prägt Gottes Gnade auch sein Verhalten. Er hat erlebt, dass diese Gnade ihre größte Kraft dort entfaltet, wo er sich mit seinen Möglichkeiten am Ende sieht (12,9f). Das ganze Leben des Apostels soll deshalb Zeugnis für die Gnade Gottes sein, auch in seinen Schwächen. Das gilt für sein Wirken *in der Welt*, also in dem, was öffentlich und im täglichen Leben geschieht. Es sollte aber ganz besonders für sein Verhältnis zu den Christen in Korinth gelten, und Paulus hofft, dass er das in diesem Brief noch deutlicher machen kann.

Welche Probleme es im Verhältnis mit der Gemeinde in Korinth gab, deutet der nächste Vers an (**13**). Offensichtlich sind es Schwierigkeiten in der Kommunikation. Paulus betont: *Denn wir schreiben euch nichts anderes als das, was ihr lest und erkennt.* Damit reagiert er offensichtlich auf Vorwürfe. Worauf sie sich beziehen, ist allerdings nicht ganz klar. Das hängt auch mit einer Schwierigkeit der Übersetzung zusammen. Der zweite Teil des Satzes wird meist übersetzt: *was ihr lest und versteht.* Die griechischen Verben bilden ein Wortspiel, das sich im Deutschen nicht nachahmen lässt. Aber das zweite Verb bedeutet nicht *verstehen,* sondern *(an)erkennen* (so auch die REB). Es geht also offensichtlich um den Vorwurf, dass die Briefe des Paulus nicht verlässlich informieren, weder über seine Pläne (vgl. 1,15–17) noch über seine Art zu wirken (vgl. 10,10). Demgegenüber betont Paulus, dass er wirklich das meint, was er schreibt und was die Korinther lesen. Sie müssen nicht zwischen den Zeilen lesen und raten, was er ihnen sagen will. Und was er schreibt, entspricht auch dem, was sie an ihm und seinem Wirken erkennen können.

Teilweise haben die Christen in Korinth schon erkannt und verstanden, worum es Paulus geht (**13b.14**). Vielleicht spielt er damit auf das Wirken des Titus an, der in dem Konflikt zwischen der

Gemeinde und dem Apostel vermittelt und ein neues Einverständnis zwischen beiden Seiten hergestellt hat (vgl. 7,6f). Aber Paulus wünscht sich und hofft, dass die korinthischen Christen *(noch) völlig erkennen* und auch *anerkennen* werden, worum es in ihrem Verhältnis zu dem Apostel geht: *(nämlich) dass wir euer Ruhm sind wie auch ihr der unsrige.*

Noch einmal taucht an entscheidender Stelle das zweideutige Stichwort *Ruhm* auf. Dass er hofft, seine Gemeinden und ihre Treue würden »zum Ruhm für mich am Tag Christi« (Phil 2,16), betont Paulus immer wieder (1Kor 15,31; 1Thess 2,19f). Es ist ihm wichtig, dass sich im letzten und entscheidenden Urteil über sein Leben zeigen wird: Seine Arbeit und seine Verkündigung waren nicht »vergeblich«, d.h. nicht erfolglos und nicht ohne heilvolle Wirkung für andere Menschen. Ungewöhnlich ist die Aussage, dass auch die Gemeinde erkennen soll, *dass wir euer Ruhm sind … am Tag unseres Herrn Jesus.* Auch hier steht also zunächst die endzeitliche Perspektive im Vordergrund. In Weiterführung der alttestamentlichen Redeweise vom *Tag des Herrn* als Tag des endgültigen Gerichts (Jes 13,6; Ez 13,5; Am 5,18) verweist der *Tag unseres Herrn Jesus* auf das letzte Urteil, das Gott durch Jesus als dem erhöhten Herrn über das Leben der Christen aussprechen lässt. Dass Paulus in diesem Zusammenhang immer vom Herrn *Jesus* spricht (1Thess 2,19; 3,13), verweist darauf, dass es gerade der irdische und gekreuzigte Jesus ist, der zum Herrn und Richter der Welt erhöht und eingesetzt ist (Phil 2,10).

In dieser letzten und entscheidenden Begegnung mit ihrem Herrn wird sich zeigen, was der Apostel und seine Verkündigung für die Gemeinde bedeuten: Durch sie wurde die Grundlage ihrer Existenz und ihres Glaubens gelegt. Das ist ihr *Ruhm,* nur darauf kann sie sich dankbar berufen. Die Gemeinde »wird Gott dafür danken und preisen, daß Paulus ihr das Evangelium verkündigt hat, und der Apostel wird auf die Gemeinde als das ihm von Gott geschenkte Werk hinweisen dürfen … Die Verbundenheit zwischen ihnen gründet letztlich in dem gemeinsamen Beschenktsein durch die Gnade Gottes in Jesus Christus« (Lang, 256). Anders als in 1Kor 3,21, wo Paulus davor warnt, es solle »niemand seinen Ruhm auf Menschen bauen«, geht es nicht darum, durch die Berufung auf bestimmte spirituelle Führer eine Sonderstellung vor Gott und anderen zu beanspruchen, sondern um das gemeinsame Rühmen der Gnade Gottes. Wo das Wirken dieser Gnade in der Wirksamkeit des Apostels infrage gestellt wird, kann Paulus die Gemeinde auch einmal auffordern, sich für sein Ansehen einzusetzen (vgl. 5,12). Denn das stellt auch die Existenz der Gemeinde infrage.

Worum geht es im 2. Korintherbrief? Der *Anlass* ist offensichtlich, dass das persönliche Ansehen des Paulus und seine Arbeit als Verkündiger infrage gestellt werden. Aber *Thema* des Briefs ist nicht nur die Verteidigung der Integrität des Apostels und sein Verhältnis zur Gemeinde in Korinth. Denn hinter dieser Anfrage stehen Fragen von tieferer und allgemeinerer Bedeutung: Woran erkennt man das Wirken der Gnade Gottes im Leben und Wirken eines Verkündigers? Worin zeigt sich geistliche Vollmacht? Wie wird Autorität in Kirche und Gemeinde begründet und gelebt? Welche Bedeutung hat die Anerkennung solcher Autorität für die gemeinsame Verantwortung vor Gott? Das sind die Fragen, auf die Paulus antworten will. Sie haben ihre Aktualität bis heute nicht verloren.

I

1,15 – 7,16
Der apostolische Dienst im Grundsatz und in der Praxis

Mit 1,15 beginnt ein erster großer Abschnitt des 2. Korintherbriefs. In seiner Mitte stehen grundsätzliche Aussagen zu Auftrag und Dienst des Apostels (2,14 – 7,3). Sie sind umrahmt von der Schilderung, wie Paulus sorgenvoll Titus entgegenreist, auf dessen Rückkehr aus Korinth wartet (2,12f) und ihn endlich mit guter Nachricht aus Korinth trifft (7,4–7). Davor und danach stehen Abschnitte, die den schwelenden Konflikt zwischen Paulus und der Gemeinde aufarbeiten sollen (1,15 – 2,11 / 7,8–16), wobei der Schlussabschnitt noch einmal Motive aus der Briefeinleitung aufnimmt (vor allem die Stichworte *Ermutigung/Trost* und *Rühmen*). Durch diesen Aufbau als doppelte »Ringkomposition« sind zwei thematische Linien eng miteinander verwoben: *Einerseits* geht es um das Verhältnis zwischen dem Apostel und der Gemeinde in Korinth, um die Probleme und Schwierigkeiten, die hier aufgetaucht sind, und um die erfolgreiche Vermittlung in diesem Konflikt durch Titus, einem engen Mitarbeiter des Paulus. Aber *andererseits* geht es auch um ganz grundsätzliche Aussagen über die Aufgabe des Apostels und das Wesen der Verkündigung des Evangeliums. In der engen Verflechtung dieser beiden Linien besteht die Eigenart des 2. Korintherbriefs.

1,15 - 2,11
Das umstrittene Verhalten des Apostels

Ein erster Abschnitt in diesem ersten Hauptteil des Briefs geht auf aktuelle Fragen ein, die zwischen Paulus und der Gemeinde stehen. Es geht um Vorwürfe, dass von Paulus keine verlässlichen Informationen über seine Reisepläne kämen, sodann um einen heftigen Zusammenstoß mit dem Apostel in Korinth und um die Lösung der dadurch entstandenen Spannungen.
Der Abschnitt, der eine eng zusammenhängende Einheit darstellt, wird oft in drei Teile (1,15–22; 1,23 – 2,4; 2,5–11) gegliedert. Uns scheint eine Zweiteilung (1,15–22; 1,23 – 2,11) angemessener.

1,15–22
Die Zuverlässigkeit des Apostels und die Zuverlässigkeit Gottes

**[15]Und in dieser Zuversicht wollte ich (eigentlich) zuerst zu euch
kommen, damit ihr (noch) einen zweiten Gnadenerweis empfangt,
[16]und (zwar wollte ich) von euch aus (zunächst) nach Mazedonien
weiterreisen und von Mazedonien wieder zu euch kommen und
(wollte dann) von euch Geleit nach Judäa erhalten. [17]Habe ich
mich, als ich das plante, denn wirklich leichtfertig verhalten? Oder
plane ich, was ich plane, nach allzu menschlichen Gesichtspunkten,
sodass bei mir das »Ja, ja« zugleich das »Nein, nein« ist? [18]Doch Gott
ist treu, sodass unser Wort an euch nicht Ja und Nein (zugleich) ist.
[19]Denn der Sohn Gottes, Jesus Christus, der bei euch durch uns verkündigt wurde, (und zwar) durch mich und Silvanus und Timotheus, war nicht Ja und (zugleich) Nein, sondern das Ja ist in ihm
(bleibend) verwirklicht. [20]Denn wie viele Verheißungen Gottes (es
auch gibt), in ihm (ist dazu) das Ja (gesprochen). Deshalb (ergeht)
auch durch ihn das Amen Gott zur Ehre durch uns. [21]Der uns aber
zusammen mit euch (immer tiefer) in (die Gemeinschaft mit) Christus (hinein) festmacht und uns gesalbt hat, (das ist) Gott (selbst),
[22]der uns auch (für sich) versiegelt und uns die Anzahlung des Heiligen Geistes in unsere Herzen gegeben hat.**

Offensichtlich muss sich Paulus im Folgenden gegen den Vorwurf wehren, er würde seine Reisepläne nach Belieben ändern, sodass auf seine entsprechende Ankündigungen kein Verlass sei. Paulus nimmt diese Anschuldigungen sehr ernst. Einerseits verteidigt er sich, indem er zu erklären versucht, warum er seine Pläne geändert hat (V. 15f.23; 2,1). Andererseits will er zeigen, worauf die Verlässlichkeit seines Wirkens und seiner Verkündigung letztlich beruht und was ihre geistliche Grundlage ist. *In dieser Zuversicht,* das heißt *im Vertrauen darauf,* dass es ein grundsätzliches Einverständnis zwischen der Gemeinde in Korinth und ihm gibt (vgl. V. 13f), hatte er eigentlich vorgehabt, *zuerst* nach Korinth *zu kommen* (**15**). Das *zuerst* meint in diesem Zusammenhang: *bevor* ich nach Mazedonien weiterreise.

Paulus drückt sich so umständlich aus, weil er tatsächlich mehrfach seine Reisepläne geändert hat. In 1Kor 16,5–9 hatte er den Korinthern mitgeteilt, dass er bis Pfingsten in Ephesus bleiben werde, dann die Gemeinden in Mazedonien (also wohl Philippi, Thessalonich und Beröa) besuchen und danach längere Zeit in Korinth bleiben werde. Eventuell wollte er dort überwintern. Wohin er anschließend weiterreisen würde, war noch offen (16,6). Eine Reise nach Jerusalem zur Überbringung der Geldsammlung hatte er ins Auge gefasst, aber noch nicht entschieden (16,3f). Die Ausführungen in

2Kor 1,15f setzen jedoch einen anderen Reiseplan voraus: Paulus wollte direkt von Ephesus (also per Schiff) nach Korinth kommen, nach einem kurzen Aufenthalt die Gemeinden in Mazedonien besuchen, wieder nach Korinth zurückkehren und von dort aus nach Judäa fahren. Offensichtlich war inzwischen der Entschluss gefallen, dass er selbst das für die Gemeinde in Jerusalem gesammelte Geld überbringen würde. Den geänderten Plan scheint er den Korinthern mitgeteilt zu haben, aber auch diese Version war inzwischen hinfällig geworden.

Paulus erklärt zunächst, warum er seine ursprüngliche Planung, über Mazedonien nach Korinth zu kommen (1Kor 16,5), geändert hat. Er wollte nun *zuerst* Korinth besuchen, dann nach Mazedonien weiterreisen und auf der Rückreise noch einmal in Korinth Station machen (**16**). Als Grund für diese Reihenfolge nennt er: *damit ihr (noch) eine(n) zweite(n) Gnade(nerweis) empfangt.* Aus Gründen, über die wir nur Vermutungen anstellen können, hielt es Paulus für besser, zunächst relativ kurz in Korinth vorbeizuschauen – vielleicht um die wichtigsten der inzwischen aufgetretenen Fragen zu klären –, um dann nach dem Besuch der mazedonischen Gemeinden noch einmal ausführlich mit der Gemeinde in Korinth zusammensein zu können. Das wäre doppelte *Gnade,* denn ein Besuch des Apostels ist immer auch eine Begegnung mit der *Gnade,* die sich im Evangelium offenbart und die der Apostel in seinem Wirken verkörpert.
Seit der Abfassung von 1Kor 16,3f hatte sich auch geklärt, dass es gut wäre, wenn Paulus selbst die kleine Gesandtschaft anführen würde, die das Ergebnis der Geldsammlung für die Gemeinde in Jerusalem überbringen sollte (siehe unten bei 8,2). Dazu wollte er dann von Korinth aus nach *Judäa* reisen und von der Gemeinde in Korinth dafür das *Geleit erhalten.* Diese etwas altertümlich klingende Redewendung kann zweierlei bedeuten: entweder *zum Abschied (ein Stück Wegs) begleiten* (so in Apg 20,38; 21,5) oder *für die Reise ausrüsten* (so Röm 15,24; 1Kor 16,6 und wohl auch hier; vgl. die Übersetzung in der ZB und GNB). Aber während dieser letzte Teil des Plans später verwirklicht wurde (vgl. Röm 15,25), war es zu dem angekündigten Doppelbesuch nicht gekommen (im Griechischen angedeutet: *wollte eigentlich*). Diese zweimalige Veränderung der Reisepläne hatte in Korinth für erhebliche Irritationen, Verdächtigungen und Vorwürfe gesorgt.
Auf sie geht Paulus im nächsten Vers ein (**17**) und fragt: *Habe ich mich, als ich das plante, denn wirklich leichtfertig verhalten?* Zeigen diese Planungen wirklich etwas von der Unbesonnenheit und Unzuverlässigkeit, die man mir vorwirft? Die Formulierung der Frage lässt im Griechischen keinen Zweifel daran, dass Paulus erwartet, dass sie mit einem klaren »Nein« beantwortet wird. So

fragt er noch einmal nach, diesmal grundsätzlicher im Blick auf sein Verhalten ganz allgemein: *Plane ich etwa, was ich plane, nach dem Fleisch* (so wörtlich), das heißt: nur *nach meiner begrenzten menschlichen Einsicht, aufgrund eigener, egoistischer Interessen,* also *nach allzu menschlichen Gesichtspunkten*? Auch diese Frage ist nicht aus der Luft gegriffen. In 10,2 werden wir lesen, dass es Leute in Korinth gab, die Paulus und seinen Mitarbeitern vorwarfen, ein Leben *nach dem Fleisch* zu führen, also sich von rein menschlichen, nur auf den eigenen Vorteil bedachten Maßstäben leiten zu lassen.

In jedem Fall gab es in Korinth kritische Stimmen, die beklagten, dass man sich auf die Aussagen des Paulus nicht verlassen könne, weil bei ihm *das »Ja, ja« zugleich das »Nein, nein«* sei. Die etwas merkwürdig klingende Formulierung hat schon in manchen Handschriften und dann auch bei heutigen Auslegern zu Verbeserungsvorschlägen geführt. Hieß es ursprünglich: *sodass bei mir das Ja ein Nein und das Nein ein Ja ist*? Oder vielleicht: *sodass bei mir das Ja ein Ja und ein Nein ist*? Doch wahrscheinlich ist die Verdoppelung von Ja und Nein im Griechischen eine Redefigur, die das Gewicht der Aussage verstärkt (ähnlich auch Mt 5,37). Der Vorwurf gegen Paulus lautete also: Bei ihm wird auch ein eindeutiges Ja zu einem klaren Nein, denn was er gerade verspricht, das widerruft er im nächsten Augenblick.

Doch nun nimmt die Argumentation des Paulus eine überraschende Wendung: Er legt nicht die Gründe für die Änderung seiner Pläne dar, sondern begründet sehr viel grundsätzlicher die Glaubwürdigkeit und Verlässlichkeit seiner Aussagen (**18–22**). *Doch Gott ist treu* – das ist die Feststellung, die er diesen Vorwürfen und Verdächtigungen entgegenstellt (**18**). Viele Ausleger halten das für eine verdeckte Schwurformel und übersetzen: *Bei der Treue Gottes: Unser Wort an euch ist nicht Ja und Nein (zugleich)!* Das ist denkbar. Aber Paulus leitet mit dieser »Treueformel«, die er häufig verwendet, sonst nie einen Schwur ein (vgl. 1Kor 1,9; 10,13; 1Thess 5,24). Freilich folgt an den anderen Stellen auf die Zusicherung: *Gott ist treu* immer eine Aussage über Gottes Handeln, an dem sich seine Treue zeigt. Hier jedoch geht es um die Auswirkungen auf das Verhalten des Apostels. Gottes Treue und Verlässlichkeit bürgen für die Glaubwürdigkeit des Verkündigers. Man könnte also umschreiben: *Gott ist treu, (darum gilt auch,) dass unser Wort an euch nicht Ja und (zugleich) Nein ist*. Wie und warum das so ist, wird dann in den folgenden Sätzen beschrieben.

Paulus kann die Frage nach der Zuverlässigkeit seiner Auskünfte über seine Reisepläne nicht von der Frage nach der Glaubwürdigkeit seiner Verkündigung trennen. *Unser Wort an euch* umfasst nicht nur die Informationen, die Paulus über seine Pläne oder sein Ergehen weitergibt, sondern auch das, was er als Wort des Evangeliums weitergegeben hat. Davon spricht er in V. **19**. Was in Korinth *(bei euch) verkündigt wurde,* war *der Sohn Gottes, Jesus Christus.*

Im Vergleich zu anderen Würdenamen Jesu wie *Herr* oder *Christus* spricht Paulus eher selten von Jesus als dem *Sohn Gottes.* Aber dort, wo er das tut, geht es immer um zentrale Aussagen über den Inhalt des Evangeliums. So schreibt er in Gal 1,16 ausdrücklich, dass Gott »mir seinen Sohn offenbarte, damit ich ihn den Völkern verkündige«, und auch in Röm 1,1–4 stellt sich Paulus den Christen in Rom als Apostel vor, der ausgesondert wurde, »das Evangelium Gottes ... von seinem Sohn Jesus Christus zu verkündigen« (vgl. Röm 1,9). Paulus lässt nirgends erkennen, dass er mit dem Titel *Sohn Gottes* die Vorstellung einer biologisch zu beschreibenden Abstammung Jesu von Gott verbindet. Vielmehr ist für ihn *Gottes Sohn* eine Dimension in Gottes Sein, gewissermaßen die den Menschen zugewandte Seite Gottes, die dieser in die Welt sendet, um die Menschen zu erlösen und zu seinen Kindern zu machen. In der Person Jesu wird Gottes Sohn Mensch, genauer gesagt Jude, »von einer Frau geboren und unter das Gesetz gestellt« (Gal 4,4). Er wird Mensch mit allem, was unsere verletzliche, versuchliche und sterbliche Geschöpflichkeit ausmacht (Röm 8,3: »in der Gestalt des Fleisches der Sünde«). Gott nimmt in seinem Sohn das menschliche Geschick ganz auf sich; das schließt ein, dass er »seinen eigenen Sohn nicht verschont hat, sondern ihn für uns alle (dem Tod) preisgegeben hat«, um uns aus der Macht der Sünde und des Todes zu erlösen (Röm 8,32). In der Hingabe des Sohnes leidet Gott selbst und erweist uns Menschen seine bedingungslose Liebe (Gal 2,20; Röm 5,8; 8,37–39). Kurz gesagt: Im Sohn wird Gott Mensch, damit wir Menschen die »Sohnschaft« empfangen (Gal 4,5), d.h. als seine geliebten Kinder in Gemeinschaft mit ihm leben. Gott hat »den Geist seines Sohnes in unsere Herzen gesandt«, der uns befähigt, Gott »Abba, lieber Vater« zu nennen (Gal 4,6). Gottes Sohn, den Gott von den Toten auferweckt hat, erwarten die Christen auch als ihren endgültigen Erlöser und Befreier (1Thess 1,9f; vgl. Röm 1,4).

Die knappe Formulierung, *Jesus Christus* als *Sohn Gottes verkündigen,* fasst für Paulus in konzentrierter Weise die heilvolle Botschaft des Evangeliums zusammen: In Jesus begegnet Gott den Menschen als Mensch für die Menschen, nimmt die Bedingungen eines menschlichen Lebens auf sich, um sie mit seiner Liebe zu erfüllen, ja nimmt sogar die Gottesfinsternis des Todes am Kreuz auf sich, um diese letzte Trennung zwischen Gott und Mensch zu überwinden. Durch seine Auferweckung erweist sich Jesus in neuer Weise als Gottes Sohn: Er verkörpert den Sieg der Liebe Gottes über Sünde und Tod, der uns Menschen die Tür in die Gemeinschaft mit Gott öffnet. Wenn Gottes Geschichte mit dieser Welt am Ziel ist, wird er die, die seinem Ruf folgen, in die Vollendung dieser Gemeinschaft führen. Das hat Paulus den Korinthern verkündigt, und es ist ihm an dieser Stelle wichtig, darauf hinzuweisen, dass er damit nicht allein stand, sondern dass dies auch die Botschaft war, die seine Mitarbeiter Silvanus und Timotheus weitergegeben haben.

Silvanus ist dieselbe Person, die in der Apostelgeschichte *Silas* genannt wird. Paulus benutzt die lateinische Version des Namens, *Silas* ist die gräzisierte Form der aramäischen Fassung des hebräischen Namens *Saul*. Nach Lukas stammte Silas aus der Gemeinde in Jerusalem und wurde nach dem sog. Apostelkonzil von dort zusammen mit Judas Barsabbas als Begleiter von Paulus und Barnabas nach Antiochien entsandt (Apg 15,22.32). Er scheint zunächst dort geblieben und als Prophet in der Gemeinde gewirkt zu haben. Nach seiner Trennung von Barnabas nahm ihn Paulus als Begleiter mit auf die zweite Missionsreise (15,40). In Philippi war er mit Paulus im Gefängnis (16,19.25.29), war zusammen mit Timotheus an der Gründung der Gemeinde in Thessalonich beteiligt (17,4.14f; vgl. 1Thess 1,1) und unterstützte wie dieser Paulus bei der missionarischen Arbeit in Korinth (18,5). Danach wird er nicht mehr im Kreis um Paulus erwähnt, aber in 1Petr 5,12 als Schreiber des Petrus (zu *Timotheus* siehe oben zu 1,1).

Paulus ist es wichtig, dass er nicht allein Vertreter und Gewährsmann dieser Botschaft ist, sondern sie zusammen mit anderen weitergegeben hat. Das apostolische *Wir* ist hier also nicht auf die Person des Paulus beschränkt, sondern bezieht sich auf die Gemeinschaft derer, die gemeinsam die apostolische Botschaft weitertragen. In einer Situation, in der sich Paulus manchmal als einsamer Kämpfer angesichts einer misstrauisch gewordenen Gemeinde und feindlich gesinnter Konkurrenten fühlen musste, war das für ihn eine große Hilfe. Entscheidend aber ist, dass Jesus Christus selbst, der Sohn Gottes, *nicht Ja und (zugleich) Nein* war. Er ist keine zweideutige Figur, die unklar in ihrer Botschaft und unglaubwürdig in ihrem Leben wäre. Nein, ganz im Gegenteil: *Das Ja ist in ihm (bleibend) verwirklicht*. Jesus Christus als Gottes Sohn verkörpert geradezu das Ja Gottes zu den Menschen. In ihm ist für sie Gottes Liebe leiblich gegenwärtig. Durch sein Leben, sein Sterben und seine Auferweckung ist das ein für alle Mal geschehen, und durch ihn hat sich diese Liebe bleibend gültig verwirklicht. Darauf kann man sich verlassen.
Paulus begründet und erläutert das noch weiter (**20**): Alle *Verheißungen Gottes*, alle seine *Versprechungen*, die er nach dem Zeugnis der heiligen Schriften Israels, also unserem Alten Testament, gegeben hat, sind in Jesus Christus bestätigt und erfüllt (vgl. Röm 15,8; 9,4). Paulus denkt nicht daran, nun jede einzelne alttesta-

mentliche Zusage Gottes aufzuzählen und als erfüllt abzuhaken. Es geht ihm um die grundsätzliche Feststellung, dass Gott in Jesus Christus sein rettendes und neu schaffendes Ja zu seinem Volk und zu seiner Schöpfung, das er in den Schriften des Alten Testaments vielfach zugesagt hat, endgültig ausgesprochen und verwirklicht hat. Zwar steht die endzeitliche Vollendung von Gottes Heil noch aus, aber das Ja, das Gottes Zusage endgültig bestätigt, ist in Jesus Christus schon ergangen.

Der zweite Teil dieses Satzes ist nicht leicht zu verstehen. *Deshalb (ergeht) auch durch ihn das Amen Gott zur Ehre durch uns.* Mit einem *Amen* (hebräisch für: *wahrlich, gewiss* oder *so sei es!*) wird im Alten Testament das Gesagte bestätigt. Durch sein *Amen* macht das Volk sich das Lob Gottes, das ein Vorsänger vorträgt, zu eigen (1Chr 16,36), und durch sein Amen bejaht es, dass bestimmte heimliche Vergehen gegen die Gemeinschaft unter dem Fluch stehen (Dtn 27,14–26). Mit ihrem Amen bekräftigen Menschen in der Gemeinde den Dank, den andere aussprechen (und sollen deshalb verstehen, was diese sagen: 1Kor 14,16). Weil Gott in Jesu Person und Werk sein *Ja* zu den Verlorenen gesprochen und wahr gemacht hat, wird *durch ihn, also durch Jesu Wort und Wirken,* auch das *Amen* hervorgerufen, mit dem Menschen dieses Ja Gottes für sich gelten lassen. Das Amen gilt Gott und dient seiner *Ehre* und seinem *Ruhm.* Vermittelt aber wird es *durch uns,* also durch die Boten des Evangeliums, die Gottes Ja in Jesus Christus durch ihre Verkündigung in das Leben anderer Menschen hineintragen, sodass diese es mit dem *Amen* ihres Glaubens annehmen und damit Gott preisen.

Noch einmal nimmt die Argumentation des Paulus eine überraschende Wendung (**21f**). Wenn es um die verlässliche gemeinsame Basis im Miteinander der Christen geht, dann muss auf das verwiesen werden, was Gott tut. Zweimal zwei Verben (im Griechischen sind es Partizipien) beschreiben dieses Tun: *festmachen* und *salben, versiegeln* und *eine Anzahlung geben.* Auffallend ist, dass drei davon aus dem Geschäftsleben stammen: *Fest machen* bzw. *in Kraft setzen* wird sehr oft in Verbindung mit (Kauf-)Verträgen benutzt; damit wird die Lieferung einer Ware oder Dienstleistung garantiert. Die gekaufte Ware wird *versiegelt* und damit das Eigentumsrecht durch den Siegel- und Namensabdruck dokumentiert. Und dadurch, dass eine *Anzahlung geleistet* oder *ein Pfand gestellt* wird, wird ein Rechtsgeschäft gültig abgeschlossen, auch wenn es noch nicht völlig abgewickelt ist. Paulus will also offensichtlich mit allem Nachdruck betonen: Was Gott für uns und mit uns tut, gilt garantiert und ist absolut verbindlich und zuverlässig.

Was er aber im Einzelnen mit diesen Aussagen beschreibt, ist nicht ganz einfach zu erkennen. Auffallend ist, dass *fest machen* als einziges der Verben im Präsens steht. Es geht also um etwas, was Gott *bleibend* tut. Und zwar geschieht das nicht nur am einzelnen Christen; Gott befestigt *uns zusammen mit euch*. Durch Gottes Handeln wird also eine verbindliche Gemeinschaft begründet, und zwar *in Christus*. Genau übersetzt sagt Paulus sogar: Gott macht uns fest *auf Christus hin*, oder: *in (die Gemeinschaft mit) Christus hinein*. Paulus beschreibt also einen dynamischen Prozess. Indem Gott die Christen *immer tiefer* in die Gemeinschaft mit Christus führt, festigt und stärkt er ihre Zugehörigkeit zu ihm und zueinander.

Hinzu tritt eine zweite Aussage: Gott *hat uns gesalbt*. Gesalbt werden bedeutet im Alten Testament, in besonderer Weise für den Dienst Gottes erwählt und gekennzeichnet zu werden, sei es als Priester (Lev 4,5), als Prophet (1Kön 19,16), vor allem aber als König (1Sam 9,16; 12,3; 24,7; 26,9). Der erhoffte endzeitliche Friedenskönig ist der *Gesalbte*, der *Messias*, griechisch: *der Christus*. Auch die, die zu Christus gehören, sind *gesalbt*, d.h. als seine Diener und Boten gekennzeichnet. Das entsprechende griechische Wort steht in der griechischen Vergangenheitsform, die auf ein einmaliges Ereignis hinweist. Was ist gemeint? Viele Ausleger denken an die Taufe. Aber sie wird sonst nirgends Salbung genannt, und ein mit der Taufe verbundener Ritus der Salbung ist erst 150 Jahre später bei Tertullian bezeugt. Im übertragenen Sinn spricht 1Joh 2,20.27 von einer *Salbung*. Dort dürfte damit auf die Gabe des Geistes angespielt sein. Das könnte auch hier der Fall sein und stünde dann parallel zu der Gabe des Geistes im nächsten Halbsatz. Paulus kommt es hier wohl vor allem auf das Wortspiel mit *Christus*, dem *Gesalbten*, an und darauf, dass die Christen als *Gesalbte* ganz für den Dienst Gottes beschlagnahmt sind.

Paulus erläutert das, was Gott getan hat, noch durch ein zweites Begriffspaar (**22**). Gott *hat uns auch (für sich) versiegelt*. Siegel hatten in der Antike eine große Bedeutung. Mit ihnen wurden Verträge *besiegelt*, Urkunden rechtsgültig verschlossen und Waren als Eigentum gekennzeichnet. In Offb 7,3 werden die »Knechte unseres Gottes« mit einem Zeichen auf der Stirn *versiegelt*; sie sind damit als Eigentum Gottes gekennzeichnet und stehen unter seinem Schutz. In Röm 4,11 nennt Paulus die Beschneidung ein »*Siegel* der Glaubensgerechtigkeit«, d.h. ihre (nachträgliche) rechtswirksame Bestätigung. Es ist aber nicht wahrscheinlich, dass dies schon zur Zeit des Paulus ein allgemein gebrauchtes Bild für die Taufe war. Darum dürfte auch hier noch kein direkter Bezug auf die Taufe

oder ein Hinweis auf eine liturgische Praxis einer Versiegelung (etwa mit dem Kreuzeszeichen) vorliegen. In Eph 1,13f, wo Motive unserer Stelle aufgenommen werden, wird davon gesprochen, dass die Christen, als sie zum Glauben kamen, mit dem Heiligen Geist *versiegelt* wurden. Wichtig ist auch hier zunächst die grundsätzliche Feststellung: Christen sind durch das, was Gott an ihnen tat, als sie zum Glauben kamen und getauft wurden, rechtsgültig und verbindlich als Gottes Eigentum gekennzeichnet worden.
Ein Begriff aus dem Handelsrecht steht auch im Zentrum der letzten Aussage: *Anzahlung, Angeld* oder *Unterpfand* bezeichnet die Geldsumme, die als erster Teil des Kaufpreises bezahlt bzw. das Pfand, das gestellt wird, um den Anspruch auf eine Ware oder eine Leistung rechtlich zu sichern. Indem Gott den *Heiligen Geist* gibt, leistet er die rechtsverbindliche Anzahlung bzw. den *Vorschuss*, durch die die Teilhabe am endzeitlichen Heil zugesichert wird (vgl. auch 5,5). Ein ähnlicher Gedanke liegt vor, wenn der Geist als Erstlingsgabe (Röm 8,23) bezeichnet wird. Dass diese Anzahlung in *unsere Herzen* geleistet wird, zeigt, dass Paulus die rechtlichen Begriffe nur locker gebraucht: Diejenigen, die sich Gott durch diese Anzahlung als Eigentum sichert, sind zugleich die Empfänger der Anzahlung! Paulus denkt von der Sache her: Die Gegenwart Gottes in seinem Geist ist Unterpfand und »Vorschuss« für die endgültige Gemeinschaft mit ihm in seiner Herrlichkeit.
Paulus will durch die zwei parallelen Doppelaussagen die Gewissheit und Zuverlässigkeit dessen unterstreichen, was Gott an der Gemeinde und an den apostolischen Verkündigern getan und wodurch er sie zu einer verbindlichen Gemeinschaft zusammengeschweißt hat. Dabei zielt er mit seinen Aussagen nicht – wie viele Ausleger meinen – speziell auf den Vorgang der Taufe, sondern auf den Prozess des Christwerdens als Ganzes, insbesondere aber auf das Geschenk des Geistes (vgl. dazu Gal 3,2–5).

Die Argumentation des Paulus hat einen ungewöhnlichen Weg genommen: Er beginnt mit der Absicht, Zweifel an der Verlässlichkeit seiner Auskünfte über seine Reisepläne auszuräumen. Dann aber verweist er auf die Treue *Gottes* und die Verlässlichkeit seines Handelns in *Christus* und erinnert die Gemeinde daran, dass Gott sein Ja zu ihnen rechtsverbindlich gemacht hat, als sie Christen wurden: Er hat sie als sein Eigentum gekennzeichnet und durch seinen *Geist* schon jetzt in seine Gemeinschaft aufgenommen. Was aber hat diese fast trinitarisch entfaltete Vergewisserung des Heils mit den anfangs genannten Vorwürfen zu tun?
Die Argumentation des Paulus lässt sich nur erklären, wenn die Vorwürfe im Blick auf die Unzuverlässigkeit und Undurchsichtigkeit sei-

ner Reisepläne Aufhänger waren für sehr viel tiefer greifende Anschuldigungen und Verdächtigungen im Blick auf die Klarheit und Vollmacht seiner Verkündigung. Dazu gibt es im Verlauf des Briefs genügend Hinweise (vgl. 2,17; 4,3f; 5,11; 6,12; 10,2.10). Darum muss Paulus, bevor er auf die Vorwürfe im Blick auf seine Reisepläne eingeht, einiges grundsätzlich klarstellen:

a) Die Botschaft des Paulus und seiner Mitarbeiter entspricht in ihrer Zuverlässigkeit der Zuverlässigkeit Gottes, der in Christus seine Verheißungen eingelöst hat.

b) Diese Übereinstimmung wird durch die Korinther selbst bestätigt, denn sie sind durch die apostolische Verkündigung zum Glauben gekommen.

c) Auch die korinthischen Christen haben dadurch, dass sie Christen wurden, Anteil an der Verlässlichkeit Gottes bekommen. Sie sind Eigentum Gottes und leben in einer Beziehung, in der es keine Zweideutigkeit und Unsicherheit gibt.

d) In diese Beziehung gehören aber auch Paulus und seine Mitarbeiter hinein. Wird ihre Zuverlässigkeit bezweifelt, dann wird auch das eigene Heil infrage gestellt (vgl. Schmeller, 119).

Kurz gesagt: Als Christen leben Gemeinde und Apostel gemeinsam von Gottes verbindlichem Ja, das er in Christus zugesagt und durch das Geschenk seines Geistes verbürgt hat. Auf dieser Vertrauensbasis sollte auch über offene Fragen im Blick auf das Verhalten im täglichen Leben gesprochen werden.

Paulus will damit nicht sachliche Anfragen an seine Arbeitsweise durch den Verweis auf die großen Heilstatsachen abblocken. Das wäre ein gefährliches Verfahren. Darum wird er im nächsten Abschnitt auf diese Fragen zurückkommen. Aber er befürchtet, dass eine unqualifizierte Kritik an den Verkündigern auch die Autorität der Botschaft beeinträchtigt. Wo Misstrauen zum Leitfaden im Umgang miteinander wird, steht auch die Glaubwürdigkeit des Evangeliums auf dem Spiel. Die Kritik an denen, die in Kirche und Gemeinde einen Auftrag haben, muss sachlich bleiben, sonst gefährdet sie das Vertrauen auf das Evangelium und damit die Grundlage der Gemeinschaft.

1,23 – 2,11
Gründe für das Verhalten des Apostels

[23]Ich rufe aber Gott zum Zeugen an (und schwöre) bei meinem Leben: Um euch zu schonen, bin ich nicht mehr nach Korinth gekommen. [24](Das heißt aber) nicht, dass wir Herren über euren Glauben sind, sondern wir sind Mitarbeiter eurer Freude. Denn im Glauben

**steht ihr ja fest. 2 [1]Aber das hatte ich für mich beschlossen, dass ich
nicht noch einmal unter schmerzlichen Umständen zu euch
komme. [2]Denn wenn ich euch Schmerzen bereite, ja wer ist es denn
dann, der mir Freude macht, wenn nicht der, dem ich Schmerzen
bereite? [3]Genau das habe ich euch auch geschrieben, damit ich
nicht, wenn ich komme, (gerade) von denen Schmerzen zugefügt
bekomme, über die ich mich freuen müsste, (und ich tat das) im
Vertrauen auf euch alle, dass meine Freude (auch) euer aller (Freude) ist. [4]Denn aus großer Bedrängnis und Beklemmung des Herzens
habe ich euch unter vielen Tränen geschrieben, (und zwar) nicht,
damit euch das schmerzt, sondern damit ihr die Liebe erkennt, die
ich ganz besonders zu euch habe.**

**[5]Wenn aber einer (jemandem) Schmerzen zugefügt hat, hat er nicht
mir Schmerzen zugefügt, sondern zum Teil – um nicht zuviel zu sagen – euch allen. [6]Doch ist für den Betreffenden diese durch die
Mehrheit (verhängte) Strafe genug, [7]sodass ihr stattdessen (nun)
eher verzeihen und ermutigen solltet, damit derjenige nicht von
übergroßem Schmerz überwältigt wird. [8]Darum bitte ich euch dringend, ihm gegenüber Liebe walten zu lassen. [9]Denn gerade dazu
habe ich ja auch geschrieben, damit ich erkenne, wie zuverlässig ihr
seid, (nämlich,) ob ihr in jeder Hinsicht gehorsam seid. [10]Wem ihr
etwas verzeiht, (dem verzeihe) auch ich, denn auch ich (habe), was
ich verziehen habe – wenn ich (überhaupt) etwas zu verzeihen hatte –, um euretwillen im Angesicht Jesu Christi (verziehen), [11]damit
wir nicht vom Satan überlistet werden. Denn seine Absichten sind
uns keineswegs unbekannt!**

Paulus hat begriffen, dass die Frage nach der Zuverlässigkeit seiner Informationen für die Korinther keine Nebensächlichkeit ist. Und er spürt auch, dass sie mit dem Verweis auf die Zuverlässigkeit Gottes und seines Evangeliums noch nicht erledigt ist. Darum kommt er jetzt auf die Ausgangsfrage zurück (**23**). Dass das, was er dazu zu sagen hat, wirklich wahr ist, dafür ruft er *Gott zum Zeugen an*. Das tut Paulus nicht selten, auch in Fällen, in denen seine Glaubwürdigkeit nicht angezweifelt wird (vgl. Röm 1,9; Phil 1,8; 1Thess 2,5.10). Hier, wo sie infrage steht, verstärkt er das durch die Formel *bei meinem Leben* (wörtlich: *gegen meine Seele*). Er verpfändet also gewissermaßen sein Leben für die Wahrheit seiner Aussage; wenn nicht wahr ist, was er sagt, will er lieber sterben. (Jesu Gebot, nicht zu schwören [Mt 5,34], scheint Paulus nicht gekannt zu haben.) Er hat gemerkt: Hier steht für ihn und sein Werk viel auf dem Spiel.

Deshalb sagt er nun klar und eindeutig, warum er seinen mehrfach angekündigten Besuch in Korinth nicht verwirklicht hat: Um die Korinther *zu schonen,* ist er nicht ein weiteres Mal nach Korinth gekommen. Für die Korinther war klar, was damit gemeint war (vgl. 2,2). Hätte er nach bestimmten Vorfällen in Korinth, über die gleich zu sprechen sein wird, seine Ankündigung wahr gemacht, dann wäre das eine Begegnung geworden, die für die Christen in Korinth (und auch für Paulus selbst) sehr unangenehm und schmerzhaft verlaufen wäre. Davor wollte er die Korinther verschonen. Aber indem er das sagt, sieht Paulus schon ein weiteres Missverständnis drohen (**24**). Dass er sich vor der Alternative sah, die Gemeinde zu schonen oder hart durchzugreifen, bedeutet nicht, dass er sich und seine Mitarbeiter in der Rolle von *Herren* sieht, die über den Glauben der korinthischen Christen bestimmen und urteilen. Sie wollen und sollen nichts anderes sein als *Mitarbeiter* an ihrer *Freude.* Zusammen mit den Korinthern wollen Paulus und seine Begleiter daran arbeiten, dass die *Freude* an Gottes Heil, mit der Gottes Geist das Leben der Glaubenden erfüllt, ihr Leben mehr und mehr durchdringt (Röm 15,13; Phil 1,25; Gal 5,22).

Paulus schiebt eine weitere Begründung nach: *Denn im Glauben steht ihr ja fest.* Daran soll es trotz der anstehenden Probleme und teilweise heftigen Auseinandersetzungen keine Zweifel geben: Paulus stellt nicht das Christsein der Gemeinde in Korinth infrage und respektiert, dass sie in Fragen des Glaubens eine klare Position einnehmen. Allerdings legt es die Formulierung dieses und des voranstehenden Satzes nahe, auch noch zwei Dinge zwischen den Zeilen zu lesen: Erstens gibt es möglicherweise andere Fragen im Leben der Gemeinde und ihrer Glieder, die das Eingreifen des Apostels nötig machen. Denn als *Mitarbeiter* an ihrer *Freude* möchte er sie vor Entwicklungen bewahren, die ihnen nur Kummer und Leid bereiten werden. Zweitens deutet Paulus damit an, dass es andere Kräfte gibt, die darauf aus sind, sich zu Herren über den Glauben der Korinther zu machen und sie unter ihrer Herrschaft zu versklaven.

Aber *für sich* hatte Paulus entschieden, dass er *nicht noch einmal unter schmerzlichen Umständen* nach Korinth kommen würde (**2,1**). In den Worten *nicht noch einmal* versteckt sich eine wichtige Information für uns: Paulus muss in der Zwischenzeit kurz in Korinth gewesen sein! Denn von seinem ersten Aufenthalt würde er wohl kaum sagen, dass er *unter schmerzlichen* oder *betrüblichen Umständen* stattgefunden habe. Es muss also einen kurzen Zwischenbesuch des Paulus gegeben haben, bei dem es zu unschönen Auseinandersetzungen gekommen ist, sodass Paulus von einem Besuch *in Traurigkeit* (LÜ) bzw. *in Betrübnis* sprechen muss. Die Umstände waren jedenfalls so, dass weder Paulus noch die Korinther diesen Aufenthalt als den in 1Kor 16,5f bzw. 2Kor 1,16 angekündigten zweiten Besuch in der Gemeinde ansahen. Offensichtlich war er aufgrund von Nachrichten über Schwierigkeiten in der Gemeinde kurz auf dem Seeweg von Ephesus nach Korinth gekommen, aber dann in einer für ihn sehr schmerzlichen Situation auch wieder bald abgereist.

In 2,1–11 und dann erneut in 7,8–13 verwendet Paulus gehäuft Formen eines griechischen Wortstamms, den wir im Deutschen mit *Betrübnis / betrüben, Traurigkeit / traurig machen* oder auch *Schmerz / Schmerzen zufügen* übersetzen können. Es geht um ein Verhalten, das andere verletzt oder kränkt, ihnen Kummer bereitet oder sie traurig macht. Es ist im Deutschen fast nicht möglich, die unterschiedlichen Nuancen ebenfalls mit dem gleichen Wortstamm wiederzugeben; wir versuchen, mit dem Begriff *Schmerz* zu arbeiten.

Paulus geht auf die näheren Umstände dieses Zwischenbesuchs nicht ein. Den Korinthern war ja bekannt, was geschehen war. Er begründet zunächst, warum ihn diese Erfahrung davon abhielt, den eigentlich geplanten Besuch in Korinth zu machen (**2**). Wäre er gleich wieder nach Korinth gekommen, hätte es weitere Auseinandersetzungen gegeben, die für alle Beteiligten schmerzlich gewesen wären. Er konnte von einer Gemeinde, die er mit ihrem problematischen Verhalten hätte konfrontieren müssen und so *traurig gemacht* und *betrübt hätte* (LÜ), nicht erwarten, dass sie ihm *Freude macht*. Das aber hatte er sich von diesem zweiten Besuch in Korinth erhofft.

Genau das, also dass er aufgrund der genannten Problematik nicht nach Korinth kommen könne, hat Paulus der Gemeinde schon *geschrieben* (**3**). Diese Aussage enthält für uns eine weitere wichtige Information: Paulus hat nach dem kurzen Zwischenbesuch einen Brief nach Korinth geschrieben, der unserem 2. Korintherbrief vorausging.

Manche Ausleger wollen die Annahme eines weiteren Briefs ausschließen, indem sie die Vergangenheitsform *Ich habe euch geschrieben* mit einer Eigenart antiken Briefstils erklären: In ihr versetzt sich der Briefschreiber schon in die Situation der Briefempfänger und formuliert deshalb, was er jetzt schreibt, in der Vergangenheitsform. Wäre dies der Fall, müsste man übersetzen: *Ich schreibe euch* (so die ZB). Aber, was Paulus in 2,4 und vor allem in 7,8f schreibt, wo dieser Brief auch erwähnt wird, schließt aus, dass Paulus hier den Brief meint, den er gerade diktiert. Es muss sich also um einen früheren Brief handeln. Die Art, wie Paulus ihn in 2,4 charakterisiert (*aus großer Bedrängnis und Beklemmung des Herzens … unter vielen Tränen geschrieben*) macht es aber auch unwahrscheinlich, dass der 1. Korintherbrief damit gemeint ist. Es muss sich um einen anderen Brief handeln. Er wird aufgrund der Charakteristik in 2,4 oft als der »Tränenbrief« bezeichnet. Manche Ausleger meinen, die Kap. 10–13 seien ein Teil dieses Briefs, der später an die Kap. 1–9 angehängt wurde; denn dort findet sich eine sehr heftige und emotionale Auseinandersetzung des Paulus mit Vorwürfen, die in Korinth gegen ihn erhoben wurden. Aber gerade das, was Paulus in 2,5–9 und 7,12 über den Inhalt des Briefs sagt (die Zurechtweisung eines Gemeindeglieds, das ihn beleidigt hat), findet sich in diesen vier Kapiteln nicht. Der Tränenbrief scheint verloren gegangen zu sein.

In diesem Brief hat Paulus unter anderem dargelegt, dass es nicht sinnvoll sei, jetzt den ins Auge gefassten längeren Besuch in Korinth anzutreten, da die Gefahr bestehe, dass es wieder nur zu schmerzlichen Auseinandersetzungen komme. Er hat dies geschrieben im Vertrauen darauf, dass auch die Korinther es nicht darauf anlegen, dem Apostel wehzutun, sondern sich lieber mit ihm an einer harmonischen Gemeinschaft erfreuen würden.
Nun scheint allerdings dieser Brief auch Dinge angesprochen zu haben, die in Korinth Bestürzung und schmerzliche Trauer ausgelöst haben. Paulus betont deshalb, wie sehr er selbst unter dieser Situation gelitten und deshalb jenen Brief *aus großer Bedrängnis und Beklemmung des Herzens* und *unter vielen Tränen geschrieben* hat (**4**). *Bedrängnis* (LÜ: *Trübsal*) bereitet ihm nicht nur der Widerstand derer, die dem Evangelium feindlich gegenüberstehen (1,4.8; 4,17; 6,4; vgl. Röm 5,3; 8,35), sondern auch die unheilvolle Entwicklung in der Gemeinde. Das ficht ihn bis ins Innerste an und führt zu inneren Angstzuständen (*Beklemmung des Herzens*). Der Apostel schämt sich auch nicht, von den *vielen Tränen* zu sprechen, unter denen er diesen Brief geschrieben hat, auch wenn dies vielleicht im übertragenen Sinn zu verstehen ist, um die innere Not und tiefe Erschütterung zu beschreiben, unter deren Einfluss der Brief entstanden.
Und doch hat er den Brief nicht geschrieben, damit nun ihrerseits die Korinther *betrübt* und *traurig werden* und sie *schmerzt*, was sie Paulus angetan haben. Die aufgewühlte Emotionalität des »Tränenbriefs« sollte vielmehr nach dem Willen des Paulus dazu helfen, dass *ihr die Liebe erkennt, die ich ganz besonders zu euch habe*. Dass Paulus erkennen lässt, wie sehr er an den Problemen in der Gemeinde und an bestimmten Vorfällen in ihr leidet, soll den Korinthern nicht weh tun, sondern ihnen zeigen, wie sehr er sie liebt und sich um sie sorgt.
Im folgenden Unterabschnitt spricht Paulus einen Konflikt mit einem Einzelnen an, der offensichtlich wesentlich dazu beigetragen hat, dass es bei seinem Zwischenbesuch zu einer so spannungsvollen Situation kam (**5–11**). Auch diese Aussagen sind durch das Begriffsfeld *Schmerz / Schmerzen zufügen* (in andere Übersetzun-

gen: *betrüben / traurig machen / Trauer*) mit dem vorhergegangenen Abschnitt eng verbunden. Leider begnügt sich Paulus mit vagen Andeutungen dessen, was geschehen ist. Die Korinther wissen ja, worum es geht, und Paulus möchte die Angelegenheit nicht wieder aufrühren. So können wir nur raten, worauf Paulus im Einzelnen anspielt.

Es ist immer wieder vermutet worden, es gehe hier nicht um einen Vorfall bei einem angeblichen Zwischenbesuch, sondern um die in 1Kor 5,1–5 getadelte Situation, dass ein Mann mit der Frau seines Vaters zusammenlebt. Paulus hatte dort von der Gemeinde gefordert, diesen Menschen feierlich »dem Satan zu übergeben« und so aus der Gemeinde auszuschließen. Aber alles, was wir in 2Kor 2,5–11 und 7,11f zu dieser Problematik lesen, deutet auf eine persönliche Kränkung des Paulus hin, nichts hingegen auf jenen Fall. Auch dass Paulus relativ schnell dazu rät, der Person zu verzeihen, spricht gegen eine solche Verbindung.

Wichtig ist Paulus, die ganze Sache nicht nur als sein persönliches Problem zu sehen, wie das wohl einige in Korinth getan haben. Darum betont er: *Wenn da einer (jemandem) Schmerzen zugefügt hat,* dann *hat er nicht* (nur) *mir Schmerzen zugefügt;* etwas situationsgerechter übersetzt: *Wenn jemand gekränkt oder verletzt worden ist, dann nicht* (nur) *ich*! (**5**) Offensichtlich ist Paulus bei jenem Zwischenbesuch von einem Gemeindeglied in kränkender und verletzender Weise angegriffen worden (vgl. 7,12, wo Paulus andeutet, dass ihm jemand Unrecht zugefügt habe). Die übrigen Gemeindeglieder scheinen sich dabei eher passiv verhalten und Paulus nicht unterstützt zu haben. Das hat sich dann – wie wir noch erfahren werden – unter dem Eindruck des »Tränenbriefs« und durch die Vermittlung des Titus geändert. Aber Paulus ist es wichtig, noch einmal darauf hinzuweisen, dass diese Kränkung nicht nur ihn betroffen hat, sondern – zumindest *zum Teil – alle* Gemeindeglieder. Der Apostel ist vorsichtig. Er sagt: *zum Teil;* das heißt entweder: Das gilt *nur für einen Teil* der Gemeinde; oder (wahrscheinlicher): Die Gemeinde ist *in gewissem Maße* mit betroffen. Die einschränkende Bemerkung, *um nicht zu viel zu sagen* deutet an, dass Paulus spürt, dass er sich hier immer noch auf schwierigem Terrain befindet.
Allerdings hat sich inzwischen die Situation in Korinth geändert. Die *Mehrheit* in der Gemeinde hat sich mit dem Apostel solidarisiert und über *den Betreffenden* eine *Strafe* verhängt (**6**). Paulus schreibt: *diese* Strafe; es handelt sich also um eine Maßnahme, die allen Beteiligten bekannt war. Wir können nur vermuten, worin sie bestand; möglicherweise handelte es sich um den zeitweiligen Ausschluss aus der Gemeindeversammlung. Ob die Minderheit ge-

gen eine Bestrafung war oder – wie einige vermuten – ein härteres Vorgehen forderte, wissen wir nicht. Doch ist das Erste wahrscheinlicher. Jedenfalls hat dieses klare Zeichen der Solidarität der Mehrheit mit dem Apostel Wirkung gezeigt. Der Betroffene hat eingesehen, dass er sich falsch verhalten hat, und bereut, was er getan hat. Das kann man jedenfalls aus der Reaktion des Paulus schließen, der die Gemeinde auffordert, statt einer Fortsetzung der Strafaktion dem Betreffenden (nun) *eher* zu *verzeihen* und ihn zu *trösten* (LÜ) bzw. (positiver übersetzt) ihn zu *ermutigen,* sich wieder in die Gemeinschaft hineinnehmen zu lassen (**7**).
Paulus hält dieses veränderte Verhalten aus seelsorgerlichen Gründen für notwendig, *damit derjenige nicht von übergroßem Schmerz überwältigt wird* (LÜ: *nicht in allzu große Traurigkeit versinkt*). Es tut der Person, die den Apostel – und mit ihm die Gemeinde – gekränkt und ihnen Schmerzen bereitet hat, nun leid, was sie getan hat, und es besteht die Gefahr, dass sie in der *Trauer* und im *Schmerz* darüber *untergeht* und *ertrinkt* (so wörtlich). Paulus *bittet* deshalb die Gemeinde, *ihm gegenüber Liebe walten zu lassen* (**8**). Wörtlich sagt er: *Liebe zu beschließen.* Das klingt merkwürdig. Liebe kann man nicht beschließen. Aber da es sich bei der Strafmaßnahme um einen offiziellen Mehrheitsbeschluss in der Gemeindeversammlung handelte, muss auch ihre Aufhebung beschlossen werden. Paulus möchte aber nicht nur die Wiederzulassung zur Gemeindeversammlung (oder worin sonst die Strafe bestanden haben mag), sondern die Neubegründung eines geschwisterlichen Verhältnisses, also ein Miteinander in *Liebe,* beschließen lassen. Dabei respektiert er die Selbständigkeit der Gemeinde. Er befiehlt nicht, er *bittet,* allerdings bittet er *dringend* (LÜ: *ermahnt*) und macht so seinen Anspruch deutlich, als Apostel gehört zu werden.
Damit hängt auch die nächste Bemerkung zusammen, die erklären soll, warum Paulus zunächst auf der Bestrafung des Schuldigen bestand und nun auf seine Begnadigung drängt (**9**). Das eigentliche Ziel der Forderung nach einer Bestrafung war nämlich, dass Paulus herausfinden wollte, wie *zuverlässig* die Gemeinde zu ihm als ihrem Apostel steht (wörtlich: *eure Bewährung erkenne*). Indem er die korinthischen Christen drängte, auf den Vorgang zu reagieren, wollte er testen, ob diese *in jeder Hinsicht gehorsam* sind. Diese Aussage weckt Rückfragen. Erstens sind wir heute gegen alle pauschalen Gehorsamsforderungen allergisch, und zweitens scheint es der Aussage des Paulus zu widersprechen, dass er und seine Begleiter nicht Herren über den Glauben der Korinther, sondern Mitarbeiter ihrer Freude sein wollen. Wo Paulus sonst von Gehorsam und gehorchen spricht, bezieht er das auf das Evangelium, die Botschaft von rettenden Glauben, der sich Men-

schen ganz anvertrauen und zur Verfügung stellen sollen (Röm 1,5; 10,16). Das aber bringt Paulus in einen Zwiespalt, der sich gerade in den beiden Briefen an die Korinther immer wieder zeigt: Einerseits möchte er sich und seine Person zurücknehmen und die Eigenverantwortung der Gemeinde respektieren; andererseits sieht er nicht selten in Angriffen gegen sich und seinen Auftrag einen Angriff auf das Evangelium. So beurteilt er auch den Konflikt mit jener Person, und deshalb erwartet er von der Gemeinde, dass sie zu ihm hält und seinen Anweisungen folgt.

Wie in V. 3 bezieht sich auch in V. 9 die Vergangenheitsform *habe ich geschrieben* mit großer Wahrscheinlichkeit auf den sog. *Tränenbrief*, also einen Brief, den Paulus nach dem missglückten Zwischenbesuch in Korinth geschrieben hatte. Obwohl die Übersetzung der ZB: *ich schreibe* sprachlich möglich wäre, lässt sich das, was Paulus hier über den Inhalt seines Schreibens sagt, nicht auf den 2. Korintherbrief beziehen; nirgends wird eine bestimmte Maßnahme gefordert. Und auch der 1. Korintherbrief kommt nicht infrage, da es an der einzigen Stelle, auf die zutreffen könnte, was Paulus hier schreibt, nämlich 5,1–5, um ein anderes Problem geht.

Doch gleich im nächsten Satz betont Paulus, dass er grundsätzlich im Einvernehmen mit der Gemeinde handeln möchte: *Wem ihr etwas verzeiht, (dem verzeihe) auch ich*, schreibt er (**10**), und kommt wieder auf sein Anliegen von V. 7 zurück. Er spielt damit die Entscheidung erneut den Korinthern zu, obwohl er selbst bereits die Initiative ergriffen hat. Das will er auch nicht verdecken. Ganz betont weist er sie darauf hin, dass sein Entschluss zu vergeben, der schon getroffen und innerlich vollzogen ist (im Griechischen steht das Perfekt), *um euretwillen* getroffen wurde. Paulus wollte dazu beitragen, den inneren Frieden in der Gemeinde wiederherzustellen.

Allerdings schränkt er ein: *wenn ich (überhaupt) etwas zu verzeihen hatte*. Paulus sagt das weniger aus Bescheidenheit. Vielmehr geht es ihm darum, noch einmal festzuhalten, dass es bei diesem Konflikt nicht zuerst um seine Person ging, sondern um die Gemeinde. Sie vor allem war durch diesen Vorfall angegriffen und die Autorität der Verkündigung des Evangeliums infrage gestellt, auch wenn das viele erst später bemerkt haben und manche immer noch bezweifeln mögen. Darum ist auch der Akt des Verzeihens und Vergebens nicht nur eine zwischenmenschliche Angelegenheit, sondern geschieht *im Angesicht Jesu Christi*, also in der Verantwortung vor ihm und in der Vollmacht, Vergebung zuzusprechen, weil auch Christus vergibt.

Vergebung und Versöhnung in der Gemeinde sind nötig, *damit wir nicht vom Satan überlistet werden* (**11**). Wo in der Gemeinde

Konflikte nicht aufgearbeitet werden und die Bereitschaft zur Vergebung fehlt, gewinnt die Macht des Bösen Raum und zerstört die Gemeinschaft von innen heraus. Paulus mag konkret an zwei Probleme denken: Derjenige, der den Konflikt ausgelöst hatte und durch die klare Haltung der Mehrheit zur Besinnung und zu ehrlicher Reue gebracht wurde, könnte völlig in Verzweiflung geraten und, ohne den Rückhalt der Gemeinde, dem Satan ins Netz gehen.
Grund zur Sorge könnte aber auch sein, dass durch den ungelösten Konflikt das Miteinander in der Gemeinde und mit dem Apostel Schaden nimmt und dadurch zugleich die Verbindung mit Christus beschädigt wird und manche von der Macht des Bösen überwältigt werden.

Satan ist ein hebräisches Wort für *Widersacher, Feind* oder *Prozessgegner* (so in 1Sam 29,4; 2Sam 19,23; Ps 109,6). Das Wort wird dann zur Bezeichnung einer Gestalt, die zur Ratsversammlung Gottes, den »Gottessöhnen«, gehört (Hiob 1,6f) und dort die Funktion eines himmlischen Staatsanwalts und Anklägers einnimmt, der auch die Aufgabe wahrnimmt, die Echtheit der Frömmigkeit eines Gerechten zu prüfen (Hiob 1 und 2). Seinem Wirken ist aber durch den Willen Gottes eine klare Grenze gesetzt (vgl. Sach 3,1f). Als *Versucher* erscheint er erstmals in 1Chr 21,1, wo er David zur verhängnisvollen Volkszählung anstiftet (in Korrektur von 2Sam 24,1, wo dies dem Zorn Jahwes zugeschrieben wird). In dieser Funktion erscheint er auch in den Evangelien (Mk 1,13; Mt 4,1–11; Lk 4,1–13). So wird *Satan* im Neuen Testament zum Eigennamen der widergöttlichen Macht, des Teufels. Für Paulus personifiziert *Satan* die Macht des Bösen. Er wird dadurch zum Gegenspieler Christi, der Gottes rettende Macht und die Kraft der Liebe verkörpert (11,14; 12,7; vgl. auch zu 4,4).

Paulus weiß um die Gefährdung durch die Macht Satans; mit leichter Ironie sagt er: *Denn seine Absichten sind uns keineswegs unbekannt*. Das heißt im Klartext: Wir (also der Apostel und seine Mitarbeiter und hoffentlich auch die Gemeinde selbst) wissen sehr wohl, wie schnell die verführerischen Kräfte des Bösen Schwachstellen in der Gemeinde und dem Leben ihrer Glieder ausnutzen, um sie vom Weg mit Christus abzubringen. Damit ist noch einmal unterstrichen: Es geht in diesen Fragen nicht nur um die persönliche Auseinandersetzung des Paulus mit einem Gemeindeglied, sondern um Wohl und Wehe der ganzen Gemeinde.

»Nicht Herren über euren Glauben, sondern Mitarbeiter an eurer Freude« – das ist ein Satz, mit dem sich wohl die meisten, die in kirchenleitenden Funktionen tätig sind, identifizieren würden. Das Beispiel des Paulus zeigt, dass er nicht immer so einfach zu verwirklichen ist, insbesondere im Konfliktfall. Wo steht das Evangelium auf dem Spiel und wo geht es doch um Macht oder wo sind einfach persönliche Dinge zu bereinigen?

Paulus ist überzeugt, dass es in bestimmten Situationen notwendig ist, um des Evangeliums willen auf Klärung zu drängen. Gemeinde- und Kirchenleitung wird nicht immer konfliktfrei arbeiten können. Entscheidend ist dann, wie mit Konflikten umgegangen wird. Paulus besteht darauf, dass auch in der Gemeinde Unrecht benannt und kränkendes Benehmen nicht einfach hingenommen wird, sondern die Betreffenden mit der Problematik ihres Verhaltens konfrontiert und in die Schranken gewiesen werden. Gerade wo die Autorität der Verkündigung davon betroffen ist, erwartet er als Bote des Evangeliums, dass sich die Gemeinde mit ihm solidarisiert. Die Bereitschaft zur Vergebung und zu neuer, von der Liebe bestimmten Gemeinschaft ist wichtig, aber sie darf nicht die Notwendigkeit verdecken, strittige Fragen zu klären.

Inwieweit das, was der Apostel und Gemeindegründer für sich beansprucht, auch heute für Verkündiger und Amtsträger gilt, ist eine offene Frage. Ob zur Achtung vor der Autorität der Botschaft auch der Respekt vor der Autorität von Boten und Botinnen des Evangeliums gehört, dürfte eine unpopuläre Fragestellung sein. Sie muss aber ernsthaft bedacht werden. Das darf die Verkündiger jedoch nicht daran hindern, selbstkritisch zu prüfen, ob sie eigene Empfindlichkeit mit der Sache des Evangeliums vermischen. Es wird allerdings eher selten sein, dass die Zurechtweisung von Menschen, die ungerechtfertigte Anschuldigungen vorbringen, so schnell zu Einsicht und Reue und dann auch zu Vergebung und Neuanfang führt, wie es Paulus hier erlebt. Neben die Aufgabe, Solidarität mit dem »Opfer« zu beweisen, mag sich dann die andere stellen, den »Täter« nicht einfach aufzugeben, sondern zu versuchen, ihn zu verstehen, ohne deshalb Kompromisse in der Sache einzugehen.

2,12 – 7,3
Das Wesen des apostolischen Dienstes

Mit diesen Hinweisen beendet Paulus seine Äußerungen zu den Auseinandersetzungen der Vergangenheit und wendet sich der Gegenwart zu. Dabei verwendet er eine sehr eigentümliche briefliche Strategie. Er schildert kurz (2,12f), wie sehr er auf die Rückkehr des Titus und seine Nachrichten über die Situation in Korinth gewartet hat, nimmt aber den Faden dieser Erzählung erst wieder in 7,5–7 auf. Dazwischen schiebt er ganz grundsätzliche Aussagen über seinen Auftrag und seinen Dienst als Apostel ein.

Was er dazu sagt, lässt vermuten, dass er damit auf Vorwürfe und Anfragen vonseiten der Korinther antwortet.
Fast alle Auslegungen behandeln 2,14 – 7,4 als einen eigenständigen Briefteil. Manche vermuten sogar, dass dieser Abschnitt ursprünglich zu einem anderen Brief gehörte, in dem Paulus sich und seine Arbeit verteidigte (seine *Apologie*) und der erst nachträglich hier eingefügt wurde (siehe dazu unten bei 2,14). Nimmt man aber den Brief in seiner jetzigen Gestalt ernst, dann darf man den Zusammenhang von 2,12f und 2,14–17 nicht auseinanderreißen. An ihm zeigt sich die für diesen Brief typische Zusammengehörigkeit von aktueller Auseinandersetzung und grundsätzlichen Überlegungen.
Die Ausführungen in 2,14 – 7,3 lassen sich in drei thematisch unterschiedene Abschnitte und einen abschließenden persönlichen Appell aufteilen:

2,12 – 4,6	Die apostolische Verkündigung: schöpferische Offenbarung der Herrlichkeit Gottes
4,7 – 5,10	Die apostolische Existenz: Leben in Leiden und Hoffnung
5,11 – 6,10	Der apostolische Auftrag: Dienst der Versöhnung
6,11 – 7,3	Ein Platz in den Herzen der Korinther

Diese grundsätzlichen Erwägungen sind eingebettet in die Erzählung von der Reise des Paulus Titus entgegen (2,12f), die zu dem ersten thematischen Abschnitt hinführt, und den Bericht von dessen Ankunft mit guten Nachrichten aus Korinth (7,4–7), der den Schlussteil des ersten Hauptteils des Briefs einleitet.

2,12 – 4,6
Die apostolische Verkündigung: schöpferische Offenbarung der Herrlichkeit Gottes

In einem ersten Abschnitt nimmt Paulus den Bericht über sein inneres Ringen zwischen missionarischem Erfolg und Sorge um die Gemeinde zum Anlass, grundsätzlich über die Bedeutung seiner Verkündigung des Evangeliums nachzudenken. Dieser Abschnitt gliedert sich in drei Teile: 2,12 – 3,6 *Gewicht und Bedeutung des apostolischen Dienstes;* 3,7–18 *Die Herrlichkeit des Neuen Bundes;* 4,1–6 *Die Wirkung der apostolischen Verkündigung.* Da der erste dieser drei Teile zwei sehr unterschiedliche Bilder aufgreift, ist es hilfreich, ihn noch einmal aufzuteilen: 2,12 – 17 *Die Verkündigung des Evangeliums als Triumphzug Christi* und 3,1–6 *Die Gemeinde als Brief Christi.*

2,12 - 3,6
Gewicht und Bedeutung des apostolischen Dienstes

Dieser Abschnitt, in dem Paulus damit beginnt, die Bedeutung seines Auftrags als Apostel zu erklären. gliedert sich durch die Verwendung von zwei unterschiedlichen Bildern in zwei Teile: 2,12–17 *Die Verkündigung des Evangeliums als Triumphzug Christi;* 3,1–6 *Die Gemeinde als Brief Christi.*

2,12–17
Die Verkündigung des Evangeliums als Triumphzug Christi

[12]Als ich aber nach Troas kam, um das Evangelium Christi (zu verkündigen), und (obwohl) mir dort eine Tür im Herrn offen stand,
[13]fand ich in meinem Geist keine Ruhe, weil ich dort Titus, meinen Bruder, nicht vorfand, sondern nahm von ihnen Abschied und zog weiter nach Mazedonien.
[14]Gott aber sei Dank, der uns in Christus alle Zeit im Triumphzug mit sich führt und den Duft seiner Erkenntnis durch uns an jedem
Ort offenbar macht. [15]Denn wir sind Christi Wohlgeruch für Gott, und zwar bei denen, die gerettet werden, und auch bei denen, die
verloren gehen, [16]für die einen ein Duft vom Tod zum Tod, für die anderen aber ein Duft vom Leben zum Leben. Und wer ist dazu fä-
hig? [17]Denn wir sind nicht wie so viele und verhökern das Wort Gottes, sondern aus reiner Gesinnung, ja von Gott (beauftragt) und (in Verantwortung) vor Gott reden wir in Christus!

Ohne dass Paulus das näher erklärt, springt er von der Aufarbeitung der problematischen Vorfälle in Korinth wieder zurück zu Ereignissen, die in der Zwischenzeit geschehen sind. Er setzt wohl voraus, dass die Korinther wissen, dass er inzwischen Ephesus verlassen und sich zunächst auf den Weg nach Mazedonien gemacht hat. Wahrscheinlich wollte er von dort nach Korinth weiterreisen, wie er das ursprünglich geplant hatte (vgl. 1Kor 16,5). Vorher hatte er aber seinen Mitarbeiter Titus nach Korinth gesandt mit dem Auftrag, in den Spannungen zwischen ihm und der korinthischen Gemeinde zu vermitteln. Möglicherweise hat Titus auch den sog. »Tränenbrief« überbracht.

Titus wird auch in Gal 2,3 erwähnt. Er war ein griechisch sprechender Heidenchrist, wahrscheinlich aus Antiochien, den Paulus zu dem Treffen mit den anderen Aposteln nach Jerusalem mitgenommen hatte. Er wurde dann einer der wichtigsten Mitarbeiter des Paulus, der in Korinth die Geldsammlung für Jerusalem organisierte (8,6.16–23) und durch sein diplomatisches Geschick viel zur Aussöhnung zwischen Paulus und der Gemeinde in Korinth beitrug (7,6f.13f; 12,18). Nach Auskunft der Pastoralbriefe arbeitete er später selbständig in Dalmatien (2Tim 4,10) und Kreta (Tit 1,5). Im Titusbrief verkörpert er (wie Timotheus im 1–2Tim) in der Nachfolge des Apostels die Funktion der Aufsicht über die Gemeinde, die für die rechte Ordnung und Lehre in den Gemeinden sorgt. Merkwürdigerweise wird er in der Apostelgeschichte nicht erwähnt.

Paulus ist zunächst von Ephesus auf dem Landweg in die *Troas* gereist, eine Landschaft, die ihren Namen vom antiken Troja erhielt, das dort lag (**12**). Die wichtigste Hafenstadt der Gegend, das *Alexandria der Troas,* wurde meist ebenfalls *Troas* genannt. Von dort gab es eine günstige Schifffahrtsroute nach Mazedonien zur Hafenstadt Neapolis, von wo aus man schnell auf der Via Egnatia nach Philippi kam. Paulus war schon einmal in dieser Gegend (Apg 16,8) und fand dort offene Ohren für seine Verkündigung. Paulus liebt das Bild von der *offen stehenden Tür* für die Chance, das Evangelium den Menschen nahezubringen (vgl. 1Kor 16,9; Kol 4,3; 1Thess 1,9). Das ist einerseits wörtlich zu nehmen: Wo Paulus und seine Mitarbeiter in Privathäuser aufgenommen wurden, um die Botschaft mit Hausbewohnern und Nachbarn zu teilen, kamen sie den Menschen nahe. Das verbesserte auch die Chancen, dass die Verkündigung positiv aufgenommen wurde. Andererseits war damit im übertragenen Sinne gemeint, dass die Botschaft von Menschen in ihr Leben eingelassen und dort wirksam wurde. Das geschah *im Herrn,* und diese Formel umschreibt sowohl den Urheber als auch den Inhalt dieses Geschehens. Christus bevollmächtigt seine Boten, die durch ihr Wort ihn und sein Evangelium in das Lebenshaus der Menschen hineintragen.
Trotz dieser vielversprechenden Gemeindeaufbauarbeit fand Paulus innerlich (*in meinem Geist*) nicht die Ruhe, länger in Troas zu bleiben (**13**). Er hatte wohl mit Titus verabredet, dass sie sich dort treffen würden. Aber als Paulus in Troas ankam, war Titus noch nicht da und traf auch in der Zeit, in der Paulus sich dort aufhielt, nicht ein. Das erfüllte ihn mit großer Sorge im Blick auf den Stand der Dinge in Korinth. Er beschloss, sich trotz der aufblühenden Arbeit von den Gliedern der jungen Gemeinde (*von ihnen*) zu verabschieden und Titus entgegen nach Mazedonien zu reisen. Man kann jedoch aus Apg 20,5–12 schließen, dass Paulus auf der Rückreise von Korinth und Mazedonien in Troas eine ansehnliche Gemeinde vorfand.
Doch an dieser Stelle bricht Paulus den eben erst begonnenen Bericht über seine Weiterreise ziemlich abrupt ab und setzt ihn erst in 7,5 fort. Dort knüpft er dann fast nahtlos an die Ausführungen

in 2,12f an. Mit 2,14 beginnen grundsätzliche Ausführungen zum apostolischen Dienst, hinter denen allerdings an nicht wenigen Stellen die aktuellen Auseinandersetzungen in Korinth spürbar werden (vgl. 3,1; 4,3; 5,11–13; 6,11–13; 7,2–4).

Dieser eigenartige Befund beschäftigt die Ausleger seit langem. Vor allem im letzten Jahrhundert hat das zu der These geführt, 2,14 – 7,4 sei ein eigenständiger Brief gewesen (oder ein wichtiger Teil davon), dessen Anfang und Schluss weggeschnitten wurden und der dann an dieser Stelle in den uns vorliegenden Brief eingesetzt wurde. Die Gründe dafür sind schon genannt: *Erstens* scheinen Ende des ersten und Anfang des zweiten Teils des unterbrochenen Berichts des Paulus zusammenzupassen »wie die Bruchstellen eines Rings« (Windisch, 19). *Zweitens* greift Paulus in diesem Zwischenteil eine Thematik auf, die mit den konkreten Problemen, die er davor nennt, kaum etwas zu tun hat. Hier geht es um die grundlegende Verteidigung seines Apostolats.
Diese These hat zunächst breite Zustimmung gefunden, wird aber in den letzten Jahren mehrheitlich abgelehnt. Die Gründe dafür sind folgende: *Erstens* ist es sehr schwer zu erklären, warum ein späterer Redaktor der Paulusbriefe diesen Brief gerade an dieser Stelle eingeschoben und damit den Zusammenhang so abrupt unterbrochen hat. Und mit den Erklärungen, die dafür vorgebracht werden, ließe sich meist auch erklären, warum Paulus diesen Exkurs einschiebt. *Zweitens* passen bei genauem Hinsehen die beiden Endstücke 2,13 und 7,5 doch nicht ganz so nahtlos ineinander wie die Enden eines zerbrochenen Rings. 7,5 setzt nicht einfach 2,13 fort, sondern ist so formuliert, wie wenn ein Erzähler den unterbrochenen Faden wieder aufnimmt. Und *drittens* lassen sich aus antiken Schreib- und Redegewohnheiten einleuchtende Erklärungen dafür geben, warum Paulus diesen Einschub macht: An der dramatischsten Stelle seines Berichts flicht er Überlegungen ein, die das Thema, um das es ihm inhaltlich geht, grundsätzlich beleuchten. Der Apostel, der voll ungeduldiger Erwartung dem Bericht des Titus über seine Versöhnungsmission in Korinth entgegenfiebert, macht sich und den Leser und Leserinnen seines Briefs klar, welchen Auftrag und was für eine Verantwortung er hat.

Gott aber sei Dank (**14**) – mit diesem Ausruf signalisiert Paulus den Dank für Gottes Eingreifen in schwieriger Lage (vgl. 1Kor 15,57; 2Kor 8,16; Röm 6,17). Allerdings ist das, was Paulus hier über Gottes Handeln sagt, nicht leicht zu verstehen. Das griechische Verb, das er dafür verwendet, hat in Verbindung mit einem Akkusativobjekt eine klare und eindeutige Bedeutung: *jemanden* (als besiegten Feind) *im Triumphzug mit sich führen* (so auch Kol 2,15: Gott hat die Mächte und Gewalten »im Triumphzug mit sich geführt« [ZB]).
Doch scheint diese Übersetzung hier nicht zu passen. Darum nehmen manche Ausleger an, Paulus denke an die Bedeutung *jemand im Triumphzug* (als Mitstreiter oder als den Sieg verherrlichenden

Sklaven) *mitziehen lassen*. Die älteren Übersetzungen meinten, das Wort bedeute: *triumphieren lassen* (so LÜ: *der uns den Sieg gibt*). Das ist aber in antiken Texten nicht belegt. Daher nehmen manche Ausleger auch eine übertragene Bedeutung an, die das Bild vom Triumphzug verlässt, und zwar entweder mit negativem Akzent: *öffentlich der Schande aussetzen* oder mit positivem Ton: *öffentlich bekannt machen*. Was will Paulus wirklich sagen?

Es spricht sehr viel für die Annahme, dass Paulus von der üblichen Bedeutung des Wortes ausgeht, die auch in Kol 2,15 vorliegt. Zum Weg des Apostels gehört die beglückende Erfahrung, dass die Botschaft, die er verkündet, von vielen Menschen angenommen wird, ebenso wie die bange Sorge, ob die von ihm gegründeten Gemeinden der Sache des Evangeliums treu bleiben. Darin zeigt sich nicht nur sein eigenes, wechselvolles Geschick. Dieser Weg ist Teil des Triumphzuges Gottes, Ausdruck seines Sieges über die zerstörerische Macht des Bösen. Gott hat durch die Erscheinung seines Sohnes, des gekreuzigten und auferstandenen Christus, den Widerstand des Paulus gegen diesen Weg überwunden (vgl. Gal 1,15). *In Christus*, also durch seine Zugehörigkeit zu Jesus Christus, ist Paulus Teil des Triumphzuges Gottes und seines Evangeliums geworden. Paulus verlässt dabei die strenge Logik des Vergleichs mit dem Triumph eines römischen Feldherrn, der die gefangenen Feinde und Aufrührer im Triumphzug zur Schau stellt, um sie dann hinrichten zu lassen. Gottes Triumph ist anders. Paulus nimmt an ihm einerseits als Überwundener und Gefangener Christi teil. Und irdisch gesehen, scheint auch sein Leben immer wieder zum Tod bestimmt (vgl. 4,10f). Aber andererseits wird er gerade dadurch zum Verkündiger und Herold des Sieges Gottes, der gar nicht anders kann, als die Siegesnachricht, das Evangelium Gottes, zu verkünden und der darin seine Freiheit und wahres Leben findet (vgl. 1Kor 9,16–23).

Im zweiten Teil des Satzes begegnet ein neues Bild. Paulus betont, dass Gott *den Duft seiner Erkenntnis durch uns … offenbar macht*. Für die damaligen Leser und Leserinnen war jedoch eine Verbindung zum Bild vom Triumphzug erkennbar. Denn zu einem solchen Umzug gehörte auch der Duft von brennendem Weihrauch und wohlriechenden Parfümen. Alle Sinne sollten etwas vom Glanz des Sieges des triumphierenden Feldherrn mitbekommen. Aber darüber hinaus gab es eine verbreitete antike Vorstellung, dass »Wohlgeruch ein Zeichen göttlicher Gegenwart und ein Zeichen göttlichen Lebens ist« (Bultmann, 68). Wenn Paulus sagt, dass Gott *durch uns*, d.h. durch das Wirken des Apostels, den *Duft seiner Erkenntnis offenbar macht*, dann heißt das: In der Verkündigung des Apostels und seiner Mitarbeiter und auch in ihrem Leben und

Leiden können die Menschen mit all ihren Sinnen und ihrer ganzen Existenz erfahren, wer Gott ist und wie er sich in seinem Handeln in Jesus Christus erkennbar gemacht hat. Das ist dann freilich eine *Erkenntnis*, die nicht nur das Verstehen betrifft, sondern die Menschen ganz ergreift und zur *Anerkenntnis* dessen wird, was Gott in Christus getan hat.

Hier taucht zum ersten Mal das Stichwort *offenbar machen* auf, das im 2. Korintherbrief auffallend oft verwendet wird (vgl. 3,3; 4,2.10f u.ö.). Vermutlich verrät das eines der zentralen Themen, um das es in der Auseinandersetzung der Korinther mit dem Apostel ging: Welche »Offenbarungsqualität« hat die Verkündigung des Paulus wirklich (vgl. 4,2f)? Auch der etwas übertrieben klingende Zusatz *an allen Orten* weist in diese Richtung. Gott lässt Paulus in seiner Abhängigkeit von Christus immer und überall »publik« werden. Wo immer »er auftritt, da findet seine Verkündigung des Gekreuzigten und Auferstandenen öffentliches Interesse« (Wolff, 55). So durchdringend und anziehend wie der Duft wohlriechender Essenzen, so unverkennbar und offensichtlich ist das Offenbarwerden der Leben schenkenden Erkenntnis Gottes im Wirken des Apostels.

Paulus bleibt zunächst bei dem für uns ungewöhnlichen Vergleich, dass Gottes heilvolle Gegenwart in der Wirksamkeit des Apostels »ruchbar« wird (**15**). Er begründet die Wirkung seines Dienstes mit der Aussage: *Denn wir sind Christi Wohlgeruch*. Das griechische Wort für *Wohlgeruch* findet sich in der Bibel oft als Beschreibung eines Gott wohlgefälligen Opfers (vgl. Gen 8,21; Ex 29,18; Eph 5,2; Phil 4,18; LÜ: *lieblicher Geruch*). Aber Paulus spricht hier nicht von einem Opfer, das durch sein Wirken Gott dargebracht würde. Er identifiziert sein ganzes Leben und Wirken als Apostel mit *Christi Wohlgeruch* oder, anders übersetzt: dem *Wohlgeruch des Gesalbten*. Im Wirken des Apostels verbreitet sich die Leben spendende und Freude schenkende Ausstrahlung und Auswirkung dessen, was Gott in Christus, seinem Messias, getan hat. Das geschieht *für Gott*, also *in Gottes Auftrag* oder *Gott zur Ehre*.

Aber das hat unterschiedliche Folgen. Nicht alle führt diese Begegnung zum Heil. Für alle ist die Verkündigung des Apostels *Christi Wohlgeruch*, d.h. die gelebte Gegenwart der guten Nachricht von Gottes Handeln in Christus, und das wirkt auch bei allen: *bei denen, die gerettet werden, und auch bei denen, die verloren gehen*. Für Paulus sind das aber nicht zwei vorherbestimmte, von Gott zu Heil oder Verderben prädestinierte Menschengruppen. Wie in 1Kor 1,18 beschreibt er die scheidende Wirkung des Evangeliums, des Wortes vom Kreuz. Aber wie dort stehen im Griechischen anders als im Deutschen bei *gerettet werden* und *verlo-*

ren gehen keine Partizipien im Perfekt, die etwas schon Abgeschlossenes feststellen, sondern Partizipien im Präsens, die einen noch unabgeschlossenen Vorgang beschreiben. Es sind Menschen, die im Begriff sind, gerettet zu werden oder verloren zu gehen, weil die gleiche gute Botschaft, eben der Wohlgeruch Christi, in ihrem Leben unterschiedlich wirkt.

Paulus beschreibt das in umgekehrter Reihenfolge (**16**): *für die einen* wird der Wohlgeruch Christi *ein Duft vom Tod zum Tod.* Was aber bedeutet *vom Tod zum Tod*? Paulus liebt ein solches Spiel mit Präpositionen, für das es auch Beispiele im griechischen Alten Testament gibt. In der Regel soll das die Aussage verstärken (vgl. Ps 84,8: »von Kraft zu Kraft = von einer Kraft zur anderen«; 2Kor 3,18: »von Herrlichkeit zu Herrlichkeit = von einer Herrlichkeit zur anderen«). An unserer Stelle hieße das: ein Duft, der *nichts weiter als Tod* bringt. Aber ähnlich wie bei Röm 1,17 (»aus Glauben zum Glauben«) fragen sich auch hier die Ausleger, ob Paulus mit diesem Wortspiel nicht mehr sagen möchte. Steckt in ihm ein Hinweis auf das eigenartige Ineinander von Tod und Leben in der Botschaft vom gekreuzigten Christus und in der Existenz des Apostels? Paulus wird zu diesem spannungsvollen Miteinander in 4,10–12 einiges zu sagen haben. Für die einen bleibt die Botschaft des Evangeliums die Nachricht von einem schändlich hingerichteten Juden; sie sehen im Wirken des Apostels nur Leiden und Scheitern. Für sie wird aus dem *Wohlgeruch Christi,* dem geebten Wort vom Kreuz, *ein Duft vom Tod zum Tod*: Weil sie nichts als den Tod in ihm erkennen, verfehlen sie das Leben und bleiben dem Tod verfallen. Für die anderen aber eröffnet sich in der Botschaft von Gottes Leben schaffender Gegenwart in Kreuz und Auferstehung Jesu der Weg zum Leben und zum Heil; für sie ist Christi Wohlgeruch *ein Duft vom Leben zum Leben.*

Paulus behauptet also nicht weniger als dies, dass sich an der Botschaft, die er verkündigt und lebt, Tod oder Leben entscheidet. Das aber führt zu der fast erschrockenen Frage: *Und wer ist dazu fähig*? Ein wenig frei, aber genau den Tonfall des Paulus treffend, könnte man auch übersetzen: *Und einer solchen Aufgabe, wer ist der gewachsen* (vgl. GNB)? Manche Ausleger meinen, es handle sich um ein rhetorisch-resignative Frage, auf die als Antwort ein *Niemand* erwartet wird (vgl. Offb 6,17: »Wer kann bestehen?«). Aber die Argumentation des Paulus ist komplizierter. Zwar wird er in 3,5f, wo er das Thema wieder aufnimmt, deutlich machen: Aus eigener Kraft und eigenem Können ist niemand *fähig* oder *geeignet,* diese Aufgabe wahrzunehmen. Schon in 1Kor 15,9 hatte Paulus bekannt, dass er eigentlich nicht *wert* bzw. *geeignet sei,*

Apostel zu heißen. Aber die indirekte Antwort im nächsten Satz zeigt auch, dass Paulus mit dieser Frage in eine Diskussion eingreift, die in Korinth geführt wurde. Hier waren Verkündiger aufgetaucht, die beanspruchten, in ganz anderer Weise und mit größerem Erfolg *fähig* und *geeignet* (LÜ: *tüchtig*) zu sein, das Evangelium unter die Leute zu bringen.

Dass Paulus sich wehren und vom Verhalten bestimmter Leute abgrenzen muss, ist offensichtlich (**17**): *Denn wir sind nicht wie so viele und verhökern das Wort Gottes*. Paulus hat also eine größere Zahl (wörtlich: *die vielen*) von christlichen Verkündigern vor Augen, denen er vorwirft, *das Wort Gottes*, die Botschaft des Evangeliums, zu *verhökern* bzw. damit *Geschäfte zu machen* (LÜ). Das Verb, das er hier gebraucht, ist von einem Wort für *Kleinhändler, Krämer* abgeleitet, das Leute bezeichnet, die Ware von Großhändlern erwerben, um sie dann mit möglichst viel Gewinn auf dem Markt zu veräußern. Auch das Verb hat einen negativen Klang und bedeutet: etwas *feilbieten*, wobei der Verdacht mitschwingt, dass es dabei betrügerisch und wucherisch zugeht. Schon seit Plato wird es auch verwendet, um Leute zu kennzeichnen, die ihre Philosophie wie Ware auf dem Markt feilbieten und zum eigenen Vorteil meistbietend verhökern.

Paulus greift also mit seiner Polemik einen geläufigen Vorwurf gegenüber Philosophen auf, denen es nicht um die Wahrheit geht, sondern darum, ihre Erkenntnisse gewinnbringend zu vermarkten. Und er sieht bestimmte Leute, die auf ihre besondere Befähigung zur erfolgreichen Verkündigung des Evangeliums verweisen, dafür aber auch Spenden erwarten, in derselben Rolle: Sie *vermarkten das Wort Gottes* und machen das unverfügbare Reden Gottes im Evangelium zur Ware, über die sie verfügen können. Hinter dieser Auseinandersetzung steckt auch der weiterschwelende Konflikt zwischen Paulus und manchen Leuten in Korinth, die seinen Verzicht auf Unterhaltszahlungen durch die Gemeinde als Schwäche auslegten (vgl. 11,7–12; 1Kor 9,3–18).

Darum stellt Paulus dem Verhalten dieser Leute seine eigene Haltung und die seiner Mitarbeiter gegenüber. Er verkündigt das Evangelium *aus reiner Gesinnung* bzw. *aus Lauterkeit*. Ihn leiten keine privaten Interessen und Nebenabsichten wie etwa das Streben nach persönlicher Bereicherung oder öffentlichem Ruhm. Es geht ihm allein um die Sache des Evangeliums. Paulus unterstreicht das noch einmal mit einer sehr dichten Aussage: *aus Gott* (so wörtlich) und *vor Gott reden wir*. Sowohl der Auftrag des Apostels, das Evangelium zu verkündigen, als auch der Inhalt seiner Botschaft stammen von Gott selbst, der ihn berufen hat (vgl. Gal 1,15f). Und darum geschieht dieser Dienst in der Verantwortung vor Gott.

Paulus genügt diese Feststellung aber nicht. Er fügt noch an: Wir reden *in Christus*. Der Apostel spricht nicht nur *von* Christus. Sein Reden geschieht *in* Christus, das heißt: Sowohl das, was er sagt, als auch die Art, wie er redet, ist von der Wirklichkeit Christi bestimmt. Die Predigt vom Gekreuzigten stellt »auch den Prediger selbst in das Kreuzesgeschehen hinein«. Kurz gesagt: »Gott ist der eigentliche Urheber seines Sprechens. Gott ist der Richter, vor dem er sich für sein Reden verantworten muss. Christus bestimmt den Standort seiner Existenz« (Klauck, 34).

Die Verkündigung des Evangeliums ist für Paulus eine Sache auf Leben und Tod. Denn im Evangelium von Jesus Christus begegnen Menschen dem lebendigen Gott, der sie aus einer Existenz, die vom Tod bestimmt ist, in die Gemeinschaft mit ihm ruft, die wirkliches Leben schenkt. An dieser Botschaft entscheidet sich also, ob ein Mensch im Tod bleibt oder sich ins Leben rufen lässt. Das ist ein hoher Anspruch. Paulus weiß das und fragt – fast erschrocken: *Und wer ist dazu fähig?* Die Antwort lässt er zunächst offen. Klar ist aber: Diese Botschaft darf man nicht auf dem Markt religiöser Sinnerfüllung als Sonderangebot verramschen. Man kann sie nur in der völligen Abhängigkeit von Gott ausrichten. Karl Barth beschrieb diese Aufgabe so: »Wir sollen als Theologen von Gott reden. Wir sind aber Menschen und können als solche nicht von Gott reden. Wir sollen Beides, unser *Sollen* und unser *Nicht-Können*, wissen und eben damit Gott die Ehre geben« (Barth, Wort Gottes, 199).

3,1–6
Die Gemeinde als Brief Christi

3 [1]Fangen wir schon wieder an, uns selbst zu empfehlen? Oder brauchen wir etwa, wie gewisse (Leute), Empfehlungsbriefe an euch oder
von euch? [2]Unser (Empfehlungs-)Brief seid ihr, eingeschrieben in
unsere Herzen, erkannt und gelesen von allen Menschen. [3]Wird
doch an euch offenbar, dass ihr ein Brief Christi seid, ausgefertigt durch unseren Dienst, aufgeschrieben nicht mit Tinte, sondern mit dem Geist des lebendigen Gottes, nicht auf steinerne Tafeln, sondern auf Tafeln aus fleischernen Herzen.
[4]Solche Zuversicht aber haben wir durch Christus im Aufblick zu
Gott. [5]Nicht, dass wir von uns selbst aus fähig wären, uns etwas zuzuschreiben, als käme es von uns selbst, sondern unsere Befähigung
kommt von Gott, [6]der uns ja fähig gemacht hat, Diener des neuen Bundes (zu sein), nicht des Buchstabens, sondern des Geistes; denn der Buchstabe tötet, der Geist aber macht lebendig.

Paulus ist klar, dass die Art, wie er seine Aufgabe und seinen Dienst beschreibt, missverstanden werden könnte. Zwei Zwischenfragen sollen helfen, solche Missverständnisse zu klären (**1**). Mit der ersten greift Paulus ein Thema auf, das zwischen ihm und den Korinthern umstritten war. *Fangen wir schon wieder an, uns selbst zu empfehlen?* fragt er, und seine Formulierung zeigt, dass der Vorwurf im Raum steht, er würde (oder müsse) immer wieder versuchen, die Bedeutung seiner Arbeit ins rechte Licht zu rücken. Auch in 5,12 weist er diese Unterstellung zurück, nennt aber andererseits in 4,2 und 6,4 durchaus auch Merkmale seines Dienstes, durch die er sich *empfiehlt*, weil sich durch sie erweist, dass er im Auftrag Gottes handelt.

Hier lässt er die Frage zunächst offen und nennt eine zweite Frage: Müsste Paulus, um den Anspruch zu untermauern, den er für seine Arbeit erhebt, nicht *Empfehlungsbriefe* aufweisen, in denen ihm Gemeinden bestätigen, dass er in Vollmacht unter ihnen gewirkt hat, und ihn deshalb an andere Gemeinden weiterempfehlen? *Gewisse (Leute)* pflegen dies zu tun und haben damit wohl in Korinth Eindruck gemacht. Was für Leute das sind, wissen wir nicht sicher. Wir können aber vermuten, dass es dieselben sind, auf die Paulus in 2,17 anspielt (*so viele*) und mit denen er in Kap. 10 und 11 eine heftige Auseinandersetzung führen wird. Es scheinen christliche Missionare zu sein, die aber vorzugsweise schon bestehende Gemeinde aufsuchen und sich dort durch entsprechende Empfehlungsbriefe ausweisen. Aufgrund von Anspielungen in 10,12–18 und 11,5.22 nehmen manche Ausleger an, es handle sich um Empfehlungsbriefe der Gemeinde von Jerusalem und der dortigen Autoritäten. Da aber Paulus von Briefen *an euch und von euch* spricht, ist es wahrscheinlicher, dass es sich um Briefe verschiedener Gemeinden handelt, in denen bestätigt wird, dass die Überbringer in der Gemeinde erfolgreich gearbeitet haben und deswegen anderen Gemeinden als Mitarbeiter empfohlen werden. Anspielungen in den folgenden Kapiteln lassen vermuten, dass dabei auf eine besonders attraktive evangelistische Verkündigung, geisterfüllte Lehrtätigkeit und bemerkenswerte Wundertaten hingewiesen wurde.

Empfehlungsbriefe waren in der Antike in vielen Lebensbereichen üblich. Sie wurden verwendet, um andere zu fördern, Geschäftsverbindungen aufzubauen oder auch um junge Philosophen bei einem anderen Lehrer einzuführen oder selbst als Lehrer zu empfehlen. Gerade aus diesem Bereich kennen wir auch skeptische Stimmen, die vor Missbrauch warnen. Empfehlungsbriefe gab es auch im Judentum und in den christlichen Gemeinden. Paulus wurde durch solche Briefe zur Verfolgung der Christen in Damaskus bevollmächtigt (Apg 9,2). Apollos kam mit einem Empfehlungsschreiben der Gemeinde in Ephesus nach Korinth (Apg 18,27). Auch Paulus selbst schrieb in Röm 16,1f eine Empfehlung für Phöbe, und der Brief an Philemon ist ein Empfehlungsschreiben für den entflohenen Sklaven Onesimus. Hier aber wehrt sich Paulus dagegen, dass manche auch von ihm, dem Gründer der Gemeinde, erwarten, sich durch Empfehlungsbriefe auszuweisen.

Schon mit der Formulierung der Frage (*Brauchen wir etwa …*) signalisiert Paulus, dass die Antwort auf sie nur ein klares Nein sein kann. Ohne dieses Nein auszusprechen, begründet er es mit dem nächsten Satz (**2**): *Unser (Empfehlungs-)Brief seid (doch) ihr.* Die Verwendung dieses überraschenden Bildes für die Gemeinde leistet ein Doppeltes: Einerseits zeigt es auf, warum Paulus wirklich nicht auf Empfehlungsschreiben von irgendwelchen Gemeinden angewiesen sein kann. Andererseits bringt es den Korinthern einladend und warmherzig nahe, welche entscheidende Bedeutung sie als Gemeinde für das Wirken des Apostels haben. Paulus führt den Vergleich weiter. *Diesen* Empfehlungsbrief führt Paulus immer mit sich, denn er ist unauslöschlich *eingeschrieben in unsere Herzen.* Das Verhältnis zum Gemeindegründer gibt nicht nur der Gemeinde ihre besondere Prägung; auch dem Gründervater ist das, was hier geschehen ist, tief in sein Inneres *eingraviert.*

Manche frühen Abschreiber des Briefs meinten, dieser Empfehlungsbrief müsse doch in die Herzen der Korinther eingeschrieben sein, weshalb einige Handschriften hier lesen: in *eure* Herzen (vgl. ZB). Paulus spricht zunächst aber von dem, was in sein eigenes Herz eingeschrieben ist.

Was aber dem Apostel tief ins Herz geschrieben und nur für Gott erkennbar ist, bleibt dennoch vor der Öffentlichkeit nicht verborgen. Gerade dieser Empfehlungsbrief wird *erkannt und gelesen von allen Menschen* und überbietet damit alle Empfehlungsbriefe, die andere vorweisen können. Das enge Verhältnis des Paulus und seiner Gemeinde wird von den Menschen als Empfehlung für sein Wirken *erkannt* und darum auch sorgfältig *gelesen.* Was durch die Verkündigung des Paulus in Korinth geschah, spricht eine Sprache, die für *alle Menschen verständlich und lesbar* (ZB) ist. Paulus liebt es, in dieser Weise, die für uns etwas übertrieben klingt, von der Ausstrahlung christlicher Gemeinden zu sprechen (Röm 1,8; 1Thess 1,8).
Dass die Existenz der Gemeinde öffentlichkeitswirksam ist, betont auch der folgende Satz (**3**): *Ist doch offenkundig* oder, genauer übersetzt: *Wird doch an euch offenbar, dass ihr ein Brief Christi seid.* Wieder greift Paulus den Begriff des *Offenbarwerdens* auf (vgl. 2,14). Gegen Vorwürfe, seine Verkündigung und sein Wirken

ließen die nötige Offenbarungsqualität vermissen, weist der Apostel darauf hin, dass das Wirken Gottes im Leben der Gemeinde erkennbar wird. So wird *offenbar*, wie Gott durch Christus an den Menschen handelt. Paulus scheint dabei fasziniert von seinem eigenen Vergleich zu sein und entwickelt das Bild von der Gemeinde als Brief noch ein Stück weiter. Sie ist nicht nur ein Empfehlungsschreiben für ihren Apostel, sie ist viel mehr: Sie *ist ein Brief Christi*. Christus selbst ist der Verfasser dieses Briefs, und Christus und sein Wirken im Leben der Gemeinde sind der Inhalt des Schreibens.

Der Apostel ist also nicht der Verfasser des Briefs (die Übersetzung der ZB: *von uns verfasst* führt hier in die Irre). Aber er hat dennoch eine wichtige Rolle bei der Entstehung des Briefs. Er charakterisiert sie mit dem Passiv des griechischen Wortes für *dienen*, was in diesem Zusammenhang nicht leicht zu übersetzen ist. Am treffendsten dürfte sein: *ausgefertigt durch unseren Dienst* (EÜ) oder: *durch uns besorgt*. Denn in diesem Wort steckt der gleiche Wortstamm wie in dem deutschen Fremdwort *Diakonie*; es bedeutet *dienen* im Sinn von: *einen Auftrag erfüllen, für etwas oder jemanden sorgen*. Paulus vergleicht seinen Dienst mit dem eines professionellen Schreibers, der zu Papier bringt, was der Verfasser diktiert, oder mit der Aufgabe, einen Brief den Adressaten zu überbringen. So sieht er die Rolle der apostolischen Verkündigung, die den Auftrag hat, das Wort Christi im Evangelium den Hörerinnen und Hörern weiterzugeben. Das Entscheidende dabei tut Gott: der Brief Christi, den die Gemeinde darstellt, ist nicht *mit Tinte aufgeschrieben*, also letztlich auch nicht durch die Worte entstanden, die der Apostel formuliert hat, *sondern mit dem Geist des lebendigen Gottes*. Es ist Gottes Geist, der bewirkt, dass die Botschaft des Evangeliums im Entstehen und Leben einer Gemeinschaft so Gestalt gewinnt, dass sie selbst zum *Brief Christi* wird, an dem man Bedeutung und Wirkung dieser Botschaft ablesen kann.

Paulus entwickelt den Vergleich weiter: *nicht auf steinerne Tafeln* ist diese Botschaft geschrieben. Das macht stutzig. Briefe wurden in der griechisch-römischen Antike nicht auf steinerne Tafeln geschrieben. Offensichtlich verschiebt sich hier das Bild. Paulus spielt zweifellos auf Ex 31,18 an, wo berichtet wird, dass die Tafeln des Gesetzes »*steinerne Tafeln*« waren, »beschrieben mit dem Finger Gottes«. Im Gegensatz dazu ist der Brief Christi *auf Tafeln aus fleischernen Herzen* (oder: *Tafeln, die fleischerne Herzen sind*) geschrieben. Auch diese Formulierung greift alttestamentliche Aussagen auf. Sie erinnert an Jer 31,33, wo der Prophet dem Volk sagt, dass Gott die Gesetze »auf ihre Herzen schreiben« wird (nach der griechischen Übersetzung). Dazu treten Aussagen in Ez 36,26f (vgl. 11,19), wo angekündigt wird, dass die Menschen des »Hauses Israel« anstelle des »steinernen Herzens« ein »fleischernes Herz« bekommen sollen und Gott ihnen seinen Geist geben wird. Paulus deutet hier also schon an, was er in 3,6–11 genauer ausführen wird: Der Brief Christi ist die Urkunde des neuen Bundes Gottes mit seinem Volk, den die Propheten angekündigt haben.

Sehr schön ist an dieser Stelle der Unterschied zwischen *fleischlich* und *fleischern* zu erkennen. Der erste Begriff ist negativ zu verstehen und bedeutet: von der egoistischen Art des menschlichen Wesens, dem *Fleisch*, beherrscht sein, der zweite positiv und bezeichnet lebendiges Menschsein aus *Fleisch und Blut*. Dass Gottes Geist das Evangelium Christi in die *fleischernen Herzen* von Menschen hineinschreibt, bedeutet also, dass die Botschaft sich ganz ins menschliche Leben hineinbegibt. Sie wirkt als lebendiges Wort im Innersten menschlicher Existenz. Dass der Geist als Brief Christi in einem menschlichen Herzen aus Fleisch und Blut zu Wort kommt, ist ein wunderbares Paradox, vergleichbar dem, was im Johannesevangelium über das Menschwerden Christi gesagt wird: »Und das Wort wurde Fleisch und wohnte unter uns …« (Joh 1,14).

Nachdem die Frage nach Empfehlungsbriefen auf einer völlig anderen Ebene beantwortet ist, kommt Paulus auf die erste Frage in 3,1 zurück (**4**): Stellt er durch das, was er in 2,15–17 so selbstbewusst als seinen apostolischen Auftrag beansprucht, nicht vor allem sich selbst und seine Bedeutung heraus und macht Werbung für sich? Paulus weist das nicht einfach zurück, sondern beschreibt, wie er seine Haltung selbst versteht. *Solche Zuversicht,* d.h. ein *so großes Vertrauen* in die Beauftragung als Apostel, *haben wir durch Christus im Aufblick zu Gott.*

Es geht Paulus also nicht allgemein um das *Vertrauen zu Gott,* wie das die meisten Übersetzungen der Stelle andeuten (LÜ, ZB, EÜ). Modern gesprochen geht es um sein *Selbstbewusstsein* und sein *Selbstvertrauen* als Apostel (so GNB). Aber diese Begriffe verfehlen die Pointe des Paulus haarscharf. Denn er spricht gerade nicht von seinem Vertrauen auf sich selbst und seine eigenen Fähigkeiten. Es geht ihm um die *Zuversicht* und innere *Gewissheit,* die ihm *durch Christus* geschenkt wurde, indem er ihn beauftragt hat. Es ist eine *Zuversicht,* die nur trägt, wenn sie in der Beziehung zu Gott und im Gegenüber zu Gott, also *vor Gott* und *im Aufblick zu ihm* gelebt wird.

Das unterstreicht der nächste Vers in aller Klarheit (**5**): *Nicht, dass wir von uns selbst aus fähig wären, uns etwas zuzuschreiben, als käme es von uns selbst.* Paulus greift noch einmal die Frage von

2,16 auf: *Wer ist dazu* (nämlich zur Verkündigung dieser Botschaft) *geeignet und fähig*? Allerdings ist nicht ganz eindeutig, worauf sich der zweite Teil des Satzes bezieht. Die gängigen Übersetzungen zeigen, dass man den Satz verschieden verstehen kann. Entweder wehrt Paulus hier den Eindruck ab, er würde sich selbst diese Eignung *zuschreiben* (vgl. EÜ; LÜ: *uns etwas zuzurechnen*). Von sich aus traut sich der Apostel nicht einmal das zu. Oder er verneint die Befähigung, *etwas gleichsam aus uns selbst heraus zu ersinnen* (ZB; vgl. REB), also die Botschaft nach eigenem Gutdünken zu gestalten.

Das erste Verständnis der Aussage ist wahrscheinlicher. Die eigentliche Aussage, auf die Paulus zielt, ist aber eindeutig und sagt, worauf es ihm grundsätzlich ankommt: *unsere Befähigung kommt von Gott*. Seine Eignung zu diesem Dienst und daher auch seine Berechtigung, etwas zur Bedeutung seines Auftrags und seiner Vollmacht zu sagen, beruht allein auf seiner Berufung durch Gott. Schon in 1Kor 15,9f hatte Paulus betont, dass er von sich aus »nicht wert ist«, Apostel genannt zu werden. Was er ist (und zu sein beansprucht), ist er allein durch Gottes Gnade.

Darauf beruft sich Paulus (**6**). Es ist Gott, der ihn *fähig gemacht hat, Diener des neuen Bundes (zu sein)*. Wie in 3,3 benutzt Paulus für *Diener* das griechische Wort, das wir aus den Fremdworten *Diakon, Diakonie* kennen. Es betont, dass es bei dem Dienst um die Ausführung eines Auftrags geht, weniger um die Niedrigkeit des Dienstes. Wir werden später (in 11,23) erfahren, dass sich die fremden Verkündiger, die in Korinth gegen Paulus Stimmung machen, *Diener der Gerechtigkeit* bzw. *Diener Christi* nennen (11,15. 23). Das beansprucht auch Paulus für sich (11,23; vgl. 6,4).

Hier präzisiert er, was das für ihn und seinen Dienst bedeutet. Ihn hat Gott befähigt und beauftragt, Diener *des neuen Bundes* zu sein. Dass Gott durch Jesu Tod einen *neuen Bund* gestiftet hat, und zwar nicht nur für Israel, sondern für eine neue, allen Menschen offen stehende Gemeinschaft, wussten die Korinther aus den Abendmahlsworten (vgl. 1Kor 11,25). Die ersten Christen sahen im Handeln Gottes in Jesus Christus die Erfüllung der Verheißung von Jer 31,31–34, dass Gott mit Israel und Juda einen *neuen Bund* schließen werde. Diese Verheißung ist Paulus gerade an unserer Stelle wichtig, wie wir schon bei V. 3 gesehen haben. Denn Jeremia beschreibt das Neue an diesem Bund mit den Worten: »Ich will mein Gesetz in ihr Herz geben und in ihren Sinn schreiben, und sie sollen mein Volk sein, und ich will ihr Gott sein« (31,33).

Wichtig ist allerdings für den heutigen Leser zu beachten, dass die gängige und schwer zu ersetzende Übersetzung *Bund* die entsprechenden griechischen und hebräischen Begriffe nicht genau wiedergibt. Damit wird der Eindruck erweckt, es handle sich um eine Bündnisvereinbarung zwischen gleichberechtigten Partnern. Das ist nicht der Fall. Luther hat deswegen ursprünglich in Anlehnung an die lateinische Fassung *neues Testament* übersetzt. Auch das kann missverstanden werden, als sei mit *neuem Testament* der zweite Teil des christlichen Kanons gemeint. Aber es macht deutlich, dass es bei dem *neuen Bund* um eine einseitige *Verfügung* zugunsten des anderen Partners geht. Es geht also um eine *neue Heilsordnung,* die Gott in Christus begründet. Da aber im Deutschen kein treffenderes Wort für die gemeinte Sache zu finden ist, bleiben fast alle Bibelübersetzungen bei der Übersetzung mit *Bund.*

An diese Beschreibung der neuen Grundlage der Gemeinschaft zwischen Gott und seinem Volk in Jer 31,31–34 knüpft Paulus an, wenn er den *neuen Bund,* dessen Diener er ist, mit den Worten charakterisiert: Es ist ein Bund *nicht des Buchstabens, sondern des Geistes,* und so ist auch der Apostel ein Diener des Geistes und nicht des Buchstabens. Die Gegenüberstellung von *Buchstabe und Geist* kommt hier überraschend. Sie begegnet nur bei Paulus und zwar immer im Zusammenhang mit der Frage nach der Bedeutung des alttestamentlichen Gesetzes (Röm 2,27–29; 7,6). Hier ist dieser Zusammenhang durch den Hinweis auf die »steinerne Tafeln« (3,3) und den Dienst, der »mit Buchstaben in Stein eingemeißelt ist« (3,7), angedeutet. Paulus verbindet Jer 31,31–34 mit Ez 11,19 / 36,23f und schließt daraus, dass das Wesen des *neuen Bundes* durch die Gegenwart von Gottes *Geist* gekennzeichnet ist. Demgegenüber ist der alte Bund sowohl durch steinerne Herzen als auch durch die Tafeln aus Stein bestimmt, auf die Gottes Gesetz geschrieben ist. Das Verhältnis zu Gott wird in ihm durch das *Geschriebene* bzw. den *Buchstaben* gekennzeichnet. Das wird durch den *neuen Bund* überwunden.
Paulus erläutert und begründet diesen Gegensatz mit einer knappen, einprägsamen Aussage: *denn der Buchstabe tötet, der Geist aber macht lebendig.* Dieser Satz ist sprichwörtlich geworden. Der Zusammenhang zeigt aber, dass es Paulus um mehr geht als um den Gegensatz zwischen einer *buchstäblichen* Auslegung des Gesetzes und einer Auslegung, die sich vom *Geist* der Gebote leiten lässt. Klar ist auch, dass Paulus mit *Buchstabe* oder (anders übersetzt) *Geschriebenem* nicht einfach die *Schriften* des Alten Testaments meint. Sie bleiben ja *Heilige Schrift* auch für die christliche Gemeinde, und Paulus zitiert sie oft als Zeugen für Gottes Handeln in Jesus Christus. Tötender *Buchstabe* ist das Gesetz, wo es die Übertretungen der Menschen feststellt und die Menschen bei ihrer Feindschaft gegen Gott behaftet und ihr Verhalten verurteilt; *der Buchstabe* oder *»das Geschriebene* ist das, was Gott für

den Sünder schreibt, und darum spricht es über ihn das Todesurteil. Dieses Urteil ist aber kein leeres Wort; es ist die uns tötende Macht« (Schlatter, 506f).
Umstritten ist, ob Paulus damit das Gesetz schlechthin oder nur einen bestimmten Aspekt seiner Wirkung charakterisiert. Für das Erste spricht z.B. Gal 3,21, wo Paulus in Abrede stellt, dass »(von Gott) ein Gesetz gegeben wurde, das lebendig machen kann« (vgl. Röm 8,3). Es ist die einzige Aufgabe des Gesetzes, die Sünde aufzudecken und zu verurteilen. Für die zweite Auffassung wird angeführt, dass nach Röm 7,12 das Gesetz »heilig, gerecht und gut« ist und Gottes Willen zum Leben bleibend festhält. Erst durch die menschliche Sünde wird es zu der unheilvollen Macht, die zur Übertretung verführt, um die Sünde ans Licht zu bringen und zu verurteilen (vgl. Röm 5,20; 7,5–25; Gal 3,19). An unserer Stelle spricht die klare Gegenüberstellung von *Buchstabe* und *Geist* eher für die erste Deutung. Zu beachten aber bleibt, dass Paulus den Begriff *Gesetz* in diesem Zusammenhang nicht verwendet, auch wenn er in 3,7 mit den »in Stein gehauenen Buchstaben« darauf anspielt.
Klar ist hingegen: Der *Geist*, der *lebendig macht*, ist Gottes Geist. Es ist der »Geist des Lebens«, der auch ein totes Volk lebendig machen kann (Ez 37,5f). Es ist der Geist des Gottes, »der Jesus von den Toten auferweckt hat« (Röm 8,10f). In Christus ist dieser Geist als »Geist, der lebendig macht«, gegenwärtig und wird der Gemeinde und ihren Gliedern durch die Verkündigung des Glaubens geschenkt. Die Gegenwart und das Wirken dieses Geistes kennzeichnen das Wesen des *neuen Bundes* und darum auch den Dienst derer, die zu *Dienern des neuen Bundes* berufen sind. Das unterscheidet ihn vom Dienst derer, die dem *Buchstaben* verhaftet sind, indem sie sich auf geschriebene Empfehlungsbriefe und wohl auch – obwohl das nur angedeutet ist – auf die in steinerne Tafeln eingravierten Gebote berufen. Paulus wird darüber im nächsten Abschnitt noch einiges sagen.

Aus der eher beiläufigen Frage, ob auch Paulus Empfehlungsbriefe nötig habe, entwickelt Paulus in wenigen Sätzen eine ungemein dichte theologische Beschreibung des Wesens der christlichen Gemeinde und der apostolischen Verkündigung. Drei Punkte sind dabei wesentlich:

1. Die Gemeinde ist ein Brief Christi. An ihrem Leben und Handeln können Menschen ablesen, was Christus ihnen sagen will. Die einzelnen Christen und Christinnen sind Teil des Ganzen, sie sind lebendige Worte und Sätze, die Gottes Geist in ihr Leben schreibt und mit anderen zu einem lebendigen Brief zusammenfügt, der die Botschaft des Evangeliums zu den Menschen trägt.

2. Gemeinde entsteht durch die apostolische Verkündigung. Sie ist das menschliche Instrument, durch das Gottes Geist wirkt. Darum kann nur Gott zu diesem Dienst befähigen. Die Vollmacht, ihn zu tun, wird weder durch amtliche Zertifikate noch durch geistliche Erfolgsbilanzen nachgewiesen, sondern durch die Treue zu der aufgetragenen Botschaft des Evangeliums.
3. Der Dienst des Apostels und das Wesen der Gemeinde sind durch das Handeln Gottes geprägt, der in Christus einen *neuen Bund,* d.h. eine neue Heilsordnung und darum auch eine neue Gemeinschaft zwischen sich und den Menschen gestiftet hat. Sie ist nicht mehr durch das unheilvolle Gegenüber von festgeschriebener Forderung und verweigertem Gehorsam bestimmt. Gottes Geist legt den Menschen das Ja zu Gottes Willen in ihr Herz als dankbares Echo zu dem Ja, das Gott selbst in Christus zu ihnen gesprochen hat. Damit ist nicht das Alte Testament verworfen, wohl aber die Perspektive genannt, in der es seit Christus zu lesen ist.
Eine Frage lässt Paulus offen, weil sie sich für ihn noch nicht stellte: Kann der *neue Bund* durch ein geschriebenes Buch namens *Neues Testament* repräsentiert werden? Oder sind nun Kirche und Gemeinde die Offenbarungsurkunde des neuen Bundes? Die Frage ist brisant. Sie macht auf jeden Fall darauf aufmerksam, dass das Neue Testament nicht in der Perspektive des *Buchstabens* als neues Gesetz gelesen werden darf; als Zeuge des Evangeliums will es immer wieder Raum für das Wirken des Geistes schaffen.

3,7–18
Die Herrlichkeit des neuen Bundes

7Wenn aber (schon) der Dienst des Todes, der mit Buchstaben in Stein eingemeißelt ist, in Herrlichkeit geschah, sodass die Kinder Israels nicht auf das Gesicht des Mose blicken konnten wegen des herrlichen Glanzes auf seinem Gesicht, der doch vergänglich (war),
8wie sollte dann der Dienst des Geistes nicht (noch viel) mehr in
Herrlichkeit geschehen? 9Denn wenn (schon) der Dienst der Verurteilung Herrlichkeit (besaß), wie viel mehr wird dann der Dienst der
Gerechtigkeit überreich an Herrlichkeit sein! 10Denn eigentlich ist in diesem Fall das Verherrlichte (gar) nicht (wirklich) verherrlicht in Anbetracht der außerordentlichen Herrlichkeit (des neuen Bundes).
11Denn wenn (schon) das, was vergeht, durch Herrlichkeit (ausgezeichnet war), wie viel mehr (geschieht) das, was bleibt, in Herrlichkeit!
12Weil wir also eine solche Hoffnung haben, treten wir mit großer
Offenheit auf, 13und (machen es) nicht wie Mose, der eine Decke

auf sein Gesicht zu legen pflegte, damit die Kinder Israels nicht auf das Ende dessen blicken sollten, was vergeht.
14Ja, mehr noch: Ihr Verstehen war verhärtet worden. Denn bis zum heutigen Tage bleibt dieselbe Decke auf der Verlesung des alten Bundes, ohne dass sie aufgedeckt wird, denn sie wird (erst) in Christus beseitigt.
15Vielmehr bis heute, sooft Mose gelesen wird, liegt eine Decke auf ihrem Herzen.
16*Aber sobald (es) sich zum Herrn wenden wird, wird die Decke weggenommen werden* (Ex 34,34).
17Der Herr aber ist der Geist. Wo aber der Geist des Herrn ist, (da ist) Freiheit.
18Wir alle aber, weil wir mit aufgedecktem Angesicht die Herrlichkeit des Herrn wie in einem Spiegel schauen, werden in dasselbe Bild verwandelt von Herrlichkeit zu Herrlichkeit, wie (es) vom Geist des Herrn (gewirkt wird).

Der nächste Abschnitt knüpft unmittelbar an den voranstehenden an. Paulus erläutert das Wesen des neuen Bundes und damit auch die Bedeutung seiner Beauftragung im Dienst des neuen Bundes. Der Abschnitt gliedert sich in zwei Unterabschnitte: Die V. 7–11 sprechen von der *Herrlichkeit* des alten und des neuen Bundes. Damit wird ein wichtiges Stichwort aufgenommen, das die Ausführungen des Apostels bis zum Ende von Kap. 4 bestimmt. Die V. 12–18 zeigen auf, inwiefern der neue Bund dem alten überlegen ist, obwohl auch der alte *Herrlichkeit* besaß. Anknüpfungspunkt dafür ist eine Erzählung in Ex 34,29–35. In ihr wird berichtet, wie Mose vom Sinai zurückkam, wo Gott ihm in ganz besonderer Weise begegnet war, als er seinen Bund mit Israel erneuerte und die steinernen Tafeln des Gesetzes neu beschrieb. Aufgrund seiner Begegnung mit Gott glänzte sein Gesicht so sehr (im Griechischen: *war verherrlicht worden*), dass Aaron und die Israeliten dies kaum ertragen konnten und Mose deshalb eine Decke über sein Gesicht legte. Wenn er aber in das Heiligtum der Stifthütte hineinging, um mit Gott zu reden, nahm er die Decke wieder ab. Paulus spielt auf diesen Vorgang ganz unvermittelt und ohne weitere Erklärung an. Er setzt voraus, dass die Korinther wissen, wovon er spricht. Das lässt vermuten, dass diese Thematik in der Auseinandersetzung mit ihnen und den Leuten, die in der Gemeinde aufgetaucht waren, eine Rolle spielte.

Aufgrund von Ex 34,29–35 spricht Paulus in V. 7–11 davon, dass der alte Bund, der durch Mose und seinen Auftrag repräsentiert wird, *Herrlichkeit* besaß.

Mit diesem Wort und seiner griechischen Entsprechung (*doxa* wie in Doxologie) wird ein hebräischer Begriff wiedergegeben, der für das alttestamentliche Denken zentral ist, sich aber nur schwer übersetzen lässt. Er bezeichnet die *Majestät, Heiligkeit, Macht, unfassbare Größe* und *Herrlich-*

keit der Gegenwart Gottes. Mit seiner *großen Herrlichkeit* stürzt Gott seine Feinde und befreit sein Volk aus Ägypten (Ex 15,7); die *Herrlichkeit* des Herrn erscheint dem murrenden Volk beim Wüstenzug und lässt sich auf dem Sinai nieder, als Mose die Gesetzestafeln empfängt (Ex 24,16f). Aber auch Mose kann dieser Wirklichkeit nur unter Gottes Schutz und aus der Perspektive seiner Güte begegnen (Ex 33,18–23). Und doch ist Israel gewiss, dass Gottes *Herrlichkeit* das Heiligtum der Stiftshütte und des Tempels erfüllt (Ex 40,34; 1Kön 8,11), weil Gott in ihm wohnt. Umgekehrt sieht der Prophet Ezechiel, dass die *Herrlichkeit des Herrn* Tempel und Stadt verlässt, bevor diese zerstört werden (Ez 11,23). Wenn aber Gott sein Volk wieder heimführen wird, dann wird »die *Herrlichkeit des Herrn* offenbar werden, und alles Fleisch wird es sehen« (Jes 40,5). Und sollte Gottes Volk wirklich einmal Gottes Willen tun und sich der Armen und Hungrigen annehmen, dann verheißt ihm der Prophet: »deine Gerechtigkeit wird vor dir her gehen, und die *Herrlichkeit des Herrn* wird deinen Zug beschließen« (Jes 58,10). Gottes Gegenwart umgibt es von allen Seiten.

Gottes *Herrlichkeit*, seine machtvolle Gegenwart, zeichnete also schon den ersten, den »alten« Bund Gottes mit seinem Volk aus. Darauf baut Paulus einen dreifachen Argumentationsgang auf, in dem er die Bedeutung des neuen Bundes und des Dienstes, der ihm gilt, herausstellt. Er tut dies in den V. 7, 9 und 11 jeweils mit Hilfe der logischen Folgerung: *wenn (schon)* der alte Bund (als das Geringere) diese Herrlichkeit besaß, *wie viel mehr (dann)* der neue Bund (als das Größere). Man nennt dies ein Argument *a minore ad majus*: vom Geringeren auf das Größere.

Zunächst aber charakterisiert Paulus das, was im *alten Bund* geschah, als *Dienst des Todes* (7). Denn sein Inhalt war *mit Buchstaben in Stein eingemeißelt*. Damit spielt Paulus zweifellos erneut auf die Tafeln des Gesetzes an. Weil das Gesetz den Sünder verurteilt, darum tötet der *Buchstabe* (vgl. V. 6). Mose hatte den Auftrag, das Gesetz dem Volk zu übermitteln; doch das war letztlich ein *Dienst*, der den *Tod* brachte. Aber weil dieser Auftrag aus der Begegnung mit Gott erwuchs, war Mose so sehr von der *Herrlichkeit* Gottes berührt, *dass die Kinder Israels* (d.h. die Israeliten) *nicht auf das Gesicht des Mose blicken konnten*, und zwar *wegen des herrlichen Glanzes* (wörtlich: *der Herrlichkeit*) *auf seinem Gesicht*. Sie hielten dem Widerschein der Gegenwart Gottes nicht stand, obwohl dieser Glanz – nach Meinung des Paulus – *vergänglich* war. Davon ist freilich in Ex 34 nicht die Rede, und auch die jüdische Überlieferung weiß nichts davon. Paulus schließt dies wohl aus der Tatsache, dass der alte Bund als Ganzer nicht auf Dauer angelegt ist.

Luther hat in V. 7f und dann auch in 4,1 und 5,18 das Wort *Dienst* mit *Amt* übersetzt. Er hebt damit zu Recht hervor, dass es bei diesem *Dienst* weniger um eine gelegentliche, selbstlos erbrachte Hilfeleistung, sondern um einen klar umrissenen, von Gott erteilten, gewissermaßen »amtlichen« *Auftrag* geht. Heute allerdings klingt das Wort *Amt* distanziert und institutionell und trifft nicht mehr das, was Paulus unter *Dienst* versteht.

Dem *Dienst des Todes,* der den alten Bund kennzeichnet, stellt Paulus den *Dienst des Geistes* gegenüber, also die Verkündigung des Evangeliums, die vom Wirken des Leben schaffenden Geistes Gottes bestimmt ist (**8**). Und er fragt: *Wenn* all das *schon* für einen Auftrag gilt, der den Tod bringt, muss dann eine Beauftragung, die das Leben schenkt, *nicht (noch viel) mehr in Herrlichkeit geschehen*? Die Frage zielt auf eine eindeutige Antwort: Aber natürlich! Wenn schon die Weitergabe des Gesetzes, das doch den Menschen auf sein tödliches Versagen festlegt, von Gottes Gegenwart erfüllt ist, um wie viel mehr zeigt sich dann in der Verkündigung des Evangeliums, die den Menschen neues Leben aus der Kraft des Geistes Gottes schenkt, die *Herrlichkeit* und *gnädige Majestät* des Wesens Gottes!

Paulus wiederholt dieses Argument mit etwas anderen Worten in V. **9** und erläutert damit noch einmal den Unterschied zwischen dem alten und dem neuen Bund sowie dem Auftrag, der jeweils mit ihnen verbunden ist. Das eine ist *der Dienst der Verurteilung,* also der Auftrag, den Menschen ihr Todesurteil zu übermitteln. Das andere ist *der Dienst der Gerechtigkeit,* der Auftrag, den Menschen zu sagen, dass Gott in Jesus Christus seine Heil schaffende Gerechtigkeit offenbart hat, die das Todesurteil des Gesetzes aufhebt, die Feindschaft der Menschen gegen Gott überwindet und sie mit Gott versöhnt (vgl. 5,18–21). Paulus ist überzeugt, dass deshalb seine Schlussfolgerung jedem einleuchten muss: *Denn wenn (schon) der Dienst der Verurteilung,* der Auftrag, das Todesurteil zu übermitteln, *Herrlichkeit (besaß), wie viel mehr wird dann der Dienst der Gerechtigkeit,* der den Freispruch zum Leben verkündet, *überreich an Herrlichkeit sein.* Dort wo Gott sich in seiner Treue und gnädigen Zuwendung zeigt, da ist seine *Herrlichkeit,* die Majestät und Heiligkeit seines göttlichen Wesens, noch in viel größerem Maß gegenwärtig und erfahrbar als dort, wo er sein Urteil über die Sünde der Menschen spricht.

Paulus schiebt noch eine Zwischenüberlegung ein (**10**). Einerseits stellt er nicht in Abrede, dass auch das, was im alten Bund geschah, Gottes Gegenwart widerspiegelt und deshalb von seiner Herrlichkeit durchdrungen war. Andererseits ist er der Überzeugung, dass *in diesem Fall,* d.h. wenn man die Bedeutung der Offenbarung der Gerechtigkeit Gottes berücksichtigt, *das Verherrlichte,* also das, was in Ex 34,29f als Abglanz der Herrlichkeit Got-

tes beschrieben wird, im Grunde *(gar) nicht (wirklich) verherrlicht* worden ist. Angesichts *der außerordentlichen Herrlichkeit* dessen, was im neuen Bund in der Verkündigung des Evangeliums geschieht, verblasst alles andere, was vorher durch Gottes Gegenwart verherrlicht schien.
Aber auch dieser Zwischengedanke soll im Grunde nur die Überzeugungskraft der dritten Schlussfolgerung vom »Geringeren« auf das »Größere« stärken (**11**). Noch einmal stellt Paulus die beiden Größen einander gegenüber: *Denn wenn (schon) das, was vergeht, durch Herrlichkeit (ausgezeichnet war)* – das ist die Voraussetzung, von der er ausgeht. Der alte Bund war nicht auf Ewigkeit hin angelegt, sondern findet in Gottes Handeln in Christus sein Ziel und sein Ende. Dennoch war er von Gottes Gegenwart getragen und Zeuge seiner göttlichen *Herrlichkeit*. Wenn das aber schon für das gilt, was nur für eine begrenzte Zeit gedacht war, *wie viel mehr (geschieht dann) das, was bleibt, in Herrlichkeit!*
Paulus begründet hier nicht, warum er den ersten Bund Gottes mit seinem Volk für befristet hält. Für ihn war in der Begegnung mit dem auferstandenen Christus klar geworden, dass Gott durch sein Handeln in Christus – wie in Jer 31,31f verheißen – einen neuen Anfang gemacht und einen neuen Bund geschlossen hat, der den alten ablöst. Das Scheitern der Menschen an Gottes Willen zieht nicht mehr den Tod nach sich. Im Tod Jesu hat Gott dieses Scheitern auf sich genommen und eine neue Form der Gemeinschaft der Menschen mit ihm begründet. Das gilt für alle und für immer. Darum ist dieser neue Bund und der Dienst, der ihn den Menschen nahebringt, in unvergleichlich höherem Maß von Gottes Gegenwart geprägt und von der Wirklichkeit seines göttlichen Wesens oder, kurz gesagt: seiner *Herrlichkeit*, erfüllt.
Der nächste Abschnitt (**12–18**) nennt die Konsequenzen, die diese Feststellungen für den Dienst des Paulus haben. Neue Stichworte tauchen auf, die vermutlich aus der Auseinandersetzung mit den Korinthern stammen.
Paulus fasst zunächst das Gesagte zusammen: *Weil wir also eine solche Hoffnung haben* (**12**). Überraschend ist, dass er hier von *Hoffnung* und nicht wie in V. 4 von *Zuversicht* oder *Gewissheit* spricht. Denn eigentlich hat er ja durch seine Schlussfolgerungen überzeugend dargelegt, welche Bedeutung seinem Dienst zukommt. Aber erstens hält Paulus gerade den Korinthern gegenüber immer wieder fest, dass die *Herrlichkeit*, die in seiner Verkündigung aufscheint, noch nicht in ihrer ganzen Fülle gegenwärtig, sondern weiterhin Gegenstand der Hoffnung ist (1Kor 4,8; 2Kor 5,8; vgl. Röm 8,21–25). Und zweitens geht es jetzt um das, was den Dienst des Paulus bestimmt und die Art seines Auftretens

begründet. Und diese Gewissheit ist für Paulus immer ein *Hoffen* und wird nie zum sicheren Besitz.

Weil Paulus von dieser Hoffnung getragen ist, tritt er *mit großer Offenheit* auf. Das Wort, das wir mit *Offenheit* übersetzen (EÜ, ZB: *Freimut*; LÜ: *Zuversicht*) ist im Griechischen ein wichtiger Begriff. Er bedeutet *freie Rede* des freien Mannes, aber auch die *freie Meinungsäußerung* eines Philosophen. Im Neuen Testament bezeichnet das Wort oft die durch Christus geschenkte *Offenheit, Freiheit* und *Ermächtigung,* freien Zugang zu Gott zu haben und ihm ohne Furcht zu begegnen (Hebr 4,16; 10,19; 1Joh 3,21). Bei Paulus aber beschreibt es meist die *Offenheit* oder *Freiheit,* aber auch die *Vollmacht,* mit der man anderen gegenübertritt (vgl. 7,4; Phil 1,20; Phlm 8). Das ist auch die Bedeutung an unserer Stelle. Offensichtlich reagiert Paulus hier auf einen Vorwurf aus Korinth, seiner Verkündigung fehle gerade eine solche *Offenheit* und *Vollmacht,* ja sein Evangelium sei *verdeckt* (4,3). Man beklagte, es mangele ihm nicht nur an rhetorischem Glanz, auch die Gegenwart göttlicher Herrlichkeit werde wegen seiner schwächlichen Erscheinung nicht recht sichtbar.

Auf diesem Hintergrund wird verständlich, warum Paulus nun noch einmal auf Mose und die Erzählung von der Decke zurückkommt, mit der dieser nach Ex 34,33–35 sein Gesicht verdeckte (**13**). Möglicherweise haben auch die Kritiker des Paulus, die von außerhalb nach Korinth gekommen waren, behauptet, sie könnten mit ihrer Auslegung des Gesetzes die verborgene Herrlichkeit der Verkündigung des Mose aufdecken und ans Licht bringen. Jedenfalls benennt Paulus jetzt einen klaren Unterschied zwischen dem, was bei der Verkündigung des Gesetzes durch Mose geschah, und dem, was sich in der Verkündigung des Evangeliums durch den Apostel zeigt. In ihr spricht Paulus offen und frei zu allen Menschen von Gottes Handeln in Christus, während Mose nach seiner Begegnung mit Gott sein Gesicht mit einer *Decke* (oder einem *Schleier*) zu verhüllen pflegte.

Allerdings geht Paulus mit dem alttestamentlichen Bericht sehr eigenwillig um. In Ex 34,33.35 wird ausdrücklich festgestellt, dass Mose sein Gesicht erst mit einer Decke verhüllte, *nachdem* er den Israeliten gesagt hatte, was Gott mit ihm geredet hatte. Dort wird auch nirgends angedeutet, dass der Glanz auf Mose Gesicht mit der Zeit verschwand. Paulus könnte das höchstens aus der Bemerkung erschlossen haben, dass die Haut des Gesichtes Mose immer dann glänzte, wenn er von der Begegnung mit Gott zurückkam. Doch sind die Übersetzung und die Deutung dieses Satzes unter den Auslegern umstritten. Legte Mose die Decke auf sein Gesicht, *damit* oder *sodass* die Israeliten nicht sahen, was hinter ihr vor sich ging? Sprachlich sind beide Übersetzungen möglich. Der Zusammenhang macht aber deutlich, dass Paulus von der *Absicht* des Mose sprechen möchte; also ist *damit* richtig. Weiterhin bleibt offen, was mit dem, *was vergeht*, gemeint ist. Im Griechischen lässt sich die Wendung nicht einfach auf den *Glanz* oder die *Herrlichkeit* beziehen, wie das viele Übersetzungen tun (vgl. LÜ, EÜ). Hier scheint der ganze Vorgang im Blick zu sein, also die Stiftung des alten Bundes mit seiner Herrlichkeit.

Das führt zur letzten offenen Frage in V. 13: Das griechische Wort, das wir mit *Ende* übersetzt haben (so auch LÜ, ZB, REB), kann auch *Ziel* bedeuten. Manche Ausleger nehmen an, dass dies hier der Fall ist (vgl. auch Röm 10,4). Für Paulus habe der alte Bund das Ziel, in Jesus Christus durch den neuen Bund abgelöst zu werden. Das aber sollten die Israeliten noch nicht sehen. Von der Sache her sind beide Übersetzung nicht so weit von einander entfernt, wie das im Deutschen erscheint. Zweifellos will Paulus sagen, Mose wolle verdecken, dass der Bund, den er vermittelt, mitsamt seiner Herrlichkeit befristet ist und vergehen wird. Aber dieses Ende führt ja nicht ins Nichts, sondern zu einem Ziel, eben dem neuen Bund. Paulus unterstellt also Mose nicht, wie manche vermuten, er habe die Decke auf sein Gesicht gelegt, weil es ihm peinlich war, dass der Glanz auf seinem Gesicht so schnell verging, und er verhindern wollte, dass man dies sah. Für Paulus ist die Decke des Mose Symbol dafür, dass der Bund, den Gott durch Mose mit dem Volk schloss, von vornherein nicht auf Dauer angelegt war. Aber die Israeliten sollten die Tatsache, dass diesem Bund ein »Verfallsdatum« eingeschrieben war, nicht von Anfang an in den Blick bekommen.

Diese Deutung wird auch durch den nächsten Satz gestützt (**14**), in dem Paulus andeutet, dass die Problematik bei den Israeliten nicht nur durch das Verhalten des Mose verursacht wurde. Nein, auch *ihr Verstehen war verhärtet* oder – wie wir heute sagen würden – *war blockiert worden*. Die Formulierung im Passiv deutet auf ein Handeln Gottes hin. Für Paulus gehört es auch zum Handeln Gottes, in bestimmten Situationen die Fähigkeit Israels, sein Reden und Tun wahrzunehmen und zu verstehen, so zu blockieren, dass »sie mit ihren Augen nicht sehen und ihren Ohren nicht hören und mit ihrem Herzen nicht verstehen« (Jes 6,10; vgl. Röm 11,7f). Die traditionellen Übersetzungen sprechen an diesen Stellen davon, dass Gott das *Verstehen* bzw. die Herzen des Volks *verstockt* (LÜ, REB). Aber der heutige Leser verbindet mit diesem Begriff den moralischen Vorwurf gegenüber einem *verstockten* Volk. Der fehlt im Urtext. Es ist Gott, der Herzen *verhärtet* und das Verstehen *blockiert*.

Über den Grund dafür sagt Paulus an unserer Stelle nichts. Was wie eine Begründung aussieht (*denn*), beschreibt die Folge dessen, was durch diesen Anfang schon programmiert ist: *Denn bis zum heutigen Tage bleibt dieselbe Decke auf der Verlesung des alten Bundes, ohne dass sie aufgedeckt wird.* An die Stelle der Weitergabe der Gebote Gottes durch Mose tritt die *Verlesung des alten Bundes.* Paulus prägt hier das Stichwort *alter Bund* für die erste Heilssetzung Gottes mit Israel, sicher in Analogie zur Rede vom neuen Bund in Jer 31,31. Der heutige Leser denkt beim Verlesen des *alten Bundes* unwillkürlich an die Schriften des *Alten Testaments.* Man könnte die griechischen Worte auch mit diesem Begriff übersetzen, denn sein späterer Gebrauch wird hier angebahnt. Aber Paulus denkt noch nicht an den ganzen Kanon von Schriften, den wir heute *Altes Testament* nennen. Für ihn ist die Heilsordnung des alten Bundes in der Tora, den fünf Büchern Mose, schriftlich festgelegt. Als ihr Verfasser galt Mose. So wie auf seinem Gesicht die Decke lag, die verhüllte, dass der Bund befristet und vergänglich war, so bleibt auch für Israel beim Lesen der Tora verborgen, dass diese Heilsordnung keinen bleibenden Bestand haben wird. Diese Verhüllung kann von Israel auch gar nicht in eigener Kraft *aufgedeckt* werden, *denn sie wird (erst) in Christus beseitigt.* Erst durch Gottes Handeln in Christus wird deutlich werden, dass Gott eine neue Heilsordnung aufgerichtet hat, die allen Menschen und für immer gilt.

Paulus wiederholt diesen Gedanken noch einmal in V. **15**: *Vielmehr bis heute, sooft Mose gelesen wird, liegt eine Decke auf ihrem Herzen.* Hier zeigt sich eindeutig, dass Paulus an die Verlesung der Tora denkt. Zugleich verschiebt er das Bild ein wenig: Die Decke liegt nicht mehr auf dem Gesicht des Mose oder auf der Schrift des alten Bundes, sondern auf *ihrem Herzen.* Das Verstehen derer, denen die Tora vorgelesen wird, ist blockiert (V. 14a), weil ihr *Herz,* also die Mitte ihrer Person und das Zentrum ihres Wahrnehmens und Verstehens, durch ihr vorgefasstes Verständnis (die *Decke*) so gefangen ist, dass sie weder sehen noch begreifen können, worauf Gottes Reden und Handeln mit ihnen eigentlich zielt.

Das aber muss kein bleibender Zustand sein (**16**): *Sobald (er* oder *es) sich zum Herrn wenden wird, wird die Decke weggenommen werden.* Paulus spielt hier auf einen Satz aus Ex 34,34 an, von dem er annimmt, dass ihn die korinthischen Christen kennen. Er verändert ihn aber charakteristisch. Dort heißt es: »Sooft aber Mose vor den HERRN hineinging, um mit ihm zu reden, legte er die Decke ab« (REB). Paulus macht aus dem Bericht über das Verhalten des Mose in der Vergangenheit eine Aussage über das, was

unter bestimmten Voraussetzungen in Zukunft geschehen wird. Er ersetzt »hineingehen vor den Herrn« durch *sich zum Herrn wenden* oder (anders übersetzt) *sich zum Herrn bekehren*. Paulus verwendet damit für die Hinwendung Israels zu Gott die gleichen Begriffe wie in 1Thess 1,9 für die Bekehrung der Heiden zu Gott! Im griechischen Text bleibt aber offen, wer Subjekt dieses Vorgangs ist. Im Deutschen muss man es ergänzen: entweder *er* (also *Mose*) oder *es* (also *ihr Herz* oder auch *Israel*) oder einfach *jemand/man*. Unklar ist auch, wer mit *zum Herrn* gemeint ist? Ist es Gott wie in Ex 34,34? Oder ist Christus gemeint wie sonst bei Paulus und im Anschluss an das »in Christus« in V. 14?
Wir versuchen eine Antwort auf die vielen offenen Fragen zu finden. Dass Mose als Subjekt gemeint ist, ist unwahrscheinlich, da Paulus von einem Vorgang in der Zukunft spricht. Mose wäre dann Symbolfigur für die Juden, die sich zum Glauben an Christus bekehren. Sachlich und auch grammatikalisch liegt es näher, an *ihr Herz* als Subjekt zu denken. Es geht also um die Bekehrung derer, für die *Mose gelesen wird* (V. 15) und die nicht verstehen, worauf sein Zeugnis eigentlich verweist. Man könnte daher auch *Israel* als Subjekt vermuten (oder auch allgemein *jemand* bzw. *man*). Es geht immer um den Personenkreis, der in V. 15 beschrieben ist. Schwieriger ist die Entscheidung, wer mit dem *Herrn* gemeint ist, zu dem sich diese Menschen *wenden* bzw. *bekehren* sollen. Dass es *Gott* ist, dafür spricht die Anspielung auf Ex 34,34. Paulus würde nach diesem Verständnis sagen: Wenn sich Israel wirklich *Gott* als seinem *Herrn* zuwenden würde, statt sich von seinen Vorstellungen von ihm gefangen halten zu lassen, dann würde die Decke von ihrem Herzen weggenommen und sie würden Gottes Handeln in Christus erkennen.
Dennoch spricht manches dafür, dass Paulus in V. 16 mit *zum Herrn* meint: *zu Christus*. Das ist durch V. 14 vorgezeichnet und entspricht dem sonstigen Sprachgebrauch des Paulus. Während die Heiden sich zu Gott bekehren (1Thess 1,9), ist für die Juden die Hinwendung zu Jesus als dem Christus, dem Messias Gottes, der entscheidende Schritt. Wo dieser Schritt getan wird, da *wird die Decke weggenommen werden*, da werden die Augen des Herzens für das geöffnet, was Gott in Christus getan hat. Auch hier weisen die passivischen Wendungen auf ein Handeln Gottes hin: Er ist es, der die Verblendung und die Blockaden seines Volkes aufheben wird. Damit stehen wir freilich vor einer nicht aufgelösten und wohl auch nicht auflösbaren Spannung in den Aussagen des Paulus. Einerseits erwartet er, dass sich die Juden zu Christus bekehren; andererseits macht er deutlich, dass es Gott ist, der die Hindernisse für das rechte Verstehen seines Redens und Handelns

in Christus beseitigen muss und wird. Diese Spannung findet sich auch noch in Röm 9–11, wo Paulus diese Thematik ausführlich behandeln wird.

In V. **17** gibt Paulus selbst eine knappe Erklärung, wie er das Zitat versteht: *Der Herr aber ist der Geist*. Dieser Satz hat den Auslegern viel Kopfzerbrechen bereitet. Auf den ersten Blick handelt es sich um einen Hinweis, der sagt: Mit dem im Zitat genannten *Herrn*, zu dem sich Israel wenden soll, ist der *Geist* gemeint, und zwar *der* Geist, von dem vorher (3,3.6) die Rede war (Schmeller I, 222). Was aber könnte das bedeuten? Es geht jedenfalls nicht um eine Wesensbestimmung wie in Joh 4,22: »Gott ist Geist« (vgl. noch 1Joh 1,5; 4,8). Aber es werden auch nicht einfach *Herr* und *Geist* miteinander identifiziert. Dagegen spricht, dass im folgenden Satz vom *Geist des Herrn* gesprochen wird, beide also unterschieden werden. Das *ist* in 17a identifiziert also die beiden nicht einfach, sondern beschreibt das Ineinander ihres *Wirkens*. Die Begegnung mit dem Herrn umfasst auch die Begegnung mit dem Geist und seinem Wirken. Wenn das Volk sich dem *Herrn* zuwendet, also Gott, wie er sich in Christus offenbart, dann wird Israel auch dem Leben spendenden Geist, den er schenkt, begegnen.

Davon spricht der nächste Satz: *Wo aber der Geist des Herrn ist, da ist Freiheit*. Der *Geist des Herrn* ist eine Wendung, die sich häufig im Alten Testament findet: Der *Geist des Herrn* ergreift Männer wie Otniel, Gideon, Jephtha oder Simson und gibt ihnen die Kraft Israel zu befreien (Ri 3,10; 6,34; 11,29; 13,25). Auch in Jes 61,1 ist es der *Geist des Herrn*, der den Propheten dazu treibt, den »Gefangenen die Freilassung zu verkünden« (vgl. Lk 4,18). Und auch für Paulus sind das Wirken des Geistes und Befreiung eng miteinander verknüpft (vgl. Röm 8,2: »Denn das Gesetz des Geistes, der Leben schafft, hat dich in Christus Jesus befreit …«). Dabei macht Paulus keinen erkennbaren Unterschied zwischen dem Wirken des Geistes *Gottes* (vgl. Röm 8,9.11.16) und des Geistes *Christi* (vgl. Röm 8,9; Gal 4,6). Darum ist auch die Frage, ob hier mit Geist *des Herrn* der Geist *Gottes* oder der Geist *Christi* gemeint ist, für Paulus müßig. Es ist der *eine* Geist, der in die Freiheit der Kinder Gottes führt (vgl. Röm 8,16.22 mit Gal 4,6).

Freiheit bedeutet bei Paulus meist Freiheit vom Gesetz (vgl. Gal 2,4; 5,1.13; Röm 8,2). Auch hier steht dieses Motiv im Hintergrund, denn der tötende *Buchstabe* und der *Dienst des Todes* und *der Verurteilung*, an dessen Stelle der *Dienst des Geistes* und *der Gerechtigkeit* tritt, repräsentieren zweifellos das Gesetz. Von seiner verurteilenden Kraft sind die, die sich in Christus dem Wirken des Geistes geöffnet haben, befreit. Paulus setzt hier jedoch einen anderen Akzent als im Galater- und Römerbrief. *Freiheit* hat hier auch etwas mit der *Offenheit*, dem *Freimut* zu tun, von dem Paulus in 3,12 sprach. Es geht um die Befreiung der Verkündigung von allen Einschränkungen und Verhüllungen, die den alten Bund gekennzeichnet haben, also um die ungehinderte Weitergabe des Evangeliums nicht allein durch die Verkündigung, sondern auch durch das ganze Leben der Christen.

Diese werden im V. **18** sehr betont in die Überlegungen einbezogen: *Wir alle* sagt Paulus und meint hier sicher alle Christen. Ihre Erfahrung in der Begegnung mit Christus und durch das Wirken des Geistes wird im folgenden Satz beschrieben. Paulus formuliert ihn einerseits im Gegensatz zu den Israeliten, auf deren Herzen eine Decke liegt, aber andererseits auch in Fortführung der Gottesbegegnung des Mose, der Gott ohne Decke vor dem Gesicht schaut. Nach der griechischen Übersetzung von Num 12,8 sagt Gott über Mose: »Von Mund zu Mund werde ich zu ihm reden, in einer sichtbaren Gestalt und nicht in Rätseln, und die Herrlichkeit des Herrn hat er gesehen«. Diesen Text hat Paulus vor Augen, wenn er nun von sich und allen Christen sagt, dass sie *mit aufgedecktem Angesicht die Herrlichkeit des Herrn wie in einem Spiegel schauen.*

Wie wir schon bei 3,7 sahen, ist im Alten Testament die *Herrlichkeit des Herrn* Ausdruck der rettenden Gegenwart Gottes, die Israel auf dem Wüstenzug begleitet und durch die sich Gott am Sinai offenbart (Ex 16,10; 24,16). Auch das Allerheiligste in der Stiftshütte und im Tempel sind von ihr erfüllt (Ex 40,34; 1Kön 8,11). Die *Herrlichkeit des Herrn* zu *schauen* bedeutet also, Gottes Gegenwart unverstellt und ungehindert zu erfahren. Allerdings ist dies noch keine Begegnung »von Angesicht zu Angesicht«, wie Paulus sie für die Vollendung in der Ewigkeit erwartet (vgl. 1Kor 13,12). Die Christen sehen diese Herrlichkeit *wie in einem Spiegel.* Anders als in 1Kor 13,12 geht es hier aber nicht darum, dass diese Schau noch unvollkommen und bruchstückhaft ist. Wie in Weish 7,26 von der Weisheit gesagt wird, sie sei »ein fleckenloser Spiegel des Wirkens Gottes und ein Bild seiner Güte«, so ist Paulus davon überzeugt, dass in der Begegnung mit Christus Gottes Gegenwart in unvergleichlicher Klarheit aufleuchtet.

Es lässt sich deshalb nicht sicher entscheiden, ob Paulus mit der *Herrlichkeit des Herrn* die *Herrlichkeit Christi* (mit)meint. Von ihr wird er in 4,4 sprechen. Weil Christus das *(Eben-)Bild* Gottes ist, begegnet uns in seiner Herrlichkeit die Herrlichkeit Gottes. Dieser Gedanke steht auch im Hintergrund von 3,18. Denn hier heißt es von denen, die die Herrlichkeit des Herrn schauen: Sie *werden in dasselbe Bild verwandelt.* In der Begegnung mit Christus als dem Ebenbild Gottes begegnen Menschen Gott und werden selbst zum Ebenbild Gottes. Auf dem Hintergrund von Gen 1,26f heißt dies: Sie finden zu ihrer schöpfungsgemäßen Bestimmung.

Das *Schauen*, von dem Paulus spricht, ist aber kein *Zuschauen*. Es bedeutet, Gottes Gegenwart und Handeln, wie es in Christus anschaulich wird, ganz in sich aufzunehmen. Das aber *verwandelt*. Luther hat übersetzt: *verklärt*, weil in der Verklärungsgeschichte das gleiche Verb benutzt wird (vgl. Mt 17,2 / Mk 9,2). Für uns ist dieses Wort missverständlich. Wenn die Vergangenheit verklärt wird, wird das, was problematisch war, vom Gold der Erinnerung überstrahlt. Wer wirklich Gott begegnet, bleibt nicht derselbe, und die Vergangenheit wird auch nicht nur vom Glanz des Neuen überstrahlt. Die Begegnung mit Gott verändert durch und durch, gibt dem Leben eine neue Gestalt und Richtung. Beides wird durch das *Vor-Bild* Christi bestimmt und geprägt.

Paulus beschreibt dies hier nicht im Einzelnen. Er deutet die Fülle des Neuen durch die Worte *von Herrlichkeit zu Herrlichkeit* an. Paulus liebt dieses Spiel mit den Präpositionen (vgl. Röm 1,17), lässt aber die genaue Bedeutung solcher Formulierungen offen. Denkt er an eine stufenweise Verwandlung der Christen oder an die fortdauernde Erneuerung des inneren Menschen (4,16), die nötig ist, bis auch der irdische Leib »dem Leib seiner Herrlichkeit gleichgestaltet« sein wird (Phil 3,21)? Klar ist, dass Paulus an einen dynamischen Prozess denkt, in dem Christen immer wieder neu und immer mehr durch das Hören auf das Evangelium und die Orientierung an der Person Jesu Christi ihr Leben nach dem Vorbild seine Liebe verändern und neu gestalten lassen (vgl. Röm 12,2: »Lasst euch neu gestalten [wörtlich: verwandeln] durch die Erneuerung eures Sinnes«).

Das geschieht nicht durch die Kraft positiven Denkens und auch nicht durch den Einsatz ekstatischer Techniken, sondern *wie (es) vom Geist des Herrn (gewirkt wird)*. Der griechische Text dieser Wendung kann unterschiedlich übersetzt werden: *von dem Herrn, der der Geist ist* (LÜ), *durch den Geist des Herrn* (EÜ), *wie der Herr des Geistes es wirkt* (ZB), *wie (es) vom Herrn, dem Geist (, geschieht)* (REB), um nur einige der Möglichkeiten zu nennen. Eine Entscheidung ist schwierig, der Sinn der Wendung ist trotzdem klar. Paulus kommt noch einmal auf seine Aussagen von V. 17 zurück, wo es hieß: *Der Herr aber ist der Geist. Wo aber der Geist des Herrn ist, da ist Freiheit*. Daraus folgt: Die verändernde Kraft, die das Leben der Christen verwandelt, ist die Kraft des Geistes. Durch ihn wirkt der *Herr*, nämlich Jesus Christus, in dem Gott für uns anschaulich wird. Oder anders herum gesagt: Diese Verwandlung schöpft ihre Kraft aus der Begegnung mit dem *Herrn*, der durch seinen *Geist* gegenwärtig wird und bleibt.

Die »Synagoge« mit verbundenen Augen und gesenktem Kopf, die »Kirche« mit freiem Blick und erhobenem Haupt, so stehen sich Judentum und Christentum in Gestalt zweier Frauen an den Portalen vieler gotischer Kirchen, z.B. dem Straßburger Münster, gegenüber – unverkennbar eine Nachwirkung von 2Kor 3,14f. Noch strahlt auch die Synagoge eine gewisse Würde aus, bald aber wird dieses Bild in völlige Verunglimpfung umschlagen. Hat das Paulus gewollt?
Seine lange und komplizierte Argumentation lässt sich nicht leicht zusammenfassen. Was ist das Grundanliegen? Welche Impulse ergeben sich für uns heute, und welche Fragen stellen sich uns? Wir nennen die wichtigsten Punkte:

1. Die ungewöhnliche Art der Argumentation zeigt: Paulus setzt sich hier mit Gedanken und Vorstellungen von Leuten auseinander, die ihm in Korinth Konkurrenz machen. Lange Zeit war man in der Auslegung ziemlich sicher, dass wir es hier mit einem überarbeiteten Dokument dieser Gegner zu tun haben. Man ist heute vorsichtiger geworden. Aber der Hintergrund, auf dem Paulus spricht, scheint klar: Die Gegner boten eine geistliche Auslegung der Tora, die beanspruchte, die Herrlichkeit der Moseoffenbarung neu zum Leuchten zu bringen. Demgegenüber wurde der Verkündigung des Paulus wirkliche Offenbarungsqualität abgesprochen.
2. Paulus möchte deshalb die überragende Offenbarungsqualität seines Dienstes herausarbeiten. Sie beruht nicht auf seinen besonderen Qualifikationen oder speziellen spirituellen Methoden, sondern auf dem Wesen und Inhalt seiner Botschaft: In ihr holt Gott die Menschen hinein in den neuen Bund, den er in Christus für alle geschlossen hat – so wie einst am Sinai den Bund mit Israel. Aber der neue Bund bedeutet eine neue Art der Begegnung mit Gott. Sie ist nicht mehr von dem Gegenüber der Forderung Gottes und menschlicher Unfähigkeit zu gehorchen bestimmt. Gott wirkt durch seinen Geist in den Herzen der Menschen, dass sie sich für ihn und seinen Willen öffnen können, und das bedeutet Freispruch statt Verurteilung, Leben statt Tod.
3. Für uns heute aber stellt sich die Frage: Lässt sich das unerhört Neue der Christusoffenbarung nicht auch formulieren, ohne das Alte zu diskreditieren? Aus dem Bild der Synagoge mit den verbundenen Augen wurde später oft die reine Verunglimpfung (etwa durch die Figur der »Judensau«) mit den katastrophalen Spätfolgen, die uns heute vor Augen sind. Sicher: Es gab im Mittelalter auch Darstellungen der Hoffnung, in denen der Synagoge die Binde durch Gottes Hand von den Augen genommen wird. Aber muss nicht Paulus gefragt werden, ob der Glanz der Offenbarung am Sinai wirklich vergangen ist und ob Gottes Begegnung mit seinem Volk nicht immer noch ihr eigenes Gewicht und ihre eigene »Herrlichkeit« hat. In Röm

9,4 deutet Paulus selbst diese Korrektur an: Den Israeliten gehören »die Kindschaft, die Herrlichkeit, die Bundesschlüsse«.

4. Damit wird die positive Aussage des Paulus nicht entwertet. In Christus begegnet uns die Wirklichkeit Gottes in einer ganz neuen Weise. Wir werden durch ihn in die Gemeinschaft mit Gott auf eine Weise gestellt, die uns schon jetzt in die Wirklichkeit Gottes hineinnimmt und uns in sein Ebenbild verwandelt. Was die ursprüngliche Bestimmung der Menschen war, gewinnt in der Begegnung mit Christus Gestalt. Aber was kann diese fast mystisch klingende Rede von der verwandelnden Schau Gottes für unser Leben bedeuten? John Wesley, der Begründer des Methodismus, hat immer wieder daraufhin gewiesen, dass diese unmittelbare Offenbarung des Wesens Gottes nichts anderes als die Offenbarung seiner Liebe ist. In sein Ebenbild verwandelt zu werden heißt dann also, in diese Liebe hineingenommen und von ihr so erfüllt zu werden, dass unser Leben durch diese Liebe verändert und ihrem Wesen entsprechend verwandelt wird.

Das ist die unvergleichliche »Herrlichkeit« die durch den Dienst des Apostels in der Verkündigung des Evangeliums weitergegeben wird. Dies ist nicht an die Person des Apostels gebunden. Der Dienst des Geistes, der Gerechtigkeit und des Lebens geht in der Verkündigung der apostolischen Botschaft weiter. Dieser *Dienst* und dieses »Amt« bleiben der wesentliche Auftrag, modern gesprochen: das »Kerngeschäft« der Kirche Jesu Christi.

4,1–6
Die Wirkung der apostolischen Verkündigung

**4 [1]Deshalb, weil wir diesen Dienst haben, da uns (ja) Barmherzigkeit
widerfahren ist, werden wir nicht mutlos, [2]sondern haben uns von
den schändlichen Heimlichkeiten losgesagt, verhalten uns nicht
hinterlistig, verfälschen auch nicht Gottes Wort, sondern durch das
Offenbarwerden der Wahrheit empfehlen wir uns jedem menschlichen Gewissen vor Gott. [3]Wenn aber unser Evangelium (dennoch)
verdeckt ist, dann ist es für die verdeckt, die ins Verderben gehen.
[4]Ihnen, den Ungläubigen, hat der Gott dieser Weltzeit die Sinne
verblendet, sodass sie die Erleuchtung durch das Evangelium von der
Herrlichkeit Jesu Christi, der das Bild Gottes ist, nicht sehen. [5]Denn
wir verkündigen nicht uns selbst, sondern Jesus Christus als den
Herrn, uns aber als eure Sklaven um Jesu willen. [6]Denn Gott, der
sprach: Aus Finsternis soll Licht aufleuchten, der ist in unseren Herzen aufgeleuchtet, um die Erkenntnis der Herrlichkeit Gottes im
Angesicht Jesu Christi ans Licht zu bringen.**

Welche Bedeutung hat das in 3,7–18 Gesagte für die Bewertung der Arbeit des Apostels? Das ist die Frage, der sich Paulus nun zuwendet. Denn darum ging es ja in der Auseinandersetzung mit den Korinthern und ihren neuen geistlichen Führern: Lässt sich in seiner Verkündigung wirklich die Kraft des Evangeliums erfahren und hat sie genügend »Offenbarungsqualität«, um sich in dieser Welt durchzusetzen? Als Antwort auf diese Fragen greift Paulus auf seine Ausführungen in 2,14 – 3,18 zurück und bietet eine erste Zusammenfassung seiner Argumente. (Das *Wir* bezieht sich also jetzt wieder vor allem auf den Apostel.) Was er im vorigen Abschnitt geschildert hat, kennzeichnet seinen *Dienst* als Apostel. Mit seinem Wirken steht er im *Dienst des Geistes* und *der Gerechtigkeit*. Mit dieser Aufgabe wurde er als *Diener des neuen Bundes* beauftragt (vgl. 3,6–9). Luther übersetzte hier wie in 3,7f das griechische Wort *diakonia* (vgl. *Diakonie*) mit *Amt*, um festzuhalten, dass es nicht sosehr niedrige Sklavendienste, sondern eine offizielle Beauftragung bezeichnet. Aber der »amtliche« Ton dieses Wortes trifft das Gemeinte nur teilweise. Am besten gibt die Übersetzung: *Weil wir diesen Auftrag haben* wieder, was Paulus meint (**1**).
Paulus nennt noch ein zweites Merkmal, das für seinen Dienst kennzeichnend ist. Dass er diesen Auftrag bekommen hat, ist für ihn Ausdruck der *Barmherzigkeit* Gottes. Dass er, der Verfolger der Gemeinde, mit der Aufgabe betraut wurde, als Bote Jesu Christi das Evangelium in der Völkerwelt zu verkündigen, zeigt, wie bedingungslos Gott in seinem Erbarmen einem Menschen vergibt und ihn annimmt. Darum spricht Paulus oft, wenn er von seinem apostolischen Auftrag spricht, von »der Gnade, die mir gegeben ist« (1Kor 3,10; Röm 12,3). Hier nennt er die *Barmherzigkeit*, die ihm von Gott *widerfahren* ist, als Grund dafür, dass er trotz aller Anfeindungen und Schwierigkeiten nicht *mutlos* wird und auch angesichts von Widerstand und Leiden nicht aufgibt.
Aber in der Begegnung mit dem auferstandenen Christus hat sich seine Art, für Gottes Sache einzutreten, völlig verändert (**2**). Er hat sich *von schändlichen Heimlichkeiten*, d.h. von allem Ränkespiel und allen gegen andere gerichteten Machenschaften, die die Öffentlichkeit scheuen müssen, *losgesagt* und den Grundsatz, dass der (gute) Zweck auch (schlechte) Mittel heilige, aufgegeben. Er bemüht sich seither, sein Verhalten und sein Handeln nicht von *Hinterlist* und Heimtücke bestimmen zu lassen (wörtlich: *nicht in Hinterlist zu wandeln*) und vor allem alles zu vermeiden, was *Gottes Wort*, die ihm aufgetragene Botschaft, *verfälschen* würde. Ähnlich wie in 2,17, wo sich Paulus dagegen verwahrt, das Wort Gottes zu »verhökern«, geht es auch hier um eine gefällige An-

passung der Botschaft an den Publikumsgeschmack, um dadurch mehr Erfolg zu haben und u.U. auch persönlichen Gewinn daraus zu ziehen. Auseinandersetzungen um dieses Problem gab es auch in der zeitgenössischen Philosophie. Wir wissen nicht sicher, warum Paulus dieses Thema hier anschneidet: Hat man ihm gegenüber solche Vorwürfe erhoben oder sieht er im Verhalten seiner Rivalen in Korinth die Gefahr solcher Fehlentwicklungen?

Aber Paulus belässt es nicht bei der Abgrenzung von negativen Verhaltensweisen. Er nennt auch die positive Seite und greift dazu noch einmal das Stichwort *empfehlen* auf. Es tauchte zunächst in dem Vorwurf auf, Paulus empfehle sich selbst (3,1). Jetzt verwendet er es positiv. Wenn die Botschaft anderen Menschen nahegebracht werden soll, muss ihnen deutlich gemacht werden: Dies ist eine lebenswichtige Nachricht. Darum empfiehlt sich Paulus *durch das Offenbarwerden der Wahrheit* in seiner Verkündigung. Auch der Begriff *Offenbarwerden* ist ein Stichwort aus der Auseinandersetzung des Paulus mit den Korinthern (vgl. zu 2,14; 3,3). Man warf ihm vor, in seiner Verkündigung zeige sich nicht genug von der Kraft und dem Glanz der Herrlichkeit Gottes. Paulus setzt dagegen: In seiner Verkündigung offenbart sich die *Wahrheit,* nämlich die Wahrheit Gottes, der den Menschen im Kreuz Christi seine bedingungslose Liebe zeigt, und die Wahrheit über die Menschen, die vor Gott nicht durch den Verweis auf ihre Weisheit, ihre Werke oder ihren Rang bestehen können, sondern nur dadurch, dass sie sich der Wahrheit der Liebe Gottes vertrauensvoll öffnen.

Weil diese Wahrheit in der Verkündigung des Evangeliums offengelegt wird, kann Paulus sagen: *empfehlen wir uns jedem menschlichen Gewissen vor Gott*. Das *Gewissen* ist hier nicht nur die Instanz, die über das eigene Handeln ein Urteil fällt, sondern auch die Fähigkeit, die Echtheit und Glaubwürdigkeit anderer zu beurteilen. Dabei ist Paulus hier bemerkenswert optimistisch, wenn er von dem Gewissen aller Menschen erwartet, ein Gespür dafür zu haben, dass es in seiner Verkündigung nicht nur um interessante religiöse Spekulationen oder eine merkwürdige orientalische Religionsphilosophie geht, sondern um eine ernsthafte Auseinandersetzung mit der Frage nach der Wahrheit über Gott und Mensch. Dieses Urteil anderer ist jedoch für Paulus nicht die letzte Instanz. Entscheidend ist, dass dies *vor Gott* geschieht. Ihm steht das letzte Urteil darüber zu, ob die Verkündigung eines Boten des Evangeliums dieser Wahrheit entspricht oder nicht.

Allerdings muss Paulus hier auf einen Einwand eingehen, der gegen diese Aussage erhoben werden könnte (**3**). Bleibt diese Wahrheit nicht vielen Menschen verborgen? Möglicherweise steckt dahinter sogar ein Vorwurf seiner Gegner: Dass Paulus wirklich das *Evangelium,* die frohe Botschaft von Gottes Sieg über Sünde und Tod verkündet, ist zweifelhaft. Es bleibt *verdeckt* und *verborgen* hinter seiner schwächlichen äußeren Erscheinung. Paulus muss auch einräumen: Es gibt Menschen, für die die Wahrheit, die seine Verkündigung aufdecken will, verschlossen bleibt. Aber das sind *die Verlorenen* oder – genauer übersetzt – *die ins Verderben gehen* (die Form des griechischen Wortes kennzeichnet einen Vorgang, der noch nicht abgeschlossen ist [vgl. zu 2,15]).

Paulus charakterisiert die Betreffenden noch genauer: *Ihnen hat der Gott dieser Weltzeit die Sinne verblendet* (**4**). Wie das Judentum seiner Zeit kennzeichnet Paulus mit *diese Weltzeit* (oder: *dieser Äon*) das gegenwärtige System dieser Welt, das sich der Herrschaft Gottes entzogen, das Gott aber grundsätzlich schon überwunden hat. Bis Gott seine Herrschaft in der kommenden Weltzeit endgültig aufrichten wird, versuchen die *Herrscher dieser Weltzeit,* sich Gottes Heilsplan entgegenzustellen (1Kor 2,6.8).

Dass der Satan als *Gott dieser Weltzeit* (vgl. Joh 12,31: *der Herrscher dieser Welt*) bezeichnet wird, ist ungewöhnlich für Paulus. Deshalb muss sorgfältig bedacht werden, was er damit meint. Für ihn stehen sich ja Gott und Satan nicht als zwei Götter gegenüber. Vielmehr gilt: »Für uns ist nur *einer* Gott, der Vater …« (1Kor 8,6). Aber es gilt auch, dass es in dieser Welt, wie sie ist, »viele Götter und viele Herren« gibt, weil die Menschen ihrer Herrschaft in ihrem Herzen Raum geben. In diesem Sinne ist der Satan *der Gott dieser Weltzeit,* die Verkörperung des Bösen, der immer noch seine Herrschaft ausübt, weil Menschen sich der Herrschaft Gottes verweigern. Deshalb bleibt ihnen die Wahrheit des Evangeliums verborgen.

Dass dies nicht einfach ein schicksalhaftes Verhängnis ist, dem ein Teil der Menschheit unterworfen ist, macht ein knapper Einschub deutlich. Es sind die Sinne der *Ungläubigen,* die *verblendet* wurden. Die Formulierung lässt offen, ob ihr Unglaube Folge ihrer Verblendung oder Ursache für sie ist. Offensichtlich denkt Paulus an eine Wechselwirkung von Verweigerung und Verblendung: *Ungläubig, wie sie sind,* hat Satan ihnen die Möglichkeit zu erkennen verschlossen, *sodass sie die Erleuchtung durch das Evangelium von der Herrlichkeit Jesu Christi, der das Bild Gottes ist, nicht sehen.*

Indem Paulus sagt, was solche Menschen *nicht* sehen, liefert er zugleich eine Wesensbeschreibung des Evangeliums: Im Evangelium strahlt das Licht auf, das diese Welt und das Leben der Menschen erhellt. Denn es ist die frohe Botschaft von der *Herrlichkeit Christi.* In dieser Botschaft zeigt sich, dass in der Person und im Leben,

Sterben und Auferstehen Jesu Gott selbst gegenwärtig ist und deshalb auch die *Herrlichkeit Gottes.* Paulus begründet diese Aussage: Christus ist *das Ebenbild Gottes.* Der Apostel nimmt damit zwei Motive auf: Was im griechischen Alten Testament von der Weisheit gesagt wird, dass in ihr »der Widerschein des ewigen Lichts, der ungetrübte Spiegel von Gottes Kraft, das Bild seiner Vollkommenheit« begegnet (Weish 7,26), das ist in Weg und Wesen Jesu erfahrbare Wirklichkeit geworden. Damit verwirklicht Jesus aber auch die ursprüngliche Bestimmung der Menschen, Gottes Ebenbild zu sein (vgl. 3,18).

Zeigt sich aber nicht ein Widerspruch zwischen der Beschreibung der apostolischen Botschaft als *Evangelium von der Herrlichkeit Jesu Christi* in V. 4 und ihrer Definition als »Wort vom Kreuz« in 1Kor 1,18? Nein, denn für Paulus ist die *Herrlichkeit* Gottes nichts anderes als Gottes *Liebe.* Sie aber erweist sich in einzigartiger Weise in Jesu Sterben für uns, »als wir noch Sünder waren« (Röm 5,8)! Dass die »Herrscher dieser Weltzeit« den »Herrn der Herrlichkeit gekreuzigt haben«, zeigt nach 1Kor 2,8 deren Verblendung. Es zeigt aber auch, was Jesu Leben und Sterben wirklich bedeuten: Gott nimmt in ihm das menschliche Elend auf sich, um es mit seiner göttlichen Liebe zu durchdringen und für uns zu bewältigen. Die Botschaft davon ist das Evangelium von der Herrlichkeit Christi! (Paulus kommt hier der johanneischen Auffassung von der Verherrlichung Gottes und Christi am Kreuz sehr nahe.) Und das sehen die Ungläubigen nicht, weil ihre Sinne durch die Macht des Bösen, unter der sie stehen, verblendet sind.

Noch einmal grenzt sich Paulus von einer falschen Auffassung christlicher Verkündigung ab (**5**): *Denn wir verkündigen nicht uns selbst.* Auch hier bleibt offen, warum er das betont. Hat man ihm vorgeworfen, er stelle sich selbst und die Bedeutung seines Auftrags zu sehr in den Vordergrund? Oder sieht er bei denen, die ihn in Korinth ausstechen wollen, die Gefahr, dass sie ihre geistlichen Erfahrungen zum Inhalt ihrer Verkündigung machen? Nach dem, was er in 11,12; 12,1 ansprechen wird, ist das Zweite sehr wahrscheinlich.

Dagegen stellt Paulus: Nicht sich selbst und die eigenen Erfahrungen und Erkenntnisse verkündigen die Boten des Evangeliums, die ihren Auftrag erfüllen, *sondern Jesus Christus als den Herrn.* Dass der gekreuzigte Christus durch die Auferweckung von den Toten von Gott zum Herrn über alles eingesetzt wurde, das ist der Kern der urchristlichen Botschaft, wie sie Paulus verkündigt (Phil 2,6–11; 1Kor 15,1–28). Wer dieser Botschaft vertraut und sich zu diesem Herrn bekennt, lässt sich in Gottes rettendes Handeln in Jesus Christus hineinnehmen und darf gewiss sein: Gott wird mein

Leben aus der Not meiner Gottesferne und -feindschaft erretten (Röm 10,9).

Aber auch für Paulus stehen die Verkündiger nicht einfach außerhalb dessen, was sie verkündigen. Er setzt den Satz fort: *uns aber* (verkündigen wir) *als eure Sklaven um Jesu willen.* Zwei Dinge fallen bei dieser Aussage auf:

1. Warum sagt Paulus nicht einfach: *Wir aber sind eure Sklaven um Jesu willen?* Offensichtlich gehören die Verkündiger doch mit zur Botschaft, aber wirklich nur in dienender Funktion. Ihre Berufung, ihr Verhalten, ihre Erfahrungen, all das kann nicht einfach ausgeklammert werden. Aber es ist nicht Inhalt der Verkündigung, sondern Hilfslinie, die zur Mitte der Botschaft führt, die sagt: »Jesus ist Herr« (vgl. 1Kor 12,3; Phil 2,11).

2. Ungewöhnlich ist auch, dass Paulus sich nicht als Sklave *Christi* bezeichnet. Das wäre die logische Konsequenz dessen, dass er Jesus Christus als Herrn verkündet. Es würde auch seinem sonstigen Sprachgebrauch entsprechen (Röm 1,1; Gal 1,10; Phil 1,1). Stattdessen nennt er sich und seine Mitarbeiter *eure* Sklaven. Für Paulus ist das aber kein wirklicher Unterschied. Wer sich der Herrschaft Christi unterstellt, für den werden auch die Nöte und Bedürfnisse anderer bestimmend. Weil er *Sklave Christi* ist, wird er auch zum Sklaven der ihm anvertrauten Gemeinden. Er ist nicht Herr über ihren Glauben, sondern Mitarbeiter an ihrer Freude (1,24; vgl. 1Kor 3,5.22; 9,19). Das macht ihn aber nicht zum Befehlsempfänger der Gemeinden. Denn es geschieht, wie Paulus bedeutungsvoll anfügt, *um Jesu willen.* Sein Sklavendienst für die Gemeinde besteht nicht in dieser oder jener Gefälligkeit, sondern darin, dass er mit ihr und für sie den Weg Jesu geht, der auch ins Leiden und Sterben führt. Gerade so hält er für sie den Weg in die befreiende Herrschaft des Auferstandenen offen (vgl. unten 4,7–15).

In V. **6** begründet Paulus diese Haltung. Sie ist Konsequenz des Handelns Gottes an ihm. Und zwar ist für Paulus der Gott, der in seiner Berufung an ihm gehandelt hat, kein anderer als der, der als erstes Schöpfungswort rief: »Es werde Licht!« (Gen 1,3). Bei Paulus lautet dieser Schöpfungsbefehl allerdings: *Aus Finsternis soll Licht aufleuchten.* Das könnte eine Anspielung auf Jes 9,1 sein. Dort wird dem Volk, das in Finsternis seinen Weg sucht und im Schatten des Todes wohnt, zugesagt: »… ein Licht soll über euch aufleuchten«. Das schöpferische und das rettende Handeln Gottes sind für Paulus eine innere Einheit. Und in diesen Zusammenhang stellt er auch seine eigene Gotteserfahrung bei seiner Berufung. In der Begegnung mit dem auferstandenen Christus ist auch in seinem Leben das Licht der schöpferischen und rettenden Liebe Gottes aufgegangen.

Wahrscheinlich muss man diese Aussage noch zugespitzter übersetzen. Paulus sagt sogar: Gott selbst *ist in unseren Herzen aufgeleuchtet*. Der Gott, der das Licht der Schöpfung aus dem Chaos der Finsternis aufleuchten hieß und alles Geschaffene ins Dasein rief, und der Gott, der das Licht seiner Gnade immer wieder über einem Volk aufstrahlen ließ, das sich in die Dunkelheit der Gottferne verirrt hatte, dieser Gott und sein Licht sind für Paulus in der Begegnung mit dem gekreuzigten und auferstandenen Christus zur Mitte seines Lebens geworden.
Diese Erfahrung hatte ein Ziel. Sie geschah – wörtlich übersetzt – *zum Erleuchten der Erkenntnis der Herrlichkeit Gottes im Angesicht Jesu Christi*. Was aber ist mit *Erleuchten der Erkenntnis* gemeint? Möglich ist das Verständnis, es gehe um die *Erleuchtung der Erkenntnis* des Apostels (vgl. EÜ: *damit wir erleuchtet werden*; ähnlich GNB). Vom Zusammenhang wahrscheinlicher ist jedoch, dass es um *die Erleuchtung der Erkenntnis* anderer geht (so LÜ: *dass durch uns entstünde die Erleuchtung*). Das Licht der Liebe Gottes ist im Leben des Apostels aufgeleuchtet, um durch seine Verkündigung *die Erkenntnis der Herrlichkeit Gottes im Angesicht Jesu Christi ans Licht zu bringen*. Anders als das Gesicht des Mose, das dieser verhüllen musste, weil die Israeliten den Abglanz der Herrlichkeit Gottes nicht ertragen konnten, begegnet im *Angesicht Jesu Christi* die Herrlichkeit Gottes so, dass Menschen sie ertragen können. Durch ihn erleben sie, wie Gottes Gegenwart erleuchtet, rettet und Neues schafft. Mit *Angesicht Jesu Christi* ist nichts anderes gemeint als seine *Person* und all das, wodurch in seinem Wesen und Handeln, seinem Leiden und Auferstehen die Nähe der Herrschaft Gottes und seiner Liebe anschaulich wurde.

Woraus schöpft Paulus Mut und Kraft für seinen apostolischen Dienst? Und worin bestehen die Kraft und die »Offenbarungsqualität« seiner Verkündigung? Er selbst hat in seiner Berufung erfahren, dass sich ihm Gott in der Person und dem Geschick Jesu in seiner Liebe und Barmherzigkeit geoffenbart hat. Er hat erkannt, dass diese Liebe Rettung und Heil für ihn wie für alle Menschen bedeutet. Diese Erfahrung muss er weitergeben. Misserfolg schreckt ihn nicht, denn er rechnet auch mit der Macht der Gegenkräfte. Allerdings darf sein Hinweis auf den, der manche verblendet, nicht dazu verführen, den Unglauben zu verteufeln. Es wäre falsch, alle als vom Satan verblendet anzusehen, denen sich die Wahrheit der Botschaft (noch) nicht erschließt. Die Aufgabe des respektvollen Gesprächs bleibt auch ihnen gegenüber.
Diese Herausforderung ergibt sich aus dem Zentrum der Verkündigung des Paulus, die Jesus als den Herrn proklamiert. Er ist stärker als

alle widergöttlichen Mächte. Freilich bleibt das Paradox: Gott tritt seine Herrschaft durch einen Gekreuzigten an! Aber gerade so zeigt sich das eigentliche Wesen Gottes, das, was Paulus Gottes Herrlichkeit nennt: Es ist seine alle umfassende Liebe. Diese Botschaft hat der Botschafter des Evangeliums weiterzugeben; von sich selbst spricht er nur, wenn dies für andere eine Hilfe ist.
Paulus spricht auch in diesem Abschnitt von *wir* und von *uns*. Wir wissen, dass er damit sich selbst und seine Erfahrung meint. Aber könnte diese Form des Redens nicht doch auch eine Einladung an Leser und Leserinnen sein, sich mit dieser Erfahrung zu identifizieren? Das Licht der Erkenntnis der Liebe Gottes leuchtet nicht nur im Herzen von Aposteln auf, und nicht nur sie strahlen etwas von dem weiter, was ihr eigenes Leben erhellt hat. So wie Jesu Wort »Ihr seid das Licht der Welt« (Mt 5,14) über den Kreis der ersten Jünger hinausweist, so sucht auch die apostolische Verkündigung immer wieder neu Menschen, die das Licht des Evangeliums durch ihr Leben aufleuchten lassen.

4,7 - 5,10
Die apostolische Existenz: Leben in Leiden und Hoffnung

Nachdem Paulus so eindeutig von der Offenbarung der Herrlichkeit Gottes in seiner Verkündigung des Evangeliums gesprochen hat, bleibt eine Frage offen: Warum ist von dieser Herrlichkeit im Alltag seines Dienstes so wenig zu sehen? Warum zeigt sich dort wenig von ihrer Kraft, sondern eher Schwäche und Leiden. Der Apostel antwortet darauf im nächsten Abschnitt des Briefs (4,7 – 5,10) in zwei Schritten: *4,7–15 Der Schatz in tönernen Gefäßen* und *4,16 – 5,10 Gegenwärtige Niedrigkeit und zukünftige Herrlichkeit.*

4,7-15
Der Schatz in tönernen Gefäßen

[7]Wir haben aber diesen Schatz in tönernen Gefäßen, damit das Übermaß an Kraft Gott gehört und nicht von uns (kommt). [8](Wir sind) in allem bedrängt, aber nicht erdrückt, ratlos, aber nicht verzweifelt, [9]verfolgt, aber nicht im Stich gelassen, zu Boden geworfen, aber nicht am Boden zerstört, [10]stets tragen wir das Sterben Jesu an unserem Leib umher, damit auch das Leben Jesu an unserem Leib offenbar werde. [11]Immer (wieder) werden wir, die wir leben, dem Tod preisgegeben um Jesu willen, damit auch Jesu Leben an unse-

**rem sterblichen Fleisch offenbar wird. 12Deshalb wirkt der Tod in
uns, das Leben aber in euch.
13Da wir aber denselben Geist des Glaubens haben, gemäß dem, was
geschrieben (steht): »*Ich habe geglaubt, darum habe ich geredet*« (Ps
116,10), glauben auch wir, und deshalb reden wir auch. 14Denn wir
wissen, dass der, der den Herrn Jesus auferweckt hat, der wird auch
uns mit Jesus auferwecken und uns zusammen mit euch (vor sein
Angesicht) stellen. 15Denn das alles (geschieht) um euretwillen, damit die Gnade durch den Dank von immer mehr (Menschen) überreichlich fließt und so immer noch reicher wird zur Ehre Gottes.**

Auf die Frage, warum das Evangelium, in dem sich Gottes Herrlichkeit in so einzigartiger Weise offenbart, von einem Boten weitergegeben wird, der immer wieder mit Verfolgung, Krankheit und Anfechtung zu kämpfen hat, gibt es für Paulus eine überzeugende Erklärung (7): *Diesen Schatz,* d.h. die Botschaft von der Offenbarung der Herrlichkeit Gottes in der Person und dem Geschick Jesu Christi, haben wir nur *in tönernen Gefäßen.* Es war nicht ungewöhnlich in der Antike, dass man einen Schatz von Gold- oder Silbermünzen in einem Tonkrug verbarg. Ein solches Gefäß schützte ihn vor der Entdeckung durch Unbefugte.

Der Schatz des Evangeliums muss freilich aus anderen Gründen vor Missbrauch bewahrt werden. Mit dem *tönernen* (LÜ, ZB: *irdenen*) *Gefäß* ist zweifellos die Person des Apostels gemeint, und zwar nicht nur sein Leib, sondern seine ganze irdische Existenz mit ihren Schwächen und in ihrer Verletzlichkeit. Die kostbare Botschaft des Evangeliums ist deshalb einem so wenig attraktiv, ja minderwertig erscheinenden und zerbrechlichen Träger anvertraut, *damit das Übermaß an Kraft Gott gehört und nicht von uns (kommt).* Stünde die verwandelnde Kraft, die in dieser Botschaft steckt, den Boten unmittelbar zu Verfügung, wären sie in Gefahr, diese Kraft als ihre eigene zu betrachten und auszugeben. Damit klar bleibt, dass es um *Gottes* Herrlichkeit und *Gottes* Kraft geht, kann sich der Apostel nicht einfach mit dieser Kraft identifizieren, sondern muss immer wieder selbst erfahren, dass er auf sie als Geschenk Gottes angewiesen ist.

Paulus ist diese Erfahrung sehr wichtig. Gerade in der Auseinandersetzung mit den Christen in Korinth und den Leuten, die sie beeindrucken, buchstabiert er ein ums andere Mal durch, was es heißt, von der Gnade zu leben. So schreibt er schon in der Einleitung des Briefs, ihm sei klar geworden, dass er die tödliche Bedrohung in Ephesus durchzustehen hatte, »damit wir nicht (mehr) auf uns selbst unser Vertrauen setzen, sondern auf Gott, der die Toten auferweckt« (1,9). Und gegen Ende des Briefs erzählt er, wie er zu verstehen begann, warum er unter der schweren Behinderung seines Dienstes (dem »Stachel im Fleisch«) zu leiden hatte. Das geschah, »damit ich mich nicht überhebe«, sondern erkenne: »Wenn ich schwach bin, dann bin ich stark« (12,7.10). Paulus hat Schritt für Schritt gelernt, die Theologie des Kreuzes in sein persönliches Leben zu übersetzen: Die Kraft der Gnade wird dort am deutlichsten und klarsten erfahren, wo man ganz auf sie angewiesen ist.

Was das für sein Wirken als Apostel bedeutet, schildert Paulus in den folgenden Zeilen. In knappen, aber präzisen Worten beschreibt er, wie er die Spannung zwischen ganz gegensätzlichen Erfahrungen erlebt (**8f**). Dabei versucht er das Ineinander von Bedrohung und Bewahrung durch das Spiel mit ähnlichen Worten zu veranschaulichen: *Wir sind* – schreibt er – *in allem*

bedrängt, aber nicht erdrückt,
ratlos, aber nicht verzweifelt,
verfolgt, aber nicht im Stich gelassen,
zu Boden geworfen, aber nicht am Boden zerstört.

Die ganze Dramatik und Härte der Existenz des Apostels wird hier deutlich. Immer wieder neu wird er durch äußere und innere Widerstände *bedrängt* – aber die Enge und die Angst dieser Erfahrung *erdrückt* ihn nicht. Oft fühlt er sich angesichts dieser Umstände *ratlos, hilflos, ohne Ausweg* – und doch *verzweifelt* er angesichts solcher Ausweglosigkeit nicht. Fortwährend muss er erleben, dass er von missgünstigen Neidern und misstrauischen Behörden *verfolgt* wird – aber er weiß: Auch in solchen Situationen wird er von seinem Herrn *nicht im Stich gelassen.* Er wird durch Misserfolge, Enttäuschungen und Anfeindungen *zu Boden geworfen* – aber in seinem Wesen und Wirken nicht *zerstört.*

Es gibt aus der damaligen Zeit vergleichbare Listen von Leidenserfahrungen. Aber sie haben einen anderen Akzent. In den Schriften stoischer Philosophen zeigen solche Aufzählungen die Souveränität des Philosophen, der sich auch durch äußere Widerstände und Angriffe nicht beirren lässt, sondern unangefochten, in »stoischer« Ruhe, seinen Weg geht. Paulus schreibt diese Zeilen nicht als Lob der eigenen Standhaftigkeit, sondern als Zeugnis dafür, dass er die rettende Kraft des Evangeliums auch unter widrigen Umständen erfährt. Auch in einer jüdischen Schrift dieser Zeit, dem sog. Testament Josefs, wird den Leiden Josefs jeweils sehr eindrücklich die göttliche Hilfe gegenübergestellt (TestJos 1,4–7). Das steht den Aussagen des Paulus nahe. Aber Paulus sagt nicht, dass Gottes Hilfe ihn immer aus den entsprechenden Nöten heraus gerettet habe. Er bezeugt vielmehr, dass er mitten in der Not Bewahrung, Halt und Hilfe erfahren hat, auch dort, wo die äußere Bedrohung weiter bestand.

Für Paulus ist das nicht nur eine leidige Begleiterscheinung seiner Mission. Es hat zutiefst mit der Botschaft selbst zu tun, der er dient. Darüber sprechen die nächsten Verse (**10–12**). Dabei betont Paulus, dass es nicht nur um gelegentliche Störungen seiner Missionsarbeit geht, sondern um ein grundsätzliches Kennzeichen seines Wirkens: *Stets tragen wir das Sterben Jesu an unserem Leib umher* (**10**). Was Paulus an körperlichen Strapazen und Misshandlungen widerfährt, das schließt ihn zusammen mit dem Leiden und Sterben Jesu. Er predigt nicht nur den Gekreuzigten, sondern »verkörpert« dessen Leben und Sterben für andere durch das, was er selbst an Leiden und Widerstand auf sich nimmt (vgl. 1,5).

Dieser Gedanke, der uns eher fremd erscheint, ist Paulus wichtig. In Gal 6,17 kann er sagen: »Ich trage die Malzeichen Jesu an meinem Leib«. Die Narben und Wunden, die er von erlittenen Misshandlungen an sich trägt, sind für ihn Zeichen dafür, dass er Anteil hat an Jesu Leiden und Tod. Für Paulus bedeutet »ihn kennen und die Kraft seiner Auferstehung« auch »die Teilhabe an seinen Leiden« und »seinem Tod gleichgestaltet werden« (Phil 3,10). Paulus benutzt hier und in den folgenden Versen sehr bewusst den Namen *Jesus*. Es geht um das Leben und Leiden für andere, die das Wirken des irdischen Jesus kennzeichnen. Diese Proexistenz Jesu, sein Einstehen für andere, *trägt* Paulus durch seine Missionsreisen und das, was ihm auf ihnen widerfährt, *umher* – weiter zu den Menschen.

Das Leiden ist aber nicht Selbstzweck, nicht Leiden um des Leidens willen. Dieser Weg ist Paulus aufgetragen, *damit auch das Leben Jesu an unserem Leib offenbar werde*. Der Gegensatz von *Sterben* und *Leben* legt nahe, dass hier mit *Leben Jesu* nicht sein irdisches Leben gemeint ist, sondern das Auferstehungsleben, das ihm Gott in der Auferweckung geschenkt hat. Dieses *Leben* bestimmt nicht nur die Hoffnung der Christen auf ihre künftige Auferweckung (Röm 8,11), sondern bewirkt schon jetzt die Kraft zu einem neuen Leben (Röm 6,4). Diese Kraft des neuen Lebens wird gerade durch das Leiden des Verkündigers *offenbar* und *sichtbar*. Wieder taucht die Frage nach dem *Offenbarwerden* der Gegenwart Christi in der Verkündigung des Apostels auf, die uns im 2. Korintherbrief immer wieder begegnet (vgl. 2,14; 3,3; 4,2). Woran erkennt man, dass Gott in ihr wirkt und die Not der Menschen überwindet?

Die Antwort des Paulus ist eindeutig: Gottes Wirken wird dort *erkennbar* und *offenbar*, wo sich im Leiden um Christi willen die Kraft zur Liebe und zum Leben zeigt. Paulus betont: Auch das geschieht *an unserem Leib*. Es ist also nicht nur die innere Einstellung oder Haltung, die zählt. Nein, auch im Wirken des Paulus, in

seinem Umgang mit den Menschen und in der Art, wie er durch diese Nöte hindurch getragen wird, erweist sich: Hier ist die Kraft der Auferstehung am Werk, die schon in dieser Welt zu einem Leben in der Nachfolge des Gekreuzigten befähigt.
Paulus ist dieser Gedanke so wichtig, dass er ihn mit etwas anderen Worten wiederholt und präzisiert (**11**): *Immer (wieder) werden wir, die wir leben, dem Tod preisgegeben.* Die Formulierung *dem Tod preisgeben* spielt auf ein Motiv der Passion Jesu an. Auch Jesus wurde dem Tod *preisgegeben* und *ausgeliefert.* Wo davon gesprochen wird, wird einerseits berichtet, dass Jesus von einem seiner engsten Vertrauten verraten wird (Mk 14,18–21; 1Kor 11, 23), aber andererseits deutlich gemacht, dass Gott ihn um unseretwillen in den Tod *preisgegeben* und *ausgeliefert* hat (Röm 4,25; 8,32). So werden auch die Boten Jesu immer wieder neu von ihren Mitmenschen mit dem Tod bedroht. Aber Gott bewahrt sie nicht einfach vor solchen Gefahren, sondern *gibt* auch sie der tödlichen Bedrohung *preis.* Die Botschaft von Gottes Handeln im Gekreuzigten soll nicht nur gepredigt, sondern auch von den Boten gelebt werden. Paulus hat sich sein Leiden nicht gesucht. Aber er begreift es als ein Leiden *um Jesu willen,* als Weg, der das, was Gott in Jesu Leben und Sterben getan hat, den Menschen nahebringt.
Darum wird nicht nur das Leiden Jesu im Wirken des Apostels vergegenwärtigt. Die Preisgabe des Verkündigers an das Todesgeschick Jesu hat ein Ziel. Sie geschieht, *damit auch Jesu Leben an unserem sterblichen Fleisch offenbar werde.* Paulus wiederholt seine Aussage von V. 10 und präzisiert, was es heißt, dass das Auferstehungsleben Jesu am *Leib* des Apostels sichtbar werden soll: An seinem *sterblichen Fleisch,* d.h. an seiner irdischen Existenz, in ihrer Verletzlichkeit und Hinfälligkeit, soll erkennbar werden, dass die Kraft des Lebens, die in der Auferweckung Jesu wirksam wurde, stärker ist als die Macht des Todes. »Gerade *inmitten* des bedrängten, ohnmächtigen Erdenlebens des Apostels leuchtet das Auferstehungsleben Jesu bereits als bewahrende und stärkende Kraft auf (vgl. 1,8–10)« (Wolff, 93). Wie Paulus das praktisch erlebt hat, zeigt sein Bericht über den Beginn seiner Missionstätigkeit in Thessalonich (1Thess 2,1f): »Ihr wisst ja selbst, Brüder und Schwestern, dass der Beginn unserer Arbeit bei euch nicht vergeblich war. Obwohl wir vorher, wie ihr wisst, in Philippi Leiden und Misshandlungen erdulden mussten, fanden wir doch in unserem Gott den Mut und die Freiheit, euch das Evangelium Gottes zu verkündigen, wenn auch unter schweren Kämpfen.« Dass er als geschlagener und geschundener Mensch aus Philippi nach Thessalonich kommt (vgl. Apg 16,16 – 17,8), erweist sich nicht als

Hindernis, sondern verleiht seiner Verkündigung den Tiefgang und die Bodenhaftung, dass sie nicht als Menschenwort, sondern als das, was sie eigentlich ist, nämlich als Gotteswort angenommen wird (1Thess 2,13).

Das unterstreicht V. **12**, der den korinthischen Christen bewusst machen möchte, wie sehr Leiden und Schwäche des Apostels, die von ihnen abschätzig betrachtet wurden, ihnen zugutekommen: *Deshalb wirkt der Tod in uns, das Leben aber in euch.* »An denen, die durch den Apostel mit dem Evangelium bekannt wurden, wirkt die Lebensmacht des Auferstandenen« (Wolff, 93). Dabei sieht der Apostel Tod und Leben, Leiden und Herrlichkeit nicht schematisch auf Verkündiger und Gemeinde verteilt. Er hatte ja gerade davon gesprochen, wie auch er als Apostel an beiden Seiten Anteil hat. Und er weiß zudem, dass seine Gemeinden immer wieder in dieses Leiden um Christi willen einbezogen werden (vgl. 2,6f; 1Thess 1,6; 2,14). Aber er teilt nicht die Meinung, dass nur eine verfolgte und leidende Gemeinde echte Gemeinde Christi sein kann. Es gibt für ihn eine Asymmetrie zugunsten der Gemeinde. Er versteht das Leiden, das er auf sich nehmen muss, als ein Leiden, das denen zugutekommt, die durch seine Verkündigung zum Glauben kommen.

Aber warum verkündigt Paulus diese Botschaft so unermüdlich weiter, wenn er beständig in Gefahr ist, sich dadurch um Kopf und Kragen zu reden? Paulus gibt darauf eine klare Antwort (**13**). Er kann gar nicht anders, als von dem zu reden, was er glaubt und was zur Grundlage und zum Inhalt seines Lebens geworden ist: *Da wir aber denselben Geist des Glaubens haben, gemäß dem, was geschrieben (steht): »Ich habe geglaubt, darum habe ich geredet« (Ps 116,10), glauben auch wir, und deshalb reden wir auch.* Es ist der *Geist des Glaubens,* der Paulus erfüllt und bewegt, also der Geist, der im Glauben empfangen wird (Gal 3,2) und bezeugt und gewiss macht, dass wir Gottes Kinder sind und ihn »lieber Vater« nennen dürfen (Röm 8,15f; Gal 4,6). Es ist der Geist, der zum Bekenntnis befähigt, dass Jesus Herr ist (1Kor 12,3). Es ist der Geist, der »den Glauben trägt« und »sich in ihm äußert« (Wolff, 94).

Paulus sagt, er habe *denselben* Geist – denselben Geist wie wer? Schließt er sich dadurch mit den korinthischen Christen und ihrem Glauben zusammen? Aber von deren Glauben war im Zusammenhang nicht die Rede. Deshalb ist es wahrscheinlich, dass die Wendung auf das folgende Zitat weist. Die Verkündiger des Evangeliums haben *denselben* Geist des Glaubens, der auch den Verfasser des Psalms inspiriert hat, aus dem Paulus den Satz aufgreift: *Ich habe geglaubt, darum habe ich geredet* (Ps 116,10; zitiert nach der griechischen Übersetzung, dort als Ps 115,1 gezählt). Ps 116 ist das Bekenntnis eines Menschen, der aus tödlicher Gefahr gerettet wurde und darum bekennen kann, dass er wieder »vor dem Herrn im Land der Lebenden« wandeln wird (V. 8f). Genau übersetzt heißt es dort: *Ich bin zum Glauben gekommen* oder: *Ich habe Vertrauen gefasst,* kurz gesagt: *Ich glaube und muss von dem reden,* was ich erfahren habe.

Paulus sieht in diesem Zeugnis des Psalmisten den *Geist des Glaubens* und des Vertrauens wirksam, der auch ihn bewegt und antreibt. Im Psalm meint das *darum rede ich* nicht unbedingt die öffentliche Verkündigung. Aber für Paulus ist dies das Stichwort dafür, dass Menschen, die Gottes rettendes Handeln im Glauben erfahren haben, gar nicht schweigen können (vgl. Ps 22,23–28). Der Geist, der solchen Glauben begründet, bewegt auch Paulus und andere Verkündiger. Er befähigt sie, im Glauben an Gottes Zusage festzuhalten und sich ihm ganz anzuvertrauen, und er be-*geist*ert sie, dass sie einfach von dem reden müssen, was Gott in Christus getan hat.

Paulus kann begründen, worauf die Zuversicht beruht, die ihn selbst dann reden lässt, wenn er mit Widerstand und Verfolgung rechnen muss (**14**): *Denn wir wissen,* sagt er und macht damit deutlich, dass er nicht nur von vagen Hoffnungen spricht, sondern von einer klaren inneren Überzeugung getragen ist. Der Gott, auf den er vertraut, ist *der, der den Herrn Jesus auferweckt hat.*

Wer Gott ist und wie er handelt, das haben die Apostel in der Begegnung mit dem auferstandenen Herrn erfahren. Glaube hieß für sie von da an, dem zu vertrauen, der Jesus von den Toten auferweckt hat (vgl. Röm 4,24; 10,9). Auch für Paulus wurde die Begegnung mit dem Auferstandenen zur entscheidenden Wende, und zwar nicht nur für seine Ansichten über Jesus, sondern für sein Verhältnis zu Gott. Denn ihm wurde klar, dass der Gott, der Jesus von den Toten auferweckt hat, auch der Gott ist, der den Gottlosen rechtfertigt (vgl. Röm 4,5).

Der Glaube, dass Gott Jesus auferweckt hat, bedeutete für Paulus nicht nur, für wahr zu halten, dass ein Toter wieder lebendig wurde. Dieser Glaube eröffnete ihm einen ganz neuen Horizont für das Verständnis des Handelns Gottes. Mit diesem Glauben war auch die Gewissheit, ja das *Wissen* gegeben, dass der Gott, der *den Herrn Jesus auferweckt hat, auch uns mit Jesus auferwecken* wird. Gott überlässt diejenigen, die zu Jesus gehören, nicht dem Tod. Das ist die Gewissheit, in der Paulus die tödliche Bedrohung besteht, der er immer wieder ausgesetzt ist. Sein Leben ist mit Jesus in Gottes Hand geborgen.

Zu dieser Gewissheit gehört freilich auch das Wissen darum, dass der Gott, der Leben aus dem Tod schafft, auch *uns zusammen mit euch (vor sein Angesicht) stellen,* d.h. zur Rechenschaft ziehen wird. Aber dieser Gedanke ist für Paulus nicht angstbesetzt (vgl. 1Kor 4,5). Deshalb liegt in der Tatsache, dass er hier ausdrücklich die korinthischen Christen mit einbezieht (*zusammen mit euch*), keine Drohung, wohl aber der Hinweis, dass Apostel und Gemeinde sich gemeinsam vor Gott zu verantworten haben werden (vgl. 1,14). Dieser Hinweis zeigt übrigens auch, dass in dem *wir* und *uns* dieses Abschnitts nicht einfach alle Christen, sondern zunächst der Apostel selbst und diejenigen, die mit ihm das Evangelium verkündigen, gemeint sind.

Aber was sie erleben und erleiden, das soll den Menschen in den Gemeinden zugutekommen (**15**): *Denn das alles (geschieht) um euretwillen.* Dass sich die Botschaft des Apostels auch im Leiden bewährt und Widerstände überwindet, macht unmissverständlich deutlich: Diese Botschaft und die Kraft, die in ihr wirkt, stammen wirklich von Gott und sind nicht das Produkt menschlicher Überredungskunst und Weisheit (vgl. V. 7 und 1Kor 2,3–5). Und darum hat das Wirken des Apostels ein doppeltes Ziel, nämlich dass die Gnade im Leben von *immer mehr* Menschen wirksam wird und durch ihren Dank wieder auf andere überströmt (*reichlich überfließt*) und dass so ihre Wirkung *immer reicher wird* zur *Ehre* und *Verherrlichung Gottes.* Paulus beschreibt das mit einem recht komplizierten Satz, der verschiedene Übersetzungen zulässt. Aber das liegt gerade daran, dass er deutlich machen will, wie sehr beide Ziele unlösbar zusammengehören: Wo Menschen von der Gnade Gottes berührt und erfüllt werden, da wird ihr Leben heil und wird ein Leben zur Ehre Gottes.

Paulus fasst in diesem Abschnitt zwei Leitmotive des 2. Korintherbriefs zusammen: Das eine ist der Hinweis, dass sich die Kraft und Größe der Gnade Gottes gerade in der angeblichen Schwäche einer unspektakulären Verkündigung und inmitten von Behinderung und Leiden der beauftragten Boten zeigen (vgl. 1,8f; 4,7; 12,9f). Das andere ist die Überzeugung, dass Gottes Gnadenhandeln die Menschen, die sich ihm öffnen, dazu führt, ihm in ihren Gebeten zu danken. Indem ihr Leben mit Dank erfüllt wird, finden sie zu ihrer eigentlichen Bestimmung. In ihrem Dank kehrt Gottes Gnade wie durch ein Echo zu Gott zurück und macht seine Herrlichkeit und Ehre groß (vgl. 1,11; 4,15; 9,11–15).

Für Paulus gehört beides unauflöslich zusammen: der Schatz *und* die irdenen Gefäße, die rettende Kraft der Verkündigung *und* die widrigen Umstände, unter denen die Botschaft ausgerichtet wird, das Offenbarwerden von Gegenwart und Herrlichkeit Gottes in ihr *und* das wenig werbewirksame Auftreten der Boten, der Reichtum der Gnade *und* die Armut der Beschenkten. Uns Christen heute fällt es schwer, beide Seiten zusammenzuhalten. Für manche Traditionen zählen nur die irdenen Gefäße, andere wollen vor allem den Schatz präsentieren. Manche halten sich vor allem an Luthers Worte auf dem Sterbebett: »Wir sind Bettler, das ist wahr«, während andere in der Kirche »ein Haus voll Glorie« sehen, wie es in einem katholischen Kirchenlied heißt, und wieder andere von einer »Evangelisation in der Kraft des Geistes« vor allem sichtbare Zeichen und Wunder erwarten. Die Aufgabe, die Paulus den Christen in Korinth und uns stellt, heißt also: als *beschenkte* Bettler zu leben, in den brüchigen und unansehnlichen Gefäßen real existierender Kirchen und Gemeinden *das Licht des Evangeliums* wahrzunehmen und Leidensweg *und* Rettungswunder als untrennbare Weisen der Nähe und Hilfe Gottes anzunehmen.

Paulus spricht in diesem Abschnitt im apostolischen *Wir* von der Notwendigkeit des Leidens und der Kreuzesnachfolge und unterscheidet davon das *Ihr* der Gemeinde, der dieses Leiden zugutekommt. Aber das ist keine schematische Rollenverteilung zwischen Amt und Gemeinde. Das apostolische *Wir* kann bei Paulus auch zu einem *Wir* werden, das die Gemeinde einschließt. Auch für sie gilt, dass sie den Schatz des Evangeliums in den tönernen Gefäßen ihrer irdischen Gestalt von menschlichen Unzulänglichkeiten, Widerständen oder Verfolgung hat, damit sie immer wieder neu lernt, allein von der Kraft Gottes zu leben.

4,16 – 5,10
Gegenwärtige Niedrigkeit und zukünftige Herrlichkeit

**[16]Deshalb werden wir nicht mutlos, sondern wenn auch unser äuße-
rer Mensch zugrunde geht, so wird doch unser innerer (Mensch) Tag
für Tag erneuert. [17]Denn unsere gegenwärtige, geringfügige Bedrängnis wird uns über alles Maß und Ziel hinaus ewige Fülle von
Herrlichkeit erwirken, [18]wobei wir unseren Blick nicht auf das
Sichtbare richten, sondern auf das Unsichtbare. Denn das Sichtbare
ist vergänglich, aber das Unsichtbare ewig.**

**5 [1]Denn wir wissen: Wenn unser irdisches Haus, das (ja nur ein) Zelt
(ist), abgebrochen werden wird, haben wir einen Bau von Gott, ein
Haus in der himmlischen Welt, (das) nicht mit Händen gemacht
(ist). [2]Denn im Blick darauf seufzen auch wir sehnsüchtig danach,
mit unserer Behausung (, die) vom Himmel (stammt,) überkleidet
zu werden, [3]zumal wir ja, wenn wir bekleidet sind, uns nicht als**

nackt erweisen werden. [4]Denn auch wir, die wir (noch) im Zelt sind,
seufzen (und sind) beschwert, weil wir nicht entkleidet, sondern
überkleidet werden wollen, damit das Sterbliche vom Leben ver-
schlungen wird. [5]Der uns aber dazu in die Lage versetzt hat, ist Gott,
der uns die Anzahlung des Geistes gibt.
[6]So sind wir in allen Lagen voll Zuversicht, auch wenn wir wissen,
dass wir, solange wir in (diesem) Leib zuhause sind, fern vom Herrn
in der Fremde sind – [7]denn wir wandeln im Glauben, nicht im
Schauen. [8]Wir sind also voll Zuversicht und ziehen es vor, aus dem
Leib auszuwandern und (unser) Zuhause beim Herrn zu finden.
[9]Deshalb setzten wir auch unsere Ehre daran, gleich, ob wir zuhause
oder in der Fremde sind, ihm zu gefallen. [10]Denn wir alle müssen vor
dem Richtstuhl Christi offenbar werden, damit jeder das empfange,
was er bei Leibesleben (bewirkt hat), gemäß dem, was er getan hat,
sei es Gutes oder Schlechtes.

Paulus hat in 4,14 eine Hoffnungsperspektive aufgezeigt, die ihn und seine Verkündigung trägt und ihn befähigt, trotz aller Widerstände seine Arbeit zu tun. Im folgenden Abschnitt entfaltet er diese Perspektive ausführlicher. Er tut das in drei Schritten. Er spricht zunächst davon, wie sein Leben grundsätzlich auf eine Zukunft ausgerichtet ist, die ganz von der Gemeinschaft mit Gott bestimmt ist (4,16–18). Dann erläutert er, wie er für sich ganz persönlich das Verhältnis zwischen seiner jetzigen Existenz und der zukünftigen mit Gott sieht (5,1–5), und stellt klar, was das für sein Leben in der Gegenwart bedeutet (5,6–10).

Paulus beginnt diesen Abschnitt, indem er noch einmal betont: *Deshalb* – weil wir diese Hoffnung haben – *werden wir nicht mutlos* (oder: *verzagen wir nicht*) (**16**). Er greift damit seine Aussage von 4,1 auf, begründet sie aber nun mit dem Hinweis auf eine Hoffnung, die schon jetzt Kraft auf schwierigen Wegstrecken schenkt. Dabei verliert Paulus die Realität nicht aus den Augen, ja er zeichnet sie mit kräftigen Strichen. Die Hoffnung trägt, *wenn auch unser äußerer Mensch zugrunde geht.* Was der Apostel an Misshandlung und Bedrohung erleidet, grenzt für ihn an die Vernichtung seiner physischen Existenz. Aber damit ist nicht das letzte Wort über sein Leben gesprochen. Trotz dieser unleugbaren äußeren Wirklichkeit *wird doch unser innerer (Mensch) Tag für Tag erneuert.*

Die Gegenüberstellung von *äußerem* und *innerem* Menschen ist ungewöhnlich. Paulus spricht nur noch in Röm 7,22 vom *inneren* Menschen. Er übernimmt hier Begriffe des griechischen Denkens, die sich schon bei Plato und zur Zeit des Paulus bei stoischen Philosophen, aber auch dem jüdischen Philosophen Philo von Alexandrien finden. Das Gegenüber von *äußerem* und *innerem Menschen* ist bei Paulus aber nicht gleichbedeutend mit einer Zweiteilung der menschlichen Existenz in *Leib* und *Seele.* Natürlich betrifft die Bedrohung und Gefährdung des *äußeren* Menschen vor allem den Leib in seiner Verletzlichkeit und Empfindlichkeit gegenüber Schmerzen. Aber sie erfasst auch Geist und Seele des Menschen, die durch das, was von außen an den Menschen drängt, von Angst, Zweifel und Leid, erfasst werden. Der *äußere* Mensch ist also der Mensch, der den Einflüssen der feindlichen Wirklichkeit dieser Welt ausgesetzt ist. Demgegenüber ist der *innere* Mensch nicht einfach die menschliche Seele oder der menschliche Geist, die unabhängig von solchen Einflüssen sind. Der *innere* Mensch ist die Dimension des Menschseins, die offen ist für Gott und seine Wirklichkeit. Auch das, was Gottes Gnade im Leben eines Menschen bewirkt, betrifft den ganzen Menschen mit Geist, Seele und Leib.

Trotz äußerer Erfahrungen, die auf Tod und Vernichtung hinauszulaufen scheinen, erfährt der Apostel aus der Verbindung mit Gott heraus *Tag für Tag* eine innere Erneuerung, die ihm Kraft für seine Aufgabe gibt und ihn befähigt, mit Leib und Leben Bote des Gottes zu sein, der Tote lebendig macht und in Christus neue Menschen schafft (vgl. 5,17).

Diese Verwandlung und Erneuerung, die Paulus täglich erlebt, hat eine Zukunftsperspektive, die er im nächsten Vers erläutert und die das, was es jetzt an Schwerem zu ertragen gilt, in seiner Bedeutung relativiert (**17**). Was er jetzt erlebt, nennt Paulus – wohl etwas »untertreibend« – *unsere gegenwärtige, geringfügige Bedrängnis.* Dass er Erfahrungen, die er vorher in recht dramatischen Worten beschreiben konnte (vgl. V. 8f), nun auf einmal *geringfügig* nennt, liegt an dem Vergleich mit dem, was sie *bewirken*: eine *über alles Maß und Ziel hinaus ewige Fülle* (wörtlich: *Gewicht*) *von Herrlichkeit.* So beschreibt Paulus die endgültige und ewige Gemeinschaft mit Gott. Sie wird ihn in die Gegenwart Gottes stellen und Anteil an seiner Herrlichkeit geben.

Dass die *gegenwärtige Bedrängnis* das *erwirkt* oder *bewirkt,* ist nicht als Belohnung für Standhaftigkeit und Leiden zu sehen, wie dies im Judentum für die Märtyrer erwartet wurde (vgl. 4Makk 9,8). Es ist vielmehr die Konsequenz des Mit-Leidens mit Christus, das auch zum Mit-verherrlicht-Werden führt (vgl. Röm 8,17). In Röm 8,18 wird Paulus den gleichen Gedanken im Blick auf alle Christen formulieren: »Ich bin überzeugt, dass die Leiden der gegenwärtigen Zeit in keinem Verhältnis stehen (wörtlich: nicht ins Gewicht fallen) zu der Herrlichkeit, die an uns offenbart werden wird.« Was Paulus hier von sich selbst sagt, ist also nicht auf den Apostel beschränkt. Alle Christen sind herausgefordert, das, was sie auf ihrem Weg zu bestehen haben, im richtigen Verhältnis zu dem zu sehen, was am Ziel des Weges mit Christus erwartet werden darf.

Damit das gelingt, ist es wichtig, sich den Blick nicht von dem bannen zu lassen, was vor Augen liegt und für alle *sichtbar* ist (**18**). Dahinter steht eine Wirklichkeit, die Wirklichkeit Gottes, die für das menschliche Auge *unsichtbar* ist. Doch der Glaube kann den *Blick auf das richten,* was Gott tut und wirkt, also auf das *Unsichtbare,* das im Glauben schon erfahrbar ist. Es ist das, was bleibt und *ewig* ist wie Gott selbst, während das, woran sich der menschliche Blick an Sichtbarem und Vorfindlichem klammert, *vergänglich* ist.

Im nächsten Schritt (**5,1–5**) erklärt Paulus, was diese Hoffnung auf ewige Herrlichkeit für ihn persönlich bedeutet und wie er sich diese neue Existenz vorstellt. Mit einem einleitenden *Denn wir wissen* (**1**) spricht er eine für ihn grundlegende Überzeugung aus, in die er die korinthischen Christen einbeziehen möchte. Wenn Christen sterben, fallen sie nicht ins Nichts. Das Bild vom *irdischen Haus,* das *abgebrochen werden wird,* beschreibt in einem geläufigen Vergleich den Leib des Menschen, der im Tod zerfällt. Paulus verstärkt das Bild dadurch, dass er dieses Haus als *Zelt* bezeichnet und somit die Vergänglichkeit menschlichen Lebens betont, das auf der Erde keine »bleibende Stadt« hat (Hebr 13,14) hat.

Auch im Alten Testament wird gelegentlich so formuliert (vgl. Jes 38,12: »Meine Hütte bricht man über mir ab, man schafft sie weg wie das Zelt eines Hirten« [EÜ]). Das griechische Verständnis zeigt sich vor allem in Weish 9,15: »… denn der vergängliche Leib beschwert die Seele, und das irdische Zelt belastet den um vieles besorgten Geist« (EÜ). Der Leib ist eine vorübergehende Behausung für Seele und Geist, der sie gefangen hält und von dem sie befreit werden müssen. Paulus teilt diese Ansicht nicht, auch wenn das gelegentlich so klingt (vgl. V. 7 oder Röm 7,25). Wenn im Tod das vergängliche Haus unseres Leibes *abgebrochen wird,* also die irdische Existenz ihr Ende findet, dann ist das für Paulus nicht die Befreiung für Seele oder Geist, die jetzt ihren Weg zu Gott antreten können. Vielleicht haben sich manche Christen in Korinth das so vorgestellt; aber Paulus sieht das anders, auch wenn er teilweise ihre Begrifflichkeit übernimmt. Und doch ist der Tod für ihn nicht einfach ein Fall ins Nichts, sondern der Schritt in eine neue Existenz, die von der jetzt noch unsichtbaren, ewigen Wirklichkeit bestimmt ist, auf die Paulus hofft (4,17f).

Um diese neue Wirklichkeit zu beschreiben, benutzt Paulus noch einmal das Bild vom Haus, aber in charakteristischer Veränderung. Wenn die alte, vergängliche Existenz enden wird, dann *haben wir einen Bau von Gott.* Gott schenkt denen, die zu ihm gehören, eine neue Existenz; er schafft ihr Leben neu. Paulus benutzt hier mit *Bau* das gleiche Wort wie in 1Kor 3,9, wo er von der Kirche

als *Bau* spricht. Manche Ausleger nehmen deshalb an, dass er nicht von einem neuen, himmlischen Leib des Einzelnen spricht, sondern vom Bau der vollendeten Gemeinde oder von der neuen Schöpfung als himmlischer Heilswirklichkeit. Aber in der folgenden Erläuterung nennt er diesen Bau *ein Haus in der himmlischen Welt* und greift damit das gleiche Wort auf, das im ersten Teil des Satzes den irdischen, vergänglichen Leib bezeichnet hat. Es geht also um die neue Existenzweise in der Gemeinschaft mit Gott (*der himmlischen Welt*), die sich Paulus auch hier nicht anders als eine leibliche Existenz vorstellen kann.
Der Hinweis, dass dieses himmlische Haus *nicht mit Händen gemacht* sei, erinnert an das Wort Jesu von einem nicht mit Händen gemachten Tempel, den er nach Abbruch des alten in drei Tagen wieder aufbauen werde (vgl. Mk 14,58). Dort sind zwei Perspektiven miteinander verbunden: der Hinweis auf den neuen Leib und das neue Sein, die Jesus durch die Auferstehung erhalten wird, *und* die Anspielung auf einen durch seinen Tod und Auferstehung geschaffenen neuen Raum der Gemeinschaft mit Gott (»Tempel«). Wahrscheinlich bezeichnet auch das himmlische Haus, das der Apostel »hat«, wenn sein irdisches Leben endet, nicht nur seinen neuen Leib. Es ist zugleich Symbol für die umfassende Lebenswirklichkeit der neuen Gemeinschaft mit Gott.
Paulus lässt offen, ob er diesen neuen Leib und diese neue Wirklichkeit schon gleich nach seinem Tod oder erst bei der Wiederkunft Christi und der Auferstehung der Toten erwartet. Was er hier sagt, scheint eher der ersten Möglichkeit zu entsprechen (vgl. V. 6 und Phil 1,23). Das aber würde seinen Ausführungen in 1Kor 15,50–55 (vgl. 1Thess 4,15–17) widersprechen, durch die er ja erst vor kurzem den Korinthern seine Vorstellungen vom endzeitlichen Geschick der Christen erklärt hat. So ist das Präsens von *wir haben einen Bau* wohl eher logisch als zeitlich zu verstehen. Es beschreibt, was folgt, wenn unsere irdische Existenz endet, sagt aber nicht, ob dies unmittelbar erfolgt oder erst bei der Wiederkunft Christi eintritt.
Die Aussicht auf diese ganz neu von Gott geschenkte und von seiner ewigen Gemeinschaft geprägte Existenz bestimmt das Verhalten des Apostels (**2**): *Denn im Blick darauf* (oder: *Denn deshalb*) *seufzen wir auch sehnsüchtig danach, mit unserer Behausung* (, die) *vom Himmel* (stammt,) *überkleidet zu werden*. Paulus weiß um seine zukünftige Bestimmung, ja er ist von diesem neuen Sein mit Gott schon in seinem Inneren erfasst. Deshalb ist sein Leben von einem tiefen Sehnen nach dieser Vollendung erfüllt. In Röm 8, 18–27 wird er davon sprechen, dass alle Christen von dieser Sehnsucht erfüllt sind. Er verweist dort zunächst darauf, wie die ganze

Schöpfung sich seufzend danach sehnt, »von der Sklaverei unter dem Verderben zur Freiheit der Herrlichkeit der Kinder Gottes befreit zu werden«. Aber auch für die Christen, die »die Erstlingsgabe des Geistes« empfangen haben, gilt, dass sie miteinander seufzen, weil sie »die (Erfüllung der) Kindschaft, die Erlösung unseres Leibes, sehnlichst erwarten« (8,24). Gottes Geist schenkt noch nicht die ganze Erfüllung der Gemeinschaft mit Gott, sondern legt das tiefe Sehnen nach ihr in die Herzen der Menschen (vgl. 8,26f).

Die sehnsüchtige Erwartung *unserer Behausung, die vom Himmel stammt,* ist Ausdruck dieser Hoffnung auf Erlösung aus der Verletzlichkeit und Vergänglichkeit einer irdischen Existenz. Paulus wählt mit *Behausung, Wohnung* noch einmal ein anderes Wort für die neue Existenz, die *vom Himmel,* also *von Gott,* erwartet wird. Doch plötzlich wechselt das Bild: Paulus hofft, mit dieser Behausung vom Himmel *überkleidet* zu werden. Die Bilder vom *Haus* und vom *Gewand* oder *Kleid* gehen ineinander über.

Seit Plato wird in der griechischen Philosophie der Tod dadurch beschrieben, dass in ihm die Seele den Leib wie ein Gewand ablegen muss, was sowohl als Entblößung als auch als Befreiung verstanden wird. Auch der jüdische Religionsphilosoph Philo von Alexandrien kennt diesen Vergleich. Das Bild von der künftigen himmlischen Existenz als Gewand, mit dem die Gerechten bekleidet werden, kommt dagegen eher in der jüdisch-apokalyptischen Literatur vor (1Hen 62,15: Die Gerechten »sind bekleidet mit dem Gewand der Herrlichkeit«). So schreibt auch Paulus in 1Kor 15,53f, wo es um die Art der künftigen Existenz geht: »Was vergänglich ist, muss die Unvergänglichkeit anziehen, und das, was sterblich ist, die Unsterblichkeit«. Davon muss eine andere Verwendung dieses Bildes unterschieden werden, die sich in Gal 3,27 findet: »Ihr alle, die ihr auf Christus getauft seid, habt Christus angezogen.« Beiden Verwendungen des Bildes ist gemeinsam, dass die Veränderung, die durch das neue Kleid symbolisiert wird, nicht als eine oberflächliche Verkleidung verstanden wird, sondern eine wirkliche Wesensveränderung beschreibt. Diese Verwandlung geschieht nicht aus eigener Kraft im Innern der Menschen; die neue Existenz wird um sie gelegt wie ein wärmender Mantel um ein frierendes Geschöpf. Während aber in Gal 3,27 mit dem Bild von Christus als Gewand, das bei der Taufe angezogen wird, das neue Sein beschrieben wird, das jetzt schon Leben und Verhalten der Christen bestimmt (vgl. auch 2Kor 5,17), wird in 1Kor 15,53f und 2Kor 5,2 mit der »Unvergänglichkeit« bzw. *der Behausung vom Himmel* die neue Existenz beschrieben, die der ewigen Gemeinschaft mit Gott entspricht. Dass es zwischen beidem für Paulus eine inhaltliche Verbindung gibt, zeigt 1Kor 15,49.

Viele Ausleger nehmen an, dass das Stichwort *überkleidet werden* verrät, worum es Paulus in V. 2 geht. Hier spreche er seine eigentliche Hoffnung aus, die über V. 1 hinausführt: Er sehne sich danach, nicht erst den Tod erleiden zu müssen und damit vom irdischen Leib entkleidet zu werden, sondern bei der Wiederkunft Christi noch am Leben zu sein und – wie in 1Kor 15,53f angedeutet – mit dem von Gott neu geschaffenen Auferstehungsleib *überkleidet* zu werden. Es ist möglich, dass Paulus so denkt, zumal auch V. 4 in diese Richtung zu deuten scheint. Aber es ist fraglich, ob darauf der Nachdruck seiner Aussage liegt. Ihm geht es ja darum zu begründen, von welcher Hoffnung ein Apostel lebt, dessen Wirken von Leiden und Widerstand gezeichnet ist. Was ihn treibt und trägt, ist eine tiefe Sehnsucht, die Gottes Geist in sein Leben gelegt hat. Diese Sehnsucht wird durch die Gewissheit entfacht, dass es für dieses Leben ein »Lebenshaus« von und bei Gott gibt, in dem all das, was ihn jetzt an Leid und Schmerz quält, umfangen und aufgehoben sein wird.

Paulus bekräftigt und begründet mit dem folgenden V. **3**, warum ihn diese Sehnsucht bewegt und erfüllt. Er verweist auf die selbstverständliche Konsequenz des Überkleidetwerdens: Wer mit der neuen himmlischen Existenz *bekleidet* ist, wird nicht *nackt* dastehen (wörtlich: *befunden werden)*.

Eine kleine Gruppe von Textzeugen liest hier allerdings statt *bekleidet* das Wort *entkleidet*. V. 3 hieße dann: *so wahr wir nicht nackt dastehen werden, auch wenn wir entkleidet werden*. Dem folgen die maßgeblichen neueren Textausgaben des griechischen Neuen Testaments (so auch die ZB), weil sie den Text der Mehrheit der Handschriften für eine sinnlose Doppelung halten: *bekleidet* und *nicht nackt* sagen dasselbe. Aber gerade deshalb könnte *entkleidet* schon eine alte Korrektur des schwierigeren Textes sein. Angesichts der ausgezeichneten Bezeugung von *bekleidet* auch durch die ältesten Handschriften bleiben fast alle Ausleger bei diesem Wort (so auch LÜ und EÜ).

Offensichtlich ist es Paulus wichtig, nicht *nackt* dazustehen? Was meint er damit? Einen Schlüssel dafür bietet das Verb, das Paulus benutzt. Er spricht immer dann vom *befunden werden* (LÜ) oder *sich erweisen als*, wenn es um das Urteil über ein Verhalten oder ein Leben geht (vgl. 1Kor 4,2; 15,15; Gal 2,17). Es geht also um die Frage: Wie stehe ich vor Gott und Menschen da? Was erweist sich als mein wahres Wesen? Dass er am Ende seines Lebens vor Gott nicht *nackt* dastehen wird, sondern *bekleidet*, das ist die Gewissheit, von der er lebt. Von griechisch denkenden Menschen wurde die Aussicht, dass die Seele im Tod von der Bürde des Leibes entkleidet werden und deshalb nackt sein wird, meist positiv bewertet. Nacktheit war für sie ein Symbol für Freiheit und Unmittelbarkeit.

Aber nicht alle sahen das so; einfache Leute fürchteten die Entblößung, und für jüdische Menschen war Nacktsein verbunden mit dem Gedanken an Bloßstellung und Entehrung (Gen 3,7; Ez 16, 39; 23,29). Nackt und bloß zu sein, ist ein Zeichen des Gerichts und Grund zur Scham. Umgekehrt galt in der ganzen antiken Gesellschaft das Gewand als ein Zeichen für Status und Ehre (vgl. Lk 15,22: Der in Lumpen heimkehrende Sohn erhält das beste Gewand).

Warum aber betont Paulus das hier? Auf dem Hintergrund des griechischen Denkens und der Auseinandersetzung in 1Kor 15 über die Frage der Auferstehung des Leibes sind viele Ausleger der Meinung, dass es ihm auch hier darum gehe, die Vorstellung einer »leiblosen«, quasi nackten Existenz im Leben nach dem Tod zu widerlegen. Manche vermuten, dass sich Paulus damit gegen die in Korinth verbreitete Meinung wende, die Befreiung des Geistes oder der Seele aus den Fesseln des Leibes sei die eigentliche Erlösung. Er setzt dagegen: Nicht nackt dazustehen, sondern mit dem himmlischen Leib bekleidet zu sein ist Ziel unserer Hoffnung. Andere sehen hinter V. 3 eher die Sorge des Apostels, es könne zwischen seinem frühzeitigen Tod und der Wiederkunft Christi eine Zeit ohne leibliche Existenz in dürftiger Nacktheit geben. Diese Möglichkeit wolle er hier verneinen. Wieder andere halten das *bekleidet werden,* durch das ein Nacktsein verhindert wird, für eine Anspielung auf das Motiv, dass in der Taufe Christus *angezogen* wird. Christen werden vor Gott nicht nackt dastehen, weil sie sich in der Taufe mit Christus und seiner Gerechtigkeit bekleiden ließen (Gal 3,27) und Jesus Christus immer wieder neu angezogen haben (Röm 13,14).

Aber Paulus spricht ja von dem *Bau von Gott* und der *Behausung vom Himmel.* Das ist das »Kleid«, mit dem der Apostel überkleidet zu werden hofft. Seine Hoffnung, am Ende *nicht nackt* dazustehen, bezieht sich nicht nur auf eine künftige leibliche Existenz. Es geht bei diesem *bekleidet werden* um ein *umhüllt werden* mit dem ewigen Leben, das Gott schenkt (vgl. Zeilinger II, 220). Das ist die Perspektive, für die der Apostel all die Entbehrungen und Entehrungen auf sich nimmt, die seinen Dienst kennzeichnen. Er sehnt sich nach der Vollendung seines Lebens in der Gemeinschaft mit Gott, weil er überzeugt ist: Wenn er mit der neuen Existenz, die Gott schenkt, bekleidet sein wird, dann wird er nicht mehr schutzlos und entblößt dastehen, sondern mit dem Leben umhüllt sein, das seinen Glanz und seine Fülle ganz aus der Begegnung mit Gott nimmt. Das schließt für ihn eine neue Form leiblicher Existenz ein, aber auch das »Ehrenkleid« der Gerechtigkeit, die Gott durch Christus schenkt.

In V. **4** greift Paulus noch einmal das Motiv des sehnsüchtigen *Seufzens* aus V. 2 auf, und wie dort spricht er ganz betont von sich selbst: *denn auch wir.* Er spricht von der Spannung zwischen dem *schon jetzt* und dem *noch nicht,* die auch sein Leben bestimmt. Auch er lebt *(noch) im Zelt,* also in einem vergänglichen und verletzlichen Leib. Unter diesen Bedingungen seinen Auftrag zu erfüllen, *belastet* und *beschwert* das Leben (vgl. Weish 9,15). Darum ist auch die Existenz des Apostels vom sehnsüchtigen *Seufzen* nach Erlösung bestimmt. Aber er sehnt sich nicht, wie dies griechischem Denken entsprechen würde, nach der Erlösung von diesem Leib, also danach, von dem »sterblichen Kleid« *entkleidet* zu werden. Er möchte vielmehr *überkleidet werden,* also eine neue leibliche Existenz erhalten, in der er vor Gott und mit Gott lebt. Paulus hofft also nicht nur, dass er von dem, was an ihm sterblich ist, erlöst wird, sondern darauf, dass *das Sterbliche vom Leben verschlungen wird* und er mit allem, was sein Leben ausmacht, vom ewigen Leben, das Gott schenkt, umhüllt und verwandelt wird (vgl. 1Kor 15,53f). Wer in das neue Leben, das Gott in der Auferweckung der Toten schafft, hineingenommen wird, der wird mit seiner ganzen Existenz verwandelt werden.

Warum aber betont Paulus hier sosehr, dass er hofft, nicht *entkleidet* zu werden? Fürchtet er sich vor einem möglichen Zustand existentieller »Nacktheit« zwischen Tod und Auferstehung? Oder spricht er von seiner Hoffnung, nicht sterben zu müssen (also *entkleidet* zu werden), sondern als noch Lebender bei der Wiederkunft Christi verwandelt (also *überkleidet*) zu werden? Auch wenn das nicht auszuschließen ist, liegt der Ton doch auf der positiven Aussage: Trotz der Last und der Behinderung durch seinen verletzlichen und angreifbaren Körper sehnt sich Paulus nicht zuerst danach, von ihm befreit, sondern vor allem danach, ganz in Christus und sein Bild hinein verwandelt zu werden (3,18).

Was bewegt und befähigt Paulus zu dieser Hoffnung? Steht dahinter das Wunschdenken eines gequälten und geschundenen religiösen Aktivisten? V. **5** antwortet darauf: Es ist Gott, der Paulus diese Sehnsucht ins Herz gelegt und ihn *dazu gebracht* bzw. *in die Lage versetzt* und *befähigt hat,* an dieser Hoffnung trotz aller widrigen Umstände festzuhalten. Gott ist nicht nur Ziel, sondern auch Grund und Ursache für diese Hoffnung, und zwar dadurch, dass er *die Anzahlung des Geistes* in die Herzen der Gläubigen *gibt.* Paulus greift hier ein Motiv auf, das er schon in 1,22 verwendet hat. Durch die Gabe des Geistes sichert Gott wie durch eine rechtsgültige *Anzahlung* zu, dass er seine Zusagen einhalten und sein Werk der Erlösung zum Abschluss bringen werde. Der Geist Gottes versetzt noch nicht in den Himmel, wie das manche korinthischen Christen gemeint haben mögen, aber die Gegenwart Gottes im Geist ist das *Unterpfand* für die endgültige Gemeinschaft mit ihm in seiner Herrlichkeit. In Röm 8, wo Paulus in ähnlicher Weise von der *Erstlingsgabe* des Geistes spricht (V. 22), führt er diesen Gedanken noch etwas ausführlicher aus: »Wenn aber der Geist dessen, der Jesus von den Toten auferweckt hat, in euch wohnt, wird der, der Christus von den Toten auferweckt hat, auch eure sterblichen Leiber lebendig machen durch den Geist, der in euch wohnt« (V. 11). Im Geist ist die Kraft der Auferstehung und des Lebens schon in den Christen lebendig. Durch sie wird Gott ihr ganzes Sein und Leben neu gestalten, wenn er mit ihnen und dieser Welt am Ziel sein wird.

In einem dritten Schritt (V. **6–10**) macht Paulus deutlich, was diese Hoffnung für ihn und seine Arbeit bedeutet. Sie bewirkt zunächst, dass er *in allen Lagen voll Zuversicht* sein kann und auch in schwierigen Lagen nicht den Mut verliert (**6**). Und dies gilt, auch wenn – oder gerade weil – ihm bewusst ist, dass er noch nicht am Ziel ist und noch nicht in der vollendeten Gemeinschaft mit seinem Herrn lebt. Denn für ihn ist klar: *Solange wir in (diesem) Leib zu Hause sind,* sind wir *fern vom Herrn in der Fremde.* Christen sind zu Fremden in dieser Welt geworden (vgl. 1Petr 1,1). Das klingt sehr ähnlich wie der Satz des jüdischen Religionsphilosophen Philo von Alexandrien, dass ein Mensch, der Gott liebt und von Gott geliebt wird, »das ganze Leben im Leib für einen Aufenthalt in der Fremde« hält (Philo, Her 82). Paulus sagt zwar nicht, dass ihm sein Leib fremd sei. Doch solange dieser Leib das ihm von Gott zugewiesene Zuhause ist, bleibt er den Bedingungen des Lebens in dieser Welt unterworfen. Das bewirkt eine letzte Distanz von seinem Herrn, und das wiederum macht für ihn sein Leben in dieser Welt zu einem Leben in der Fremde.

Mit einer Zwischenbemerkung charakterisiert Paulus dieses Leben sehr anschaulich (**7**): *Denn wir wandeln im Glauben, nicht im Schauen.* Genau und ins heutige Deutsch übersetzt müsste dieser Satz heißen: *Denn wir gehen unseren Weg* (oder: *führen unser Leben) auf der Basis des Glaubens, nicht auf der Basis dessen, was sichtbar ist.* Aber Luthers vertraute Übersetzung gibt sehr prägnant wieder, worum es geht. Der *Wandel* der Christen, d.h. ihr Verhalten und die konkreten Schritte ihrer Lebensführung, geschieht *im Glauben,* wird bestimmt und geleitet von dem Vertrauen auf Gottes Zusage und Handeln in Jesus Christus. Ganz ähnlich argumentiert Paulus in Gal 2,20, wo er zunächst sehr grundsätzlich und ziemlich steil feststellt: »Nicht mehr ich lebe, sondern Christus lebt in mir« (ZB). Aber er präzisiert das sofort: »sofern ich jetzt noch im Fleisch lebe« – also in diesem Leib und unter den Bedingungen einer irdischen Existenz –, »lebe ich im Glauben an den Sohn Gottes, der mich geliebt und sich für mich hingegeben hat«. Die Lebensgemeinschaft mit Christus vollzieht sich für Paulus dadurch, dass er sich im glaubenden Vertrauen an ihm festhält und so seine Liebe für sich vergegenwärtigt. Dazu befähigt Gottes Geist *schon jetzt.*

Dem entspricht aber auch, dass *das Schauen,* genauer: die *sichtbare Gestalt* dessen, was sie erhoffen, das Leben der Christen *noch nicht* bestimmen kann. Die Ausleger sind sich nicht einig, ob Paulus dabei an die neue Leiblichkeit denkt, die noch nicht sichtbar geworden ist, oder an die Erfüllung der Hoffnung, Christus »von Angesicht zu Angesicht« zu sehen (1Kor 13,12). Das erste wird durch den unmittelbaren Zusammenhang nahegelegt, das zweite durch die Anspielung auf die Erzählung, dass Mose »den Herrn in einer sichtbaren Gestalt« sah (Num 12,8). Hatte Paulus in 3,18 versichert, dass auch Christen »die Herrlichkeit des Herrn *wie in einem Spiegel* schauen«, so würde er hier (wie in 1Kor 13,12) festhalten, dass die völlig unverstellte Schau Gottes noch aussteht. Aber vielleicht denkt Paulus doch eher an die neue Existenz bei Gott, deren Gestalt noch nicht sichtbar ist. Luthers etwas freie Übersetzung mit *Schauen* weist zu Recht darauf hin, dass es Paulus nicht darum geht zu erklären, *was* wir noch nicht sehen. Er möchte zeigen, *wovon* Christen jetzt leben. Und das ist nicht das *Schauen* himmlischer Dinge, sondern der *Glaube,* der sich an Gottes Zusage festhält, auch wenn sie noch nicht greifbar und noch nicht unser verfügbarer Besitz ist.

Noch einmal greift Paulus die Aussage auf, mit der er in V. 6 begonnen hat: *Wir sind also voll Zuversicht* (**8**). Aber er gibt ihr eine unerwartete Wendung. In V. 6 hatte er beschrieben, wie er seinen jetzigen Zustand sieht: *Zuhause im Leib* zu sein, bedeutet: *fern vom Herrn in der Fremde* zu weilen. Jetzt aber sagt er, worauf sich angesichts der ständigen Lebensgefahr seine Zuversicht richtet. Im Blick auf sein weiteres Leben sieht er eine Perspektive, die er dem jetzigen Zustand weit vorzieht, nämlich: *aus dem Leib auszuwandern und (unser) Zuhause beim Herrn zu finden.* Noch einmal verwendet Paulus eine Sprache, die sehr an ähnliche Wendungen bei Philosophen wie Plato oder Plutarch erinnert. Sie sehen im Tod einen Auszug aus dem Gefängnis des Leibes hin zu einem Leben bei den Göttern. Wie versteht Paulus diese Aussagen?

Auffällig ist ein Doppeltes: Paulus vermeidet in 5,1–10, von einem zukünftigen, himmlischen Leib zu sprechen, wie er das in 1Kor 15,35–49 tut. Zwar meint er mit dem *Bau von Gott,* dem *Haus in der himmlischen Welt, (das) nicht mit Händen gemacht (ist),* und der *Behausung vom Himmel,* von der er in V. 1f gesprochen hat, sicher eine neue Form leiblicher Existenz. Aber er sagt nun nicht, dass er ein *Zuhause* in einem »geistlichen Leib« (1Kor 15,44) erwartet, sondern dass er es *beim Herrn* zu finden hofft. Vielleicht hat Paulus gemerkt, dass es den Korinther schwer fiel, sich die künftige Existenz bei Gott mit der Vorstellung eines *Leibes* zu verbinden.

Hinzu kommt eine zweite Beobachtung. Obwohl der Apostel sich menschliche Existenz eigentlich nur ganzheitlich – und das heißt für ihn: leiblich – vorstellen kann, spricht er hier von einem *Ich* bzw. *Wir*, das aus dem Leib auswandern und zu seinem Herrn ziehen kann. Anders als die griechischen Philosophen benutzt er nie den Begriff der *Seele*, um diesen bleibenden »Personkern« zu beschreiben. Aber er kennt offensichtlich doch eine Art menschlicher Existenz, die auch unabhängig vom Leib in Beziehung zu Gott tritt. Ähnliche Vorstellungen begegnen uns in Phil 1,23, wo der Apostel angesichts eines möglichen Todesurteils sagt: »Eigentlich hätte ich Lust aufzubrechen und bei Christus zu sein« (ZB), eine Aussage, die V. 8 sehr nahe kommt.

Auch an unserer Stelle liegt es nahe anzunehmen, dass Paulus an seinen baldigen Tod denkt, wenn er vom *auswandern aus dem Leib* spricht, obwohl er eigentlich erwartet, dass Christus noch zu seinen Lebzeiten erscheint (1Thess 4,16f; 1Kor 15,51f). Entweder hat Paulus seine Meinung geändert, oder er geht davon aus, dass der Zeitraum zwischen dem eigenen Tod und der Wiederkunft Christi von den Verstorbenen nicht als Zeitspanne erlebt wird, sondern der Tod für sie direkt zum Tor zur Begegnung mit Christus wird.

Die Sehnsucht nach dieser endgültigen und unverstellten Begegnung mit seinem Herrn mindert nicht die Verantwortung für das, was jetzt geschieht (**9**). Gleich ob *zuhause oder in der Fremde*, das heißt: Gleich, ob er sich noch im irdischen Leib befindet oder aus ihm ausgewandert sein wird, bleibt für den Apostel das Entscheidende das, worauf er seine *Ehre setzt*, seinem Herrn *zu gefallen*. Paulus nimmt hier eine kleine Ungenauigkeit seiner Aussage in Kauf. Denn solange er in diesem Leben und mit seinem irdischen Leib agiert, geht es um das rechte *Verhalten*, das vor dem Urteil seines Herrn bestehen kann. Wenn er diesen Leib verlassen haben und bei Christus sein wird, geht es nicht mehr um richtiges und falsches Verhalten, sondern um das *Urteil*, das besagt, ob das Verhalten im irdischen Leben Christus *gefallen* kann. Paulus möchte jedoch bewusst zugespitzt sagen: »Ob tot oder lebendig, es kommt darauf an, dem Herrn zu gefallen« (Gräßer I, 198).

Das begründet Paulus mit dem Hinweis auf das kommende Gericht (**10**). *Wir alle*, sagt er – und schließt damit die korinthischen

Christen ausdrücklich in seine Aussage ein. Denn auch für die Christen (und gerade für sie) gilt: *alle müssen vor dem Richtstuhl Christi offenbar werden.* Das Wort, das wir mit *Richtstuhl* übersetzen, bezeichnet eigentlich die im Freien errichtete *Tribüne* aus Stein, auf die der Amtssessel des Richters gestellt wird (vgl. die Gerichtsszene in Korinth, die in Apg 18,12–17 erzählt wird). Wie in Röm 14,10 wird durch dieses Motiv die Situation eines öffentlichen Gerichtsverfahrens ins Auge gefasst. Dort wird freilich vom Richtstuhl *Gottes* gesprochen, hier dagegen – wohl aufgrund des Zusammenhangs – vom Richtstuhl *Christi.* Dass Paulus keinen Unterschied zwischen beiden Aussagen sieht, zeigt Röm 2,16. Hier spricht Paulus von »dem Gerichtstag, an dem Gott … durch Jesus Christus richtet«. Es ist derselbe Gott, der den Menschen als Erlöser *und* als Richter in Christus begegnet.

Vor Christus *offenbar werden* ist für Paulus keine ängstigende Vorstellung (vgl. 1Kor 4,5). Es ist die andere Seite des Offenbarwerdens der Wahrheit des Evangeliums (vgl. 2,14; 3,3; 4,2.11): Wo sich Gott offenbart, wird auch das Leben der Menschen offengelegt. Gerade die Christen stehen in der Verantwortung vor Gott. Was sie getan haben, ist nicht gleichgültig. Von der Gnade zu leben entbindet nicht von der Rechenschaftsablegung. Die griechische Wendung, die wir mit *bei Leibesleben* übersetzen, verbindet zwei Aspekte, einen zeitlichen: während unseres Lebens in diesem Leib, und einen instrumentalen: durch unseren Leib. Paulus deutet damit ein Anliegen an, das er im 1. Korintherbrief ausführlicher behandelt hat (6,12–20): Wie wir einst unserem Herrn begegnen, entscheidet sich an unserer gegenwärtigen leiblichen Existenz.

Empfangen werden die Christen Lob oder Tadel, je nachdem, ob aus ihrem Verhalten und Tun *Gutes oder Schlechtes* erwachsen ist. Die griechischen Worte für *Gutes oder Schlechtes* zeigen, dass Paulus hier nicht nur *gute* und *böse Taten* einander gegenüberstellt. Entscheidend wird sein, ob die *Früchte* eines Lebens mit Christus *gut,* d.h. lebensdienlich, oder *schlecht,* d.h. unbrauchbar, gewesen sind. Es geht also um ein ähnliches Urteil wie in 1Kor 3,12–15, wo gefragt wird, ob jemand in der Gemeinde konstruktiv, tragfähig und beständig gebaut hat. Wie dort und in Röm 14,10 gilt auch an unsrer Stelle: Dass Gott Menschen aus reiner Gnade annimmt, wenn sie sich ihm und seinem Weg in Christus anvertrauen, schließt die Beurteilung ihres Tuns nicht aus, sondern ermöglicht sie gerade. Darum spricht Paulus, wenn er vom Gericht spricht, vor allem vom Gericht über die Christen, die durch die Gnade, die sie in Christus empfangen, befähigt werden, sich vor Gott zu verantworten. Es ist Paulus wichtig, dies gerade den Korinthern gegenüber zu betonen, die sein Wirken so kritisch beurteilen. Er selbst ist sich bewusst, in welcher Verantwortung er im Blick auf das steht, was in seiner physischen Existenz geschieht. Er legt aber auch den Korinthern nahe, sich das klarzumachen.

Warum schreibt Paulus das alles? Was will er erreichen? Will er die Christen in Korinth über das Leben nach dem Tod oder die Frage eines Zwischenzustands zwischen Tod und Auferstehung belehren? Will er falsche Vorstellungen der Korinther korrigieren, oder muss er sich verteidigen?
Blicken wir auf den Zusammenhang, steht im Mittelpunkt die Frage: Was trägt und hält den Apostel bei seinem Wirken unter so schwierigen Bedingungen? Wie ist sein Anspruch, Bote, ja Träger der Gegenwart Gottes und seiner Herrlichkeit zu sein, mit dem vereinbar, was er erlebt und erleidet?
Drei Gesichtspunkte sind ihm wichtig:
1. Unser Leben ist in Gott geborgen. Gerade für die Unsteten und Unbehausten gibt es eine Heimat und eine »Behausung« bei Gott. In der »Schilderung der Sehnsucht nach der himmlischen Existenz« drückt sich die Gewissheit der künftigen Errettung aus (Schröter, 249). Paulus ist gewiss, dass Gott auch aus seinem Leiden Leben schaffen wird. Das, was Gott aus diesem Leben machen wird, liegt schon bereit. Zu sagen: »Das Schönste kommt noch« wäre keine falsche Zusammenfassung dessen, was Paulus hier sagt. Nur: Er malt es nicht aus.
2. Diese Gewissheit einer neuen Existenz bei Gott relativiert das, was im jetzigen Leben geschieht, aber entwertet es nicht. Paulus weiß in seiner Situation nicht viel von den Schönheiten dieser »vorläufigen« Existenz zu sagen. Für ihn stehen Bedrängnis und Leiden im Vordergrund. Das muss nicht für alle Christen gelten. Aber in jedem Fall hat auch das Leben im »Glauben« seinen eigenen Wert und sein besonderes Gewicht, auch wenn es noch kein »Schauen« ist.
3. Gerade weil sie um diese letzte Begegnung mit Gott wissen, leben Christen in der Verantwortung vor Gott. Wie wir in diesem Leben handeln und was wir mit unsrem Leib tun, nimmt Gott ernst. Das hat Paulus den Korinthern immer wieder sagen müssen (vgl. 1Kor 6,12–20). Die Gemeinschaft mit Christus entrückt nicht in den Himmel, sondern stellt in die Verantwortung. Das ist kein Widerspruch zur Rechtfertigungslehre. Weil Gottes Gnade zur Liebe und zum Tun des Gerechten befreit, fragt Gott nach den »Früchten des Geistes« (Gal 5,22) und nach dem, was wir aus seinen Gaben machen (1Kor 3,13–15; 4,5). Das ist der Maßstab, an dem sich der Apostel messen lassen muss und der für alle Christen gilt. Die apostolische Existenz ist daher nichts anderes als ein »Spezialfall« des Christseins.

5,11 – 6,10
Der apostolische Auftrag: Dienst der Versöhnung

Hatte Paulus in 2,12 – 4,6 versucht, der Gemeinde das Wesen der *apostolischen Verkündigung* zu erklären, und in 4,7 – 5,10 die Merkmale seiner *apostolischen Existenz* offengelegt, so kommt er jetzt auf sein eigentliches Anliegen zurück: Er möchte so klar wie möglich deutlich machen, worin sein *apostolischer Auftrag* besteht (5,11 – 6,10). Was er dazu schreibt, ist das theologische Herzstück des 2. Korintherbriefs. Von der Begründung und vom Inhalt dieses Auftrags handelt der erste Abschnitt, 5,11 – 6,2: *Botschafter an Christi statt.* In einem zweiten Abschnitt, 6,3–10: *Die Botschaft prägt den Boten*) zeigt Paulus noch einmal auf, wie die Botschaft auch sein Leben und sein Wirken prägt. Damit verknüpft er die Aussagen der beiden vorigen Abschnitte zu einer Gesamtschau seines apostolischen Auftrags.

5,11 – 6,2
Botschafter an Christi statt

**11Weil wir also wissen, dass es gilt, in Ehrfurcht vor dem Herrn zu le-
ben, suchen wir Menschen zu überzeugen, für Gott aber sind wir offenbar. Wir hoffen aber, auch vor eurem Gewissen offenbar zu sein.
12Damit empfehlen wir uns nicht wieder selbst, sondern geben euch
Gelegenheit, (euch) für uns zu rühmen, damit ihr denen gegenüber
(etwas) vorbringen könnt, die sich aufgrund dessen rühmen, was vor
Augen ist, und nicht aufgrund des Herzens. 13Denn sind wir außer
uns geraten, so für Gott; und sind wir bei Verstand, so für euch.
14Denn die Liebe Christi beherrscht uns, weil wir zu dem Urteil gelangt sind, dass einer für alle gestorben ist, folglich sind alle gestorben, 15und er ist für alle gestorben, damit die Lebenden nicht mehr
für sich selbst leben, sondern für den, der für sie gestorben und auferweckt worden ist. 16Deshalb kennen wir von jetzt an niemand
mehr auf fleischliche Weise. Auch wenn wir Christus auf fleischliche Weise gekannt haben, so kennen wir ihn (so) nicht mehr.
17Deshalb (gilt): Wenn jemand in Christus ist, (dann ist das) neue
Schöpfung. Das Alte ist vergangen, siehe, Neues ist entstanden.
18Das alles aber (kommt) von Gott, der sich mit uns durch Christus
versöhnt und uns den Dienst der Versöhnung gegeben hat. 19Das
heißt doch (mit anderen Worten): Gott versöhnte in Christus die
Welt mit sich selbst, indem er ihnen ihre Übertretungen nicht anrechnete, und er hat unter uns das Wort von der Versöhnung eingesetzt. 20An Christi statt wirken wir also als (seine) Gesandte, in der
Überzeugung, dass Gott durch uns dringend ruft; wir bitten an**

Christi statt: Lasst euch mit Gott versöhnen! [21]Den, der die Sünde
nicht kannte, hat er für uns zur Sünde gemacht, damit wir in ihm zur
Gerechtigkeit Gottes würden.
6 [1]Als (Leute) aber, die (in Gottes Werk) mitarbeiten, drängen wir
auch darauf, dass ihr die Gnade Gottes nicht vergeblich empfangt.
[2]Denn (er) sagt: »*Zur willkommenen Zeit habe ich dich erhört, und*
***am Tag der Rettung habe ich dir geholfen*« (Jes 49,8). Siehe: Jetzt ist**
die hochwillkommene Zeit, jetzt ist der Tag der Rettung!

Mit diesem Abschnitt nimmt Paulus wieder die Thematik von 2,14 – 4,6 auf. Es geht nicht mehr darum, wie sich die unscheinbare, ja teilweise anstößige äußere Erscheinung des Apostels zu der herrlichen Botschaft verhält, die er weiterzugeben hat. Jetzt geht es wieder um die Botschaft selbst und um den Auftrag, den er als Bote des Evangeliums anvertraut bekommen hat. Auch hier führt Paulus seine Leser und Leserinnen in drei Schritten in diese Thematik ein: In 5,11–13 stellt er noch einmal klar, in welcher Verantwortung dieser Dienst geschieht; in 5,14–21 beschreibt er grundsätzlich Ursprung und Inhalt der Botschaft, und in 6,1f sagt er, was daraus aktuell für die Gemeinde in Korinth folgt.

Paulus knüpft an den Hinweis auf die Verantwortung vor Christus an (**11**). Der griechische Text sagt sehr knapp: *Weil wir die Furcht des Herrn kennen.* Der Apostel greift damit ein zentrales alttestamentliches Stichwort auf. Dieser Hintergrund ist wichtig, um zu verstehen, was Paulus meint. Wenn im Alten Testament von *Gottesfurcht* gesprochen wird, geht es gerade nicht darum, dass man Angst vor Gott haben muss. Die Aufforderung, Gott zu fürchten und Gott zu lieben, kann in Dtn 10,12 im selben Satz stehen (vgl. Luthers Auslegung der Zehn Gebote im Kleinen Katechismus: »Wir sollen Gott fürchten und lieben ...«). Es geht also um eine Haltung der Verehrung und des tiefen Respekts, die durchaus mit Liebe vereinbar ist. Für die weisheitliche Literatur ist »die Furcht des HERRN ... der Anfang der Erkenntnis« (Spr 1,7; vgl. Ps 111,10), d.h. Ursprung und Grundlage alles Erkennens und Wissens, und darum sind *Furcht des Herrn* und *Erkenntnis Gottes* eng miteinander verbunden.

Da Paulus nicht zwischen Gott und Christus unterscheidet, wenn es darum geht, vor wem wir uns am Ende verantworten müssen, kann er auch das Stichwort *Furcht des Herrn* auf Christus beziehen. Weil er weiß, dass er im letzten Gericht vor seinem Herrn stehen wird, ist ihm immer *bewusst, dass es gilt, in Ehrfurcht vor dem Herrn zu leben.* Das Wissen um diese Verantwortung bestimmt auch die Art und Weise, wie Paulus seinen missionarischen Auftrag erfüllt. Aus diesem Grund sucht er *Menschen zu über-*

zeugen. Was heißt das? Paulus verwendet das Wort *überzeugen* selten für seine missionarische Tätigkeit. In Gal 1,10 gebraucht er es mit negativem Akzent: *überreden, beschwatzen.* Manche Ausleger nehmen diese Bedeutung auch für unsere Stelle an (vgl. REB) und vermuten, dass Paulus wie in Gal 1,10 einen Vorwurf von Gegnern aufgreift: Da ihm wirkliche Vollmacht fehle und er keine mitreißenden geistlichen Erfahrungen vor den Menschen offenbaren könne, müsse er mühsam versuchen, sie zum Glauben zu *überreden.*

Tatsächlich scheint hier (und dann auch in V. 13) die Gegenüberstellung von Menschen und Gott darauf hinzuweisen, dass zwischen Paulus und manchen Leuten in Korinth die Frage strittig war: Wie demonstriert ein echter Bote des Evangeliums sein Verhältnis zu Gott auch vor den Menschen?

Darauf antwortet Paulus: Im Wissen um unsere Verantwortung vor Gott gilt *Menschen* gegenüber der Auftrag, sie durch einfache und klare Verkündigung der Botschaft von der Wahrheit des Evangeliums zu *überzeugen* (vgl. LÜ, EÜ: *Menschen zu gewinnen*). Gerade weil diese Verkündigung »nicht in überredenden Worten von Weisheit« geschieht, »sondern im Erweis des Geistes und der Kraft« (1Kor 2,4), geht es nicht um den Aufweis eigener Erfahrungen und Offenbarungen (vgl. 4,5; 12,1), sondern um die nüchterne Weitergabe des Wortes vom Kreuz.

Umgekehrt gilt freilich: *Für Gott aber sind wir offenbar.* Nicht erst im Gericht wird sich zeigen, wie Paulus seinen Dienst ausgeführt hat. Er ist überzeugt, dass die Art, wie er seine Aufgabe erfüllt, aber auch, welche Motivation dahintersteckt, vor Gottes Auge offenliegt, und er nichts zu verbergen hat. Allerdings hofft Paulus im Blick auf die Menschen in der Gemeinde in Korinth, *auch vor eurem Gewissen offenbar zu sein.* Denn viele von ihnen sind ja durch seine Verkündigung zum Glauben an Christus geführt worden, und so sollte für sie auch ohne die Demonstration besonderer Offenbarungen offen vor Augen liegen, dass Paulus seinen Auftrag als Apostel sachgemäß erfüllt. Wie in 4,2 ist auch hier das *Gewissen* nicht nur die Instanz, die über das eigene Handeln urteilt, sondern allgemein die Fähigkeit, das Verhalten von Menschen zu beurteilen. Paulus geht hier vom apostolischen *Wir* zu einem persönlichen *ich hoffe* über. Das zeigt, wie persönlich er um das Verständnis der Korinther wirbt, aber auch, dass er, wenn er im 2. Korintherbrief *wir* sagt, vor allem von sich und seinem apostolischen Auftrag spricht.

Aber – so fragt Paulus selbst – fällt er nun nicht doch wieder in ein Fehlverhalten zurück, das ihm in Korinth zum Vorwurf gemacht wurde und mit dem er sich schon in 3,1 auseinandersetzen musste. Nein, sagt er, *damit empfehlen wir uns nicht wieder selbst,* wie das vielleicht manche meinen (**12**). Tatsächlich kann Paulus auch davon reden, dass er sich durch die »Offenbarung der Wahrheit« »dem Gewissen aller Menschen« empfiehlt (4,2; vgl. 6,4). Aber es ist allein seine Verkündigung, die für ihn und seinen Dienst spricht. Sie spricht für sich und damit auch für den Apostel. Deshalb muss er sich den Korinthern gegenüber auch nicht empfehlen. Was er schreibt, hat ein anderes Ziel: Wir *geben euch Gelegenheit, (euch) für uns zu rühmen.* Paulus möchte den Christen in Korinth im Streit der Meinungen um seinen Dienst Argumente an die Hand geben, mit denen sie sich für ihn und die bleibende Gültigkeit seiner Verkündigung einsetzen können.

Dass es hier um Auseinandersetzung mit Gegnern des Paulus geht, zeigt die Fortsetzung des Gedankens. Paulus spricht so ausführlich über seinen Dienst, *damit ihr denen gegenüber (etwas) vorbringen könnt, die sich aufgrund dessen rühmen, was vor Augen ist, und nicht aufgrund des Herzens.* Er möchte in den Christen in Korinth Verbündete sehen, die sich für ihn und seine Botschaft einsetzen, gerade angesichts der Kritik durch andere Verkündiger, die nach Korinth gekommen waren und sich auf Qualitäten ihres Wirkens beriefen, die sie bei Paulus vermissten. Offensichtlich standen die Vorzüge, um die es hier ging, für jedermann sichtbar vor Augen. In 11,21 – 12,12 muss sich Paulus mit solchen Dingen auseinandersetzen: Herkunft, Empfehlungsbriefe, besondere Offenbarungen, wunderbare Heilungen als »Zeichen eines Apostels«. Aber in Anspielung auf ein Wort aus 1Sam 16,7 (»Ein Mensch sieht, was vor Augen ist; der HERR aber sieht das Herz an«), stellt Paulus den Wert solchen Ruhms infrage. Auch in diesen Dingen ist entscheidend, was vor Gott bestehen kann.

Aber das führt zu einer grundsätzlichen Umkehrung der Beurteilung dessen, was für die Verkündigung wichtig ist (**13**). Paulus deutet hier etwas genauer an, worum es in der Auseinandersetzung mit seinen Kritikern in Korinth ging, wenn er feststellt: *Denn sind wir außer uns geraten, so für Gott.* Offensichtlich galt für sie *außer sich sein* oder *von Sinnen sein* als besonderer Beweis für die Gegenwart des Geistes Gottes. Im Griechischen wird hier ein Wort verwendet, das wir aus dem Fremdwort *Ekstase* kennen (vgl. ZB: *waren wir in Ekstase*). Was ist gemeint? Vieles spricht dafür, dass sich die Kritiker des Paulus auf ekstatische Erlebnisse, Visionen und besondere Inspirationen beriefen und beanspruchten, durch dieses *außer sich sein* Gott besonders nahezukommen. Paulus deutet hier an, dass auch er solche Erfahrungen kennt, und wird dies in 12,1–10 noch ausführlicher begründen. Zugleich aber betont er, dass dies nur eine Sache zwischen Gott und ihm ist.

Solche Erfahrungen sind nicht für Werbezwecke gedacht, sondern allein *für Gott* und der Begegnung mit ihm vorbehalten.
Umgekehrt aber gilt: *sind wir bei Verstand, so für euch.* Gerade die von den Korinthern ein wenig verachtete Form der Kommunikation mit einfachen, besonnenen und vernünftigen Worten und Überlegungen ist die Basis für die Weitergabe des Evangeliums und für die seelsorgerliche Begegnung mit anderen. Die Argumentation des Paulus gleicht in vielem dem, was er in 1Kor 14 über das Verhältnis zwischen Zungenrede und vernünftiger Rede sagt. Auch dort beansprucht er für sich, »dass ich mehr in Zungen rede als ihr alle«. Aber da dabei der Verstand ausgeschaltet bleibt, ist auch keine zwischenmenschliche Verständigung möglich. Für Paulus heißt das: »In der Gemeinde will ich lieber fünf Worte mit meinem Verstand reden als tausend Worte in Zungen, damit ich auch andere unterweisen«, d.h. für sie hilfreich sein kann (1Kor 14,18f).
Was ist der Grund für diese Haltung? Welchen Maßstab legt Paulus dafür an?
Das erklärt er im nächsten Abschnitt (**14–21**) mit sehr grundsätzlichen Ausführungen zu seiner Botschaft und der Ausrichtung seines Dienstes. Um zu verstehen, was Paulus hier sagt, ist es wichtig, den logischen Zusammenhang seiner Ausführungen im Auge zu behalten. Grundlegend für seinen Dienst und sein Verhalten ist die Erfahrung der Liebe Christi und die Folgerungen, die sich aus der Begegnung mit ihr ergeben (14–17; man beachte das doppelte *Deshalb* in 16f). Die Erfahrung der Liebe Christi aber hat ihren Grund in Gottes versöhnendem Handeln (18f). Zu diesem Handeln gehört die Botschaft von der Versöhnung, die Paulus weitergibt und deren Inhalt er zitiert, nicht ohne noch einmal ihre Begründung im Christusgeschehen zu nennen (20f).
In V. 11 hatte Paulus auf die *Ehrfurcht vor dem Herrn* verwiesen, die sein Handeln bestimmt. Jetzt nennt er die andere Seite seiner Beziehung zu Christus: Die *Liebe Christi* ist es, die sein Leben *beherrscht* (**14**). Die Genitivverbindung *Liebe Christi* könnte im Griechischen auch bedeuten: *die Liebe zu Christus.* Das ergäbe ein interessantes Gegenüber zu *(Ehr-)Furcht vor dem Herrn.* Aber der direkte Zusammenhang spricht eindeutig dafür, dass Paulus von der Liebe spricht, die Christus uns erzeigt hat. Denn überall, wo er auf diese Weise von der Liebe Christi spricht, verbindet er dies mit dem Hinweis auf dessen Tod für uns (vgl. Gal 2,20; Röm 8, 35; in Verbindung mit der Liebe Gottes Röm 5,5–8; 8,39). Diese Liebe *bestimmt,* ja *beherrscht* das Leben des Apostels. Das griechische Verb, das Paulus hier benutzt, heißt wörtlich *zusammenhalten.* Paulus möchte deutlich machen, wie die Liebe Christi sein

Handeln in die richtige Richtung leitet und zugleich vorwärtstreibt und drängt (so LÜ; EÜ; REB).
Das liegt daran, dass der Apostel in der Begegnung mit der Liebe Christi etwas für ihn grundlegend Neues *erkannt hat* (EÜ) und er zu einem klaren, ihn bestimmenden *Urteil* über deren Bedeutung *gelangt* ist. Es ist bemerkenswert, wie Paulus die Bedeutung des Handelns Christi durch das beschreibt, was er durch das nachdenkende Urteil des Glaubens *erkannt* hat. Der Inhalt dieser Erkenntnis hört sich wie ein Merksatz der frühchristlichen Glaubenslehre an: *Einer ist für alle gestorben, folglich sind alle gestorben.* Allerdings heißt es dort, wo sonst das frühe christliche Glaubensbekenntnis zitiert wird: »Christus ist *für unsere Sünde* gestorben« (1Kor 15,3) oder: »Christus ist *für uns* gestorben« (Röm 5,6.8; vgl. 14,15). *Für* bedeutet dort also: *um unsrer Sünde willen* bzw. *uns zugute.* Dahinter steht der Gedanke der Sühne, der Verarbeitung der Schuld, die Gott im Tod Jesu für uns leistet.
Hier formuliert Paulus anders: *Einer für alle* – das signalisiert zunächst einmal, dass Christus für alle Menschen gestorben ist. Diese Aussage gilt nicht nur für die bekennende Gemeinde (*für uns*). Paulus sagt: *für alle.* Damit nimmt Paulus zugleich eine klassische Formulierung des Stellvertretungsgedankens auf. *Für* heißt in diesem Zusammenhang: *anstelle von.* Der Gedanke, dass einer sein Leben zur Rettung einer Gemeinschaft einsetzt, war auch den Griechen nicht fremd. Bis heute findet sich dieses Wort z.B. als Motto von Freiwilligen Feuerwehren. Allerdings heißt die Folgerung bei Paulus nicht: *alle für einen.* Er sagt: Der Tod, den Christus *anstelle aller* gestorben ist, bewirkt, dass *alle gestorben* sind. Was meint Paulus damit? Inwiefern gilt nicht nur für die Christen, die in der Taufe mit Christus »in den Tod begraben« wurden (Röm 6,3f), dass sie mit Christus gestorben sind, sondern für die ganze Menschheit?
Für Paulus sind von Jesu stellvertretendem Tod alle betroffen, denen er gilt. Christus ist der Stellvertreter einer neuen Menschheit, wie Adam der Repräsentant der alten war (vgl. Röm 5,12–21). Christus starb den Tod der Menschheit, und zwar nicht einfach den biologischen Tod, sondern den Tod, der durch die Sünde zur Verewigung der Gottverlassenheit gewordenen ist. Damit sind die Menschen – zumindest prinzipiell – für die Sünde gestorben und zu einem neuen Leben befreit (vgl. Röm 7,6).
Aber Paulus bleibt nicht bei dieser Aussage stehen. Darum bringt es nichts zu fragen, wie er sich das vorstellt. Denn: Dass *alle gestorben sind,* ist die Voraussetzung für das, was Paulus als das eigentliche Ziel der Lebenshingabe Jesu sieht (**15**). Christus ist *für alle gestorben, damit die Lebenden nicht mehr sich selbst leben,*

sondern dem, der für sie gestorben und auferweckt worden ist. Hier geht es nicht nur um die, die aufgrund des Todes Christi von Paulus für »tot« erklärt werden, sondern um die *Lebenden.* Paulus meint damit die Menschen, die sich im Glauben mit Jesu Sterben und Auferstehen identifiziert haben, also die Christen. Sie sind mit Christus für ihre alte Existenz gestorben und zu einem neuen Leben mit ihm erweckt worden (vgl. Röm 6,11: Die Christen sollen als Menschen leben, »die für die Sünde tot, für Gott aber lebendig sind«). Um ihre Wirklichkeit geht es. Sie sind Leute, die nicht mehr für sich selbst leben, sondern für den, *der für sie gestorben und auferweckt worden ist.* Leben für Christus aber ist immer auch Leben für die anderen, für die er auch gestorben ist (1Kor 8,5; Röm 14,15). Das Grundprinzip des Wirkens Jesu, sein Leben für andere einzusetzen, wird zum Grundsatz des eigenen Lebens.

Das ist die Erkenntnis, die Paulus gewonnen hat, und der neue Maßstab, nach dem er zu leben sucht, seit er dem Auferstandenen begegnet ist. Und daraus ergeben sich Folgerungen. Darum beginnen die nächsten beiden Sätze (16f) mit *Deshalb.* Die erste Folgerung gilt der Art wie andere beurteilt werden (**16**): *Deshalb kennen wir von jetzt an niemand mehr auf fleischliche Weise* bzw. *nach dem Fleisch. Von jetzt an,* das heißt: Seit seiner Begegnung mit Christus hat Paulus eine ganz andere Einschätzung seiner Mitmenschen gewonnen. Sein Urteil über sie und die Art, wie er sie sieht und (aner)kennt, ist nicht mehr davon bestimmt, ob sie Juden sind oder ihm nahestehen oder ihm nützen. Das im Griechischen betont herausgestellte *wir* deutet an, dass Paulus hier den Unterschied zur Haltung anderer hervorheben will. Etwas *nach dem Fleisch* bzw. *auf fleischliche Weise tun* beschreibt (wie in 1,17) ein Verhalten, das sich nur an der eigenen vergänglichen Existenz (dem *Fleisch*) orientiert und aus Sorge um sich selbst nur den eigenen Vorteil sucht. Dazu gehört für Paulus auch eine Bewertung des Dienstes anderer, die sich nur am äußeren Erscheinungsbild orientiert, wie sie seine Kritiker in Korinth zu propagieren scheinen (vgl. Phil 3,3f: »sich des Fleisches rühmen«).

Warum dies so ist, begründet Paulus durch den Verweis auf den Ursprung dieser grundsätzlichen Wende in seinem Urteil über andere, nämlich seine völlig veränderte Beurteilung Christi. Paulus räumt ein, dass er selbst *Christus auf fleischliche Weise gekannt* und *beurteilt* hat. Für ihn war der gekreuzigte Jesus von Nazareth ein von Gott verfluchter Gotteslästerer (vgl. Gal 3,13 mit Dtn 21,23), einer, der an seinem Anspruch, der Messias zu sein, gescheitert ist. Aber wenn das so war – und Paulus will das nicht in Abrede stellen –, dann war es *fleischlich* geurteilt, nach dem Augenschein und nach den eigenen Wunschvorstellungen, wie ein Messias auszusehen und zu handeln hat. Wichtig ist, dass er Jesus jetzt, nach der Begegnung mit den Auferstandenen, nicht mehr so kennt und einschätzt. *Christus,* d.h. den *Messias* Gottes, zu kennen, bedeutet zu erkennen, dass Gott gegen allen Augenschein und entgegen den gefühlten Bedürfnissen der Menschen nach machtvollen Zeichen und eingängiger Weisheit (vgl. 1Kor 1,22) gerade im Kreuz zum Heil der Menschen gehandelt hat. So kennt Paulus Christus jetzt, und das hat eine Umwertung aller Werte und Urteile zur Folge.

Es gibt allerdings eine breite Auslegungstradition, die annimmt, Paulus wolle hier sagen, dass er den *Christus nach dem Fleisch* nicht gekannt habe, und nicht, dass er Christus nicht *nach dem Fleisch,* d.h. *auf fleischliche Weise* kenne (*nach dem Fleisch* wird also nicht mit dem Verb, sondern mit Christus verbunden). Das würde einen ganz anderen Sinn geben. Denn der *Christus nach dem Fleisch* wäre der *irdische Jesus,* vor allem im Blick auf seine irdische Herkunft (vgl. Röm 1,3; 9,5), aber auch in Bezug auf sein Wirken bis zu seiner Kreuzigung. Paulus würde dann sagen: Auch wenn ich den irdischen Jesus gekannt habe (ob das der Fall ist, bliebe offen), kenne ich ihn doch so nicht mehr, für mich ist nur noch der gekreuzigte und auferstandene Christus wichtig. Damit könnte man erklären, warum Paulus so wenig über das Wirken des irdischen Jesus berichtet. Aber sowohl aus grammatikalischen Gründen als auch vom Zusammenhang her, in dem diese Frage überhaupt nicht vorkommt, ist diese Deutung ganz unwahrscheinlich.

Mit einem zweiten *Deshalb* nennt Paulus in V. **17** eine weitere Folgerung aus dem, was er in V. 14f über die Ausrichtung des Lebens eines Christen gesagt hat. War in V. 16 von der Veränderung der Einstellung zu anderen die Rede, so geht es jetzt um die grundsätzliche Veränderung der Lebensgrundlage und des Lebensinhalts eines Menschen, der zu Christus gehört. *Wenn jemand in Christus ist* – mit dieser Formulierung beschreibt Paulus die Zugehörigkeit der Christen zu Christus. Dies ist eine der Stellen, an denen besonders deutlich wird, dass die Formel *in Christus* auch »räumliche« Bedeutung hat und den neuen Lebensraum beschreibt, den ein Mensch dadurch gewinnt, dass er oder sie sich in den Geltungsbereich dessen hineinnehmen lässt, was Gott in und durch Christus getan hat. In diesem Raum der Gnade zu leben verändert das Leben völlig.
Weil ein Christ im Glauben und durch die Taufe in Jesu Tod und Auferweckung hineingenommen ist, gilt: *(da ist) neue Schöpfung.* Wer sich ganz von Gottes Handeln in Christus bestimmen lässt, dessen Leben wird schon jetzt Teil der neuen Wirklichkeit, die Gott

durch Christus schafft. Paulus greift mit dem Motiv der *neuen Schöpfung* zurück auf Verheißungen im zweiten und dritten Teil des Buches Jesaja: Gott wird Neues, ja einen neuen Himmel und eine neue Erde schaffen (43,19; 65,17). Auch in einigen jüdischen Schriften aus der Zeit des 1. Jh.s v.Chr. findet sich die Hoffnung auf eine *neue Schöpfung* (Jub 4,26; 1QS 4,25; 1QH 5[13],11f). Für Paulus beginnt Gottes Neuschaffen schon jetzt, und zwar bei denen, die *in Christus* sind. Für sie ist die Wirklichkeit eines neuen Lebens mit Gott und in der Kraft seines Geistes schon Realität geworden (vgl. Gal 6,15). Da es zunächst um eine Aussage geht, die jeden und jede einzeln betrifft (*wenn jemand …*), wäre auch die Übersetzung *(ist er/sie) ein neues Geschöpf* denkbar. Aber Paulus denkt nicht so individualistisch. *In Christus* bin ich nie allein; mit anderen habe ich Teil an der Wirklichkeit der neuen Schöpfung. Darum schreiben die neueren Übersetzungen meist *Schöpfung* (EÜ; REB; GNB; ZB; auch Luthers *neue Kreatur* meint nicht nur den Einzelnen). Was diejenigen erfahren, die ihr Leben in den Raum der Gnade hineinnehmen lassen, den Gott in und durch Christus geschaffen hat, ist die Wirklichkeit einer neuen Schöpfung.
Deshalb formuliert Paulus den zweiten Teil des Satzes sehr umfassend: *Das Alte ist vergangen, siehe, Neues ist entstanden.* Paulus lehnt sich hier an Aussagen aus Jes 43,18f an, die verheißen, dass Gott in ganz neuer Weise zum Heil seines Volkes handeln wird. Das wird die alten Erfahrungen vergessen lassen. Für den Apostel hat sich das im Handeln Gottes in Jesus Christus erfüllt. Das *Alte,* das vergangen ist, sind also nicht nur unmoralische Verhaltensweisen des »alten Menschen« (Röm 6,6), sondern auch die alten Maßstäbe überkommener Frömmigkeit und Religiosität. Die ganz neue Weise, in der Gott durch Jesu Kreuz und Auferstehung gehandelt hat, hat auch ganz neue Beziehungen und Werturteile zwischen Menschen geschaffen. An anderer Stelle wird Paulus entfalten, wie dadurch *in Christus* zwischen Juden und Heiden, Freien und Sklaven, Männern und Frauen ein völlig neues Miteinander entsteht, weil die alten Trennungslinien und Wertungen keine Bedeutung mehr haben (Gal 3,28). Der Punkt, auf den es Paulus hier ankommt, ist die positive Begründung von V. 16: Er kennt und beurteilt niemand mehr *nach dem Fleisch* (V. 16), also nach den Maßstäben einer auf sich selbst bezogenen Existenz und Frömmigkeit, weil er in Christus Anteil hat an einer neuen Schöpfungswirklichkeit, die durch die Lebenshingabe Jesu begründet ist und deshalb ganz neue Maßstäbe setzt.

In der Übersetzung Luthers las man hier bis zur Revision von 1975/84: »Siehe, es ist *alles* neu geworden«. Luther folgte hier den späteren Handschriften, die ihm bei seiner Übersetzung zur Verfügung standen. In den später entdeckten zuverlässigen alten Handschriften fehlt aber das Wort *alles.* Es dürfte in Anspielung auf Offb 21,5 eingefügt worden sein. Das »Siehe, ich mache *alles* neu« ist aber auch bei Paulus der endzeitlichen Vollendung vorbehalten.

Diese völlige Erneuerung seines Lebens und Denkens schreibt Paulus aber nicht sich selbst zu (**18**). Nein: *Das alles ... (kommt) von Gott.* Es ist Gottes Handeln in Christus, das diese Lebenswende verursacht und die Neuorientierung inhaltlich geprägt hat. Paulus kennzeichnet dieses Handeln Gottes durch zwei Aussagen: Es ist Werk Gottes, *der sich mit uns durch Christus versöhnt und uns den Dienst der Versöhnung gegeben hat.*
Drei Dinge sind an dieser Charakteristik des Handelns Gottes bemerkenswert:
1. Der Apostel spricht von einer *Versöhnung* zwischen Gott und Mensch, die Gott selbst bewirkt hat. Das ist für die Antike ungewöhnlich, und zwar sowohl bei Griechen als auch bei Juden. Das Motiv der *Versöhnung* stammt aus dem Bereich des sozialen und politischen Miteinanders und beschreibt den Prozess, in dem zwei verfeindete Gruppen, Familien oder Völker ihre Feindschaft überwinden und Frieden schließen. Anders als im Deutschen hat das griechische Wort für *Versöhnung* sprachlich nichts mit *Sühne* zu tun. Sachlich gehört zum Prozess der *Versöhnung* jedoch immer auch die Notwendigkeit, geschehenes Unrecht aufzuarbeiten. Im griechischen Alten Testament kommt der Begriff nur in 2Makk 1,5; 7,33; 8,29 vor, dort allerdings als erhoffte Reaktion Gottes auf die Gebete des Volkes (»Er erhöre eure Gebete, schenke euch Versöhnung« [2Makk 1,5, EÜ; LÜ: »sei euch gnädig«]). Als Beschreibung des Heilshandelns Gottes (parallel zu *Rechtfertigung*) wird Paulus das Wort noch einmal in Röm 5,10 aufgreifen. Für ihn sind die Menschen durch den Bruch der Gemeinschaft mit Gott zu Feinden Gottes geworden. Aber Gott hat die Initiative ergriffen und *durch Christus* seine Feinde mit sich selbst *versöhnt.* Paulus führt nicht näher aus, in welcher Weise Gottes Handeln in Christus dies bewirkt hat. Aber die Vergangenheitsform, die er im Griechischen wählt (deutsch: *versöhnt hat*), weist auf ein einmaliges Geschehen hin, auf die Kreuzigung und Auferweckung Jesu.
2. Paulus stellt neben die Versöhnung, die Gott in Christus bewirkt hat, den *Dienst der Versöhnung* (LÜ: *das Amt, das die Versöhnung predigt*), den Gott den damit Beauftragten *gegeben hat.* Weil es bei der Versöhnung um das Verhältnis zwischen zwei Partnern geht, kann sie nicht einseitig verfügt werden. Es muss den Menschen gesagt werden, dass Gott Frieden mit ihnen geschlossen

hat; sie müssen eingeladen werden, diesen Friedensschluss anzunehmen und für sich gelten zu lassen. Damit das geschieht, hat Gott Menschen damit beauftragt, Boten seines Friedens zu sein und die Botschaft von Gottes versöhnendem Handeln weiterzusagen. Dieser *Dienst der Versöhnung* ist derselbe apostolische Auftrag, den Paulus in 3,4–11 beschrieben und *Dienst des Geistes* bzw. *Dienst der Gerechtigkeit* genannt hat. Denn dieser Dienst und die Botschaft, die er überbringt, begründet eine neue Gemeinschaft mit Gott und schenkt neues Leben in ihm.
Dabei scheint Paulus das versöhnende Handeln Gottes durch Christus und die Beauftragung mit dem Dienst der Versöhnung gleichrangig mit einem *und* verbunden nebeneinanderzustellen. Aber dieses *und* verbindet hier nicht zwei unabhängige und gleichwertige Größen, sondern fügt zum grundlegenden versöhnenden Handeln Gottes hinzu, was notwendigerweise daraus folgt. Gemeint ist also: *Weil* sich Gott mit uns versöhnt hat, *deshalb* hat er uns auch den Dienst der Versöhnung gegeben. Das ist genau der Punkt, um den es Paulus hier geht: Sein Dienst als Apostel ist in seinem Inhalt, seiner Form und seiner Autorität ganz in Gottes Handeln durch Christus begründet, ja ist Teil und Konsequenz dieses Handelns.
3. Das führt zum dritten Punkt: Wer ist in den beiden Satzhälften jeweils mit *uns* gemeint? Die enge Verknüpfung der beiden Teile spricht dafür, dass es beide Male um den gleichen Personenkreis geht. Aber die inhaltliche Aussage legt nahe, dass Paulus im ersten Fall in das *uns* alle Christen einbezieht, während er mit dem *uns* im zweiten Teil die Apostel und vor allem sich selbst meint. Die Ausleger sind hier sehr unterschiedlicher Meinung. Aber der Zusammenhang spricht dafür, dass Paulus hier eine Aussage, die eigentlich für alle Christen gilt, zunächst ganz bewusst auf sich bezieht, um darzulegen, dass sein apostolischer Auftrag in Gottes Handeln in Christus wurzelt, das grundsätzlich allen gilt. Für ihn lag in der Begegnung mit dem auferstandenen Christus, die ihn in Gottes Versöhnung hineingenommen hat, zugleich die Beauftragung mit dem Dienst der Versöhnung. (Umgekehrt könnte man fragen, ob das nicht auch bedeutet, dass in gewisser Weise alle, die an die Botschaft von der Versöhnung glauben, am Dienst der Versöhnung Anteil haben!) Dass diese Erfahrung eingebettet ist in Gottes Handeln für alle macht Paulus im nächsten Vers klar.
In V. **19** wiederholt und unterstreicht Paulus die Aussage von V. 18, aber nun in einer grundsätzlicheren Perspektive. So klar und eindeutig es insgesamt ist, was Paulus hier sagt, so schwierig ist es zu entscheiden, wie der Anfang dieses Verses genau zu übersetzen

ist. Zwei Fragen sind hier offen: Wie übersetzen wir die Wörter, mit denen V. 19 an den vorhergehenden Vers anknüpft? Sie können begründende Funktion haben: *denn* (LÜ), evtl. mit besonderer Betonung: *denn, wie es ja feststeht* oder: *denn ich bin gewiss* (ZB). Oder sie können erläuternde und bekräftigende Funktion haben: *das heißt* oder *nämlich* (REB), *ja* (EÜ), *so lautet diese Botschaft* (GNB). Klar ist, dass er die persönliche Aussage von V. 18 mit einer grundsätzlicheren Ausführung zu diesem Sachverhalt weiterführen, erläutern und damit auch begründen will. Manche Ausleger nehmen an, dass er dabei einen Merksatz urchristlichen Glaubens zitiert; aber das bleibt unsicher.

Schwierig ist auch die Frage, wie der erste Satzteil genau zu übersetzen ist. Hier gibt es drei Möglichkeiten: (1) die traditionelle Übersetzung: *Gott war in Christus und versöhnte die Welt mit sich selbst* (LÜ, ZB, REB); oder (2): *Gott war es, der in Christus die Welt mit sich versöhnt hat* (EÜ); oder (3): *Gott versöhnte in Christus die Welt mit sich selbst.*

So gewichtig (und im Grundsatz richtig) die erste und zweite Variante sind, so legt sich aus sprachlichen Gründen nahe, als genaue Übersetzung die dritte zu wählen. Dabei ist zu beachten, dass die im Griechischen gewählte Vergangenheitsform im Unterschied zu V. 18 auf einen noch unabgeschlossenen Prozess verweist, der mit Gottes Handeln in Kreuz und Auferstehung seinen grundlegenden Anfang nimmt, aber erst zum Abschluss kommt, wo die Botschaft von der Versöhnung angenommen wird. Das verweist auf den zweiten wichtigen Unterschied zu V. 18: Paulus betont nun, dass Gott nicht nur *uns*, sondern *die Welt* versöhnte. Was in Kreuz und Auferstehung geschah, gilt allen Menschen (vgl. V. 14: *alle* sind gestorben). Gott hat mit der ganzen Menschheit Frieden gemacht. Er spricht hier von der *Welt*, weil er eine von Gott entfremdete Menschenwelt im Blick hat (1Kor 1,21), die aus einer stolzen, gottfeindlichen *Welt* wieder neu zu Gottes *Schöpfung* werden muss (V. 17), indem sie sich mit ihrem Schöpfer versöhnen lässt.

Das aber geschieht *in Christus*. Die Wendung steht parallel zu *durch Christus* in V. 18 und kommt ihm in seiner Bedeutung sehr nahe. Durch das, was Gott in Christi Tod und Auferweckung getan hat, hat er ein neues Verhältnis zwischen sich und den Menschen geschafften. Aber das *in Christus* setzt doch noch einen weiteren Akzent. Es deutet an, dass Gott selbst in Christus am Wirken war und dass die Gemeinschaft mit Christus der »Raum« ist, in dem die Versöhnung empfangen und gelebt wird (vgl. das *in Christus* in V. 17).

Neu gegenüber V. 18 ist auch die erläuternde Bemerkung über die Art, wie Gott Frieden geschaffen hat, nämlich *indem er ihnen ihre Übertretungen nicht anrechnete.* Mit *ihnen* sind die Menschen gemeint, auch ein Hinweis darauf, dass sich *Welt* in V. 19a auf die Menschenwelt bezieht. Es sind die konkreten Übertretungen der Gebote Gottes, die das Verhältnis zwischen Gott und Mensch vergiftet und zerstört und zur Feindschaft zwischen ihnen geführt haben. Sie und ihre Folgen müssen bewältigt werden. Auch in politischen Friedensschlüssen der Antike kann erwähnt werden, dass man erlittenes Unrecht vergessen und nicht mehr erinnern werde. Paulus erklärt das zunächst mit einem Wort aus der Kaufmannssprache: Die Übertretungen und der Schaden, den sie anrichten, werden nicht mehr *verbucht.* Die Schadensbilanz wird ausgeglichen. Dass dies nicht einfach durch eine entsprechende »Buchungsanweisung« Gottes geschieht, sondern dass Schaden und Schuld von Gott im Christusgeschehen bereinigt sind, wird hier nur angedeutet. V. 21 wird das näher ausführen.

In **19c** findet sich in der Aussage: *und hat unter uns das Wort von der Versöhnung eingesetzt* wieder eine genaue Entsprechung zu 18b. Allerdings wählt Paulus einen anderen Wortlaut, der nicht leicht zu deuten ist. Statt vom *Dienst der Versöhnung* spricht er jetzt vom *Wort von der Versöhnung,* also von der Botschaft, die den Menschen verbindlich zusagt, dass Gott mit ihnen Frieden gemacht hat. Was über diese Botschaft genau gesagt wird, wird aber unterschiedlich verstanden. Eine Auslegung sieht in der Formulierung eine Parallele zu 2Sam 14,3.9 (»jemand ein Wort in den Mund legen«) und übersetzt: *hat in uns das Wort von der Versöhnung gelegt* (REB; EÜ: *uns anvertraut*). Das *uns* würde sich also auch hier auf den Apostel beziehen, dem bei seiner Berufung die Botschaft ins Herz gelegt wurde.

Die andere Auslegung verweist auf Ps 78,5, wo es heißt: »Er richtete ein Zeugnis auf in Israel und ein Gesetz stellte er in Israel auf (bzw.: gab er in Israel)«. Dementsprechend wäre in 19c mit *in uns* die christliche Gemeinde gemeint, in die Gott nun das *Wort der Versöhnung,* also das Evangelium, die Botschaft von Gottes versöhnendem Handeln in Christus hineingestellt und als Zeugnis des neuen Bundes aufgerichtet hat (vgl. LÜ, ZB). Nach der ersten Auslegung würde Paulus in 19c mit etwas anderen Worten dasselbe sagen wie in 18b. Nach der zweiten Auslegung geht es dagegen in 19c sehr viel grundsätzlicher um das Verhältnis zwischen dem versöhnenden Handeln Gottes für die ganze Menschheit und der Aufgabe des Evangeliums, Gottes Versöhnung zu den Menschen zu tragen. Das entspricht sehr genau dem, was V. 19 insgesamt sagt. Die Botschaft des Evangeliums besteht nicht nur aus der Information über Gottes Handeln in Christus. Sie ist selbst Teil des versöhnenden Handelns Gottes. Denn das *Wort von der Ver-*

söhnung trägt die *Sache der Versöhnung*, den Frieden, den Gott geschlossen hat, weiter zu den Menschen.
Was daraus für seinen Dienst folgt, beschreibt Paulus sehr eindrücklich in V. **20**. Er charakterisiert das Wesen dieses Auftrags und formuliert den Inhalt seiner Botschaft mit Worten, die eine einzigartige Perspektive auf sein Verständnis von seinem Wirken eröffnen. Wer wie er mit dem *Dienst der Versöhnung* beauftragt ist, trägt das *Wort von der Versöhnung*, also die Botschaft, dass Gott Frieden mit den Menschen geschlossen hat, *im Auftrag Christi*, ja *anstelle von Christus* bzw. *an Christi statt* (LÜ; EÜ) weiter. Paulus unterstreicht das dadurch, dass er die Verkündiger dieser Botschaft als *Gesandte* bezeichnet. Er greift damit einen Begriff aus dem Bereich der Diplomatie auf. *Gesandte* überbringen offizielle Botschaften und sind bevollmächtigt, für die sie entsendende Regierung zu handeln. Die Apostel sind die *Gesandten* Christi, die in seinem Auftrag und an seiner Stelle die Botschaft vom Friedensschluss Gottes in eine mit Gott verfeindete Welt hinaustragen.
Paulus tut das *in der Überzeugung, dass Gott (selbst) durch uns mahnt* – oder, wie man wohl noch treffender übersetzt: die Menschen *dringend ruft* und *einlädt* (vgl. ZB), diesen Frieden für sich anzunehmen und gelten zu lassen. Was hier geschieht, erläutert Paulus im zweiten Teil des Satzes: *Wir bitten* (also) *an Christi statt: Lasst euch mit Gott versöhnen.* Für antike Leser und Leserinnen war dies eine ganz unerwartete Aussage. Man wusste um die Notwendigkeit, dass Menschen Gott oder die Götter um Versöhnung baten und anflehten oder versuchten, sie durch entsprechende Opfer versöhnlich zu stimmen. Aber dass Leute, die sich als bevollmächtigte Gesandte Gottes verstanden und anstelle seines Sohnes als seine Boten auftraten, in seinem Auftrag *bitten*, das war etwas Unerhörtes. Ein *bittender* Gott war für antike Menschen ein Gott, der sich demütigt, um ganz auf Augenhöhe mit denen zu sprechen, denen seine Botschaft gilt.
Eigentümlich ist auch die Botschaft, die die Gesandten Christi weitergeben: *Lasst euch mit Gott versöhnen.* Im Griechischen steht hier ein Imperativ des Passivs (*werdet versöhnt mit Gott*), eine Aussageform, die das Deutsche nicht kennt. Denn eigentlich widersprechen die Aufforderung, etwas zu tun, und die Aussage, dass etwas mit einem geschieht, einander. Dennoch macht ein solcher Imperativ Sinn: Es ist die Aufforderung, etwas an sich geschehen zu lassen, und wird daher im Deutschen zu Recht mit *Lasst euch versöhnen* übersetzt. Es handelt sich also weder um die Aufforderung an die Adressaten, nun selbst das Ihre zur Versöhnung beizutragen (*Versöhnt euch*) noch um die einfache Mitteilung, dass

Gott alles getan hat (*Ihr seid versöhnt*), sondern um die dringende Einladung und herzliche Bitte, den Frieden, den Gott geschlossen hat, für sich gelten und sich so mit Gott versöhnen zu lassen.
In der ungewöhnlichen Formulierung treffen sich zwei wichtige Linien der Versöhnungsbotschaft des Paulus: Einerseits hält er fest: Es ist Gott, der die Versöhnung gewährt und Frieden schafft. Er hat uns durch Christus mit sich versöhnt, und das gilt. Andererseits gehört es zum Wesen der Versöhnung, dass sie niemand aufgezwungen werden kann. Friede kann nicht einseitig diktiert werden, wenn es echter Friede sein soll. Auch wenn Gott alles getan hat, dass Friede zwischen ihm und den Menschen wird, am Ziel ist sein Friedenswerk erst, wenn Menschen sich versöhnen und sich in Gottes Frieden hineinnehmen lassen. Dazu laden die *Gesandten*, die Christus ausgesandt hat, als Friedensboten Gottes ein. Ihre Verkündigung ist nichts anderes als die dringende Bitte, in die zum Frieden ausgestreckte Hand Gottes einzuschlagen.
Eine Frage wird in der Auslegung allerdings kontrovers diskutiert: Wen redet Paulus mit dieser Bitte an? Im engeren Zusammenhang von V. 19f können das eigentlich nur die Hörer und Hörerinnen der missionarischen Verkündigung des Apostels sein, die aufgerufen werden, dieser Einladung Gottes zu folgen. Aber mit Blick auf den weiteren Zusammenhang in 5,11 – 6,2 und auf die Auseinandersetzungen des Paulus mit den Christen in Korinth fragen sich manche Ausleger: Gilt dieser Ruf des Apostels nicht doch den Menschen in der Gemeinde in Korinth, die daran erinnert werden, dass die Versöhnung mit Gott immer wieder neu bejaht und gelebt wird? Oder will Paulus vielleicht sogar sagen, dass Versöhnung mit Gott nicht anders zu haben ist als in der Bereitschaft, sich auch mit dem von Christus gesandten und von Gott bevollmächtigten Boten der Versöhnung zu versöhnen?
Doch so naheliegend diese Überlegungen sein mögen, der enge Zusammenhang zwischen V. 19 und 20 lässt eigentlich nur den Schluss zu, dass Paulus auch in V. 20 grundsätzlich das Wesen des apostolischen Auftrags beschreibt. Vielleicht ist das *Lasst euch mit Gott versöhnen* kein wörtliches Zitat aus der evangelistischen Predigt des Paulus. Aber die Form des Imperativs im Griechischen zeigt, dass hier Menschen aufgerufen werden, sich jetzt und ein für alle Mal für Gottes Handeln zu öffnen. Dieser Aufruf fasst also knapp und prägnant den Inhalt der Botschaft des Apostels zusammen, die er im Auftrag Christi in eine mit Gott verfeindete Welt hineinträgt. Gerade weil Paulus in dem ganzen Abschnitt den Korinthern deutlich machen will, dass und wie die Ausübung des apostolischen Dienstes eng an dessen Wesen und Inhalt gebunden ist, macht es Sinn, dass er hier noch einmal daran erinnert,

worum es im Kern der Sache bei diesem Auftrag geht. Was das für die Korinther bedeutet, wird er dann in 6,1f sagen.
Darum dürfte es auch zu weit gehen, wenn manche Ausleger aus dem Nebeneinander von Gottes Handeln in Christus und der Beauftragung mit der Weitergabe der Nachricht von diesem Handeln eine eigenständige Mittlerrolle des Apostels als »versöhntem Versöhner« (J. Schröter) ableiten.
Richtig ist, dass für Paulus das, was an Karfreitag und Ostern geschah, und dessen Vergegenwärtigung durch die Botschaft der Verkündiger unlöslich miteinander verbunden sind. Die Verkündigung des Evangeliums ist sehr viel mehr als Information aus zweiter Hand über Gottes Handeln in Christus. In ihr wird Menschen zugesagt und zugewandt, was Gott in Christus für sie getan hat. Gleichwohl bleibt das Entscheidende und Grundlegende im Verhältnis zwischen Gott und Menschen Gottes Handeln in Christus. Das zeigt sich auch in der knappen Begründung, die Paulus an diesen Aufruf anschließt (**21**).
Der Satz, den Paulus hier formuliert, ist sorgfältig aufgebaut, wie folgendes Schema zeigt:

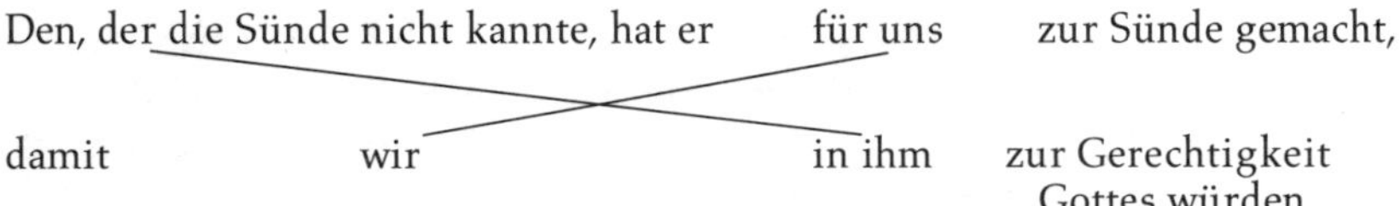

Wer hier handelt, ist Gott. Er versöhnt die Welt durch das, was er in Christus tut. Christus wird gekennzeichnet als der, *der die Sünde nicht kannte* (vgl. Röm 7,7). Das heißt natürlich nicht, dass Christus nichts von der Realität der Sünde wusste, sondern dass er sie nicht aus eigener Erfahrung und durch das eigene Tun kannte (Röm 7,7). Deshalb war er nicht ihrer Macht unterworfen. Aber gerade ihn macht Gott *zur Sünde.* Damit ist nicht gesagt, dass auch er zum Sünder wurde. Vielmehr bedeutet das, dass er der ganzen Macht und Schuld der Sünde unterworfen wird und stellvertretend für eine von der Sünde gezeichnete Menschheit als Repräsentant der Sünde die Folgen der Sünde auf sich nimmt. In einer ganz ähnlichen Formulierung sagt Paulus in Gal 3,13, dass Christus »für uns zum Fluch wurde«, um die freizukaufen, die unter dem Fluch des Gesetzes stehen. Wie dort ist auch hier an das Geschehen in Jesu Tod am Kreuz gedacht. Dass Christus mit der Sünde identifiziert wird, bedeutet, dass er in seinem Tod die tötende Macht der Sünde erfährt und auf sich nimmt. Der, auf den die Sünde kein Recht hat, übernimmt das Geschick derer, die ihr von Rechts wegen verfallen sind.

Das *für uns* umschließt also hier alle, an die der Ruf und die Bitte von V. 20 gerichtet sind. Der Verkündiger schließt sich mit ihnen zusammen, denn für alle gilt: *An unserer Stelle* bzw. *uns zugut* hat Gott Christus mit der Sünde identifiziert, damit unser Leben nicht mehr von der Sünde bestimmt und definiert wird, sondern von einer anderen Macht, nämlich der *Gerechtigkeit Gottes.* Paulus lehnt sich hier an eine formelhafte Wendung an, mit der man im Urchristentum die Bedeutung des Todes Jesu erklärt hat. Man hat nicht versucht, auf die Frage zu antworten, *warum* Jesus sterben musste, wohl aber, *wozu* er den Tod auf sich genommen hat; vgl. 1Thess 5,10: »der für uns starb, *damit* wir … mit ihm leben« (vgl. oben zu V. 15 und Gal 3,13f). So auch hier: Dass Gott Christus *für uns zur Sünde gemacht* hat, hat ein Ziel. Es geschah, *damit wir zur Gerechtigkeit Gottes werden.* Was über die Heilswirkung des Todes Jesu gesagt wird, entspricht formal genau dem, was über das Unheil zu sagen war, das Christus auf sich genommen hat. Nur: Was bedeutet es, dass *wir* Menschen *zur Gerechtigkeit Gottes werden*?

Hier taucht zum ersten Mal in den paulinischen Briefen die bedeutungsschwere Wendung *Gottes Gerechtigkeit* auf, die dann bei der Entfaltung der paulinischen Rechtfertigungslehre eine wichtige Rolle spielt (vgl. Röm 1,16; 3,21.25f; 10,3; Phil 3,9). Bekanntlich hat Luther mit der Frage gerungen, wie diese Genetivverbindung zu verstehen sei. Er hat sich dann nach langem Abwägen entschlossen, sie mit *die Gerechtigkeit, die vor Gott gilt* zu übersetzen, um deutlich zu machen, dass es nicht um Gottes richtende Gerechtigkeit geht. Doch passt diese Übersetzung gerade an unserer Stelle nicht und wird in der LÜ nur aus Pietät gegenüber Luther festgehalten. Genaue Untersuchungen zu der Bedeutung von Gerechtigkeit Gottes im Alten Testament und im zeitgenössischen Judentum, die im Grunde schon mit Luthers Auslegung der Psalmen begonnen haben, zeigen die richtige Richtung zu einem besseren Verständnis. Das hebräische Wort, das wir mit *Gerechtigkeit* übersetzen, bezeichnet nicht sosehr die formale, strafende oder belohnende Gerechtigkeit, sondern ein Verhalten, das einer Gemeinschaft, einer Beziehung oder einem Menschen gerecht wird. Manche Ausleger übersetzen das Wort deshalb nicht mit Gerechtigkeit, sondern mit Gemeinschaftstreue. Dies gilt insbesondere für die *Gerechtigkeit Gottes.* So zeigt Ps 98,2, dass im Alten Testament Gottes Gerechtigkeit parallel zu Gottes Heilshilfe stehen kann. An Dan 9,16–18 sieht man sehr schön, dass Gottes Gerechtigkeit nicht im Gegensatz zu Gottes Barmherzigkeit steht, sondern seine helfende Treue bedeutet, auf die sich auch die berufen, die wissen, dass sie schuldig geworden sind (vgl. Ps 51,16; 143,1f). Gottes Gerechtigkeit ist sein verlässliches Ja, mit dem er seine Schöpfung erhält, sein Volk auch durch das Gericht hindurch rettet und den Armen und Verlassenen hilft (vgl. Ps 71). Auch in der Gemeinschaft von Qumran hat man bekannt, dass Gott »mich in seiner wahren Gerechtigkeit richtete und Er in der Fülle Seiner Güte alle meine Verschuldungen sühnt, und Er in Seiner Gerechtigkeit mich reinigt von menschlicher Unreinheit und Sünde von Menschensöhnen, um Gott Seine Gerechtigkeit zu bekennen« (1QS 11,14f; Übersetzung J. Maier).

Deutlich ist: Hier stehen sich nicht *Sünde* und *Gerechtigkeit* als menschliche Eigenschaften oder Verhaltensweisen gegenüber. Das dürfte einer der Gründe dafür sein, dass Paulus nicht schreibt, wir würden in Christus zur *Gerechtigkeit,* sondern die sehr viel sperrigere Ausdrucksweise wählt, dass wir in ihm zur *Gerechtigkeit Gottes* werden. *Sünde* und *Gerechtigkeit Gottes* stehen einander als Mächte gegenüber, die das Wesen und Handeln des Menschen bestimmen. Damit ist auch klar, dass die Formulierung, die Paulus gebraucht, nicht nur eine rhetorisch hochstilisierte Ausdrucksweise für die Aussage ist, Gott habe Christus zum *Sünder* gemacht, damit wir in ihm zu *Gerechten* würden. Wie die *Sünde* das Kennzeichen menschlicher Existenz ist, mit dem sich Christus identifizieren lässt, so ist die *Gerechtigkeit Gottes* das Kennzeichen Christi, mit dem die identifiziert werden, die sich in die Gemeinschaft mit ihm hineinnehmen lassen. Schon in 1Kor 1,30 hatte Paulus gesagt, dass Christus von Gott »für uns zur Gerechtigkeit« geworden ist. Hier wird diese Aussage noch zugespitzt: *In ihm* sollen wir Menschen zur *Gerechtigkeit Gottes* werden, das heißt: Gottes Heilstreue soll zur prägenden Macht unseres Lebens werden und unser Wesen und Handeln bestimmen.
Damit ist auch angedeutet, was das *in ihm [Christus]* hier bedeutet. Wie oft sind in ihm zwei Akzente zusammengefasst: Einerseits wird damit gesagt, dass Gott *durch ihn* und durch das, was in Kreuz und Auferweckung geschah, gehandelt hat. Andererseits wird damit auch beschrieben, dass die neue Existenz für diejenigen Wirklichkeit wird, die *in ihm* sind, und das heißt: die in der Gemeinschaft mit ihm leben und deren Leben von Gottes Handeln in Jesu Tod und Auferweckung bestimmt wird (vgl. auch das *in Christus* in V. 17). Es geht nicht um einen Tausch von Eigenschaften, sondern um eine Veränderung der Beziehung.
Darum ist der zweite Teil dieses Satzes sehr viel offener formuliert als der erste. Paulus sagt nicht, dass Gott Christus zur Sünde gemacht hat, sodass wir zur Gerechtigkeit Gottes geworden sind. Das *damit wir … werden* lässt offen, ob das im Leben der Adressaten schon geschehen ist. Das verbindet diese Aussage mit dem Aufruf in V. 20: *Lasst euch versöhnen mit Gott.* Von Gott her ist alles geschehen: Er hat Frieden geschlossen, er hat die Macht der Sünde gebannt. Was er getan hat, ist mehr als ein Angebot, es ist eine neue Wirklichkeit für jeden Menschen. Und doch bleibt of-

fen, ob sich Menschen von dieser Wirklichkeit bestimmen lassen und *in* Christus die erneuerte Gemeinschaft mit Gott leben. Darum ist der Dienst der apostolischen Verkündigung so wichtig: In seinen Worten und mit seiner Haltung verkörpert er die herzliche Einladung und die dringende Bitte Gottes an alle: Lasst euch versöhnen mit dem Gott, der sich in Christus schon längst mit euch versöhnt hat.

Was aber bedeutet das für die Christen in Korinth? Das sagt Paulus in den Versen **6,1f**, mit denen er diesen äußerst gewichtigen Abschnitt des Briefs abschließt und gleichzeitig zum nächsten Abschnitt überleitet. Was er noch zu sagen hat, ist nicht unmittelbar Inhalt der ihm von Christus aufgetragenen Botschaft. Aber er tut es doch in der gleichen Autorität, als einer derer, *die (in Gottes Werk) mitarbeiten*. Paulus scheut sich nicht, davon zu reden, dass die Verkündiger in Gottes Heilswerk *mitarbeiten* oder *mitwirken* (vgl. 1Thess 3,2, wo Timotheus »Gottes Mitarbeiter« genannt wird, und 1Kor 3,9, wo auch Apollos mit einbezogen ist). Als einer, dem diese Verantwortung anvertraut ist, redet er die Gemeinde an. Er benutzt dabei das gleiche Wort, mit dem er in 5,20 die missionarische Verkündigung beschrieben hat und das wir dort mit *dringend rufen* übersetzt haben (LÜ; EÜ: *mahnen*). Neben diese Aufgabe stellt Paulus also eine zweite, die die Gemeinde betrifft. Aus dieser Verantwortung heraus, so schreibt er, *mahnen wir auch* bzw. *drängen wir auch darauf, dass ihr die Gnade Gottes nicht vergeblich empfangt*.

Das *nicht vergeblich* (wörtlich: *nicht ins Leere* hinein) ist ein wichtiges Anliegen des Paulus. In der Regel geht es dabei um die Sorge, dass seine missionarische Arbeit vergeblich gewesen sein könnte, weil eine Gemeinde vom Glauben abfällt (1Thess 3,5; Phil 2,16) oder seine Mission von den anderen Aposteln nicht anerkannt wird (Gal 2,2). Dagegen meint er in 1Kor 15,10 dankbar feststellen zu können, dass Gottes Gnade ihm gegenüber nicht »vergeblich gewesen«, d.h. nicht »ohne Wirkung geblieben« ist. Das scheint auch seine Sorge im Blick auf die Gemeinde in Korinth zu sein. Er hat keinen Zweifel daran, dass die Christen in Korinth, als sie Christen wurden, die Gnade Gottes empfangen und aufgenommen haben. Gottes liebende Zuwendung, wie sie sich in seinem versöhnenden Handeln zeigt, ist in ihr Leben getreten. Aber er befürchtet, dass sie diese Gnade *vergeblich*, d.h. *ohne Auswirkung* auf ihr Leben, ihr Handeln und ihre innere Einstellung empfangen haben könnten. Darum *mahnt* und *drängt* er *darauf*, dass sie sich dem Wirken dieser Gnade wirklich öffnen.

Paulus unterstreicht diese Warnung durch ein Wort aus den heiligen Schriften. Es ist ein wörtliches Zitat aus der griechischen Übersetzung von Jes 49,8 und eigentlich ein ermutigendes Wort des Herrn an die geheimnisvolle Gestalt des »Knechtes Gottes«. Paulus sieht darin einen Hinweis Gottes auf das, was er an der Gemeinde getan hat: *Denn er* [Gott] *sagt: »Zur willkommenen Zeit habe ich dich erhört, und am Tag der Rettung habe ich dir geholfen«*. Mit der Botschaft von der Versöhnung, die im paulinischen Evangelium die Menschen in Korinth erreicht hat, ist Gott auf die Not der Menschen eingegangen und hat rettend und helfend in ihr Leben eingegriffen, und zwar zur *willkommenen,* d.h. zur *rechten, angemessenen Zeit.*

Aber diese Zeit wird nicht einfach zur Vergangenheit. Der Tag, an dem man zu Gottes Einladung zur Versöhnung Ja gesagt hat, wird nicht zu einem Termin im Kalender, auf den man zurückblickt wie auf seinen Geburtstag oder den Tag einer bestandenen Prüfung. Die Einladung, mit Gott zu leben und sich von seiner Gerechtigkeit bestimmen zu lassen, bleibt eine ständige Herausforderung. Nicht, dass man sich jeden Tag neu bekehren oder mit Gott von vorne anfangen müsste. Aber es bedeutet, offen zu sein für die Bedeutung der Botschaft der Versöhnung für die eigene Existenz, gerade auch für das Urteilen und Handeln eines Christen.

Fast beschwörend, mit zweimaliger Wiederholung des *Siehe, jetzt* und der Steigerung des *willkommen* zu *hochwillkommen* unterstreicht Paulus die aktuelle Bedeutung des Zitates aus dem Alten Testament: *Siehe, jetzt ist die hochwillkommene Zeit, siehe, jetzt ist der Tag der Rettung!* So wahr es ist, dass Gott uns ein für alle Mal in Christus versöhnt hat, so gefährlich wäre es, sich darauf zu berufen, man habe sich ein für alle Mal bekehrt, und damit sei alles entschieden. Jeder Tag ist ein Tag, an dem sich entscheidet, ob wir als Versöhnte leben und Gottes Hilfe in Anspruch nehmen. Jeder Tag ist der genau richtige *kairos* (so das griechische Wort für Zeitpunkt), an dem Gott die Menschen durch die Botschaft des Evangeliums anspricht und seine Gemeinde beauftragt, diese Botschaft zu »verkörpern« und weiterzutragen.

Viele Ausleger sind der Meinung, die Warnung des Paulus an die Gemeinde, *die Gnade nicht vergeblich zu empfangen,* beziehe sich auf die Ablehnung seiner Person und seiner Verkündigung. Paulus wolle sagen: »Nur wenn sie ihn als den von Gott gesandten Versöhner akzeptieren, haben sie die Gnade Gottes wirklich angenommen« (J. Schröter, 195). Aber konnten die Korinther das aus diesen Zeilen herauslesen?

Zweifellos geht es hier wie in dem ganzen Brief auch um seine Person, seine Verkündigung und seine Autorität. Paulus unterstreicht die grundlegende Bedeutung seiner Verkündigung und die Integrität seines Dienstes. Aber gerade 5,18–21 zeigt, dass Bedeutung und Vollmacht dieses Dienstes in seinem Inhalt liegen, in dem, was er vermittelt, und nicht in der Person oder der amtlichen Beauftragung des Verkündigers. Ähnlich hatte Paulus auch in 1Kor 3,10f argumentiert: Paulus und kein anderer hat das Fundament der Gemeinde in Korinth gelegt; aber dass es das richtige Fundament ist, liegt nicht daran, dass *er* es getan hat, sondern daran, dass es das Fundament ist, das Gott schon gelegt hat: Christus. Paulus sieht sich als Gesandter Christi, als Vermittler der Friedensbotschaft; aber er sieht sich nicht als »Mittler«, dessen Aufgabe gleichwertig neben der Versöhnung steht, die im Tod Jesu Christi geschehen ist.

Der Verbindung zwischen der Warnung, *die Gnade nicht vergeblich zu empfangen,* und der Auseinandersetzung um den Dienst des Paulus liegt tiefer. Die Kritik an diesem Dienst und an der Art, wie Paulus ihn ausübt, ist für ihn ein Symptom dafür, dass die Korinther nicht richtig verstanden haben, was die Gnade bewirkt und bewirken will. Wo man sich nicht in die *Proexistenz Christi,* d.h. in sein Leben für andere, hineinnehmen lässt und wo sich das *für uns* nicht in ein gelebtes *für alle* verwandelt, da besteht die Gefahr, die Gnade *vergeblich empfangen zu haben,* also ohne die Wirkung, die sie eigentlich haben sollte und möchte. Der Dienst des Paulus ist durch seinen Inhalt und in der Art, wie er ihn lebt, Modellfall für ein Leben für andere, wie es das Evangelium verkündigt und bewirkt. Wo diese Art des Dienstes abgelehnt wird, ist man in Gefahr, die Gnade Gottes in einer Weise anzunehmen, die sie unfruchtbar und ohne Wirkung bleiben lässt. Wie ein Dienst aussieht, der im Zeichen einer solchen Existenz für andere steht, wird Paulus im nächsten Abschnitt eindrücklich zeigen. Auch dort geht es nicht um seine Person, sondern um einen vom Evangelium geprägten Dienst.

Paulus ist Missionar. Aus seinen Briefen an Gemeinden kennen wir ihn zwar nur als Gemeindeleiter und -berater, als Theologen und Organisator. Aber seine eigentliche Berufung ist es, die gute Botschaft von Gottes Handeln in Jesus Christus, dem gekreuzigten und auferstandenen Gottessohn, zu verkündigen (Gal 1,16). Wenn es um Recht und Vollmacht seines Auftrags geht, muss er auf diese Basis seiner Arbeit zurückkommen. Darum verknüpfen sich in unserem Abschnitt Ausführungen über das Wesen des apostolischen Dienstes eng mit solchen über Wesen und Inhalt der Verkündigung des Evangeliums. Hier kommt zur Sprache, was für Paulus der Kern des Evangeliums ist.

1. Es geht um das, was Gott *in Christus* getan hat. Paulus beschreibt das unter verschiedenen Aspekten. Bestimmend für seinen Dienst ist

die *Liebe Christi,* die sich in Jesu Sterben für alle erweist. Alle sind durch diesen Tod in diese Liebe hineingenommen (V. 14). Dadurch, dass Gott durch Jesu Tod die Gottesfeindschaft der Menschen und ihre Folgen auf sich nimmt, versöhnt er die mit ihm verfeindete Welt mit sich selbst. Nicht Gott musste versöhnt werden, *er* hat sich mit denen versöhnt, die die Gemeinschaft mit ihm zerstört haben (V. 18f). Die Schuld mit ihren die Gemeinschaft vergiftenden und zersetzenden Folgen muss nicht mehr angerechnet werden; Gott hat sie »entsorgt«, indem er den, *der von keiner Sünde wusste, für uns zur Sünde machte* (V. 21) und damit ihre unheilvolle Wirkung auf sich nahm. Gott selbst bringt das zerrüttete Verhältnis zwischen ihm und den Menschen zurecht; Paulus hat diesen Zusammenhang zwischen der Liebe Gottes, dem Sterben Jesu und der Rechtfertigung und Versöhnung der Menschen in Röm 5,6–10 noch einmal eindrücklich zusammengefasst.

2. Es geht um das, was Gottes Handeln bewirkt. Was Gott durch Christus tut, hat ein Ziel. Christus ist für alle gestorben, damit die, die (mit ihm) leben, nicht mehr für sich selbst leben, sondern für ihn, der für sie gestorben und auferweckt worden ist (V. 15). Was in Christus an Liebe und Zuwendung Gottes geschehen ist, soll auch das Leben derer bestimmen, die sich in die neue Gemeinschaft mit Gott hineinnehmen lassen. Ihr Leben ist neu gepolt. Ihr Urteil ist nicht mehr von egoistischen Maßstäben bestimmt, sondern von der Liebe (V. 16). Hineingenommen in die Gemeinschaft mit Christus leben sie schon jetzt als Teil der neuen Schöpfung, einer neuen Welt, wie Gott sie will und schafft (V. 17). Christus wurde zur Sünde gemacht, damit wir in ihm Gerechtigkeit Gottes werden (V. 21), unser Leben also nicht mehr mit der Sünde identifiziert wird, sondern mit Gott und seiner Gerechtigkeit, seiner Treue und seiner Sorge dafür, dass alle zurechtkommen.

Das aber geschieht nicht automatisch. Da es um Versöhnung und um Frieden geht, bittet Gott die, die seine Feinde waren, sich in diesen Frieden hineinnehmen und sich mit ihm versöhnen zu lassen (V. 20). Sie sollen wissen, dass Gott Ja zu ihnen gesagt hat, und werden zugleich dringend gebeten, Gottes Ja durch ihr Ja als Grundlage für ihr Leben anzunehmen. In der heutigen protestantischen Theologie ist man fast allergisch dagegen, das Heil der Menschen in irgendeiner Weise von deren Entscheidung abhängig zu machen. Und tatsächlich haben sie nichts zu entscheiden, Gott hat sich in Christus für sie entschieden. Und doch werden sie gefragt, ja herzlich gebeten, diese Entscheidung für sich gelten und ihr Leben in das, was Christus für sie getan hat, hineinnehmen zu lassen.

3. Es geht um die, die Gottes Handeln weitertragen. Was Gott in Kreuz und Auferstehung getan hat, muss von niemand ergänzt wer-

den. Sein Ja gilt. Aber es muss in das Leben der Menschen hineingetragen werden und für sie immer wieder neu gelebt werden. Darum gehört zur Tat der Versöhnung auch *die Botschaft, das Wort von der Versöhnung,* das Evangelium, das das Christusgeschehen weiterträgt. Zur Botschaft gehört *der Dienst der Versöhnung,* der Auftrag, diese Botschaft den Menschen nahezubringen (V. 18f). Dabei geht es um mehr als um Information über das, was Gott getan hat. Nahebringen meint, den Inhalt der Botschaft, Christus und sein Leben und Sterben für andere, in das Leben der Menschen hineinzutragen, mit ihnen Leben und Evangelium zu teilen, wie Paulus das in 1Thess 2,8 nennt. Darin sieht er seine Aufgabe als Apostel, und das ist der Maßstab, nach dem er seine Arbeit beurteilen lassen möchte (V. 11–13).
Paulus lässt keinen Zweifel daran, dass er sich in besonderer Weise mit dem *Dienst der Versöhnung* beauftragt sieht. Aber er beansprucht diesen Auftrag nicht exklusiv für sich. Auch andere haben daran Anteil. Aber auch für ihre Arbeit muss dann der gleiche Maßstab gelten. Paulus mahnt seine Gemeinden nirgends zu mehr missionarischer Aktivität. Das bedeutet aber nicht, dass er die Weitergabe des Evangeliums ausschließlich als Aufgabe von Aposteln und Evangelisten ansieht. Offensichtlich hatten diese Gemeinden missionarische Ausstrahlung genug, sodass solche Mahnungen nicht nötig zu sein schienen. Aber zwischen den Zeilen dieses Abschnittes lässt sich sehr klar die Sorge lesen, die Gemeinde in Korinth sei zu sehr mit der Frage beschäftigt, was sie für sich an neuen spirituellen Genüssen oder geistlichem Kick bekommen könnte, und zu wenig darauf ausgerichtet, das Evangelium und die Gnade Gottes die sie empfangen hat, für andere innerhalb und außerhalb der Gemeinde zu leben. Nicht nur der Apostel ist Missionar, auch die Gemeinde ist Mission.
Heute scheint die Botschaft von der Versöhnung nicht gefragt. Die Wenigsten sehen sich als Feinde Gottes. Sie interessieren sich nicht für ihn, hadern dennoch nicht selten mit ihm. Aber auch Menschen von heute sehnen sich nach einem Ja zu ihrem Leben, das ihm Wert und Würde verleiht. Ihnen zu zeigen, dass Gott dieses Ja in Christus gesprochen hat, und sie zu bitten, es für sich gelten zu lassen, bleibt auch unsere Aufgabe.

6,3–10
Die Botschaft prägt den Boten

**3Niemand geben wir in keiner Hinsicht einen Anlass zum Anstoß,
damit der Dienst nicht verspottet wird, 4sondern in allem empfehlen wir uns als Diener Gottes in großer Standhaftigkeit:
in bedrängenden Situationen, in Nöten, in Ängsten,**

5unter Schlägen, in Gefangenschaften, in Tumulten,
unter Mühen, in durchwachten Nächten, unter Entbehrungen,
6in Lauterkeit, in Erkenntnis, in Langmut, in Güte,
im Heiligen Geist, in ungeheuchelter Liebe,
7im Wort der Wahrheit, in der Kraft Gottes,
mit den Waffen der Gerechtigkeit zur Rechten und zur Linken,
8unter Ehre und Unehre, unter übler Nachrede und gutem Ruf,
als Verführer und doch wahrhaftig,
9als Unbekannte und doch wohl bekannt,
als Sterbende und doch: Siehe, wir leben,
als Gezüchtigte und doch nicht getötet,
10als Gekränkte, aber immer voll Freude,
als Arme, die aber viele reich machen,
als solche, die nichts haben und doch alles zu eigen haben.

Paulus beschreibt nun noch einmal sehr konkret, welche Auswirkung diese Haltung auf seinen Dienst als Apostel hat. Sehr nachdrücklich, mit doppelter Verneinung, betont er, dass er *niemand* und *in keiner Hinsicht einen Anlass zum Anstoß* geben möchte (**3**). Das gilt also sowohl gegenüber der Gemeinde als auch gegenüber den Menschen, denen er das Evangelium weitergeben möchte. Zwar weiß Paulus, dass die Botschaft selbst für viele zum »Ärgernis«, ja zum »Fallstrick« wird (1Kor 1,24), weil die Behauptung, ein Gekreuzigter sei der von Gott gesandte Retter der Welt, ihnen unannehmbar scheint. Aber, was sein eigenes Verhalten betrifft, will er alles versuchen, dass die Glaubwürdigkeit der Botschaft nicht beeinträchtigt wird. Das Ärgernis, das das Wort vom Kreuz verursacht, darf nicht verwechselt werden mit dem Anstoß, den der Bote erregt! Paulus sucht alles zu meiden, was dazu führen könnte, dass *der Dienst*, also sein *Auftrag* von Gott, das »Wort von der Versöhnung« weiterzusagen, *verspottet, getadelt* (EÜ) oder *verlästert wird* (LÜ, REB) bzw. *in Verruf kommt* (ZB).
Paulus möchte gerade das Gegenteil bewirken (**4a**): *In allem* – das ist die positive Entsprechung zu *in keiner Hinsicht* und umfasst alle Bereiche des apostolischen Wirkens – *empfehlen wir uns als Diener Gottes.* Noch einmal nimmt Paulus das Thema *sich selbst empfehlen* auf (vgl. 3,1). Diesmal aber ganz positiv (vgl. 5,12). Mögen seine Kritiker in Korinth Empfehlungsbriefe vorweisen, er selbst möchte sich dadurch empfehlen, wie sich die Botschaft in seinem Leben und seinem Dienst auswirkt. So empfiehlt und erweist er sich als *Diener* und *Beauftragter Gottes.* Dadurch wird er auch als »Diener des neuen Bundes« (3,6), der den Dienst des Geistes, der Gerechtigkeit und der Versöhnung (3,8f; 5,18f) ausübt, und als echter Apostel Jesu Christi erkennbar.

Paulus macht das an einer Liste unterschiedlicher Merkmale seines Wirkens fest (**4b–10**). Sie ist sehr sorgfältig gestaltet. Zunächst nennt Paulus 18 positive und negative Begleitumstände seines Dienstes (im Griechischen alle mit *in* eingeleitet), darauf folgen drei (im Griechischen mit *durch* eingeleitete) weitere Kennzeichen seines Handelns, und zuletzt nennt Paulus sieben Gegensatzpaare, mit denen er Anschein und Wirklichkeit seines Dienstes einander gegenüberstellt.

Das erste Merkmal, das Paulus nennt (**4b**), ist eine Art Überschrift: *in großer Geduld* oder – treffender übersetzt: *in großer Standhaftigkeit* oder *Ausdauer* (vgl. Röm 5,3). Denn Paulus geht es im Folgenden nicht nur um das geduldige Ertragen von Leiden und Schwierigkeiten, sondern auch um den standhaften und ausdauernden Einsatz, der sich nicht durch Widerstände entmutigen lässt. Was er dabei durchmachen und bestehen muss, schildert Paulus mit neun Begriffen, die im Griechischen alle im Plural stehen und dadurch signalisieren, dass dahinter eine Fülle von Einzelereignissen steht (im Deutschen kann man das manchmal nur durch Umschreibungen wiedergeben).

Die ersten drei Begriffe bezeichnen relativ allgemein notvolle Umstände, denen sich Paulus immer wieder ausgesetzt sieht: *Bedrängnisse* bzw. *bedrängende Situationen* sind Bedrohungen und Widerstände aller Art, mit denen der Apostel häufig konfrontiert ist (vgl. 1,4.8; 4,8), die aber auch jedem Christen nicht erspart bleiben (Röm 5,3). Das Stichwort *Nöte* weist auf ganz unterschiedliche *Notlagen,* in die der Apostel durch seinen Dienst geführt wird. Und auch mit *Ängsten* sind nicht nur seine subjektiven Angstzustände gemeint, sondern all die *Drangsale,* die Wirken und Empfinden des Apostels *einengen.*

Die nächste Dreiergruppe nennt sehr viel konkretere Beispiele für solche Schwierigkeiten (**5**). In 11,24f werden wir erfahren, was für *Schläge* Paulus zu erdulden hatte: Die Synagogenstrafe mit ihren 39 Stockschlägen hat er fünfmal auf sich genommen, dreimal wurde er zudem von den römischen Behörden ausgepeitscht (vgl. Apg 16,22f). Auch bei anderen Verhaftungen wird es vermutlich nicht ohne Schläge abgegangen sein. Auf mehrere *Gefängnisaufenthalte* weist der Plural *Gefangenschaften* hin. Die Apostelgeschichte berichtet zwar bis zu diesem Zeitpunkt nur von einem einzigen (16,23f), aber vielfach wird angenommen, dass es auch in Ephesus zu einer weiteren Inhaftierung gekommen ist (vgl. zu 1,8). Das dritte Stichwort: *Tumulte, Unruhen* (LÜ: *Verfolgungen*) lässt an Ereignisse denken, wie sie in Apg 14,19f aus Lystra und in 19,28f aus Ephesus (Aufstand der Silberschmiede) berichtet werden.

Die dritte Dreiergruppe spricht von widrigen Umständen, unter denen Paulus seine Arbeit tut. *Unter Mühen* bzw. *in mühevollen Arbeiten* fasst nach dem Sprachgebrauch des Paulus die Strapazen einer missionarischen Arbeit zusammen, bei der er mit seiner Hände Arbeit seinen Lebensunterhalt verdient und zugleich versucht, Menschen mit seiner Botschaft zu erreichen. In 1Thess 2,9 spricht Paulus im Rückblick auf den Beginn seiner Arbeit in Thessalonich davon, er habe »Tag und Nacht gearbeitet«. Das weist schon auf den nächsten Begriff: *durchwachte Nächte*, der aber wohl auch auf die »Sorgen um die Gemeinden« (11,28) anspielt. Darum wird auch der dritte Begriffe nicht *unter Fasten* (so LÜ, EÜ, ZB), sondern *unter Entbehrungen* bedeuten, also eher darauf verweisen, dass Paulus auf manche Mahlzeit verzichtete, um ohne Unterstützung durch die Gemeinden auszukommen.

Daneben stellt Paulus zweimal vier Begriffe, die die positiven Seiten seines Dienstes kennzeichnen (**6**). Zuerst nennt er vier Verhaltensweisen, die sein Wirken prägen, und zwar als erste *Lauterkeit* bzw. *lautere Gesinnung* oder *Reinheit*. Das war offensichtlich ein neuralgischer Punkt in den Auseinandersetzungen mit den Kritikern in Korinth. Einerseits hatte Paulus seine Konkurrenten in Verdacht, dass sie ihre wirklichen Absichten verschleierten (vgl. 4,2), andererseits gab es ähnlich lautende Vorwürfe gegen Paulus. Dagegen beansprucht Paulus für seinen Dienst Transparenz und eine reine, nicht von Eigeninteresse befleckte Gesinnung. Daneben stellt er *Erkenntnis*. Diese Begabung spielt im Gespräch mit den Korinthern eine große Rolle, überrascht aber in diesem Zusammenhang. Hier geht es wohl nicht um die Erkenntnis Gottes und seines Handelns (vgl. 2,14; 4,6; 1Kor 13,2), sondern darum, dass die Erkenntnis, die Gott schenkt, auch menschenfreundlich gelebt wird (vgl. 1Kor 8,1–3). Die Gabe, andere zu durchschauen, dient nicht dazu, sie bloßzustellen, sondern sie zu verstehen.

Darauf weisen die beiden nächsten Stichworte *Langmut* und *Güte*. Beides sind Eigenschaften, die im Alten Testament Gott zugeschrieben werden (Ex 34,6; Ps 103,8). Für Paulus gehören sie auch zur »Frucht des Geistes« (Gal 5,22), also zu dem menschenfreundlichen Verhalten, das der Geist Gottes in den Christen wirkt. *Langmut* meint dabei die Großherzigkeit und Geduld, die bereit ist, anderen zu verzeihen und eine neue Chance zu geben und »die Gemeinschaft auch dann bewahrt, wenn sie schwierig ist« (Schlatter, 572). *Güte* ist die den anderen zugewandte *Freundlichkeit*, die auch den Gegner gewinnen will; das Wort trägt für die Griechen aber auch den Akzent der *Tüchtigkeit, Umsicht* und *Sachverstand* in sich. Kompetenz und Menschlichkeit schließen sich nicht aus, sondern bedingen einander.

An diese vier Eigenschaften schließt Paulus vier weitere Aussagen an, die nicht von seinen Eigenschaften und Verhaltensweisen sprechen, sondern von dem, was seinen Dienst trägt und erfüllt. Vor allem das erste und das letzte Glied dieser Kette (*Heiliger Geist* und *Kraft Gottes*) weisen darauf hin, dass er all dies nicht seiner eigenen Charakterstärke verdankt, sondern Gottes Gegenwart in seinem Leben. Der Hinweis auf den *Heiligen Geistes* steht am Anfang, denn Langmut und Güte sind Frucht seines Wirkens (Gal 5,22). Der Auftrag, den Paulus erfüllt, ist der Dienst des Geistes (3,6.8), die Weitergabe des Evangeliums, das Gottes Geist in die Herzen derer trägt, die sich der Botschaft im Glauben öffnen. Die erste Frucht des Geistes jedoch ist nach Gal 5,22 die *Liebe*. Die *ungeheuchelte Liebe* wird daher von Paulus als nächstes genannt; sie entstammt nicht der Anstrengung eines mitleidigen Herzens, sondern ist Gottes Geschenk, ausgegossen in die Herzen der Glaubenden. Sie ist das Vorzeichen, das jeden Dienst und jede sonstige Begabung erst ihren Wert gibt (1Kor 13,1–3). Dass sie *ungeheuchelt* ist, also nicht nur äußerer Schein, nicht nur vorgespiegelt, sondern belastbar auch in schwierigen Situationen, das ist Paulus gerade angesichts der Spannungen mit der korinthischen Gemeinde wichtig (vgl. aber auch die Mahnung in Röm 12,9).
An dritter Stelle steht das *Wort der Wahrheit*, das den Dienst des Apostels charakterisiert (7). Damit ist wohl nicht nur die Verkündigung des Evangeliums gemeint, auch wenn Paulus in anderem Zusammenhang sehr nachdrücklich von der »Wahrheit des Evangeliums« sprechen kann (vgl. Gal 2,4; 5,7). Spätere Schriften bezeichnen das Evangelium selbst als *Wort der Wahrheit* (Kol 1,5; Eph 1,13; 2Tim 2,15). Hier aber geht es um die Wahrhaftigkeit des Redens des Apostels (Wolff, 141) und darum, dass die Verlässlichkeit des Redens Gottes im Evangelium auch die Vertrauenswürdigkeit seines Boten bestimmt (vgl. 1,17f). Und nicht zuletzt betont Paulus, dass alles nicht seine eigene Leistung darstellt, sondern *in der Kraft Gottes* geschieht. Wie die Kraft Gottes im Wirken des Apostels sichtbar wird, das war zwischen Paulus und den Korinthern höchst umstritten. Paulus beharrt darauf, dass sich Gottes Kraft gerade in dem nach menschlichen Maßstäben schwach erscheinenden Apostels offenbart (4,7; 12,9f). Denn das entspricht der Offenbarung der Kraft Gottes in der Schwachheit des Kreuzes (1Kor 1,25) und so wird das Wirken des Apostels zum »Erweis des *Geistes* und der *Kraft*« (1Kor 2,5).
Paulus setzt seine Aufzählung fort und fügt drei Aussagen an, die einige Begleitumstände seines Wirkens beschreiben. Die erste greift das Bild von der geistlichen Waffenrüstung auf, das er ge-

legentlich verwendet (vgl. Röm 13,12) und das später in Eph 6, 13–17 ausführlich ausgemalt wird. Es hat Wurzeln im Alten Testament (Jes 59,17; Weish 5,17–21), wo Gottes Gerechtigkeit mit dem Panzer einer Rüstung im Kampf gegen seine Feinde verglichen wird. Aber auch Philosophen aus der Schule der Kyniker kennen das Bild. Paulus spricht nur knapp von den *Waffen der Gerechtigkeit,* mit denen er kämpft (vgl. Röm 6,13). Die Waffen *zur Rechten* dienen zum Angriff, die *zur Linken* der Verteidigung. Die Mittel, mit denen Paulus die Auseinandersetzung mit seinen Gegnern führt und mit denen er sich verteidigt, entsprechen also der *Gerechtigkeit,* der er dient (3,9) und die sein Leben und das der Gemeinde trägt (5,21). Auf der menschlichen Ebene bedeutet das, Konfliktsituationen *fair* zu bewältigen. Auf der geistlichen Ebene kennzeichnet es die Gerechtigkeit als die Kraft, mit der Gott den wehrlosen Apostel schützend umgibt und für das geistliche Ringen ausrüstet.

Das freilich führt keineswegs immer zu eindeutigen Ergebnissen (**8**). Der Apostel tut seinen Dienst *unter Ehre und Unehre* und – wie er in umgekehrter Reihenfolge von positiver und negativer Aussage hinzufügt – *unter übler Nachrede und gutem Ruf.* Allseits beliebt zu sein gehört nicht zu den Merkmalen des apostolischen Dienstes. Es gibt Widerstand in den Gemeinden, vor allem aber bei den Menschen, die seiner Botschaft skeptisch gegenüberstehen. Und die Leute neigen dazu ihre Ablehnung durch ehrverletzende Unterstellungen und üble Nachrede zu begründen. Aber es gibt auch Zustimmung und Anerkennung, möglicherweise auch hier nicht nur in der Gemeinde, sondern bei Außenstehenden, die dem Apostel ihren Respekt nicht versagen. Für Paulus ist es wichtig, sich davon nicht abhängig zu machen – weder vom Beifall noch von Missfallenskundgebungen und Verleumdungen. Diese Haltung teilt er auch mit Philosophen seiner Zeit, von denen es vergleichbare Aussagen zur inneren Unabhängigkeit des wahren Weisen gibt.

Um diese Doppeldeutigkeit seiner Existenz zu charakterisieren, schließt Paulus seine Aufzählung mit einer Kette von sieben gegensätzlichen Aussagen über das äußere Erscheinungsbild und das wirkliche Wesen seines Wirkens. Wie er diese Widersprüche seines Lebens formuliert, gehört zu den rhetorisch eindrucksvollsten und menschlich bewegendsten Texten in seinen Briefen.

Paulus weiß, dass er vielen *als Verführer* gilt. So wollte man wohl der jungen Gemeinde in Thessalonich einreden, er sei einer jener betrügerischen Wanderphilosophen, die diejenigen, die sich ihnen anschließen, verführen, um sie dann auszunutzen (1Thess 2,3). Es ist auch nicht auszuschließen, dass ihm jüdische Kritiker vorwarfen, er verführe seine jüdischen Gefolgsleute, sich vom Gesetz abzuwenden (vgl. Apg 21,21). Aber gegen solche Unterstellungen setzt Paulus sein *und doch wahrhaftig*. Er ist der Wahrheit des Evangeliums verpflichtet, und darin gründet seine Überzeugung, vor Gott und den Menschen aufrichtig und wahrhaftig zu sein.

In diesem ersten Gegensatzpaar nennt die negative Aussage eine unberechtigte Anschuldigung, die noch einmal das Thema der üblen Nachrede aufnimmt. In der weiteren Aufzählung ändert sich der Charakter der Gegenüberstellung (**9**). Nun führt das erste Glied eine Beobachtung an, die durchaus zutrifft, aber eben nur eine Seite der apostolischen Existenz beschreibt, der dann das zweite Glied die positive Seite gegenüberstellt. Dass der Apostel und seine Mitarbeiter für viele *als Unbekannte* gelten mussten, war schwer zu bestreiten. Zugleich sind sie *doch wohl bekannt* bei vielen Menschen, für die ihre Verkündigung das Tor zu einem neuen Leben geöffnet hat, vor allem aber bei Gott (vgl. 1Kor 8,3). Denkbar ist auch, den Gegensatz etwas anders zu akzentuieren und zu übersetzen: *als Verkannte und doch anerkannt* (EÜ). Der Verachtung durch die öffentliche Meinung (und möglicherweise auch manche Kritiker in der Gemeinde) setzt Paulus die Gewissheit entgegen, von Gott, aber auch von vielen, die seine Botschaft im Glauben angenommen haben, gekannt und anerkannt zu sein.

Mit den nächsten beiden Gegensatzpaaren fasst Paulus seine Leidenserfahrung zusammen, wie er sie schon in 1,8f und 4,8–11 geschildert hat. Hier geht es nicht mehr nur um die gegensätzliche Beurteilung seines Wirkens durch unterschiedliche Personen, sondern auch darum, dass er selbst seine Situation sehr unterschiedlich erlebt. In den Gefahren und Misshandlungen, die er durchzustehen hat, fühlt er sich oft dem Tod nahe. Aber gerade im Bestehen der tödlichen Gefahren erfährt er immer wieder neu das Leben als Geschenk Gottes und kann bekennen: *als Sterbende und doch: Siehe, wir leben*. Hinter dieser Formulierung steht das Bekenntnis des Psalmisten in Ps 118,17f (ZB): »Ich werde nicht sterben, sondern leben und die Taten des HERRN verkünden.« Paulus scheint diese Zusage begleitet zu haben. Denn die Fortsetzung des Psalmworts: »Der HERR hat mich hart gezüchtigt, dem Tod aber nicht preisgegeben«, ist zweifellos auch die Vorlage für das nächste Gegensatzpaar: *als Gezüchtigte und doch nicht getötet*. Paulus übernimmt hier die alttestamentliche Überzeugung, dass Leiden Erziehungsmaßnahmen Gottes sein können (vgl. Spr 3, 11f; 1Kor 11,32). So sieht er in dem, was er zu ertragen hat, nicht nur die Bosheit menschlicher Feinde am Werk. So schmerzlich diese Erfahrungen sind, für Paulus sind sie auch Mittel in Gottes Hand, um ihn auf der rechten Spur zu halten. Er nimmt sie auf sich in

der Gewissheit, dass Gott auch dort, wo er ihn durch Leiden gehen lässt, nicht seinen Tod will. Er erfährt das immer wieder durch die Bewahrung in Todesgefahr. Vor allem aber ist ihm das im Blick auf das ewige Leben gewiss.
In den letzten drei Gegensatzpaaren kommt Paulus auf zwischenmenschliche Aspekte seiner Situation zu sprechen (**10**). Es gehört auch zur bitteren Realität seines Wirkens, dass er angegriffen und *gekränkt* wird. Die Übersetzung *als Traurige* (REB; LÜ) oder *Trauernde* (ZB) ist zu schwach und zu allgemein. Wie 2,5–11 zeigt, geht es um handfeste Kränkungen und schmerzliche Angriffe (vgl. EÜ: *uns wird Leid zugefügt*). So gehört es auch zur apostolischen Existenz, *als Gekränkte* zu leben; doch gilt genauso das Gegenbild: *aber immer voll Freude*. Weil die Quelle der Freude für Paulus nicht in der ungeteilten Anerkennung durch Menschen liegt, sondern »im Herrn«, d.h. in seiner Zugehörigkeit zu Christus (vgl. Phil 4,4), kann er sich auch in sehr bedrängter Situation freuen (vgl. 7,4; 1Thess 1,6 und zur »Freude im Leiden« auch Mt 5,11f; 1Petr 1,6f).
Nicht zuletzt ist sich Paulus auch bewusst, dass er und seine Mitarbeiter in der antiken Gesellschaft *als Arme*, ja *als Bettelarme* wahrgenommen werden. Das betrifft zunächst den irdischen Besitz. Paulus und seine Leute lebten von der Hand in den Mund. Der Apostel verdingte sich als Taglöhner in seinem erlernten Beruf, und das stellte ihn auf eine der untersten Stufen in der antiken sozialen Leiter. Auch ansonsten war er eher eine armselige Erscheinung und konnte den materiellen Mangel nicht durch ein brillantes und gewinnendes Auftreten wettmachen, was man ihm gerade in Korinth vorgeworfen hat (10,10). Und doch weiß Paulus, dass er mit seiner Botschaft zu den Menschen gehört, die *viele reich machen*. Denn im Evangelium eröffnet er ihnen den Reichtum der Liebe Gottes, und durch die Gegenwart Christi und seines Geistes werden sie »in allem reich« (1Kor 1,4). In 8,9 wird Paulus von Christus sagen: *Um euretwillen wurde er arm, obwohl er reich war, damit ihr durch seine Armut reich würdet*. In gewissem Maß gilt das auch für sein eigenes Leben und Wirken.
Das letzte Gegensatzpaar fasst die ganze Aufzählung zusammen. Der Apostel empfiehlt sich so, wie sich seiner Meinung nach echte Apostel empfehlen: *als solche, die nichts haben und doch alles zu eigen haben*. Paulus kann keinen Besitz, kein Eigentum an materiellen Gütern aufweisen. Er hat *nichts* in der Hand, was ihn sichert oder den Wert seiner Person und seines Wirkens ausweist. Gerade das jedoch macht ihn frei: Von Gott her steht ihm *alles* zur Verfügung. Was nach 1Kor 3,21–23 für alle Gläubigen gilt, dass nämlich denen, die in Christus ganz zu Gott gehören, auch

alles gehört, was Gottes ist (vgl. Röm 8,32), das lebt der Apostel beispielhaft in seinem Wirken als Gesandter Gottes. Damit weist er sich aus – freilich in einer völlig anderen Weise, als die Leute, die die Gemeinde mit ihren Empfehlungsbriefen beeindruckt haben.

Wie sieht der Dienst eines wahren Apostels aus? Die Antwort, die Paulus auf diese Frage in 6,3–10 gibt, kann sehr einfach zusammengefasst werden: Es ist ein Leben in der Nachfolge Christi. Paulus benutzt das Wort Nachfolge nicht, aber was er hier schreibt, ist eine eindrucksvolle Illustration dessen, wozu Worte Jesu wie Mk 8,34 auffordern: »Wenn jemand mir nachfolgen will, verleugne er sich selbst und nehme sein Kreuz auf sich und folge mir«. Dabei geht es nicht darum, sich durch Askese selbst zu vervollkommnen oder die heroische eigene Frömmigkeit zur Schau zu stellen. Was Paulus hier nennt, sind die Konsequenzen eines Lebens für andere in den Spuren Jesu. Was das grundsätzlich bedeutet, hat er in 4,7–15 erklärt. Hier beschreibt er die Folgen für die Praxis.
Damit schließt Paulus sehr eindrucksvoll die inhaltliche Auseinandersetzung um das Wesen und das Gewicht seiner Beauftragung, also seines »Amtes« als Apostel, ab. Was er in 2,14 - 4,6 über Eigenart und Inhalt dieses Dienstes und in 4,7 - 5,10 über die Art seiner Ausübung gesagt hat, hat er in 5,11 - 6,10 noch einmal ganz grundsätzlich vom Wesen des Evangeliums her mit Blick auf seine Praxis begründet. Das Gütesiegel der »Apostolizität« ist für ihn an die Treue zum Evangelium und damit an die Verkündigung des gekreuzigten und auferstandenen Christus im Wort und im Wirken gebunden.

6,11 - 7,3
Ein Platz in den Herzen der Korinther

**[11]Unser Mund hat sich euch gegenüber geöffnet, (ihr) Korinther,
unser Herz ist weit geworden; [12]eingeengt seid ihr nicht bei uns, eingeengt seid ihr in eurem (eigenen) Inneren. [13]Als Gegenleistung –
ich spreche wie zu (meinen) Kindern – werdet doch auch ihr weit!
[14]Lasst euch nicht mit Ungläubigen unter ein ungleiches Joch spannen. Denn was ist die Gemeinsamkeit zwischen Gerechtigkeit und Gesetzlosigkeit? Oder worin besteht die Gemeinschaft zwischen
Licht und Finsternis? [15]Oder worin liegt die Übereinstimmung zwi-
schen Christus und Beliar? Oder was ist der (gemeinsame) Anteil des
Gläubigen am Ungläubigen? [16]Oder worin besteht die Übereinkunft
zwischen dem Tempel Gottes und Götzen? Denn wir sind der Tempel des lebendigen Gottes, wie Gott gesagt hat: »*Ich werde bei ihnen***

***wohnen und unter ihnen wandeln, und ich werde ihr Gott und sie werden mein Volk sein.* [17]Deshalb *geht heraus aus ihrer Mitte und trennt euch (von ihnen), spricht der Herr. Und rührt nichts Unreines an. Und dann werde ich euch aufnehmen* [18]*und werde Vater für euch sein und ihr werdet für mich Söhne und Töchter sein, spricht der Herr, der Allmächtige«* (Lev 26,11f; Ez 37,27; Jes 52,11; 2Sam 7,8.14).**

7 [1]Weil wir also diese Verheißung haben, Geliebte, wollen wir uns von jeder Befleckung des Fleisches und Geistes reinigen und Heiligung verwirklichen in der Furcht Gottes.

[2]Gebt uns Raum! Wir haben niemandem Unrecht getan, niemanden geschädigt, niemanden übervorteilt. [3]Ich sage (das) nicht, um (jemand) zu verurteilen. Denn ich habe es ja gerade gesagt, dass ihr einen Platz in unserem Herzen habt, um mit (euch) zu sterben und mit (euch) zu leben.

Paulus hat im Wesentlichen gesagt, was er zu Inhalt und Ausübung seines Dienstes als Apostel zu sagen hat. Jetzt spricht er die Christen in Korinth noch einmal ganz persönlich an und wirbt um ihr Verständnis (**11**). Die formlose Anrede *(ihr) Korinther* ist für Paulus ungewöhnlich und soll persönliche Nähe und Herzlichkeit vermitteln. Paulus hat ehrlich und offen über das gesprochen, was ihn im Innersten bewegt: *Unser Mund hat sich euch gegenüber geöffnet.*

Aber er hat nicht nur gesagt, was ihm auf der Seele brennt. Er hat die Gemeinde auch seine ganze Zuwendung und Liebe spüren lassen. Deshalb ergänzt er: *unser Herz ist* (euch gegenüber) *weit geworden.* Sollten sich die Korinther gerade durch dieses Bemühen um sie *eingeengt* fühlen, so liegt es nicht daran, dass der Apostel sie in die Enge treiben will (**12**). Vielleicht beklagten sich die Korinther, sie fühlten sich durch ihn bevormundet und durch seine Kritik an anderen christlichen Lehrern eingeengt. Das weist Paulus zurück: »Nicht *wir* behindern euch …, sondern *ihr* behindert euch selbst, nämlich dadurch, dass ihr unsere Liebe nicht erwidert, sondern den falschen Aposteln Aufmerksamkeit schenkt und euch von ihnen unterdrücken laßt« (Wolff, 146). Das *engt* sie in *ihrem Inneren ein.*

Paulus hofft darauf, dass sich die Christen in Korinth in gleicher Weise wie er – gewissermaßen als *Gegenleistung* – auch für ihn und seine Anliegen öffnen und *weit werden* (**13**). Dass er meint, dieses Entgegenkommen erwarten zu dürfen, begründet er mit der Zwischenbemerkung, er spreche zu den Christen in Korinth *wie zu Kindern.* Dabei spielt er nicht auf deren kindliches Fassungsvermögen an, sondern auf das Vater-Kind-Verhältnis, das er schon in 1Kor 4,12 beschworen hat. Dass möglicherweise gerade solche Hinweise auf die Korinther beengend wirken, ist ihm wohl nicht bewusst.

Bevor er aber diese Thematik in 7,2 weiterführt, fügt Paulus eine knappe, aber eindringliche Passage ein, die vor einem zu engen Kontakt mit Nichtchristen (*Ungläubigen*) warnt (**6,14 – 7,1**). Auf den ersten Blick scheint dieser Einschub ziemlich unmotiviert. Er unterbricht auch sehr abrupt den engen Zusammenhang zwischen 6,11–13 und 7,2f. Wie ist das zu erklären?

Der Abschnitt 6,14 – 7,1 bereitet der Auslegung ein dreifaches Problem: Da ist einmal die Beobachtung, dass er den Zusammenhang, in dem er steht, unterbricht und schwer zu erklären ist, warum zwischen herzlichen und einladenden Ausführungen in 6,11–13 und 7,2f eine solch scharfe Ermahnung eingefügt wird. Hinzu kommt die Beobachtung, dass in dem Abschnitt viele Begriffe und Wendungen stehen, die Paulus sonst entweder nicht oder in anderer Bedeutung gebraucht. Und drittens scheint die strikte Warnung, mit »Ungläubigen« Gemeinschaft zu haben, dem zu widersprechen, was Paulus in 1Kor 5,9–13 über den Umgang mit Nichtchristen gesagt hat.

Zur Erklärung dieses Befundes werden vier verschiedenen Lösungsmöglichkeiten vorgeschlagen (vgl. Schmeller, 369): 1. Der Text stammt von Paulus, stand aber ursprünglich in anderem Zusammenhang und wurde von einem Redaktor hier eingefügt. 2. Der Text stammt nicht von Paulus und wurde von einem Redaktor hier eingefügt. 3. Der Text stammt nicht von Paulus, wurde aber an dieser Stelle von ihm selbst eingefügt. 4. Paulus hat den Text für die Stelle, an der er jetzt steht, selbst geschrieben.

Jeder dieser Vorschläge wird bis heute von renommierten Auslegern vertreten. Für Lösung 1 wird angeführt, der Abschnitt könnte aus dem verloren gegangenen allerersten Brief des Paulus stammen, den Paulus in 1Kor 5,9–13 zitiert und entstandene Missverständnisse zu korrigieren sucht. Aber auch die Möglichkeit, dass der Text ursprünglich nach 6,1f oder zwischen Kap. 9 und 10 stand, wird erwogen. Lösung 2 galt lange als Standardmodell der historisch-kritischen Exegese. Gegen beide Modelle wird eingewandt, dass es schwer zu erklären ist, warum ein Redaktor diesen Abschnitt gerade hier eingefügt hat, wo er den Zusammenhang so unmotiviert unterbricht. Deshalb nehmen andere an, der Abschnitt habe ursprünglich in einer längeren Randbemerkung oder auf einem Einlegeblatt gestanden und sei dann beim Abschreiben aus Versehen an diese Stelle geraten. Ein solcher Vorgang müsste jedoch in der handschriftlichen Überlieferung seine Spuren hinterlassen haben, was aber nicht der Fall ist. Nach Lösung 3 hat Paulus hier einen überlieferten Text eingefügt, um sein Drängen auf Versöhnung mit einer Warnung vor verderblichem Einfluss von außen zu unterstreichen. Warum er dabei aber auf einen fremden Text zurückgreift, bleibt unklar. Darum gewinnt zurzeit wieder Lösung 4 an Boden. Da der Text sehr sorgfältig stilisiert ist und manche Elemente aufweist, die über das aktuelle Anliegen des Paulus hinausschießen, nehmen manche an, Paulus verwende hier einen Textbaustein, den er schon vorher formuliert hat. Wir werden versuchen, den Text aufgrund der Annahme zu erklären, dass ihn Paulus selbst an dieser Stelle diktiert hat. Möglicherweise greift er dabei auf schon vorgegebene Formulierungen zurück.

Paulus hält einen Moment inne und bedenkt die Frage, warum es den Christen in Korinth so schwerfällt, dem in ihren Herzen Raum zu geben, was ihm selbst an seinem Dienst und seiner Botschaft wichtig ist. Offensichtlich geben sie immer noch den alten Ansichten und Maßstäben in sich Raum, dem »Fleischlichen« und »Allzumenschlichen«, wie Paulus es an anderer Stelle nennt (vgl. 1Kor 3,3f). Deshalb folgt die plötzliche Mahnung: *Lasst euch nicht mit Ungläubigen unter ein ungleiches Joch spannen* (**14**). Das Bild, das Paulus hier gebraucht, greift auf eine Bestimmung aus Dtn 22,10 zurück, die verbietet, ein ungleiches Gespann aus Rind und Esel zum Pflügen zu verwenden. Es geht also weniger um ein *fremdes* Joch, sondern darum, sich nicht mit Menschen, die ganz andersartige Ziele haben, unter das *gleiche* Joch spannen zu lassen. Das kann nur zu einer problematischen Fremdbestimmung führen.

Mit *Ungläubigen* meint Paulus in der Regel *Nichtchristen* (vgl. 1Kor 6,6; 7,12–15; 14,22–25). Wie bei 2Kor 4,4 fragen auch an unserer Stelle manche Ausleger, ob Paulus damit nicht seine Gegner und Kritiker im Auge hat. (Diejenigen, die von einer Vorlage ausgehen, schlagen oft vor, dass in der Vorlage Nichtchristen gemeint sind, Paulus hier aber auf seine Gegner abzielt.) Aber obwohl Paulus mit seinen Gegner nicht immer schonend umgeht (vgl. 11,14f), ist es doch unwahrscheinlich, dass er sie als *Ungläubige* bezeichnet. Das hätten wohl auch die Korinther nicht verstanden. Es geht also um die Warnung, sich von Menschen, die nicht den Glauben an Christus teilen, für ihre Ziele einspannen zu lassen.

Paulus begründet das sehr ausführlich mit einer sorgfältig stilisierten Kette von Aussagen, die mit unterschiedlichen Worten die Unverträglichkeit zwischen Gut und Böse herausarbeiten:

Denn was ist	die Gemeinsamkeit zwischen Gerechtigkeit und Gesetzlosigkeit?
Oder worin besteht	die Gemeinschaft zwischen Licht und Finsternis?
15 Oder worin liegt	die Übereinstimmung zwischen Christus und Beliar?
Oder was ist	der (gemeinsame) Anteil des Gläubigen am Ungläubigen?
16 Oder worin besteht	die Übereinkunft zwischen dem Tempel Gottes und Götzen?

Fünf Gegensatzpaare bietet Paulus auf, um die unüberbrückbare Differenz zwischen Glaube und Unglaube zu veranschaulichen, und mit fünf verschiedenen Begriffen formuliert er die Frage, ob es zwischen diesen Gegensätzen irgendeine Art von gemeinsamer Sache geben könne. Die Antwort auf die Fragen wird offen gelassen, aber es ist klar, dass es auf alle fünf nur die klare Antwort geben kann: Es ist keine Gemeinsamkeit möglich!
Die ersten beiden Gegensätze, die Paulus nennt, sind *Gerechtigkeit* und *Gesetzlosigkeit. Gerechtigkeit* steht für ein Leben und Handeln, das in Einklang mit Gottes Willen und Wirken steht. *Gerechtigkeit* ist Inbegriff des Heils, das Gott durch Christus wirkt (1Kor 1,30), und nach 5,21 Wesensmerkmal der von Gott geschenkten neuen Existenz in Christus. *Gesetzlosigkeit* kennzeichnet eine Haltung, die Gottes Weisung missachtet und sich so nicht nur gegenüber Gott, sondern auch an der Gemeinschaft der Menschen und alles Lebendigen schuldig macht. Die Wahl dieses Wortes zeigt auch, dass Paulus bei den *Ungläubigen* an nichtjüdische Menschen denkt. Konnte es zwischen diesen beiden Lebensperspektiven wirklich eine *Gemeinsamkeit* oder eine wie immer geartete *Verbindung* geben? Paulus lässt die Frage offen und erwartet doch ein klares Nein auf sie (vgl. Röm 6,19).
Das nächste Begriffspaar beschreibt den Gegensatz noch viel grundsätzlicher: *Licht* steht für die Seite Gottes und für das Heil, das er schenkt (vgl. 4,6); *Finsternis* umfasst all das, was sich von Gott abgewandt hat, sich gegen ihn stellt und Unheil stiftet (Röm 2, 19). Paulus verwendet die Gegenüberstellung auch sonst, wenn er dazu mahnt, sich von Gott auf dem Weg zum Leben leiten zu lassen (vgl. 1Thess 5,4–7; Röm 13,12). Sie prägt insbesondere die johanneische Theologie (Joh 1,5; 3,19), kennzeichnet aber auch in einigen Schriften aus Qumran den unüberbrückbaren Gegensatz zwischen denen, die sich von Gott leiten lassen, und denen, die sich ihm verweigern (1QS 3,13–26; 1QM 13,5–16). Die Frage, *welche Gemeinschaft* oder – um das griechische Wort *koinonia* genauer zu übersetzen – *welche Teilhaberschaft* es zwischen diesen einander diametral entgegengesetzten Bereichen geben könnte, beantwortet sich im Grunde von selbst. Es gibt nichts Gemeinsames, nichts, was sie verbindet.
Der folgende Gegensatzpaar stellt zwei Repräsentanten von Heil und Unheil einander gegenüber: *Christus* und *Beliar* (**15**). *Christus* ist die lateinische Form des griechischen Wortes für *Gesalbter, Messias,* und bezeichnet den Träger des göttlichen Heils schlechthin. Der Titel, der für die ersten Christen fast so etwas wie ein zweiter Name Jesu geworden ist, steht für all das, was Gott in der Person und im Geschick Jesu zum Heil der Menschen getan hat. *In*

Christus zu sein bedeutet, sich in den Geltungs- und Wirkungsbereich dieses Heils hineinnehmen zu lassen. *Beliar* ist dagegen ein im zeitgenössischen Judentum geläufiger Name für den Gegenspieler Gottes, den Repräsentanten und Verursacher des Unheils, dem so viele Menschen anheimfallen.

Beliar, hebräisch *Belial,* steht im Alten Testament für eine Macht des *Verderbens* (Ps 18,5) oder des Frevels, so in Nah 2,1: *der Arge* (LÜ), *Ruchlose* (ZB), *Unheilsstifter* (EÜ). In den Texten von Qumran wird *Belial* zum obersten Engel der Finsternis, gleichbedeutend mit *Satan* oder dem *Teufel,* der die Menschen versucht und verführt (1QM 13,4f; vgl. 1QS 3,20–23). In den griechisch überlieferten Testamenten der Zwölf Patriarchen wird *Beliar* zum Gegenspieler Gottes und ist wie in Qumran Repräsentant der Finsternis, der gegen die Herrschaft des Lichts kämpft. Hier werden die Adressaten vor die Entscheidung gestellt: »Wählt euch das Licht oder die Finsternis, das Gesetz des Herrn oder die Werke Beliars« (TestLev 19,1). Dennoch ist für das frühe Judentum *Belial/Beliar* keine Macht, die Gott gleichrangig entgegensteht. In 1QM 13,11 heißt es sogar: »Du hast Belial gemacht zum Verderben, zum Engel der Feindschaft«. Auch die Macht des Bösen kann nicht einfach unabhängig von Gott entstanden sein, so schwierig es ist, das theologisch zu erklären. Am Ende wird dann auch Beliar »von ihm [Gott] gebunden werden« (TestLev 18,12); jetzt aber stehen beide Mächte einander in unüberbrückbarem Gegensatz gegenüber.

Auf diesem Hintergrund stellt Paulus die Frage: Kann es denn irgendeine *Übereinstimmung* geben *zwischen Christus,* durch den Gott Heil für die Menschen schafft, und *Beliar,* der die Menschen ins Unheil führt? Können die Ziele, für die diese beiden als Repräsentanten stehen, in irgendeiner Weise in *Einklang* (EÜ; ZB) miteinander gebracht werden? Auch diese Fragen beantworten sich für Paulus eigentlich von selbst. Voraussetzung dafür ist freilich, dass alle heidnischen Nichtchristen unter der Herrschaft des Widersachers Gottes stehen und es dazwischen keinen neutralen Raum gibt.

Das vorletzte Gegensatzpaar fasst gerade die Menschen ins Auge, auf die diese Gegenüberstellung zielt: *Was hat der Gläubige mit dem Ungläubigen zu schaffen?* (ZB) oder: *Was ist der gemeinsame Anteil des Gläubigen am Ungläubigen?* lautet jetzt die Frage, und die Überzeugung, die sie suggerieren will, ist offensichtlich: Wer sein Leben im Glauben Gott und dem, was er in Christus getan hat, anvertraut, hat nichts gemeinsam mit jemand, der diesen Glauben nicht teilt. Da gibt es keine gemeinsame Basis und keine gemeinsamen Interessen mehr, man hat nichts miteinander zu tun. Paulus urteilt nicht immer so radikal und pauschal in dieser Frage. In 1Kor 7,12–16 hält er es durchaus für möglich und sinnvoll, dass ein gläubiger Christ die eheliche Gemeinschaft mit einem ungläubigen Partner aufrechterhält. Er geht sogar davon aus, dass der ungläubige Partner durch den gläubigen geheiligt wird. Hier hat er aber nicht solche besonderen menschlichen Beziehungen im Auge, sondern spricht sehr allgemein über die notwendige Unterscheidung und Scheidung zwischen so unterschiedlichen Lebensentwürfen.

Zuletzt werden von Paulus der *Tempel Gottes* und die *Götzen* einander gegenübergestellt (**16**). Der Ort, an dem Gott gegenwärtig ist, ohne sich in einem Kultbild dingfest machen zu lassen, wird konfrontiert mit den Bildern, durch die Menschen die Gegenwart Gottes in der Gestalt von Menschen oder Tieren festhalten und handhabbar machen wollen. Gibt es irgendeine *Übereinkunft,* einen auszuhandelnden *Vertrag* oder wenigstens eine religiöse Kompromissformel, die ein Miteinander dieser beiden so unterschiedlichen Weisen, mit Gott in Verbindung zu treten, ermöglicht? Für Paulus ist das undenkbar. Doch auch hier gibt er diese Antwort nicht selbst. Aber er fügt eine begründende Erklärung an: *Denn wir sind* (doch) *der Tempel des lebendigen Gottes.* Der Ort der Gegenwart Gottes, von der er spricht, sind *wir,* und damit ist zweifellos die christliche Gemeinde gemeint. Schon in 1Kor 3,16 hatte er die Christen in Korinth mahnend daran erinnert: »Wisst ihr nicht, dass ihr Gottes Tempel seid und der Geist Gottes in euch wohnt?« Durch seinen Geist ist Gott in der Gemeinde anwesend, und darum ist auch gewiss, dass der *lebendige Gott* in ihr gegenwärtig ist und nicht nur tote Götterbilder.

Paulus argumentiert also auf zwei Ebenen: Einerseits steht ihm das Vorbild des Jerusalemer Tempels vor Augen, in dem unter keinen Umständen die Bilder fremder Götter aufgestellt werden durften. Andererseits sieht er die Gemeinde als den endzeitlichen Tempel, die Stätte, an der Gott jetzt unter den Menschen wohnt und an der kein Raum ist für *Götzen* irgendwelcher Art, die Macht über die Herzen gewinnen könnten.

Das wird durch ein längeres Schriftzitat untermauert, das ausdrücklich als Zusage Gottes (*wie Gott gesagt hat*) eingeleitet wird. Es ist aus mehreren Schriftstellen zusammengesetzt, die teilweise wörtlich, meist aber in einer freien, dem Zusammenhang angepassten Form zitiert werden. Ähnliche Mischzitate finden sich bei Paulus in 1Kor 15,54 und Röm 3,10–18. Der erste Teil ist eine Kombination aus Lev 26,11f und Ez 37,27. Er greift die für Israel zentrale Verheißung auf, dass Gott bei seinem Volk *wohnen und unter ihnen wandeln* wird, das heißt, in lebendiger und spürbarer Weise ihr Leben teilen wird. Dazu tritt die Bundeszusage: *und ich werde ihr Gott und sie werden mein Volk sein,* die sich so fast wörtlich auch in Jer 31,33 findet, dort verbunden mit der Verheißung eines neuen Bundes, den Gott schließen wird. Für Paulus gibt es keinen Zweifel daran, dass sich diese Verheißung durch Gottes Handeln in Jesus Christus erfüllt hat und die christliche Gemeinde das Gottesvolk des neuen Bundes darstellt. Sie lebt deshalb auch in dieser engen Gemeinschaft mit Gott.

Deshalb gelten für die Gemeinde dann aber auch dieselben Konsequenzen wie für das alttestamentliche Gottesvolk (**17**). Sie werden im zweiten Teil des Zitats genannt, das auf Jes 52,11 (mit Anklängen an Ez 20,34.41) zurückgeht. Bei Deuterojesaja, dem Propheten der Exilszeit, der im zweiten Teil des Jesajabuchs spricht, war dies ein prophetischer Aufruf, sich auf den Auszug aus dem babylonischen Exil vorzubereiten und alles, was daran binden könnte, hinter sich zu lassen. Im Zusammenhang des 2. Korintherbriefs bezieht sich das *Geht heraus aus ihrer Mitte und trennt euch (von ihnen)* auf das nichtchristliche Umfeld und sein vielfältiges Beziehungsgeflecht, das in der Antike auch immer religiöse Aspekte hatte. Die damit verbundene Mahnung: *und rührt nichts Unreines an* zielt also nicht mehr auf irgendwelche Gegenstände, die nach dem jüdischen Gesetz als unrein galten, sondern auf Verhaltensweisen, die nicht der Zugehörigkeit zu Gott entsprachen. Paulus musste schon in 1Kor 5,9–13 klarstellen, dass solche Mahnungen nicht bedeuten konnten, jeglichen Kontakt mit den Menschen der Umgebung zu meiden. Das war nicht möglich. Es ging darum, eine klare innere Distanz zu gewinnen.

Gegen die Sorge, ein solcher Auszug aus der Gesellschaft würde zur Heimatlosigkeit führen, fügt Paulus aus Ez 20,34 die Zusage Gottes an: *Und dann werde ich euch aufnehmen.* An die Stelle der Absicherung durch die Beziehungen in Familie, sozialem Milieu und gesellschaftlichem Ansehen tritt die Geborgenheit in Gott und die Gewissheit, von ihm aufgenommen und angenommen zu sein. Das unterstreicht der dritte Teil des Zitats (**18**). In ihm wird Gottes Zusage aus 2Sam 7,14, die ursprünglich nur dem »Sohn Davids«, also dem jeweiligen König aus der davidischen Dynastie galt, »demokratisiert« und allen Glaubenden zugesprochen. Gott verspricht: *und (ich) werde Vater für euch sein und ihr werdet für mich Söhne und Töchter sein.* Hatte V. 16 die intensive gegenseitige Beziehung zwischen Gott und seinem Volk beschrieben, so wird jetzt für alle, die Gottes Ruf hören, ihr Verhältnis zu Gott als ganz intime Beziehung zwischen Vater und Kind gezeichnet. Dass das wirklich jedem und jeder Einzelnen gilt, wird durch die ausdrückliche Erwähnung der *Töchter* hervorgehoben (vgl. Jes 43,6).

Diese sehr persönliche Zusage wird durch die Zitationsformel *spricht der Herr, der Allmächtige* unterstrichen. Die Bezeichnung für Gott, die in der griechischen Übersetzung des Alten Testaments das *HERR Zebaoth* wiedergibt, kommt bei Paulus nur hier vor. Es ist niemand anderes als der »Allherr«, der Gott, der alles in Händen hält, den die Glaubenden als ihren Vater kennen und ihn so nennen dürfen. Dass all diese Zusagen im Futur stehen, heißt nicht, dass sie erst eintreffen werden, wenn die Bedingungen erfüllt sind, die in den zugehörigen Mahnungen genannt sind. Das Futur steht in der Perspektive der alttestamentlichen Verheißung. Diese Verheißungen sind dort erfüllt, wo sich Menschen in das neue Gottesvolk und in die Arme des Vaters rufen lassen. Aber sie sind nicht einfach Vergangenheit wie Geschenke, die man bekommen hat und nun besitzt. Sie beschreiben ein Verhältnis zu Gott, das Tag für Tag neu gelebt werden will.

Davon spricht die abschließende Mahnung (**7,1**). Paulus redet die Gemeinde sehr persönlich und werbend als *Geliebte* (LÜ: *meine Lieben*) an (vgl. 12,19; 1Kor 10,14). Auf dem Hintergrund von Dtn 7,8; Hos 11,1 signalisiert diese Anrede den Adressaten: Als Menschen, die zu Christus gehören, sind wir von Gott geliebt und angenommen und untereinander in Liebe verbunden (Wolff, 152). Was Paulus sagen will, begründet er mit den Aussagen des Zitats: *Weil wir also diese Verheißungen haben*. Dabei sind diese Verheißungen für ihn nicht nur Inhalt der Hoffnung für die Zukunft. Sie sind in Christus erfüllt (vgl. 1,20). Aber ihr Inhalt hat Konsequenzen für das Verhalten derer, denen sie gelten. Paulus fordert die Gemeinde auf, diese Folgerungen gemeinsam mit ihm zu ziehen: *Wir* – und dieses *Wir* schließt ihn mit seinen Adressaten zusammen – *wollen uns von jeder Befleckung des Fleisches und Geistes reinigen*. Fleisch und Geist bezeichnen bei Paulus oft zwei Weisen menschlicher Existenz, die einander feindlich entgegenstehen (vgl. Röm 8,12f; Gal 5,16–26). Hier dagegen geht es um zwei Dimensionen menschlichen Lebens, die zusammen das Ganze des Menschen beschreiben (so wie in 1Kor 7,34 *Leib* und *Geist*). Es geht darum, alle Aspekte menschlichen Handelns, also sowohl die äußerlichen und natürlichen Verhaltensweisen als auch alle inneren Regungen, in die Beziehung mit Gott einzubeziehen. Das bedeutet, sie *von jeder Befleckung zu reinigen* und alles, was der Beziehung mit Gott und seiner Gegenwart im Leben der Gemeinde und der Christen entgegensteht, zu meiden oder abzulegen.

Paulus kann das auch positiv ausdrücken. Es geht nicht nur darum, bestimmte Beziehungen und Verhaltensweisen zu meiden. Es geht vor allem darum, das zu tun, was Gott und seinem Wesen entspricht. Paulus nennt das *Heiligung verwirklichen*. Einerseits gilt für Christen, dass sie in Christus geheiligt *sind*, weil Christus für sie nicht nur zur Gerechtigkeit, sondern auch zur Heiligung

geworden ist (1Kor 1,2.30; 6,11). Andererseits stellt sie das in eine Beziehung zu Gott, die immer wieder neu zu verwirklichen ist (1Thess 3,13; 4,3f; Röm 6,19–22). Die LÜ übersetzt nicht *verwirklichen,* sondern *vollenden* (vgl. EU, ZB, die von *vollkommener Heiligkeit* bzw. *Heiligung* sprechen). Sprachlich ist das möglich, sachlich liegt es nicht nahe; denn Paulus geht es hier nicht um Vervollkommnung, sondern um die grundsätzliche und praktische Verwirklichung dessen, was Gott durch die alttestamentlichen Verheißungen und ihre Erfüllung in Christus begründet hat.
Paulus drängt die Christen in Korinth: Lasst uns das leben, was wir in Christus schon sind, nämlich als Tempel Gottes, als Kinder Gottes, als Leute, die vom Licht Gottes erhellt und von seiner Gerechtigkeit beschenkt sind. Alles andere, was uns daran hindert, so zu leben, wollen wir loslassen und meiden. Das aber geschieht *in der Furcht Gottes,* was so wenig wie in 5,11 die Angst vor einer Strafe Gottes meint, sondern die Verantwortung vor Gott, den Respekt und die Ehrfurcht vor seiner Gegenwart, also *Gottesfurcht* in seiner positivsten Bedeutung.
Nachdem das gesagt ist, kommt Paulus noch einmal auf das eigentliche Thema dieses Abschnitts zurück, sein persönliches Verhältnis zu den Korinthern (**2**). Noch einmal bittet er: *Gebt uns Raum!* Er nimmt damit die Bitte von 6,13 wieder auf und appelliert an die korinthischen Christen: Gebt doch auch mir und meinen Anliegen Gehör und einen Platz in euren Herzen und nicht nur den Stimmen meiner Kritiker und schon gar nicht den Meinungen von Nichtchristen. Es gibt keinen Grund, dies dem Apostel zu verweigern. Denn – so verteidigt er sich: *Wir haben niemandem Unrecht getan.* Hier könnten Vorwürfe aufscheinen, die gegen Paulus in Korinth erhoben wurden. Waren manche beleidigt, dass er ihre Unterstützung zurückgewiesen hatte, und sahen darin ein persönliches Unrecht oder gar eine Beleidigung (vgl. 11,7–11)? Dass es umgekehrt auch Anschuldigung gab, Paulus habe sich durch Unregelmäßigkeiten bei der Geldsammlung für Jerusalem bereichert und Leuten finanziellen Schaden zugefügt, könnte sich daran zeigen, dass er beteuert, er habe *niemanden geschädigt, niemanden übervorteilt.* Oder sind das versteckte Vorwürfe gegen andere?
Dagegen spricht die Fortsetzung, wenn Paulus betont (**3**): *Ich sage (das) nicht, um (jemanden) zu verurteilen.* Er will niemanden angreifen, auch nicht die, die solche Anschuldigungen vorbringen. Er will nur klarstellen: Von ihm aus gibt es nichts, was das widerlegen könnte, was er *gerade gesagt* hat, nämlich, *dass ihr einen Platz in unserem Herzen habt,* und zwar so tief und fest, dass dies die Bereitschaft einschließt, *mit zu sterben und mit*

zu leben. Auf den ersten Blick gleicht diese für uns ungewohnte Wendung einer in der Antike üblichen Freundschaftsbeteuerung, die die EÜ mit *verbunden mit uns zum Leben und zum Sterben* wiedergibt. Allerdings fällt auf, dass bei Paulus die Reihenfolge von *leben* und *sterben* gerade umgekehrt ist. Spiegelt sich darin wider, dass Paulus in 5,14 seinen Dienst im Sterben und Leben mit und für Christus begründet und dies auch sein Verhältnis zu den Christen in Korinth bestimmt? Paulus scheint hier beides sagen zu wollen. Mit den Worten antiker Freundschaftsethik macht er deutlich, dass er sich mit den Korinthern »auf Leben und Tod verbunden« fühlt (Wolff, 153). Zugleich aber deutet er an: Das beruht nicht einfach auf menschlicher Freundschaft und Sympathie. »Die gemeinsame Teilhabe am Tod Christi und an der Lebenskraft seiner Auferstehung hat Auswirkungen für das Miteinander von Apostel und Gemeinde« (Klauck, 63; vgl. 2Tim 2,11).

Dieser Abschnitt hat einen doppelten Charakter: Einerseits klingt es sehr persönlich, herzlich und menschlich, wie Paulus um die Liebe und Freundschaft der Christen in Korinth wirbt. Dagegen wirkt der eingeschobene Exkurs eher schroff, radikal und ein wenig lebensfremd. Passt beides wirklich zusammen? Dass manche das Zwischenstück als späteren Einschub und als Fremdkörper ansehen, ist verständlich. Dass er als Standardtext gegen »Mischehen« mit »Ungläubigen« oder gegen die Zusammenarbeit mit nichtchristlichen Gruppen zu humanitären Zwecken gebraucht (oder missbraucht) wird, macht die Sache nicht einfacher. Paulus selbst sieht in der Praxis durchaus auch Möglichkeiten eines Zusammenwirkens; das zeigt der Blick auf 1Kor 7,12–16. Aber all diese Einwände heben die grundsätzliche Berechtigung des Anliegens des Paulus an dieser Stelle nicht auf. »Es gibt kein richtiges Leben im falschen« hat der Philosoph Theodor W. Adorno in einem anderen, aber vergleichbaren Zusammenhang festgestellt. Es gibt Situationen, in denen klare Trennungslinien gezogen werden müssen. Paulus hofft, dass dies der Gemeinde in Korinth auch helfen wird, sich für ihn und seine Botschaft neu zu öffnen.

7,4–16
Die Freude über die erneuerte Gemeinschaft

[4]Meine Bereitschaft, euch gegenüber offen zu reden, ist groß, ich habe viel Grund, mich eurer zu rühmen. Ich bin mit Trost und Ermutigung erfüllt worden, ich bin voll überschwänglicher Freude bei all unserer Bedrängnis. [5]Denn auch als wir nach Mazedonien kamen,

hatten wir keine Ruhe in unserem Fleisch, sondern waren von allen
Seiten bedrängt: von außen (gab es) Kämpfe, von innen Ängste.
[6]Aber Gott, der die Geringen ermutigt, hat auch uns durch die An-
kunft des Titus ermutigt, [7]nicht allein aber durch seine Ankunft,
sondern auch durch die Ermutigung, mit der er bei euch ermutigt
wurde, indem er uns berichtet hat von eurer Sehnsucht, von eurem
Wehklagen, von eurem Eifer für mich, sodass ich umso mehr erfreut
wurde. [8]Denn, wenn ich euch auch mit dem Brief Schmerzen berei-
tet habe, so bedaure ich (das) nicht. Wenn ich es auch bedauert
habe – ich sehe ja, dass jener Brief euch, wenn auch nur eine Zeit
lang, Schmerzen bereitet hat – [9]freue ich mich (doch) jetzt, (und
zwar) nicht (darüber), dass euch Schmerz zugefügt wurde, sondern
dass euch (so) Schmerz zugefügt wurde, (dass dies) zur Umkehr
(führte). Denn euch sind Schmerzen bereitet worden, so wie es Gott
entspricht, sodass ihr in keiner Hinsicht von uns geschädigt wurdet.
[10]Denn der Schmerz, der Gott (und seinem Willen) entspricht,
wirkt Umkehr zum Heil, die man nicht bereut; der Schmerz aber,
den die Welt zufügt, bewirkt den Tod.
[11]Denn seht, was gerade dies, dass euch gemäß Gottes Willen
Schmerzen bereitet wurde, bei euch bewirkt hat: was für einen Ein-
satz, ja sogar Verteidigung, ja Entrüstung, ja Furcht, ja Sehnsucht, ja
Eifer, ja Bestrafung. In jeder Hinsicht habt ihr euch als untadelig in
dieser Angelegenheit erwiesen. [12]Darum, wenn ich euch auch (von
dieser Sache) geschrieben habe, so nicht (sosehr) um dessentwillen,
der Unrecht getan hat, und auch nicht (sosehr) um dessentwillen,
dem Unrecht zugefügt wurde, sondern darum, dass euer Einsatz für
uns bei euch (und) vor Gott offenbar werde. [13]Deshalb sind wir er-
mutigt worden. Aber außer, dass wir (selbst) ermutigt wurden, ha-
ben wir uns noch viel mehr über die Freude des Titus gefreut. Denn
sein Geist ist durch euch alle zur Ruhe gekommen. [14]Denn wenn ich
vor ihm etwas über euch rühmend erwähnt habe, so bin ich nicht
beschämt worden, sondern wie wir euch in allem die Wahrheit ge-
sagt haben, so hat sich auch unser Rühmen vor Titus als wahr erwie-
sen. [15]Und sein Herz ist euch ganz besonders zugewandt, weil er sich
an euern Gehorsam erinnert, wie ihr ihn mit Furcht und Zittern auf-
genommen habt. [16]Ich freue mich, dass ich mich in allem auf euch
verlassen kann.

Mit **7,4** beginnt der letzte, große Abschnitt des ersten Hauptteils des Briefs. Viele Ausleger halten diesen Vers für den Abschluss des vorigen Abschnittes und beginnen den neuen erst mit V. 5. Richtig ist, dass 7,4 den Übergang zu dem neuen Thema bildet. Aber der Stimmungsumschwung gegenüber 7,2f weist eindeutig nach vorn und wird in 7,5ff ausführlich begründet. Am ehesten

blickt der erste Satzteil noch einmal zurück auf das Vorherige. Die Aussage: *Meine Bereitschaft, euch gegenüber offen zu reden ist groß* (wörtlich: *Ich habe großen Freimut euch gegenüber*), fasst die Appelle des Apostels in 6,11–13 und 7,2f gut zusammen, stimmt aber zugleich einen neuen Ton an. Das ist noch deutlicher im zweiten Teil des Satzes: *ich habe viel Grund, mich eurer zu rühmen.* Hier muss es neue Informationen gegeben haben, die Paulus zu dieser Aussage bringen, obwohl er immer daran festgehalten hat, dass die Gemeinde sein Ruhm und sein Stolz vor seinem Herrn ist (vgl. zu 1,14).
Aber mit dem Hinweis, dass er (von Gott) mit *Trost und Ermutigung* erfüllt worden sei, blickt er eindeutig nach vorn und nimmt vorweg, was er gleich über die Rückkehr des Titus berichten wird. Das Leitmotiv, das diesen Bericht durchzieht und hier schon vorweggenommen wird, sind die griechischen Begriffe, die meist mit *Trost* und *trösten* übersetzt werden. Dieses Motiv hat schon den einleitenden Lobpreis in 1,3–7 geprägt. Wie dort gilt auch hier, dass die Worte von der beabsichtigten Aussage her eher mit *Ermutigung* und *ermutigen* zu übersetzen sind. Denn Paulus spricht nicht davon, dass er angesichts eines unwiederbringlichen Verlusts getröstet worden sei, sondern davon, dass ihn die Nachrichten, die Titus gebracht hat, *ermutigt* bzw. *neuen Mut gegeben* haben (so BasisBibel; NGÜ kombiniert *getröstet* und *ermutigt*). Bei *aller Bedrängnis* und trotz aller Schwierigkeiten, in denen er sich befindet, erfüllt dies den Apostel mit *überschwänglicher Freude.*
Das alles drängt nach einer Begründung für diesen Stimmungsumschwung. Die gibt Paulus ab V. **5** (*Denn*). Er greift dazu auf die Schilderung seiner Situation in 2,12f zurück. Voll Ungeduld, etwas über den Ausgang der Versöhnungsmission des Titus in Korinth zu erfahren, hatte er die hoffnungsvolle missionarische Arbeit in Troas verlassen und war hinüber nach Mazedonien gereist. Vermutlich hat er in Philippi Station gemacht. Aber auch dort fand er Titus nicht vor und wurde fast körperlich von seiner inneren Unruhe gequält (*hatten wir keine Ruhe in unserem Fleisch*), zumal auch die sonstige Situation äußerst *bedrängend* war. *Von außen,* also wohl durch Gegner der Gemeinde, *(gab es) Kämpfe, von innen* aber quälten ihn *Ängste* und die Sorge, wie es um sein Verhältnis zu der Gemeinde in Korinth stand.

Wie schon zu 2,13 besprochen, sehen viele Ausleger in 2,14 – 7,4 ein Stück aus einem anderen Brief des Paulus an die Gemeinde in Korinth, das hier eingeschoben wurde und den Zusammenhang zwischen 2,12f und 7,5ff unterbricht. Aber dieser Zusammenhang ist nicht so nahtlos, wie oft behauptet wird. In 2,12f stand: *Als ich aber nach Troas kam … fand ich in meinem Geist keine Ruhe, weil ich Titus, meinen Bruder, nicht dort vor-*

fand, sondern nahm von ihnen Abschied und zog weiter nach Mazedonien. Die Fortsetzung in 7,5 lautet: *Denn auch als wir nach Mazedonien kamen, hatten wir keine Ruhe in unserem Fleisch, sondern waren von allen Seiten bedrängt ...* Das aber klingt nicht wie die unmittelbare Weiterführung des Erzählfadens, der durch den Einschub durchschnitten worden war, sondern eher wie die Wiederaufnahme dieses Fadens nach einer längeren, absichtlichen Unterbrechung durch ein anderes Thema. Umgekehrt findet sich in 7,4 mit dem Stichwort *Trost/Ermutigung* schon die Vorbereitung für diesen Übergang. Das Nebeneinander von *fand ich in meinem Geist keine Ruhe* und *hatten wir keine Ruhe in unserem Fleisch* zeigt übrigens sehr schön, dass Paulus hier – egal, ob er *ich* oder *wir* sagt – von sich selbst spricht. Es zeigt weiter, dass sowohl *Geist* als auch *Fleisch* den Menschen als Ganzen beschreiben können. Allenfalls betont *Fleisch* stärker den körperlichen Aspekt.

Doch dann trifft der sehnlichst erwartete Titus ein und bringt gute Nachrichten aus Korinth mit (**6f**). Paulus sieht darin einmal mehr Gottes Hilfe. Wie so oft kennzeichnet er Gott durch die Art, wie er handelt. Er ist der, *der die Geringen* und *Niedergedrückten tröstet und ermutigt,* wie Paulus in Anlehnung an Jes 49,13 formuliert. Er hat auch den niedergeschlagenen Apostel *durch die Ankunft des Titus ermutigt.* Und diese Ermutigung bestand nicht nur in der Tatsache, dass Titus endlich eingetroffen war, sondern vor allem auch in der *Ermutigung, mit der* dieser bei seinem Besuch in der Gemeinde in Korinth *ermutigt wurde.* Paulus kann fast nicht genug davon bekommen, sein Leitmotiv *trösten/ermutigen* einzuflechten.

Aber er nennt auch den Inhalt dessen, wovon Titus *berichtet hat*: die *Sehnsucht* der Korinther, Paulus einmal wiederzusehen, das *tiefe Bedauern* und *Wehklagen* über das Unrecht, das dem Apostel zugefügt worden war, und den *Eifer,* mit dem sie sich für ihn gegen seine Kritiker einsetzen. Titus konnte offensichtlich klären, dass manches, was bei Paulus als Kritik angekommen war (z.B. im Blick auf die mehrmalige Änderung seiner Reisepläne; vgl. 1,15–17), in Wirklichkeit Ausdruck der ungeduldigen Hoffnung auf einen baldigen Besuch war. Umgekehrt konnte er auch den Korinthern vermitteln, wie verletzend einiges von dem, was Paulus hören musste, auf ihn gewirkt hat. Dass beides zusammenkam, die positive Erfahrung des Titus und die guten Nachrichten über das Verhältnis der Gemeinde zu ihm, hat den Apostel umso mehr gefreut.

Paulus denkt deshalb noch einmal darüber nach, ob es richtig war, jenen schmerzerfüllten, unter Tränen geschriebenen Brief an die Gemeinde zu schicken, von dem er in 2,3f sprach und den vermutlich Titus nach Korinth mitgenommen hatte (**8**). Denn es ist ihm bewusst, dass manches in diesem Brief den Christen in Korinth weh tun musste. Hier und in den folgenden Versen taucht ein zweites Leitmotiv des Briefs auf. Es hat schon den Abschnitt 2, 1–11 beherrscht und macht sich an den Worten *betrüben / Betrübnis* oder *traurig machen / Traurigkeit* fest. Im heutigen Sprachgebrauch entspricht ihm am ehesten *weh tun* oder *Schmerz zufügen / Schmerzen bereiten.* Paulus *bereut* oder *bedauert es nicht,* auch wenn er den Korinthern *mit dem Brief Schmerzen bereitet* hat. Zwar hat er es für eine gewisse Zeit bedauert, dass er den Brief so geschrieben hat – vermutlich während der Zeit der Ungewissheit und des Wartens auf die Rückkehr des Titus. Denn es war ihm wohl bewusst, dass manches, was darin stand, den Korinther *weh tun* und sie *traurig machen* musste, wenn auch nur *eine Zeit lang.*

Jetzt aber, nachdem er durch Titus von der positiven Wirkung des Briefs gehört hat, ist er froh und *freut* sich, den Brief geschrieben zu haben (**9**). Er freut sich natürlich nicht darüber, dass der Brief und sein Inhalt den Korinthern *Schmerzen bereitet* hat. Aber er freut sich, dass diese Schmerzen und diese Trauer die Korinther zur *Umkehr* bzw. zur *Buße* und zur *Sinnesänderung* geführt haben. Paulus benutzt das griechische Wort, das wir mit diesen Begriffen übersetzen, selten (z.B. in Röm 2,4; anders Mk 1,4.15). Dass er es hier verwendet, zeigt, dass es für ihn im Ringen um die Gemeinde in Korinth nicht nur darum ging, ein paar Missverständnisse auszuräumen. Er sah sie auf einem falschen Weg, der vom Evangelium wegführte. Daher war wirkliche *Umkehr, Neubesinnung* und Veränderung der inneren Einstellung nötig. Das aber war durch die deutliche Sprache des Briefs angestoßen worden.

Dass diese schmerzhafte Therapie eine positive Wirkung hatte, liegt für Paulus daran, dass er sich dabei von Gottes Weise, mit Menschen umzugehen, hat leiten lassen. Die Art, wie den Korinthern durch die Vorhaltungen des Apostels *Schmerzen bereitet* und sie *traurig gemacht* wurden, entsprach der Art, wie auch Gott den Menschen schmerzliche Wahrheiten zumutet. Deshalb hat dieses Vorgehen die Christen in Korinth auch *in keiner Weise geschädigt.* Paulus sieht sich also in der Rolle eines Arztes, der in Kauf nimmt, dass eine Behandlung dem Patienten Schmerzen bereitet, weil er weiß, dass ihm das keinen Schaden zufügt, sondern zur Heilung verhilft.

Paulus erklärt das noch etwas näher (**10**). Die *Traurigkeit* oder der *Schmerz, die Gott (und seinem Willen) entsprechen,* die also nicht mutwillig einem anderen zugefügt werden, *bewirken Umkehr,* d.h. eine grundsätzliche Korrektur der Richtung des Lebens hin zu Gott. Das aber führt *zur Rettung* und *zum Heil,* weil der richtige

Weg zu Christus und mit ihm in die Gemeinschaft mit Gott führt, in der man auch durch das letzte Gericht hindurch geborgen und bewahrt bleibt. Für Paulus gibt es auch im Leben der Christen Situationen, in denen eine grundsätzliche Neubesinnung nötig ist, um den Weg zum Heil nicht zu verfehlen. Von solcher Umkehr gilt, dass *man* sie *nicht bereuen* wird, und zwar weder der, der sie vollzogen, noch der, der dazu den Anstoß gegeben hat.

Dem stellt Paulus eine *Traurigkeit* bzw. einen *Schmerz* gegenüber, *den die Welt zufügt. Welt* ist hier, wie oft bei Paulus und dann vor allem im Johannesevangelium, die »gottentfremdete, sündige Schöpfung« (Wolff, 159; vgl. 1Kor 1,20f; 2,12; Joh 17, 14f). Paulus denkt wohl an Schmerzen und Verletzungen, die Menschen einander aus Egoismus und Neid zufügen. Aus ihnen entstehen Hass und neue Gewalt, und dieser Teufelskreis von Schuld und Sünde *bewirkt* letztlich *den Tod,* d.h. den endgültigen Verlust des Lebens durch die bleibende Trennung von Gott.

Ganz anders das Ergebnis der Intervention des Paulus, einer Aktion, die den Christen in Korinth zweifellos *Schmerzen bereitet* und sie *traurig gemacht* hat, die aber offensichtlich *Gottes Willen* entsprach (**11**). Denn was hat sie nicht alles *bewirkt*! Sieben positive Merkmale nennt Paulus als Ergebnis und überstürzt sich fast in der Aufzählung: Welch einen *Einsatz* haben sie gezeigt, um die Sache wieder in Ordnung zu bringen! Mehr noch: Wie haben sie sich in der *Verteidigung* engagiert. Das Lob des Paulus zeigt, dass es dabei darum ging, ihn gegen seine Kritiker zu verteidigen und nicht um die *Verteidigung* der eigenen Haltung oder die *Entschuldigung* für das eigene Versagen. In die gleiche Richtung weist das nächste Stichwort, die *Entrüstung* über das Verhalten derer, die Paulus angegriffen haben.

Die Zeichen der *Furcht,* die Paulus sieht, weisen darauf hin, dass nun auch die Korinther begriffen haben, dass ihre Einstellung gegenüber dem Apostel und seiner Verkündigung etwas mit ihrer Verantwortung vor Gott zu tun hat, also der Gottesfurcht, von der Paulus immer wieder spricht (vgl. 5,11; 7,1). Mit *Sehnsucht* und *Eifer* nimmt Paulus noch einmal zwei Stichworte auf, die schon in dem Bericht des Titus vorkamen (7,7). Die Korinther sehnen sich danach, bald wieder persönlichen Kontakt mit Paulus zu haben, und sind voller Eifer für ihn und seine Sache. Das zeigt sich daran, dass es auch zu einer *Strafaktion* gekommen ist, vermutlich durch die *Bestrafung* dessen, der Paulus angegriffen hatte. Der Wortlaut lässt offen, ob es sich dabei um eine ernste mündliche Zurechtweisung oder um eine andere Form einer Gemeindestrafe (evtl. zeitweiliger Ausschluss aus der Gemeindeversammlung; vgl. zu 2,6) handelt.

All das bringt Paulus dazu, der Gemeinde ein großes Lob zu spenden: Sie hat sich *in dieser Angelegenheit in jeder Hinsicht … als untadelig erwiesen.* Mit *dieser Angelegenheit* meint Paulus offensichtlich jenen Zwischenfall, von dem er in 2,5–11 ausführlicher gesprochen hatte, und den er hier fast wie einen Rechtsfall behandelt. Wie Paulus darüber spricht, macht einen zwiespältigen Eindruck. Einerseits wird er gleich in V. 12 sich bemühen, die Sache tiefer zu hängen. Andererseits entschied sich nach seiner Meinung an der Haltung der Gemeinde zu diesem Angriff auf ihn nicht nur ihre Stellung zu ihm als Apostel, sondern auch ihr Verhältnis zum Evangelium selbst. Ihr Umdenken in dieser Sache ist darum auch Umkehr zu Gott und echte Buße. Paulus wird deshalb in seinem anerkennenden Urteil wohl auch kaum sagen wollen, die Korinther seien in dieser Sache *unschuldig* (EÜ) oder *schuldlos* (ZB). Das wäre angesichts anderer Äußerungen eine ziemliche Übertreibung. Was er ihnen bescheinigt, ist dies, dass die Art, wie sie nun diese Angelegenheit aufgearbeitet haben, *untadelig* war.
Paulus will noch einmal klarstellen, worum es ihm eigentlich ging (**12**). Wenn er die ganze Angelegenheit in jenem Brief aufgegriffen hat, ging es nicht sosehr um die betroffenen Personen. Er wollte sich nicht an dem, *der Unrecht getan hat,* rächen. Obwohl Paulus hier andere Worte wählt, ist fast sicher die gleiche Person gemeint wie in 2,5. War dort davon die Rede, dass sie Paulus *verletzt* bzw. *Schmerzen zugefügt* oder *betrübt* hat, so hier, dass sie einem anderen *Unrecht getan* bzw. (wie auch übersetzt werden kann) ihn *geschädigt* oder *beleidigt* hat. Diese andere Person, der *Unrecht zugefügt wurde,* ist zweifellos Paulus selbst. Doch wieder wird nicht eindeutig klar, was geschehen war. Vermutlich hat der Betreffende Paulus in seiner Stellung als Apostel angegriffen, möglicherweise ungerechtfertigte Vorwürfe erhoben und so in seinem Ansehen schwer beschädigt. Aber es ging Paulus auch nicht darum, persönlich recht zu behalten. Es ging ihm darum, dass das Verhältnis zwischen ihm und seiner Gemeinde wieder in Ordnung kommt. Oder wie Paulus selbst es formuliert: *dass euer Einsatz für uns,* also *das Engagement* der Gemeinde für ihren Apostel, *bei euch,* also in der Gemeinde selbst, aber auch *vor Gott offenbar werde.* Vor Gott und den Menschen sollte sichtbar werden: Die Gemeinde steht zu ihrem Apostel und hält an dem Evangelium fest, das er verkündigt hat.
Dass dies geschehen ist hat Paulus *ermutigt* und *getröstet* (**13**). Aber der Grund für diese Ermutigung beschränkt sich nicht nur auf seine persönliche Situation. Zu ihr hat auch wesentlich *die Freude des Titus* mit beigetragen, von der dieser bei seiner Rückkehr noch ganz erfüllt gewesen sein muss. Die Begegnung mit

dieser großen und lebendigen Gemeinde hat ihm gutgetan. *Sein Geist,* d.h. er als denkender und fühlender Mensch (vgl. 2,13), ist durch die Begegnung mit den Christen in Korinth *zur Ruhe gekommen* (LÜ, ZB: *erquickt worden;* vgl. 1Kor 16,18). Die innere Anspannung und Unruhe, die ihn umtrieben, sind von ihm abgefallen, als es zu der persönlichen Begegnung mit den Brüdern und Schwestern in Korinth kam, und er hat durch ihre Reaktion auf sein Anliegen neue Kraft geschöpft.

Für Paulus haben die positiven Erfahrungen des Titus in Korinth noch eine andere erfreuliche Seite (**14**). Trotz aller Schwierigkeiten, die es mit der Gemeinde dort gab, hat er vieles, was sie auszeichnet, Titus gegenüber *rühmend erwähnt.* Darin *ist er nicht beschämt worden,* vielmehr hat sich das, was er mit einem gewissen Stolz an Erfreulichem genannt hat, *als wahr erwiesen.* Paulus sieht sich dadurch als Zeuge der Wahrheit bestätigt, und betont, dass er – manchen Unterstellungen zum Trotz – auch den Korinthern *in allem die Wahrheit gesagt* habe.

Offensichtlich hat Titus durch diesen Besuch eine besondere Zuneigung zu der Gemeinde in Korinth gewonnen (**15**). *Sein Herz* (wörtlich: *sein Inneres, seine Eingeweide,* also seine Fähigkeit, mitzufühlen und sich anderen zuzuwenden) ist den Brüdern und Schwestern dort *ganz besonders zugewandt.* Denn er *erinnert sich* an ihren *Gehorsam,* d.h. an ihre Bereitschaft, auf das zu hören und dann auch einzugehen, was er ihnen im Auftrag des Apostels zu sagen hatte. Und es hat ihn bleibend beeindruckt, wie ihn die Gemeinde *mit Furcht und Zittern aufgenommen* hat. Damit ist nicht deren Angst vor irgendwelchen menschlichen Unannehmlichkeiten gemeint, sondern das Bewusstsein der Verantwortung vor Gott und der völligen Abhängigkeit von ihm (vgl. 1Kor 2,3; Phil 2,12; zum alttestamentlichen Hintergrund vgl. Ex 15,16; Ps 2,11). Gerade diese Haltung hat Titus tief berührt und von der Ernsthaftigkeit und Treue der Gemeinde überzeugt.

Das hat auch Paulus neue Zuversicht für sein Verhältnis zu den korinthischen Christen gegeben (**16**). Er schließt diesen ersten großen Teil seines Briefs mit einer uneingeschränkten Vertrauenserklärung an sie: *Ich freue mich, dass ich mich in allem auf euch verlassen kann.* Das ist natürlich auch eine hervorragend Basis für die Erörterung der Durchführung der Geldsammlung, um die es im zweiten Teil des Briefs in Kap. 8 und 9 gehen wird.

Das Ineinander von Persönlichem und Sachlichem, das diesen Abschnitt prägt, beeindruckt. Aber es mag heutige Leser und Leserinnen auch irritieren. Vermischt Paulus die Stellung zu ihm und zum Evangelium nicht doch zu sehr? Müsste er hier nicht klarer trennen? Er-

freulich und vorbildlich ist sicher seine Bereitschaft, positive Zeichen des guten Willens zu akzeptieren, und sein Bemühen, den Konflikt positiv aufzuarbeiten. Damit war die Tür geöffnet für eine erneuerte Beziehung zwischen Apostel und Gemeinde.
Mit diesen positiven Feststellungen schließt der erste Teil des Briefs. Im Grunde hat Paulus auf zwei Ebenen argumentiert, zwischen denen er aber enge Verbindungen sieht: Einerseits will er die gegen ihn erhobenen Vorwürfe klären, die zu dem Zusammenstoß bei seinem Zwischenbesuch geführt haben. Dem dient vor allem auch die Mission des Titus, die sich so hilfreich und erfolgreich erwies. Andererseits sieht er im Wirken einiger fremder christlicher Verkündiger in Korinth das Verständnis des Evangeliums in Gefahr. Diese andere Auffassung von der Botschaft von Christus machte sich offensichtlich weniger an anderen inhaltlichen Aussagen fest, sondern an der Art des Auftretens dieser Leute. Das führte dazu, dass das Wirken des Paulus hinterfragt und verächtlich gemacht wurde und damit teilweise auch seine Botschaft infrage stand. Deshalb kann Paulus gar nicht anders, als immer wieder die enge Beziehung zwischen der grundlegenden Botschaft, die er verkündigt, und der Art seines Dienstes herauszuarbeiten. Auch das, was er um des Evangeliums willen erleidet, verkörpert die Botschaft von dem gekreuzigten und auferstandenen Christus und ist ein wichtiger Teil seines apostolischen Auftrags, der dem entspricht, wie Gott in Christus zur Versöhnung der Welt gehandelt hat.
Der Abschnitt 7,4–16 erweckt den Eindruck, die Probleme seien nun gelöst und Paulus könne sich der Organisation der Geldsammlung für Jerusalem widmen. Ob das zutrifft, wird die Auslegung von Kap. 10–13 zeigen.

II

8,1 – 9,15
Die Geldsammlung für Jerusalem

Nachdem die schwierigen Auseinandersetzungen zwischen der Gemeinde in Korinth und Paulus befriedigend gelöst scheinen, kommt Paulus ausführlich auf die Durchführung der Geldsammlung für die Gemeinde in Jerusalem zu sprechen. Er hatte sie in 1Kor 16,1–4 angestoßen, wahrscheinlich war sie aber in der Zeit der Auseinandersetzungen zum Erliegen gekommen. Möglicherweise war sie auch der Anlass zu Verdächtigungen im Blick auf das Finanzgebaren des Apostels. Das würde die Ausführlichkeit erklären, mit der sich Paulus diesem Thema widmet. Allerdings hat man auch vermutet, dass diese beiden Kapitel in Wirklichkeit zwei gesonderte Schreiben an unterschiedliche Adressaten sind, die dann in den jetzt vorliegenden 2. Korintherbrief eingefügt wurden. Inzwischen hat sich aber bei den meisten Auslegern die Überzeugung durchgesetzt, dass zumindest Kap. 8 schon immer mit Kap. 1–7 verbunden war. Wie Kap. 9 zu beurteilen ist, werden wir weiter unten bedenken.

8,1–15
Von der Gnade des Gebens

8 [1]Ich will euch aber, Brüder und Schwestern, vom (Werk) der Gna-
de Gottes Mitteilung machen, das in den Gemeinden in Mazedonien
zustande gekommen ist, [2]dass (nämlich) unter viel Bewährung in
Bedrängnis ihre überschwängliche Freude und ihre abgrundtiefe Ar-
mut übergeströmt sind in den Reichtum ihres selbstlosen Gebens.
[3]Denn gemäß ihrem Vermögen, das bezeuge ich, ja sogar über ihr
Vermögen hinaus, (gaben sie) freiwillig, [4]wobei sie uns mit vielem
Zureden darum baten, an (dem Werk) der Gnade und der (solidari-
schen) Gemeinschaft am Dienst für die Heiligen (mitwirken zu dür-
fen). [5]Und nicht nur wie wir erhofft (gaben sie), sondern sie haben
sich selbst gegeben, zuerst dem Herrn und (dann auch) uns, [6]sodass
wir Titus dringend gebeten haben, dass er so, wie er schon früher be-
gonnen hat, bei euch nun auch diese(s Werk der) Gnade zu Ende
führe.

[7]Aber wie ihr in allem über die Maßen reich seid, an Glauben und
Wort und Erkenntnis und aller Einsatzfreude und an der Liebe, (die)
von uns in euch (geweckt wurde), so solltet ihr euch auch an diesem
Werk der Gnade über die Maßen reichlich beteiligen. [8]Ich sage dies
nicht als Befehl, sondern damit durch den Einsatz für andere auch
die Echtheit eurer Liebe erwiesen wird. [9]Denn ihr kennt die Gnade
unseres Herrn Jesus Christus: Um euretwillen wurde er arm, obwohl
er reich war, damit ihr durch seine Armut reich würdet. [10]Nur einen
Rat gebe ich euch dazu, denn das wird euch helfen, habt ihr doch
schon seit dem vorigen Jahr nicht nur mit dem Tun, sondern auch
mit dem Wollen vor (allen anderen) begonnen. [11]Jetzt aber bringt
auch das Tun zum Abschluss, damit wie die Bereitschaft zu wollen,
so auch das abschließende Ergebnis dem, was ihr habt, entspricht.
[12]Denn wenn die Bereitschaft vorhanden ist, (ist jeder) willkommen
(, und zwar) nach dem, was er auch immer haben mag, und nicht
nach dem, was er nicht hat. [13]Denn (all das geschieht ja) nicht, da-
mit andere Entlastung erfahren, ihr aber in Not geratet, sondern um
einen Ausgleich zu schaffen. [14](Es soll also) zum jetzigen Zeitpunkt
euer Überfluss für den Mangel jener (eintreten), damit auch der
Überfluss jener für euren Mangel (hilfreich) wird, damit ein Aus-
gleich entsteht, [15]wie geschrieben steht: »*Wer viel hatte, hatte kei-*
***nen Überfluss, und wer wenig hatte, litt keinen Mangel*« (Ex 16,18).**

Mit einer neuen persönlichen Anrede und in recht feierlichem Ton (*Mitteilung machen* bzw. *kundtun*) schneidet Paulus das neue Thema an. Er tut das aber nicht direkt, sondern verweist zunächst auf das Vorbild der Gemeinden in Mazedonien. Er dürfte dabei vor allem Philippi und Thessalonich im Blick haben, denn vermutlich hat er diese Zeilen während seines Aufenthalts in einer dieser Gemeinden diktiert. Im Griechischen bilden die V. 1–6 *einen* langen Satz, in dem Paulus ziemlich umständlich sein Anliegen einführt. Schlüsselwort für den ganzen Abschnitt ist das Wort *Gnade,* das unterschiedliche Bedeutungsnuancen annehmen kann. Das beginnt schon in V. **1**. Paulus scheint zwei Aussagen miteinander zu verflechten, was sich auch in unterschiedlichen Übersetzungsmöglichkeiten widerspiegelt: Er berichtet *von der Gnade Gottes, die den Gemeinden in Mazedonien gegeben worden ist* (vgl. LÜ; ZB). Er meint damit aber zugleich *das (Werk) der Gnade Gottes, das in den Gemeinden in Mazedonien zustande gekommen ist* (vgl. Anmerkung der ZB). Dass Menschen bereit werden, anderen etwas zu geben, ist Zeichen und Werk der Gnade Gottes, die sie zur Bereitschaft befreit, mit anderen zu teilen.

Fast poetisch schildert Paulus, was in den Gemeinden in Mazedonien geschah (**2**). Es ging den Christen dort nicht gut. Sie mussten sich angesichts vieler Schwierigkeiten und *Bedrängnis* in ihrem Christsein *bewähren.* Für viele war das auch mit wirtschaftlichen Einbußen verbunden. Aber gerade in dieser Situation verbündete sich *ihre überschwängliche Freude* über das, was Gott ihnen in Christus geschenkt hatte (vgl. V. 9), mit *ihrer abgrundtiefen Armut,* und daraus entsprang ein ganz unerwartet großes Maß an *Reichtum schlichter Güte* bzw. *selbstlosen Gebens.* Für Paulus war es geradezu ein Wunder, was die Christen in diesen Gemeinden, die selbst kaum das Nötigste hatten, für andere taten. Darum beschreibt er noch ausführlicher, was hier geschehen ist (**3**). Aus eigener Anschauung kann er *bezeugen,* dass sie wirklich *nach ihrem Vermögen, ja über ihr Vermögen hinaus* für die Sammlung gespendet haben, und das ganz *freiwillig,* ohne dazu gedrängt worden zu sein.

Paulus scheint sogar erwogen zu haben, wegen der wirtschaftlichen Schwierigkeiten in diesen Gemeinden von einer Sammlung abzusehen. Aber *mit vielem Zureden baten sie darum,* an dieser Aktion teilnehmen zu können (**4**). Paulus nennt erst hier im Klartext worum es eigentlich geht, nämlich die Geldsammlung *für die Heiligen.* Dieses Wort ist sonst bei Paulus ein Ehrentitel für alle Christen (vgl. 1,1). Wenn er es aber im Zusammenhang mit der Kollekte für Jerusalem gebraucht, bezeichnet es die Glieder der dortigen Gemeinde (vgl. 1Kor 16,1; Röm 15,25f.31). Offensichtlich ist dies eine alte Selbstbezeichnung dieser Gemeinde, die dann auch auf alle anderen Christen ausgedehnt wurde. Diese Sammlung war bei dem Treffen von Paulus und Barnabas mit den Jerusalemer Aposteln vereinbart worden und scheint eine doppelte Bestimmung gehabt zu haben. Einerseits war sie als Hilfsaktion für verarmte Mitglieder der Urgemeinde gedacht (Gal 2,10: »wir sollten an die Armen denken«). Andererseits stellte sie auch ein Zeichen für die gelebte Kirchengemeinschaft zwischen Jerusalem und der von Antiochien ausgehenden Mission des Paulus und des Barnabas dar (vgl. die Sorge des Paulus, ob sein »Dienst für Jerusalem den Heiligen willkommen ist« [Röm 15,31]).

Diese nicht ganz eindeutige Situation zeigt sich auch daran, dass Paulus für diese Aktion unterschiedliche Begriffe gebraucht, die jeweils auch einen unterschiedlichen Hintergrund haben. Hier presst er drei von ihnen in einen kurzen Halbsatz, was diesen nicht unbedingt verständlicher macht. Der erste ist *Gnade* im Sinne von *Wohltat, Werk der Gnade* (vgl. V. 6) oder *Gnadengabe* (1Kor 16,3). Dabei ist weniger an einen Gunstbeweis der Spender gedacht, sondern, wie schon in V. 1 angedeutet, an eine Form der Weitergabe der von Gott empfangenen *Gnade* (EÜ, ZB und manche Ausleger verstehen den Satz allerdings so, dass die Mazedonier

Paulus *um die Gunst baten,* an der Sammlung teilzunehmen. Das ist sprachlich möglich, übersieht aber die Beziehung zu V. 1 und V. 6).

Der zweite Begriff ist (*solidarische*) *Gemeinschaft* oder *Teilhabe* an dieser Aktion und beschreibt ein Miteinander und eine gegenseitige Verantwortung, die aus der gemeinsamen Teilhabe an Christus und seinen Gaben entsteht (vgl. Röm 15,26f). Das dritte Wort, das Paulus hier und auch sonst in diesem Zusammenhang verwendet, ist *Dienst,* im Griechischen dasselbe Wort, das im Fremdwort *Diakonie* steckt (vgl. Röm 15,31). Es bedeutet hier konkret die *Hilfeleistung, Unterstützung.* Dieser Begriff unterstreicht also den diakonischen Aspekt der Aktion.

Indem Paulus alle diese Begriffe in der Bitte der Mazedonier um Mitwirkung *an (dem Werk) der Gnade und der (solidarischen) Gemeinschaft am Dienst für die Heiligen* zu einer merkwürdig überladenen Aussage zusammenpackt, will er sagen: Alle diese Aspekte waren den Christen in Mazedonien wichtig. Darum haben sie nicht nur Geld zusammengelegt, wie Paulus das *erhofft* hatte (**5**). Ihre Opferbereitschaft war Zeichen für einen noch sehr viel tiefer greifenden geistlichen Prozess: *Sie* haben nicht nur etwas von ihrem Besitz zur Verfügung gestellt, sondern *sie haben sich selbst gegeben.* Und zwar *zuerst dem Herrn*: Ihre Bereitschaft, wirklich zu teilen, zeigte, wie sehr sie sich und ihr Leben Christus zur Verfügung stellten und darauf vertrauten, dass er auch für sie sorgen würde.

Aber für Paulus machte diese Reaktion auch noch etwas anderes deutlich. In gewissem Sinn haben sich die mazedonischen Christen auch dem Apostel (*uns*) *gegeben* und sich ganz auf seine Seite gestellt. Indem sie sich mit so viel Eifer für die von Paulus initiierte Sammlung einsetzten, haben sie sich auch mit ihm und seiner Sache identifiziert. Sie haben offensichtlich gespürt, dass es dabei nicht nur um die Unterstützung Not leidender Christen in Jerusalem und Judäa ging, sondern auch um die Anerkennung der Arbeit des Paulus durch die dortigen Apostel und die Festigung der Kirchengemeinschaft zwischen den unterschiedlichen Zweigen der christlichen Bewegung.

Was Paulus hier so bewegend von dem Verhalten der Mazedonier berichtet, war natürlich ein Wink mit dem Zaunpfahl für die Christen in Korinth. So stellt sich Paulus die Haltung aller seiner Gemeinden vor. Aber das sagt er nicht. Er spricht davon, welche Konsequenzen er aus dieser Erfahrung gezogen hat (**6**). Ihn hat das, was er in den mazedonischen Gemeinden erlebt hat, ermutigt, nun seinerseits *Titus dringend zu bitten* (oder *zuzureden*), seine angefangene Mission in Korinth damit fortzusetzen, dass er nun auch die Sammlung für Jerusalem (*dieses Werk der Gnade*) dort *zu Ende führt.* Paulus drückt sich allerdings etwas vage aus, sodass nicht ganz klar ist, ob und wie Titus mit der Organisation der Kollekte in Korinth schon begonnen hatte und bei welchem Besuch dies der Fall war. Wahrscheinlich hatte er bei seiner Vermittlungsmission auch über die Kollekte gesprochen und soll jetzt, nachdem jene Aufgabe so gut erledigt wurde, auch die Sammlung zu Ende führen.

Aber Paulus weiß, dass er die Korinther nicht nur durch den Hinweis auf das Vorbild der Mazedonier motivieren darf. Darum spricht er sie auf ihre Möglichkeiten und der sich daraus ergebenden Verpflichtung an (7). Ähnlich wie in 1Kor 1,5 betont er, wie *über die Maßen reich* sie in jeder Hinsicht begabt sind. Dabei geht es zunächst gar nicht um materielle Güter, sondern gerade um geistliche Gaben: *Glaube,* hier wie in 1Kor 12,9 das von Gottes Geist gewirkte feste Vertrauen auf Gottes Möglichkeiten und Hilfe. Dazu treten *Wort und Erkenntnis,* wie in 1Kor 1,5 unterschiedliche Formen geistlicher Rede und der Einsicht in die Zusammenhänge des Gnadenhandelns Gottes, weiter *Einsatzfreude* und *Eifer* für die Anliegen der Gemeinde und ihrer Glieder sowie vor allem *Liebe, (die) von uns in euch (geweckt wurde).* Es war die Verkündigung des Evangeliums von Gottes Liebe in Jesus Christus, aber auch die Art, wie Paulus in seinem hingebungsvollen Dienst diese Liebe verkörpert (vgl. 5,14f), die den Christen in Korinth den Weg der Liebe als den »ausgezeichneteren Weg« (1Kor 12,31 – 13,13) eröffnet hat. Dieses Übermaß an Reichtum an geistlichen Gaben sollte die Korinther dazu befähigen und motivieren, sich auch an der Sammlung für Jerusalem, *diesem Werk der Gnade, über die Maßen reichlich zu beteiligen.*

Paulus will nicht missverstanden werden (**8**). Er sagt das *nicht als Befehl.* Das bedeutet jedoch nicht, dass die Sache beliebig wäre. Die Aktion ist wichtig, weil dadurch Notleidenden geholfen wird, aber auch, weil sie für die Gemeinde zu einem wichtigen Prüfstein werden kann: Durch den *Einsatz für andere* wird auch *die Echtheit eurer Liebe erwiesen* werden. Hier wird sich zeigen, ob diese Liebe nur in schönen Worten besteht oder sich auch in der Tat bewährt. Das aber ist keine Überforderung, denn diese Liebe gründet in dem, was Christus aus Liebe für uns getan hat.

Das führt Paulus zur eigentlichen theologischen Begründung seines Spendenaufrufs. Er verweist auf das Beispiel Christi und das, was die Korinther darüber wissen (**9**): *Denn ihr kennt die Gnade unseres Herrn Jesus Christus.* Noch einmal taucht hier das Schlüsselwort *Gnade* auf. Das von der Gemeinde erwartete *Gnadenwerk* gründet in der *Gnadentat* Christi. Der Zusammenhang erinnert uns auch daran, dass vom alttestamentlichen Wortgebrauch her *Gnade* fast gleichbedeutend mit *Liebe* ist. Paulus sagt also zugleich: *Ihr kennt die Liebe unseres Herrn Jesus Christus.* Euer *Liebeswerk* beruht auf seiner *Liebestat*. Worauf er damit anspielt, macht er mit einer knappen, einprägsamen Formulierung dessen deutlich, was Christi Weg für die Christen bedeutet:

Um euretwillen wurde er arm, obwohl er reich war,
damit ihr durch seine Armut reich würdet.

Wahrscheinlich kannten die Korinther diesen knappen Merkspruch. Er weist manche Ähnlichkeit mit dem Christuslied in Phil 2,6–11 auf, wo von Christus gesagt wird, dass er sein »Gleichsein wie Gott« preisgab und das Dasein eines »Sklaven« auf sich nahm, um Mensch zu werden. Die Aussage, dass Jesus arm wurde, bezieht sich deshalb wohl nicht nur auf die materielle *Armut*, die sein irdisches Wirken kennzeichnete (vgl. Mt 8,20). Es umfasst die Menschwerdung als Ganze: In ihr nahm Christus, der Gottes Reichtum und Herrlichkeit teilte, die Armseligkeit einer menschlichen Existenz auf sich. Dazu gehörte aber auch, dass er als Armer unter den Armen lebte, ihnen das Evangelium verkündigte und sie selig pries (Mt 11,5; Lk 6,20). Dazu gehörte vor allem, dass er in seinem Tod am Kreuz die tiefste Armut der Menschen teilte, das Sterben in der Gottesferne, in dem den Menschen alles genommen wird, woran sie sich klammern könnten.

Indem Christus die *Armut* der Gott entfremdeten Menschen auf sich nahm, macht er für sie den Weg frei, von dieser Armut befreit und *reich* zu werden. Klar ist, dass auch damit nicht materieller Reichtum gemeint ist. Dieses Wort lässt sich nicht für ein Wohlstandsevangelium nutzen. Weil Christus den göttlichen Reichtum aufgab und die menschliche Armut teilte, werden wir aus dieser Armut geführt und dürfen den Reichtum der Gemeinschaft mit Gott teilen. *Reich werden* heißt hier also: bleibend mit Gott und aus der Fülle seiner Gnade leben. Dieser »wunderbare Tausch« war auch in 5,21 Thema, allerdings mit anderen Begriffen: »Den, der die Sünde nicht kannte, hat er für uns zur Sünde gemacht, damit wir in ihm zur Gerechtigkeit Gottes würden«.

Ähnlich wie in Phil 2,6–11 hat diese Schilderung des Weges Christi und seiner heilvollen Bedeutung für die Menschen eine doppelte Funktion: Sie zeigt, was die Basis des neuen Lebens mit Christus ist und was eine solch neue Verhaltensweise, die von der Liebe bestimmt ist, ermöglicht. Weil Christus uns so geliebt hat, ist gegenseitige Liebe unter Menschen möglich. Aber der Weg Christi ist auch Vorbild. Weil er nicht an seinem göttlichen Reichtum festgehalten hat, müssen auch wir uns nicht an unsere kleinen und großen Reichtümer klammern.

Diese Überlegungen liegen den folgenden Äußerungen des Paulus zugrunde, auch wenn er sie nicht weiter entfaltet. Er will statt einem Befehl auch nur *einen Rat geben* (**10**). Der ist freilich nicht unverbindlich und hat eher den Charakter einer *Richtlinie* (1Kor 7,25; die Übersetzung *ich sage bloß meine Meinung* [ZB, LÜ] ist also zu schwach). Er ist überzeugt, dass gerade dies der Gemeinde *helfen wird.* Denn der gute Wille ist ja vorhanden. Vor allen anderen hat sie schon *seit dem vorigen Jahr nicht nur mit dem Tun,* also einer ersten Sammelaktion, *sondern auch mit dem Wollen,* d.h. mit einem verbindlichen Beschluss, *begonnen.* Die für uns auf den ersten Blick etwas merkwürdige logische Reihenfolge (zuerst das *Tun,* dann das *Wollen*) erklärt sich durch einen Blick auf die griechischen Verbformen. Bei dem *Tun* handelt es sich um die einmalige Anfangsaktion (vielleicht nach Erhalt von 1Kor 16,1–4), bei dem *Wollen* aber um den grundsätzlichen *Entschluss,* der nicht widerrufen wurde.
Jetzt aber gilt es, *auch das Tun,* also die konkrete Sammelaktion, zu einem erfolgreichen *Abschluss* zu bringen (**11**). Denn es soll ja nicht nur die an und für sich löbliche *Bereitschaft zu wollen,* sondern *auch das abschließende Ergebnis* dem entsprechen, was den Korinthern zur Verfügung steht (*was ihr habt*). Der letzte Gedanke regt Paulus an, ein denkbares Missverständnis auszuschließen (**12**). Wenn *die Bereitschaft* zu geben grundsätzlich *vorhanden ist,* dann sind alle, die etwas beitragen können, *willkommen,* und zwar natürlich *nach dem, was er* (oder *sie*) *auch immer haben mag* und mit anderen teilen kann, und nicht nach dem, was *er nicht hat* und darum auch nicht geben kann. Hinzu kommt noch eine weitere Abgrenzung (**13**): Ziel einer solchen Hilfsaktion kann nicht sein, dass die einen *Hilfe* und *Entlastung* erfahren und dadurch die hochherzigen Geber in *Not* und *Bedrängnis* geraten. Was angestrebt wird, ist ein fairer *Ausgleich* der Ressourcen und der Gaben.
Das heißt: In der gegenwärtigen Notsituation in Judäa (*zum jetzigen Zeitpunkt*) soll das, was die Christen in Griechenland und Kleinasien abgeben können (*euer Überfluss*), helfen, den *Mangel* der anderen an Gütern des täglichen Bedarfs auszufüllen (**14**). Aber diese Hilfsaktion soll keine Einbahnstraße sein. Auch umgekehrt soll der Überfluss der jetzigen Empfänger in den Mangel derer, die jetzt geben, einfließen, damit immer wieder neu ein Ausgleich zwischen den Partnern entsteht.
Woran Paulus hier denkt, ist nicht ganz klar. Die erste Vermutung ist die, dass er damit rechnet, die wirtschaftliche Situation könne sich auch wieder ändern, sodass dann Hilfe aus Judäa für Kleinasien und Griechenland nötig werden würde. Er gibt jedoch

keinen Hinweis auf *ein anderes Mal,* das dem *jetzigen Zeitpunkt* entsprechen würde. Dagegen verweist er in Röm 15,27 auf eine andere Art des Austauschs: Nachdem die heidenchristlichen Gemeinden geistliche Gaben aus Jerusalem empfangen haben, erhält nun die Urgemeinde materielle Unterstützung von ihnen. Viele Ausleger sehen darin auch die Erklärung für das, was Paulus hier schreibt. Aber konnten das die korinthischen Christen, die ja Röm 15 nicht kannten, verstehen? Paulus geht es wohl grundsätzlich um die Feststellung, dass es immer wieder zu einem Ausgleich der Gaben kommen werde, ohne dies mit einer konkreten Vorstellung zu verbinden.

Paulus schließt diese Überlegungen mit einem Zitat aus Ex 16,18 ab, der Erzählung vom Manna, mit dem Gott das Volk in der Wüste ernährt (**15**). Dort wird berichtet, beim Nachmessen des eingesammelten Mannas habe sich gezeigt, dass trotz unterschiedlichen Sammeleifers jeder so viel hatte, wie er zum Essen brauchte: »*Wer viel hatte, hatte keinen Überfluss und wer wenig hatte, litt keinen Mangel*«. Der *Ausgleich* stellte sich auf wunderbare Weise ein.

Das Mannawunder wurde sowohl im Judentum als auch im Urchristentum als Hinweis auf das künftige Heil gedeutet (vgl. Joh 6,30–40). Die Christen in Korinth kannten die Geschichte (1Kor 10,3). Dass Paulus die Geldsammlung mit dem Mannawunder vergleicht, zeigt, dass er die christliche Gemeinde als das Israel der Heilszeit sah, aber auch, dass er diese Aktion als Auswirkung der Gnade Gottes verstand (V. 1.9; vgl. Wolff, 174). Durch sie bewirkte Gott den Ausgleich im Volk Gottes, den die Wüstengeneration im Mannawunder erlebt hatte.

Wie intensiv darf man in der Kirche über Geld reden? Paulus scheut sich nicht, eine sehr ausführliche Kollektenrede zu halten. Denn es geht ja um Hilfe für andere. Dafür darf man auch als Christ kräftig trommeln. Aber nicht nur das: Es geht um den ersten innerkirchlichen Finanzausgleich als Zeichen wirklich gelebter Kirchengemeinschaft. Die Frage nach der Einheit im Glauben und die Bereitschaft, auch die Ressourcen zu teilen, sind eng miteinander verbunden. Das hängt auch damit zusammen, dass diese Form der Diakonie christologisch begründet ist. Die Bereitschaft Jesu Christi, sich in die Armut menschlicher Existenz hineinzugeben, um uns Anteil am Reichtum der Gemeinschaft mit Gott zu geben, macht uns fähig, unseren bescheidenen Reichtum mit anderen zu teilen. So werden keine Almosen verteilt, sondern wird das Leben mit anderen geteilt. Für Paulus ist das zunächst ein Vorgang in Kirche und Gemeinde. Ob es nicht auch Anstoß sein kann für unser Verhalten in der Gesellschaft?

8,16–24
Verantwortlicher Umgang mit Spendengeldern

[16]Gott aber sei Dank, der dieselbe Einsatzbereitschaft für euch in das Herz des Titus gegeben hat, [17]dass er zwar die dringende Bitte aufnahm, aber (zugleich) sich voll Eifer von sich aus zu euch aufmachte. [18]Wir haben aber zusammen mit ihm (auch) den Bruder mitgeschickt, dessen Lob wegen (der Verkündigung) des Evangeliums durch alle Gemeinden geht. [19]Aber nicht nur das, er wurde auch von den Gemeinden als unser Reisebegleiter für diese(s Werk der) Gnade ausgewählt, das von uns durchgeführt wird zur Ehre des Herrn selbst und (zum Erweis) unserer Bereitschaft. [20]So wollen wir vermeiden, dass uns jemand im Blick auf diesen reichen Ertrag verdächtigt, der durch unseren Dienst überbracht werden soll. [21]Denn wir sind auf das bedacht, was gut ist, und zwar nicht nur vor dem Herrn, sondern auch vor den Menschen. [22]Wir haben aber mit ihnen unseren Bruder geschickt, dessen Einsatzbereitschaft wir in vielen (Dingen) vielmals erprobt haben, der jetzt aber noch viel einsatzfreudiger ist durch sein großes Vertrauen zu euch. [23]Was nun Titus angeht, (so ist er) mein Gefährte und Mitarbeiter für euch; was unsere Brüder angeht, (so sind sie) Apostel der Gemeinden (und so) Abglanz Christi. [24]Zeigt deshalb ihnen gegenüber den Erweis eurer Liebe und (das Recht) unseres Rühmens im Blick auf euch vor den Gemeinden.

Nachdem das Grundsätzliche gesagt ist, kommt der Apostel auf praktische Fragen der Abwicklung der Sammlung zu sprechen. Er ist Gott dankbar, dass er Titus so viel *Einsatzbereitschaft* und *Eifer* für die Arbeit in Korinth ins *Herz gegeben hat* (**16**), dass dieser nicht nur die *dringende Bitte* des Paulus, noch einmal nach Korinth zu gehen, gerne *aufnahm,* sondern sich zugleich *voll Eifer von sich aus* auf den Weg nach Korinth machte (**17**). Zusammen mit Titus hat Paulus einen weiteren *Bruder* nach Korinth geschickt (**18**).

Dieser Christ, der nicht zum engeren Kreis der Mitarbeiter des Paulus zu gehören scheint, wird durch zwei Merkmale für seine Aufgabe empfohlen. Erstens werden seine Verdienste um die Verbreitung des Evangeliums allgemein in den Gemeinden gelobt. Er war also wohl in mehreren mazedonischen Gemeinden als missionarischer Verkündiger des Evangeliums bekannt. Zweitens ist er von den mazedonischen oder den kleinasiatischen Gemeinden *ausgewählt* worden, Paulus bei der Überbringung der Kollekte zu begleiten (**19**). Er soll nun auch Titus nach Korinth begleiten.

Merkwürdig ist, dass Paulus weder hier noch später, wo diese Reisebegleiter erwähnt werden (V. 22; 9,3.5; 12,18), deren Namen nennt. Die Apostelgeschichte bietet in 20,4 eine ganze Liste von Namen der Personen, die Paulus auf seiner Reise nach Jerusalem begleitet haben. Sie verschweigt aber seltsamerweise, dass dies etwas mit der Überbringung der Kollekte zu tun hat. Es gibt viele Versuche zu erklären, warum Paulus im 2. Korintherbrief diese Namen nicht aufführt, bzw. zu erraten, wer das wohl gewesen sein mag. Keiner dieser Vorschläge kann wirklich überzeugen. Die Sache bleibt für uns rätselhaft. Offen ist auch die Frage, ob diese kleine Delegation schon abgereist ist. Paulus schreibt zwar hier und in 8,22; 9,3.5 in der Vergangenheit. Aber da in der Antike Briefe lange brauchten, bis sie die Empfänger erreichten, schilderte man oft Ereignisse, die bei Empfang des Briefs schon in der Vergangenheit liegen würden, auch in der Vergangenheit. Es spricht manches dafür, dass die Gruppe erst nach Fertigstellung des Briefs (oder von Kap. 1–9) abreiste und den Brief mit nach Korinth nahm.

Noch einmal nennt Paulus diese Geldsammlung *(ein Werk der) Gnade* und betont, dass sie von ihm selbst *durchgeführt* bzw. *besorgt* (LÜ: *übergeben*, EÜ: *überbracht*) wird. Paulus verwendet hier das Verb für *dienen*, das dem Wort *Dienst, Auftrag* (*Diakonie*) entspricht, das im 2. Korintherbrief so große Bedeutung hat. Es kennzeichnet also die Durchführung der Kollekte als Erfüllung eines wichtigen Auftrags. Er unterstreicht das durch den Hinweis, dass diese Sammlung *zur Ehre des Herrn selbst* durchgeführt wird und nicht etwa zur Verherrlichung des Apostels. Er fügt allerdings auch hinzu, dass sich in der Übernahme dieser Aufgabe, seine *Bereitschaft* zeigen soll. Er sagt allerdings nicht, wozu er bereit ist; sehr wahrscheinlich meint er seine *Bereitschaft*, die eingegangene Verpflichtung (Gal 2,10) einzuhalten und der Gemeinde in Jerusalem zu helfen (LÜ: *zum Erweis unseres guten Willens*).
Weil die Sammlung zur Ehre Gottes geschehen soll und er selbst ganz im Dienst der Sache stehen will, hat er gerne der Ernennung eines unabhängigen Reisebegleiters durch die Gemeinden zugestimmt (**20**). Denn damit wird von vorneherein vermieden, dass Paulus *verdächtigt* wird, in die eigene Tasche zu wirtschaften. Offensichtlich war bei der Aktion eine beträchtliche Summe zusammengekommen, die jetzt durch Paulus und seine Begleiter treuhänderisch *verwaltet* bzw. *durch ihren Dienst überbracht* werden sollte (Paulus benutzt denselben Begriff, der in V. 19 mit *durchgeführt, besorgt* übersetzt wird). Das Vier-Augen-Prinzip in Spendenangelegenheiten wird also schon im Neuen Testament empfohlen.
Paulus begründet das mit einem allgemeinen Grundsatz (**21**), den er der griechischen Übersetzung von Spr 3,4 entnimmt: »... und achte auf Gutes vor dem Herrn und den Menschen«. Paulus setzt

diese Mahnung in eine Maxime seines Handelns um: *Denn wir sind auf das bedacht, was gut ist,* in diesem Fall also, auf das, was richtig und korrekt ist (LÜ: *dass es redlich zugehe*). Und er differenziert noch deutlicher, vor welcher Instanz dies gelten soll: *nicht nur vor dem Herrn,* das ist für den Apostel selbstverständlich, *sondern auch vor den Menschen.* Es gibt also Dinge, bei denen auch ein Christ darauf bedacht sein muss, vor dem Urteil der Öffentlichkeit bestehen zu können. Dazu gehört für Paulus der Umgang mit anvertrautem Geld.

Aus Gründen, die er nicht nennt, schickt Paulus einen weiteren Mitarbeiter mit nach Korinth (**22**). Vielleicht soll er mit dem Delegierten der Gemeinden zusammen ein Zweier-Team bilden, das für die Überbringung der Kollekte zuständig war, während Titus auch noch andere Aufgaben zu übernehmen hatte. Auch die jüdische Tempelsteuer wurde jeweils durch zwei Beauftragte überbracht. Paulus nennt diese weitere Person *unseren Bruder* (so auch Timotheus in 1Thess 3,2) und kennzeichnet ihn damit als engen Mitarbeiter. Er rühmt seine *Einsatzbereitschaft* und seinen *Eifer,* die sich in vielen Fällen bewährt haben, und erwähnt, dass er durch das neu gewonnene Vertrauen in die Gemeinde, sehr gerne dorthin reist. Aber auch seinen Namen erfahren wir nicht.

Noch einmal stellt Paulus die kleine Delegation vor und setzt sich dafür ein, dass sie in Korinth willkommen ist (**23f**). Dabei weist er allerdings den Mitgliedern der Gruppe unterschiedliche Rollen und Funktionen zu: Da ist *Titus* – ihn bezeichnet er als seinen *Gefährten,* genauer als seinen *Partner* und *Genossen,* also als engen Vertrauten, der Anteil hat am Auftrag und auch an der Autorität des Apostels. Für die Korinther ist er aber zugleich der *Mitarbeiter,* der ganz besonders für sie zuständig ist. Obwohl er Vertreter des Apostels ist, steht er nicht über den Korinthern, sondern arbeitet *mit* ihnen an der gemeinsamen Sache. Und da sind die beiden *Brüder,* sie sind *Abgesandte der Gemeinden* (das gilt also nicht nur für den ersten), *Beauftragte* in dieser Angelegenheit. Paulus verwendet hier im Griechischen sogar das Wort *apostoloi,* das wir sonst mit Apostel übersetzen. Allerdings ist klar, dass dieser Begriff hier wie in Phil 2,25 bei Epaphroditus *Abgesandte* einer Gemeinde bezeichnet, die einen bestimmten Auftrag zu erledigen haben. Aber auch ihnen kommt eine besondere Würde zu. Recht überraschend nennt Paulus sie *Abglanz Christi* (EÜ; vgl. ZB); vielleicht ist auch *Ruhm* oder sogar *Ehre Christi* zu übersetzen (LÜ). Trotz einer begrenzten Aufgabe tragen auch sie etwas von der Gegenwart Christi in die Gemeinden, weil ihr Dienst seiner Ehre dient.

Allen diesen Mitarbeitern sollen die Korinther *den Erweis ihrer Liebe zeigen* (**24**). Wenn sie sich tatkräftig an der Sammlung beteiligen, beweisen sie sowohl ihre Liebe zu den Not leidenden Geschwistern in Jerusalem als auch zu ihrem Apostel, der diese Sammlung ganz zu seiner Sache gemacht hat. Und damit würden sie auch zeigen, dass er sie zu Recht vor seinen Mitarbeitern als opfer- und einsatzbereit gerühmt hat. Was die Mitarbeiter erleben, wird dann nicht ihre private Erfahrung bleiben, denn die Sammlung ist eine Sache aller paulinischen Missionsgemeinden. Das Vorbild der Korinther wird zur gemeinsamen Erfahrung dieser Gemeinden, die neues Vertrauen bewirkt und die Gemeinschaft stärkt.

Transparenz in finanziellen Fragen ist auch eine geistliche Angelegenheit. Paulus ist es wichtig, die Geldsammlung so zu organisieren, dass auch die Gemeinden in die Durchführung eingebunden sind und Einblick in die Abwicklung erhalten. Dass sie zur Ehre Gottes geschieht, wirkt sich auch auf die organisatorische Sorgfalt aus. Paulus würde zwar sicher nicht sagen: »Vertrauen ist gut, Kontrolle ist besser«, aber für ihn schließen sich beide Prinzipien nicht aus, sondern unterstützen einander. Wie finanzielle Fragen behandelt werden, ist ein wichtiger Gesichtspunkt bei der »Qualitätskontrolle« christlicher Bewegungen und Gemeinden.

9,1–5
Vorbereitungen für den Abschluss der Sammlung

**9 [1]Denn was zwar den Dienst für die Heiligen (als solchen) betrifft,
so erübrigt es sich für mich, euch (darüber) zu schreiben. [2]Denn ich
kenne eure Bereitschaft, die ich vor den Mazedoniern rühme, dass
Achaia seit dem vorigen Jahr gerüstet ist, und euer Eifer hat die
meisten angespornt. [3]Ich habe aber die Brüder gesandt, damit das,
was wir in diesem Punkt zu eurem Ruhm gesagt haben, sich nicht als
leeres Geschwätz erweist, (sondern) damit ihr, wie gesagt, (wirklich) gerüstet seid [4]und nicht wir, wenn die Mazedonier mit mir
kommen und euch nicht gerüstet finden, im Blick auf dieses Vorha-
ben beschämt dastehen – um nicht zu sagen: ihr. [5]Wir haben es also
für nötig gehalten, die Brüder zu bitten, vor uns zu euch zu kommen
und eure bereits versprochene Segensgabe vorher fertig zu machen,
damit diese wirklich als Segen(sgabe) bereitliegt und nicht als (eine
Gabe, wie sie sich der) Geiz (abringt).**

Paulus beginnt den nächsten Abschnitt mit einer Wendung, mit der er sonst ein neues Thema einführt (*was … betrifft*; vgl. 1Kor 7,1; 8,1; 12,1). Merkwürdig ist auch, dass er sagt, es erübrige sich, den Korinthern etwas über die Sammlung für Jerusalem zu schreiben, nachdem er schon recht ausführlich darüber im vorigen Kapitel gesprochen hat. Allerdings ist diese Bemerkung in jedem Fall eine rhetorische Floskel, denn er wird ja doch noch einiges darüber sagen. Wie ist dieser Befund zu erklären?

Wir haben schon zu 8,1 darauf verwiesen, dass viele Ausleger Kap. 8 und 9 für zwei ursprünglich getrennte Briefe in Sachen Kollekte für Jerusalem halten, die unterschiedliche Situationen voraussetzen. Manche nehmen an, dass nur Kap. 8 nach Korinth selbst ging, während Kap. 9 an die übrigen Gemeinden in Achaia (vgl. 9,2), also an die Gemeinden von Kenchräa und evtl. Athen gerichtet war. Es gibt eine kaum überschaubare Zahl von Kombinationen für die Reihenfolge der verschiedenen Schreiben. Eine gewisse Rolle spielt dabei auch, für wie wahrscheinlich man es grundsätzlich hält, dass der 2. Korintherbrief aus verschiedenen Schreiben zusammengesetzt ist. Wer z.B. Kap. 10–13 für den Teil eines früheren Briefs hält, der erst später angefügt wurde, wird für die Überlegung, auch Kap. 9 sei ein ursprünglich selbständiger Brief gewesen, sehr viel offener sein. Jedoch mehren sich in den letzten Jahren die Stimmen derer, die Kap. 8 und 9 doch als zusammengehörende Einheit sehen, und zwar entweder als selbständigen Kollektenbrief oder als Bestandteil des ganzen Briefs. Wichtigste Argumente dafür sind, dass sich 9,1–5 thematisch sehr gut an 8,16–24 anschließt, obwohl es einige Doppelungen gibt. Auch das *Denn* zeigt, dass Paulus an eine Aussage über dasselbe Thema anknüpft. Zudem kennen wir keinen Brief des Paulus, der mit einem *Was … betrifft* beginnen würde. Die beiden Kapitel bilden eine schöne Ringkomposition: Nach der Einleitung in 8,1–6 bietet 8,7–15 eine erste theologische Begründung der Hilfe für in Not geratene Geschwister. 8,16–24/9,1–5 handeln dann von der praktischen Durchführung, vor allem durch das nach Korinth entsandte Team unter Leitung des Titus. 9,6–15 schließt mit einer zweiten grundsätzlich theologischen Begründung großzügigen Gebens. Die etwas irritierende Formulierung des Neuansatzes in 9,1 könnte ihren Grund in einer Diktierpause haben.

Paulus setzt noch einmal neu bei dem eigentlichen Anliegen an: *den Dienst für die Heiligen* (**1**). Wieder greift er die Bezeichnung *Dienst* (griechisch *diakonia*) für dieses Unternehmen auf, ein Wort, das wir auch mit *Hilfe* (ZB), *Hilfswerk* (EÜ) oder *Unterstützung* (BasisBibel) übersetzen könnten. Aber die Übersetzung mit *Dienst* signalisiert etwas vom Zusammenhang, den Paulus zwischen dieser Aufgabe und seinem *Dienst* und *Auftrag* insgesamt sieht (vgl. 3,6f; 5,19). *Die Heiligen* sind natürlich auch hier die Glieder der Gemeinde in Jerusalem (vgl. 8,4). Viele Ausleger meinen, Paulus bediene sich bei der Formulierung dieses Satzes eines bekannten rhetorischen Kunstgriffs, wenn er sagt: (*Eigentlich*) *erübrigt es sich für mich, euch (darüber) zu schreiben,* um es dann doch ausführlich zu tun. Aber Paulus meint dies anders. Das zeigt die Beziehung der Wörter *zwar* (V. 1) und *aber* (V. 3): *Zwar erübrigt es sich* für ihn, etwas über die Hilfsaktion als solche zu sagen, *aber* er hat doch für nötig befunden, die *Brüder* nach Korinth zu schicken.

Tatsächlich sagt Paulus auch nichts mehr über Inhalt und Ziel der Geldsammlung. Dass dies nicht nötig ist, begründet er damit, dass er die grundsätzliche *Bereitschaft* der Korinther kennt, sich daran zu beteiligen (**2**). Die Sache als solche muss also nicht noch einmal erklärt werden. Hatte der Apostel in 8,1–5 das außerordentlich erfreuliche Ergebnis der Sammlung in den Gemeinden in Mazedonien gerühmt und versucht, damit die Korinther anzuspornen, so argumentiert er hier gerade umgekehrt: Er habe überall in Mazedonien davon erzählt, dass die Gemeinden in der Provinz *Achaia*, deren Hauptstadt Korinth war, sich schon vor einem Jahr für die Durchführung der Sammlung *gerüstet* haben. Der Bericht von diesem *Eifer* hat dort dann *die meisten* zu diesem über alle Erwartung guten Ergebnis angespornt.

In dem Köder, den dieses Lob auslegt, steckt natürlich ein Haken (**3**). Wenn man vorher 8,11f gelesen hat, ist sofort klar, worauf Paulus eigentlich hinaus will: Aus der *Bereitschaft* muss nun auch ein Tun und ein erfolgreicher Abschluss der ganzen Aktion werden. Paulus hat die kleine Delegation mit den drei in 8,16–24 genannten *Brüdern* nach Korinth entsandt, um dafür zu sorgen, dass die Korinther nicht nur ihren guten Willen bekundet haben, sondern dann auch wirklich für den Abschluss der Sammlung *gerüstet* sind. Paulus möchte verhindern, dass sich das, was er im Blick auf die Bereitschaft der Korinther, für Jerusalem zu spenden, zu deren *Ruhm gesagt* hat, *als leeres Geschwätz erweist* (wörtlich: *entleert wird*).

Paulus hat vor, mit den Abgesandten der mazedonischen Gemeinden (Apg 20,4 nennt zwei Personen mit Namen) über Korinth weiter nach Jerusalem zu reisen (**4**). Seine Befürchtung ist, dass die Gemeinde, wenn er mit diesen Leuten nach Korinth kommt, nicht darauf vorbereitet ist, die Sammlung abzuschließen, und er im Blick auf das, was er über die Durchführung des Vorhabens in Korinth behauptet hat, *beschämt* (wir würden heute sagen: *blamiert*) dasteht. Den kleinen Seitenhieb, er könnte ja auch sagen, dass dann die Gemeinde in Korinth beschämt dastehen würde, kann er sich allerdings nicht ganz verkneifen!

Das bringt Paulus dazu, endlich zu sagen, warum er das Thema der Sammlung noch einmal aufgreift (**5**). Er hat den Eindruck, er müsse doch noch einmal begründen, warum Titus und die beiden anderen *Brüder* nicht erst zusammen mit ihm und den mazedonischen Abgesandten nach Korinth kommen werden, sondern er sie gebeten hat, schon *vor* ihm dorthin zu reisen. Denn er befürchtet, dass es *nötig* ist, in Korinth einen Anstoß von außen zu geben, um die Sammlung noch *vor* seiner Ankunft *fertig zu machen* und rechtzeitig abzuschließen. Dabei bedeutet auch hier die Vergangenheitsform in V. 3 nicht unbedingt, dass die Delegation schon abgereist war (siehe oben zu 8,19). Wahrscheinlich sollten die Männer den Brief mitnehmen, damit er sie und ihre Aufgabe in der Gemeinde in Korinth legitimiert.

Mit dem Wort *Segen* führt Paulus noch einen weiteren Begriff für die Sammlung ein. Schon im Alten Testament wird ein großzügiges, der Gemeinschaft und der Versöhnung dienendes Geschenk mit diesem Wort bezeichnet, das dann mit *Segensgabe* übersetzt wird (vgl. Gen 33,11; 1Sam 25,27; 1Kön 5,15). Dass Paulus diesen Begriff für die Sammlung für Jerusalem aufgreift, ruft eine Fülle von Assoziationen hervor: Es geht wirklich nicht um ein Almosen für eine Not leidende Gemeinde, sondern um ein Geschenk, in dem sich die Fülle des Segnens Gottes widerspiegelt, ein Geschenk, das vor allem Gemeinschaft stärken und Trennung überwinden soll. Paulus gibt sich damit selbst das Stichwort für eine nochmalige theologische Begründung der ganzen Aktion in 9,6–15. Hier begnügt er sich damit, aus dem Begriff des Segens einen Hinweis auf das Ergebnis, das er sich wünscht, abzuleiten. Damit begründet er noch einmal, warum er es nötig hält, sich in die Organisation der Sammlung in Korinth einzumischen: Er möchte, dass das Sammelergebnis, wenn er nach Korinth kommt, *wirklich als Segen(sgabe) bereitliegt und nicht als (eine Gabe, wie sie sich der) Geiz (abringt).*

Vom Segen einer guten Organisation möchte Paulus die Gemeinde überzeugen. Es kann wichtig sein, Dinge dem freien Wirken des Geistes zu überlassen. Aber gerade, wenn es darum geht, Hilfe für andere zu leisten, ist es hilfreich, wenn beauftragte Personen die Dinge in die Hand nehmen und dafür sorgen, dass zielgerichtet gearbeitet wird.

9,6–15
Vom Segen der Freigiebigkeit

6Das aber (heißt): Wer kärglich sät, wird auch kärglich ernten, und wer aus Segensfülle sät, wird auch in Segensfülle ernten. 7Jeder aber möge geben, wie er sich im Herzen vorgenommen hat, nicht missmutig oder aus Zwang, denn *»einen fröhlichen Geber liebt Gott«* (Spr 22,8). 8Gott aber kann euch alle Gnade(ngaben) im Überfluss schenken, damit ihr allezeit und in allem ein für alles genügendes Aus-

kommen habt und (auch noch) Überfluss zu allem guten Werk, [9]wie geschrieben steht: »*Er hat ausgeteilt, er hat den Armen gegeben, seine Gerechtigkeit bleibt in Ewigkeit*« (Ps 112,9). [10]Der aber *Saatgut dem Säenden gewährt und Brot zur Speise* (Jes 55,10), der wird auch (euch) euer Saatgut zur Verfügung stellen und reichlich mehren und die Früchte eurer Gerechtigkeit wachsen lassen. [11]Ihr seid (also) in jeder Hinsicht reich gemacht zu jeder Art selbstlosen Gebens, das durch uns(ere Vermittlung bei den Empfängern) Dank gegen Gott bewirkt. [12]Denn der Dienst mit dieser Unterstützung füllt nicht nur den Mangel der Heiligen aus, sondern erweist seinen überströmenden Reichtum auch durch die vielen Dankgebete gegenüber Gott. [13]Durch (eure) Bewährung in diesem Dienst verherrlichen sie Gott aufgrund des Gehorsams eures Bekenntnisses zum Evangelium von Jesus Christus und aufgrund des selbstlosen Gebens in (partnerschaftlicher) Gemeinschaft mit ihnen und (auch) allen (anderen). [14]Dabei zeigt sich auch in ihrem Gebet für euch ihre Sehnsucht nach euch wegen der überschwänglichen Gnade Gottes an euch. [15]Dank aber sei Gott für seine unbeschreibliche Gabe.

Das Stichwort *Segen* regt Paulus an, noch einige Anmerkungen zum richtigen Geben von Christen zu machen. Dabei greift Paulus auf eine alte Bauernregel zurück: »Wie die Saat, so die Ernte« (**6**). Diese Regel wird in der antiken Weisheit und Philosophie auch im übertragenen Sinne verwendet: »Wer Unrecht sät, wird Unglück ernten« (Spr 22,8). Die Version dieser Regel, die Paulus zitiert: *Wer kärglich sät, wird auch kärglich ernten* greift Erfahrungen aus dem Geschäftsleben auf: Wer nicht bereit ist zu investieren, wird auch nichts verdienen. Aber schon die biblischen Sprichwörter wenden diese Weisheit auch auf Erfahrungen mit der Freigiebigkeit an: »Der eine ist freigiebig und gewinnt noch dazu, der andere ist sparsam, mehr als nötig, und hat doch Mangel« (Spr 11,24 [ZB]).

Allerdings formuliert Paulus die positive Seite seiner Regel bewusst anders. Zwar schreiben manche Übersetzungen: *wer reichlich sät, wird reichlich ernten* (EÜ), aber wörtlich sagt Paulus: *wer aufgrund von Segensgaben hin sät, wird aufgrund von Segensgaben ernten*. Der Sinn dieser etwas umständlichen Ausdrucksweise ist deutlich. Paulus spricht nicht nur davon, dass jemand aus seinem eigenen Vermögen in Wohltätigkeit investiert. Es geht darum, von dem, was Gottes Segen an Gaben und Möglichkeiten in ein Leben legt, weiterzugeben und so selbst wieder neu von Gottes Segen begabt und beschenkt zu werden: *wer aus Segensfülle sät, wird auch in Segensfülle ernten* (vgl. LÜ: *wer da sät im Segen, der wird auch ernten im Segen*). Es ist also Gott und sein

Segen, »der die Fülle menschlichen Gebens und Empfangen immer wieder neu ermöglicht« (Wolff, 185).
Aber Paulus will nicht durch das Versprechen eines himmlischen Lohns mehr Geld für seine Sammlung aus den Christen in Korinth herauspressen. Sie sollen selbst entscheiden, was sie erübrigen können und *jeder so viel geben, wie er sich im Herzen vorgenommen hat* (**7**). Es ist Paulus wichtig, dass in der richtigen Weise gespendet wird: *nicht missmutig* und innerlich unwillig. Die Ansicht, dass ein Opfer für andere erst dann genüge, wenn es weh tut, teilt Paulus also nicht. Aber auch *nicht aus Zwang* soll gegeben werden, etwa weil der Druck der Gruppe zu groß ist oder Nachteile befürchtet werden. Denn *einen fröhlichen Geber liebt Gott.* Paulus zitiert hier wieder ein Wort aus dem Buch der Sprüche, das aber so nur in der griechischen Ausgabe zu finden ist und das er auch charakteristisch verändert. Dort heißt es: »einen fröhlichen und freigiebigen Mann segnet Gott« (Spr 22,8a). Aber obwohl das Stichwort *segnen* genau in den Zusammenhang passen würde, vermeidet es Paulus. Er möchte nicht dem Missverständnis Vorschub leisten, es handele sich hier um ein Geschäft: Wer viel und gern gibt, wird deshalb von Gott gesegnet. Der Segen ist nicht die Belohnung, sondern die gute Tat selbst ist Ausdruck des Segens Gottes. Wer *fröhlich* und *freudig* gibt, lebt die Gemeinschaft mit Gott, und darum *liebt Gott* die, die so handeln.
Was an einem freudigen Geben hindert, ist freilich oft die Sorge, es bliebe nicht genügend für den eigenen Unterhalt übrig. Diese Sorge will Paulus im Folgenden zerstreuen (**8f**). Sehr betont verweist er auf Gottes Möglichkeiten. *Gott* ist mächtig genug; er *kann* die Seinen versorgen. Noch einmal spricht Paulus in diesem Zusammenhang von *Gnade.* Für die Bibel erschöpft sich Gnade aber nicht darin, dass Gott die Sünden vergibt. *Gnade,* Ausdruck der Güte Gottes, ist auch das Geschenk des Lebens und all dessen, was zum Leben nötig ist. Weil Gott Schöpfer und Erhalter ist, kann er *alle* (Art von) *Gnade* und *jede Gnadengabe* schenken, die wir brauchen, und er tut das sogar *reichlich* und *im Überfluss.* Paulus benutzt hier ein Verb, das er im 2. Korintherbrief häufig gebraucht und mit dem er das *Überströmen, überreichlich Fließen* oder *Zuteilwerden* dessen beschreibt, was Gott schenkt (1,5; 3,9; 4,15; 8,2.7).
Dieser Reichtum und Überfluss soll nicht nur für die geistlichen Gaben gelten. Gott schenkt auch das, was die Seinen zum täglichen Leben brauchen, damit sie *allezeit und in allem ein für alles genügendes Auskommen* haben. Paulus spricht hier bewusst vollmundig, um die Fürsorge Gottes zu kennzeichnen. Das griechische Wort, das wir mit *genügendem Auskommen* übersetzen und von

dem sich das Fremdwort *Autarkie* ableitet, macht aber deutlich: Es geht hier nicht um Luxus und Wohlleben, sondern um das, was zum Leben genügt. Denn das eigentliche Ziel der Aussage ist ja, dass die Christen, wenn ihnen die Sorge um sich selbst genommen ist, *(auch noch) Überfluss zu allem guten Werk* haben werden, also genügend, um mit anderen zu teilen, wo immer dies nötig ist.
Dass man darauf vertrauen kann, unterstreicht Paulus durch ein Zitat aus Ps 112,9. Hier wird von dem Frommen gesagt: *»Er hat ausgeteilt, er hat den Armen gegeben, seine Gerechtigkeit bleibt in Ewigkeit«*. Manche Ausleger nehmen an, dass Paulus *Gott* als Subjekt dieser Aussage sieht: *Er* streut seine Gaben verschwenderisch aus und gibt den Armen, was sie brauchen. Vor allem aber ist es *seine* Gerechtigkeit, *seine* nie endende Treue und Zuwendung, auf die die Christen sich verlassen sollen. Das gibt einen guten Sinn. Dennoch ist es wahrscheinlicher, dass auch für Paulus das Zitat von denen spricht, die im Vertrauen auf Gott großzügig mit anderen teilen. In V. 10 wird er mit den Korinthern über die Früchte *eurer* Gerechtigkeit sprechen. Paulus hat kein Problem, mit den Worten des Psalmisten von der *Gerechtigkeit,* also der *richtigen Haltung* und dem *rechten Verhalten* derer zu sprechen, die sich mit ihrer Freigiebigkeit in den Dienst der Gerechtigkeit Gottes stellen (vgl. Röm 6,12–23).
Auch die Weiterführung dieser Überlegungen nimmt auf eine alttestamentliche Aussage Bezug (**10**). In Anlehnung an Jes 55,10 wird Gott der genannt, der *Saatgut dem Säenden gewährt und Brot zur Speise.* Die Übersetzung von *Samen* mit der präziseren Bezeichnung *Saatgut* weist auf den Hintergrund, auf dem hier die Fülle des Gebens Gottes gezeichnet wird. In Notzeiten stehen Menschen immer wieder vor der fatalen Entscheidung, ob der Vorrat an Getreide als Saatgut für die nächste Aussaat und Ernte aufbewahrt oder für das dringend als Nahrung gebrauchte Brot verwendet werden soll. Darum ist es nach Jes 55,10 Merkmal der fruchtbaren und gut gewässerten Erde, sowohl Saatgut zum Säen als auch Brot für die Nahrung hervorzubringen.
Für Paulus wird dieses Bild zum Kennzeichen der großzügigen Fürsorge Gottes. Es stützt zugleich sein Argument für ein großzügiges Spenden: Gott wird sowohl für das sorgen, was wir zum eigenen Lebensunterhalt brauchen, als auch für das *Saatgut,* also für all das, was gebraucht wird, um neues Leben, ein neues Miteinander und mehr Liebe unter den Menschen zu pflanzen. Dass Paulus den Christen in Korinth zusagt, Gott werde *(euch) euer Saatgut zur Verfügung stellen und reichlich mehren,* soll ihnen Mut machen, sich nicht dadurch entmutigen zu lassen, dass ihnen für andere nur wenig zur Verfügung steht, sondern darauf zu ver-

trauen, dass Gott immer wieder neue Möglichkeiten zum Helfen und zum Teilen auftun wird.

Was hier geschieht, wird nicht vergeblich sein. Gott, der für das »*Saatgut*« sorgt, wird auch *die Früchte eurer Gerechtigkeit wachsen lassen.* Damit ist nicht an eine persönliche Belohnung gedacht. Paulus bleibt zunächst auf der Ebene des Vergleichs aus der Landwirtschaft. Für ihn ist grundsätzlich alles Handeln aus Glauben nicht so sehr »Werk«, also etwas, das Menschen machen, sondern »Frucht«, also das, was aus der Verbindung mit Gott und seiner Liebe heraus erwächst (vgl. in Gal 5,19–22 die Unterscheidung zwischen den »Werken des Fleisches« und der »Frucht des Geistes«). Die *Früchte eurer Gerechtigkeit* sind all das, was aus dem Einsatz der Korinther für andere erwächst. Sie werden *wachsen,* das heißt: Die Saat ihrer Gaben wird nicht nur aufgehen, sondern ihre hilfreiche Wirkung wird sich vervielfältigen. Paulus wehrt jeder vorauseilenden Resignation, die sich durch Sprüche wie »daraus wird ja doch nichts« entmutigen lässt.

In V. **11** fasst Paulus zusammen, was dies für die Adressaten bedeutet: *In jeder Hinsicht,* im Blick auf geistliche Gaben, aber wohl auch auf materielle Güter, hat Gott sie *reich gemacht* und sie dadurch zu *jeder Art selbstlosen Gebens* befähigt. Paulus denkt nicht nur an Geldspenden. Auch hier betont er durch das zweifache *jeder* die Vielfalt dessen, was Gott möglich macht. Allerdings lenkt er nun doch wieder stärker auf das Thema Geldsammlung zurück. Denn der Hinweis, dass die Freigiebigkeit der Korinther *durch uns(ere Vermittlung bei den Empfängern) Dank gegen Gott bewirkt,* hat vor allem die Sammlung für Jerusalem im Auge. Wenn Paulus und die kleine Delegation der heidenchristlichen Gemeinden das Ergebnis überbringen wird, dann wird das bei den Empfängern vor allem deren *Dank gegen Gott bewirken.* Dass Gott auf vielfältige Weise gedankt wird, das ist für Paulus das Ziel gegenseitiger seelsorgerlicher Ermutigung und Hilfe (1,11; 4,15), aber auch einer Hilfsaktion wie der Geldsammlung für Jerusalem.

Paulus erläutert das in V. **12**. Dabei stellt er als Bezeichnung der Aktion neben das schon häufig verwendete Wort *Dienst* noch einen neuen Begriff, nämlich *Unterstützung.* Das griechische Wort, das wir so übersetzen (*leiturgia*; vgl. *Liturgie*), hat eine große Bedeutungsbreite und deshalb die Aufmerksamkeit der Ausleger auf sich gezogen. Einerseits bezeichnet der Begriff in der antiken Gesellschaft eine Vielfalt von Dienstleistungen für das Gemeinwesen, die private Personen auf eigene Kosten übernahmen. Es war der griechische Fachbegriff für das, was wir heute *Sponsoring* nennen. Andererseits ist damit in der Septuaginta, der griechischen Übersetzung des Alten Testaments, sehr häufig ein *kultischer Dienst* gemeint. Paulus verwendet das Wort in beiden Bedeutungsnuancen: für gottesdienstliches Handeln in Röm 15,16; Phil 2,17, für eine freiwillig geleistete Unterstützung in Phil 2, 25.30. Welchen Akzent hat es, wenn es in Verbindung mit der Sammlung für Jerusalem verwendet wird (so auch das Verb in Röm 15,27)? Kennzeichnet es diese Aktion als ein gottesdienstliches, gewissermaßen »liturgisches« Handeln und als *Opfergabe* (so EÜ) oder als eine gemeinschaftsdienliche Unterstützung und Dienstleistung? Da bei Paulus der Zusammenhang, in dem das Wort steht, über die Bedeutung entscheidet, wählen wir die Übersetzung *Unterstützung,* was nicht ausschließt, dass Paulus ihm einen feierlichen Unterton mitgeben wollte.

Dafür spricht auch der Inhalt der Aussage. Paulus betont ja, dass diese Hilfsaktion *nicht nur den Mangel der Heiligen ausfüllt,* also die Not lindert, in die viele Glieder der Jerusalemer Gemeinde geraten sind. Das *nicht nur* signalisiert nicht, das dieser Aspekt der Sammlung unwichtig oder nebensächlich ist. Hilfe in der Not bleibt ihre erste Bestimmung. Aber es ist eben nicht die einzige. Wichtig ist auch die andere Wirkung, die Paulus erhofft. Dieser Dienst soll *seinen überströmenden Reichtum auch durch die vielen Dankgebete gegenüber Gott* erweisen. Noch einmal verwendet Paulus dieses Wort, das das *Überströmen* und *Überfließen* des von Gott geschenkten Reichtums beschreibt. Es wird sich zeigen, dass in der Summe, die die paulinischen Missionsgemeinden unter großen Opfern zusammengelegt haben, mehr steckt als nur das Geld für eine substantielle Nahrungsmittelhilfe. Paulus hofft, dass all das, was an Liebe und Bekenntnis zur gemeinsamen Verantwortung in diesem Sammelergebnis steckt, seinen Reichtum auch bei den Empfängern entfaltet und so einen Dank Gott gegenüber bewirkt, der weit über das Dankeschön für die Bereitstellung von Mahlzeiten für ein paar Wochen oder Monate hinausgeht.

Paulus beschreibt in den folgenden beiden Versen (**13f**), wie er sich diese über die Linderung der aktuellen Not hinausgehende Wirkung der Kollekte vorstellt. Dabei zeigt sich sehr deutlich, warum diese Geldsammlung für ihn und seine Arbeit einen so hohen Stellenwert einnimmt. Es sind damit tatsächlich noch sehr viel mehr Ziele verbunden als die Absicht, der Not leidenden Gemeinde in Jerusalem zu helfen. Darüber zu sprechen scheint für Paulus aber nicht ganz einfach zu sein, denn der Satz, den er hier formuliert, gehört zu den grammatikalisch schwierigsten in seiner Korrespondenz.

Paulus nimmt mit seinen Aussagen schon vorweg, was geschehen wird, wenn das Ergebnis der Sammlung überbracht wird. Weil die

Gemeinden der paulinischen Mission sich in der Durchführung dieses Auftrags (*dieses Dienstes*) *bewährt* haben, werden die Empfänger der Gabe *Gott verherrlichen* und ihm danken. Das hat einen doppelten Grund. Sie tun das erstens *aufgrund des Gehorsams eures Bekenntnisses zum Evangelium von Jesus Christus.* Das ist eine überraschende Aussage und zeigt noch einmal eine ganz neue Dimension dieses Unternehmens. Es geht um den *Gehorsam des Bekenntnisses* der beteiligten Gemeinden. Was ist damit gemeint?
Das Wort *Gehorsam* könnte auch mit *Unterordnung* übersetzt werden. Paulus benutzt dieses Wort auch in seinem Bericht über die Auseinandersetzung in Jerusalem in Gal 2,5. Er berichtet dort, dass er denen, die gefordert hatten, auch die Heidenchristen müssten sich beschneiden lassen, »nicht eine Stunde durch Unterordnung nachgegeben habe«. Andererseits wirft er in Röm 10,3 den ungläubigen Juden vor, sie hätten sich nicht »der Gerechtigkeit Gottes untergeordnet«. Für Paulus soll also die Durchführung der Kollekte auch ein Zeichen für die Jerusalemer Urgemeinde sein, dass sich die heidenchristlichen Gemeinden dem gemeinsamen Bekenntnis zu Jesus Christus *unterordnen* und so den *Gehorsam* ihres Glaubens bezeugen. Paulus versteht die Kollekte also als einen Weg, die gefährdete Kirchengemeinschaft mit Jerusalem zu erneuern. Es geht nicht um eine Unterordnung unter die Autorität Jerusalems; aber dass die dortige Gemeinde anerkennt, dass man unter dem gleichen Bekenntnis steht, hat für Paulus große Bedeutung.
Der zweite Grund dafür, dass die Empfänger der Sammlung *Gott verherrlichen,* ist unmittelbar einleuchtend. Sie tun das *aufgrund des selbstlosen Gebens in (partnerschaftlicher) Gemeinschaft mit ihnen und (auch) allen (anderen).* Es ist also der Dank für die *Freigiebigkeit* der paulinischen Gemeinden, den Paulus erhofft, aber eben nicht im Verständnis einer großherzigen Spendenaktion eines fernen Gönners, sondern als Ausdruck einer *(partnerschaftlichen) Gemeinschaft* und *Solidarität* (griechisch: *koinonia*), in der man gemeinsam verbunden ist: als Gemeinden in Korinth und Jerusalem, aber auch mit allen anderen. Paulus hofft also auf ein dankbares Ja zu einer wahrhaft ökumenischen Kirchengemeinschaft.
Der Apostel geht noch einen Schritt weiter (**14**). In der Antike und insbesondere im Judentum gehört zum Dank auch die Fürbitte. Und in der frühen Kirche war die Erwähnung anderer Gemeinden in der Fürbitte Ausdruck von Kirchengemeinschaft. Indem die Gemeinde in Jerusalem im Gebet für die paulinischen Gemeinden eintritt, erweist sich auch *ihre Sehnsucht,* in engere Gemeinschaft mit ihnen zu treten. Und zwar nicht sosehr wegen der noblen Gesinnung der Geber, sondern *wegen der überschwänglichen Gnade*

Gottes (, die er) an euch (erweist). Paulus hofft, dass die Bereitschaft, mit ihnen in Not zu teilen, von denen, die die Hilfe empfangen, als eine Auswirkung der *überschwänglichen Gnade Gottes* erkannt wird. Denn es ist Gottes Gnade, die Herzen für die Not anderer öffnet und Grenzen kirchlicher Traditionen überwindet. Zu erkennen, dass diese Gnade an den Christen der paulinischen Gemeinden wirkt, ist der Motor dafür, engere Gemeinschaft mit ihnen zu suchen und die paulinische Missionsarbeit als Werk der Gnade Gottes anzuerkennen.

Diese Vision vor Augen kann Paulus nur Gott für *seine unbeschreibliche (Gnaden-)Gabe* zu danken (**15**). Die beiden Kapitel, die sich dem Thema der Sammlung für Jerusalem gewidmet haben, enden so, wie sie begonnen haben. Stand am Anfang die dankbare Freude über die *Gnade Gottes,* die sich in der Spendenbereitschaft der Gemeinden in Mazedonien gezeigt hat, so steht am Ende der Dank für die *Gabe* Gottes, das heißt für die Gnade, die in Jesus Christus die neue Gemeinschaft zwischen Gott und Mensch begründet und dadurch auch eine neue Gemeinschaft zwischen Menschen schafft. Sie in ihrer ganzen Bedeutung angemessen zu beschreiben, ist unmöglich. Die richtige Weise, von ihr zu reden, ist, für sie zu danken.

Paulus begründet die Notwendigkeit und die Möglichkeit von Geben und Teilen in der Gemeinschaft der christlichen Kirche mit der Fülle des Gebens Gottes. Auf Gottes Hilfe und Schenken zu vertrauen befähigt dazu, die Sorge um sich selbst hinter sich zu lassen und mit anderen, die in Not sind, zu teilen.

Die besondere Bedeutung der Kollekte für Jerusalem zeigt sich in verschiedenen Punkten:

Sie ist Hilfe in Not. Paulus erwähnt das nur im Vorübergehen. Die Notleidenden werden nicht bloßgestellt, ihre Notlage nicht als Mitleidsfaktor instrumentalisiert. Das könnte allerdings auch die Gefahr in sich schließen, dass der menschliche Anlass der Aktion in den Hintergrund gerät.

Den Gebern schenkt sie die Möglichkeit, die hilfreiche Dynamik des Gebens zu erfahren. Dabei zielt Paulus weniger auf das gute Gefühl etwas Gutes getan zu haben, sondern darauf, dass durch selbstloses Geben das Vertrauen auf Gott gestärkt wird.

Vor allem aber soll die Sammlung dazu dienen, die Kirchengemeinschaft zwischen der Jerusalemer Gemeinde und den von Paulus gegründeten Gemeinden zu bekräftigen, oder – wenn nötig – zu erneuern und wiederherzustellen. Paulus hofft auf die Anerkennung des gemeinsamen Bekenntnisses und der als solidarische Partnerschaft gelebten Gemeinschaft (*koinonia*).

Es war die Tragik dieses Unternehmens, dass sie in den paulinischen Gemeinden ein großer »Erfolg« (Röm 15,25f), die Überbringung der Kollekte selbst aber vermutlich ein Fehlschlag war. Sie scheint in dieser Form von Jerusalem nicht akzeptiert worden zu sein. Die Apostelgeschichte erwähnt die Kollekte nur ganz beiläufig (24,17), und nach 21,20–26 hat man Paulus zugemutet, seine Gesetzestreue unter Beweis zu stellen und das in den heidenchristlichen Gemeinden gesammelte Geld erst einmal zu »waschen«, um es akzeptabel zu machen (Zeilinger I, 314). Das Anliegen des Paulus ist dadurch nicht entwertet. Sowohl das, was er über christliches Geben und Teilen sagt, als auch seine Vorstellungen von Kirchengemeinschaft geben bleibende Impulse für die Gemeinschaft der christlichen Gemeinden. Kirchengemeinschaft gründet in dem gemeinsamen Bekenntnis zum Evangelium und der gemeinsamen Teilhabe an Gottes Gnade, und sie wird gelebt im Teilen und im Austausch geistlicher und materieller Ressourcen.

III

10,1 – 13,13
Das Ringen um die Gemeinde

Nachdem Paulus so ausführlich von der Durchführung der Sammlung für Jerusalem gesprochen hat, würde man erwarten, dass er den Brief mit einigen Mitteilungen über seine aktuellen Reisepläne und einer Reihe von Grüßen abschließt (vgl. 1Kor 16 und Röm 15,25–33; 16). Stattdessen beginnt mit 10,1 ein weiterer Teil des Schreibens, in dessen vier Kapiteln Paulus noch einmal eine heftige Auseinandersetzung mit der Gemeinde in Korinth führt. Dabei geht es um Vorwürfe, die dort gegen Paulus geäußert werden. Dies ist umso erstaunlicher, als Kap. 7 mit einem so versöhnlichen Ton geschlossen hatte und die Kap. 8 und 9 hoffnungsvoll auf eine gute Zusammenarbeit bei der Sammlung für Jerusalem vorausblickten. Wie ist das zu erklären?

Schon seit langem nehmen Ausleger an, die vier Kap. 10–13 seien kein ursprünglicher Bestandteil des 2. Korintherbriefs, sondern zunächst ein selbständiger Brief gewesen (»Vier-Kapitel-Brief«). Viele vermuten, es handle sich um den Hauptteil des sog. »Tränenbriefs«, von dem Paulus in 2,4 und 7,8 gesprochen hat und in dem Paulus heftig gegen ein bestimmtes Verhalten der Gemeinde protestiert hatte. Hauptproblem war dort, dass ein Gemeindeglied Paulus beleidigt hatte. Dieses Thema wird aber in Kap. 10–13 gar nicht erwähnt. Hier geht es um die Auseinandersetzung mit Gegnern des Paulus, die in Korinth aufgetaucht sind. Hat man die Passagen, die von dem Beleidiger handelten, weggelassen, weil diese Angelegenheit geklärt war? Wegen dieser Unklarheit halten andere Ausleger die vier Kapitel für ein gesondertes Verteidigungsschreiben, das vor oder nach dem Tränenbrief geschrieben wurde. Für einen solchen weiteren Brief gibt es aber keine Hinweise in der Korrespondenz. Deshalb erwägt eine ganze Reihe von Exegeten, dass Paulus diese Kapitel erst einige Zeit *nach* der Abfassung von 2Kor 1–9, und zwar ursprünglich als gesonderten Brief schrieb, weil neue Nachrichten aus Korinth kamen. Merkwürdig ist aber, dass Paulus diese Tatsache nicht erwähnt. Dieser Einwand gilt auch für die Auffassung, der neuerdings wieder manche zuneigen, dass Paulus, bevor er Kap. 1–9 absenden konnte, neue Hinweise auf die eigentlichen Ursachen der Probleme in Korinth erhielt und darum Kap. 10–13 anfügte. Oder war es doch eine »schlaflos durchwachte Nacht« (Lietzmann, 139), die Paulus einen bisher nicht behandelten Aspekt des Konflikts in Erinnerung brachte und auf die Seele legte, sodass er dieses Thema noch aufgreifen musste?

Eine eindeutige Lösung des Rätsels, warum in den Kap. 10–13 die Auseinandersetzung noch einmal so heftig aufflackert, scheint es nicht zu geben. Weder die Auskunft, es handle sich um den Hauptteil eines ursprünglich selbständigen Briefs, noch der Versuch, die Kapitel als letzten Teil oder umfangreichen Nachtrag des 2. Korintherbriefs zu erklären, können alle Fragen beantworten. Wir werden daher diese Kapitel als letzten Teil des uns überlieferten Briefs auslegen, uns dabei aber immer auch die Frage stellen, welche historische Situation seine Eigenart am besten erklärt. Er gliedert sich in drei Abschnitte: 10,1–18 behandelt noch einmal *Die Frage nach der Vollmacht des Apostels,* 11,1 – 12,10 in der eigentümlichen Form der *Rede eines »Narren«* die Frage, was *die Kraft der Gnade* ausmacht, und 12,11 – 13,10 *Eine Perspektive für die Zukunft.*

10,1–18
Die Frage nach der Vollmacht des Apostels

Paulus thematisiert in diesem Abschnitt zunächst den *Vorwurf eines schwächlichen Auftretens* (V. 1–11), um dann klarzustellen, worin *Der rechte Maßstab für die missionarische Arbeit* besteht (V. 12–18).

10,1–11
Der Vorwurf eines schwächlichen Auftretens

10 [1]Ich selbst aber, Paulus, bitte euch dringend kraft der Sanftmut
und Milde Christi, (ich,) der ich im persönlichen Gegenüber unter
euch unterwürfig (sein soll), abwesend mich aber euch gegenüber
mutig zeige; [2]ich bitte (euch) inständig, dass ich, wenn ich anwesend
bin, mich nicht mit der Zuversicht mutig erweisen muss, mit der ich
denke, mich gegenüber einigen (Leuten) entschlossen zu erweisen,
die meinen, wir würden unser Leben nach dem Fleisch führen.
[3]Denn obwohl wir unser Leben im Fleisch führen, so kämpfen wir
(doch) nicht nach dem Fleisch. [4]Denn die Waffen unseres Kampfes
sind nicht fleischlich, sondern mächtig durch Gott, um (damit) Fes-
tungen niederzureißen. Und so reißen wir Gedanken(gebäude) nie-
der [5]und alles Hochragende, das sich gegen die Erkenntnis Gottes
erhebt, und nehmen alles Denken unter den Gehorsam gegenüber
Christus gefangen [6]und sind (auch) bereit, jeden Ungehorsam zu
strafen, sobald euer Gehorsam wiederhergestellt sein wird.
[7]Seht doch auf das, was vor Augen liegt! Wenn jemand darauf sein
Vertrauen setzt, zu Christus zu gehören, so soll er bei sich selbst

auch bedenken, dass, wie er zu Christus gehört, so auch wir! [8]Denn selbst wenn ich mich noch etwas mehr im Blick auf die Vollmacht rühmen würde, die der Herr (mir) gegeben hat, und zwar zum Aufbau und nicht dazu, euch niederzureißen, würde ich nicht beschämt dastehen. [9](Ich sage das,) damit ich nicht den Anschein erwecke, euch durch die Briefe einzuschüchtern. [10]Denn die Briefe, sagen sie, sind zwar gewichtig und stark, aber das persönliche Auftreten ist schwach und die Rede nichts wert. [11]Der Betreffende (, der dies sagt,) soll bedenken: So, wie wir in unserer Abwesenheit im Wort der Briefe sind, werden wir auch in unserer Anwesenheit durch die Tat sein.

Paulus beginnt diesen neuen Abschnitt mit einem sehr betonten *Ich selbst aber, Paulus* und damit mit dem ausdrücklichen Hinweis, dass er nun über sich selbst sprechen müsse (**1**). Hatte er in Kap. 8 und 9 Titus und seine Begleiter empfohlen, muss er nun noch einmal von sich und seinem Verhältnis zur Gemeinde sprechen. Was ihn bewegt, bringt er als dringende Bitte vor. Dabei sagt er zunächst nicht, worum er so *dringend bittet* bzw. wozu er *ermahnt.* Dagegen betont er, worauf sich diese Bitte stützt. Paulus spricht sie aus *kraft der Sanftmut und Milde Christi* (vgl. die ähnliche Formulierung in Röm 12,1). Das Stichwort *Sanftmut, Freundlichkeit* erinnert an den *sanftmütigen, friedfertigen* König von Sach 9,9 (vgl. Mt 21,5), der niedrig und bescheiden auf einem Esel daherkommt und gerade so seine Autorität als der rechte Herrscher zeigt. Paulus wird dabei nicht nur an die Freundlichkeit und Güte des irdischen Jesus denken (Mt 11,28), sondern an die Erniedrigung des Gottessohnes bis zum Tod am Kreuz (vgl. 8,9; Phil 2,7f) als tiefstem Ausdruck der Menschenfreundlichkeit Gottes. Dass das griechische Wort für *Milde* häufig für die *Güte* eines Herrschenden gebraucht wird, der nicht mit unnachsichtiger Strenge oder gar Gewalt regiert und richtet, gibt ihm in unserem Zusammenhang seine besondere Bedeutung.

Denn gerade hier, wo es um die Ausübung seiner Autorität geht, richtet Paulus seinen dringenden Appell an die Korinther unter Berufung auf die *Sanftmut und Milde Christi.* Auch der Christus-Titel signalisiert, dass sich Paulus auf die Autorität dessen beruft, der sein Leben für uns hingegeben hat. Worum es geht, zeigt die ironische Selbstbezeichnung des Paulus. Offensichtlich greift er einen Vorwurf auf, der in Korinth laut geworden ist. Vielleicht ist das eines der Schlagworte, die dazu geführt haben, dass Paulus diesen letzten Teil anfügen muss. Paulus gilt als jemand, der *im persönlichen Gegenüber unter* den Leuten *demütig, ja unterwürfig* ist, aber dann, wenn er *abwesend* ist, sich aus der Ferne seinen

Kontrahenten gegenüber auf einmal *mutig zeigt*. Das ist ein Vorwurf, der wohl aus der Erfahrung beim Zwischenbesuch des Paulus entstanden ist; er setzt auch voraus, dass Paulus in der Zwischenzeit einen eindrücklichen Brief geschrieben hat (wohl den Tränenbrief), der seine Wirkung nicht verfehlt hat.

Demut ist für Paulus eigentlich eine positive Eigenschaft (Phil 2,3). Christus selbst hat sich erniedrigt und gedemütigt (vgl. Phil 2,8). In Korinth aber erwartet man von einem Apostel ein kraftvolles und durchsetzungsfähiges Auftreten. Hier sieht man das Verhalten des Paulus als *unterwürfig*, allzu *nachgiebig* und ohne Vollmacht. Allerdings, das billigt man ihm zu, wenn er weg ist und aus der Ferne Briefe schreibt (vgl. V. 10), dann erweist er sich als *mutig* und *kraftvoll*. Aber das genügt den Leuten offensichtlich nicht.

Darauf aber richtet sich die Bitte des Paulus, die er in V. **2** formuliert. Geradezu *inständig bittet* er, sagt allerdings nicht ausdrücklich, *wen* er bittet, wahrscheinlich die Korinther, vielleicht aber auch Gott. Und zwar bittet er darum, dass er, wenn er in Korinth *anwesend* ist, sich *nicht mutig erweisen* muss. »Zwingt mich bitte nicht«, sagt Paulus, »so tatkräftig und vollmächtig aufzutreten, wie das manche fordern«. Dabei hat Paulus durchaus die *Zuversicht* und das *Selbstvertrauen*, um es zu *wagen*, einmal wirklich *entschlossen* gegenüber *einigen* Leuten aufzutreten, die ihn immer wieder angreifen. Paulus nennt auch die Vorwürfe, die sie gegen ihn erheben: Er würde *sein Leben nach dem Fleisch führen*. Die Wendung *nach dem Fleisch* hat bei Paulus, wenn sie mit einem Verb verbunden ist, immer negative Bedeutung (vgl. Röm 8,4–8). Es geht dabei um die Frage: Was bestimmt unsere konkrete Lebensführung (wörtlich: unseren *Wandel*). Ist es das *Fleisch*, d.h. unsere eigenen begrenzten Möglichkeiten, unsere Angst um uns selbst, unsere Begierden und unsere Schwächen, sodass wir nach egoistischen und allzu menschlichen Grundsätzen und Maßstäben handeln? Oder ist es der Geist, d.h. Gottes Liebe, und die Möglichkeiten und Kräfte, die sie schenkt?

Was man Paulus vorwarf und welche Leute hinter diesen Anschuldigungen standen, können wir nur raten. Es waren wohl keine sittlichen Verfehlungen, die man Paulus anhängte. Man beschuldigte ihn, er sei eigensüchtig, wankelmütig, unzuverlässig, schwächlich (vgl. 1,17; 2,17; 4,2; 5,16) und lasse sowohl in seiner Verkündigung als auch in seinem sonstigen Auftreten wenig von der Kraft des Geistes spüren. Das macht es wahrscheinlich, dass hinter diesen Vorwürfen Leute von außen stehen, die Paulus kritisieren (11, 5–15).

Paulus kann das so nicht stehenlassen (**3**). Dabei gilt natürlich auch für den Apostel, dass er sein Leben noch *im Fleisch* führt, das heißt: Er lebt und wirkt unter den Bedingungen einer irdischen Existenz (vgl. die ähnliche Aussage in Gal 2,20). Das macht ihn verletzlich und angreifbar, gehört jedoch zu einem Leben als Geschöpf Gottes in dieser Welt. Dass wir den Schatz des Evangeliums »in tönernen Gefäßen« haben, zeigt sich auch daran, dass wir diesen Bedingungen unserer leiblichen Existenz nicht einfach entfliehen können und sollen. Aber das bedeutet nicht, dass sie zur Norm für sein Verhalten werden. Paulus führt sein Leben nicht *nach dem Fleisch,* und deshalb *kämpft* er auch *nicht nach dem Fleisch,* das heißt: Für ihn ist die Auseinandersetzung mit seinen Gegnern in Korinth nicht ein Kampf ums Überleben, in dem jedes Mittel recht ist. Auch wenn er erkannt hat, dass er im Ringen um die Wahrheit und Geltung des Evangeliums in Korinth *kämpfen muss,* will er das nicht auf eine Weise tun, die von Eigensucht und Rücksichtslosigkeit bestimmt ist und so der Sache des Evangeliums widerspricht.

Auch im Kampf um die Wahrheit braucht man *Waffen* (**4**). Paulus greift das Bild von der geistlichen Waffenrüstung auf, das er gelegentlich verwendet (vgl. zu 6,8 und Röm 13,12; s. auch Eph 6,13–17). Aber er besteht darauf: Die *Waffen,* mit denen er kämpft, sind *nicht fleischlich;* sie stammen nicht aus dem Arsenal weltlicher Auseinandersetzungen, in denen bis hin zum Rufmord alles erlaubt scheint, was dem Gegner schadet oder ihn vernichtet. Man könnte erwarten, dass Paulus nun als Gegensatz formuliert, seine Waffen seien *geistlich.* In der Sache meint er das auch. Aber er sagt, sie seien *mächtig.* Es geht ja um Vollmacht. Paulus behauptet: Gerade die Art der geistlichen Auseinandersetzung, die seine Gegner als schwächlich herabsetzen, ist letztlich stärker und mächtiger als das, was bei ihnen als wirkungsvoll und durchsetzungsfähig gilt. Denn seine »Waffen« erhalten ihre Vollmacht *durch Gott.* Sein Geist bewirkt, dass die Hindernisse, die sich der Verkündigung des Evangeliums entgegenstellen, überwunden werden und die Wahrheit siegt.

Paulus drückt das in recht kriegerischen Bildern aus: Die Vollmacht, die Gott ihm in seinem Kampf schenkt, wirkt sich darin aus, dass *Festungen niedergerissen werden.* Die Gegner des Evangeliums verschanzen sich hinter Bollwerken, die aber dem Angriff der Waffen des Geistes nicht widerstehen können. Paulus deutet an, was er meint: *Gedanken(gebäude)* werden *niedergerissen* (manche übersetzen: *Vernünfteleien*). Hier scheinen die alten Fronten aus dem 1. Korintherbrief wieder aufzutauchen. Was überwunden werden muss, sind die *Gedanken* einer Vernunft, die sich selbstherrlich gegen Gott verschließt, aber auch einer religiösen Weisheit, die die Wahrheit des Evangeliums in ihre spekulativen Ideen einkerkert.

Paulus ergänzt (**5**): Solche Festungen sind *alles Hochragende*, d.h. *jede Überheblichkeit* und *jede Selbsterhöhung*, durch die sich Menschen gegen die wirkliche *Erkenntnis Gottes erheben* und *auflehnen*. Er sieht in dem hochtrabenden Verhalten seiner Gegner nicht nur eine Schikane gegen sein Wirken, sondern auch die Auflehnung gegen die Erkenntnis Gottes, wie sie das paulinische Evangelium erschließt. Vielleicht hat er bei diesen Formulierungen aber nicht nur seine Gegner in Korinth im Auge, sondern grundsätzlich die Widerstände, die es bei der Verkündigung des Evangeliums zu überwinden gilt.

Paulus führt sein kriegerisches Bild weiter: Zum Sieg gehört nicht nur, dass gegnerische Festungen geschleift, sondern auch, dass die Feinde gefangen genommen werden. In dem geistlichen Ringen, von dem er spricht, soll *alles Denken* oder *jeder Gedanke unter den Gehorsam gegenüber Christus gefangen* genommen werden. Das Wort, das wir mit *Denken* oder *Gedanke* übersetzen, kann im Plural auch *Anschläge, feindliche Pläne* bedeuten (vgl. 2,11). Es geht also um die aufrührerische Vernunft des Menschen, um ein *Denken*, das sich gegen Gott auflehnt oder seinen Willen listig verfälscht. Diese Art des Denkens, die Paulus auch bei seinen Gegnern zu erkennen meint, soll dadurch überwunden werden, dass es *unter den Gehorsam gegenüber Christus* gebracht wird.

Dass der *Gehorsam gegenüber Christus* in diesem Bild zu einer Art Kriegsgefangenenlager für überwundene Feinde wird, bringt uns diesen Gedanken nicht unbedingt näher. Für Paulus aber ist die Unterwerfung unter Christus, der *Gehorsam* ihm gegenüber und damit auch der Gehorsam des Glaubens (vgl. zu Röm 1,5) das Tor zu wahrer Freiheit. Denn erst dann, wenn der Mensch sein wahres Gegenüber findet, den rechten Herrn, auf den er hören und dem er folgen kann, ohne missbraucht zu werden, ist er wirklich frei. Menschen in den Gehorsam Christi zu führen ist darum Ziel seiner Mission (Röm 1,5), aber auch seines Ringens um die richtige (An-)Leitung der Gemeinde in Korinth.

Dass der *Gehorsam gegenüber Christus* auch etwas mit dem Gehorsam gegenüber seinem Apostel zu tun hat, möchte man vermuten. Paulus sagt das aber nicht, und man sollte ernst nehmen, dass er beides nicht einfach gleichsetzt (vgl. 1,24). Aber dass ein Zusammenhang besteht, ist nicht zu leugnen. Das gilt sicher auch, wenn er hinzufügt (**6**), er sei *auch bereit, jeden Ungehorsam zu strafen*. Hier geht es offensichtlich um Aktionen gegen Leute, deren *Ungehorsam gegenüber Christus* sich in ihrem Widerstand gegen die Arbeit und die Verkündigung des Apostels zeigt. Wie eine solche Bestrafung aussehen könnte, sagt Paulus nicht. Die Ankündigung ist ja auch mit einer Einschränkung verbunden.

Paulus ist bereit, so zu handeln, *sobald euer Gehorsam wiederhergestellt sein wird.*
Paulus trifft also eine klare Unterscheidung zwischen denen, die er mit *jeden Ungehorsam* im Auge hat, und *euch,* also der Gemeinde als Ganze, die er mit dem Brief anspricht. Er hat die Hoffnung, sie auch als Ganze zu gewinnen. Darum will er jetzt nicht durch ein hartes Durchgreifen gegen die Kritiker seiner Arbeit die noch Unentschlossenen in deren Arme treiben. Er hofft, dass es ihm gelingt, die ganze Gemeinde wieder für seine Auslegung des Evangeliums zu gewinnen. Wenn so ihr *Gehorsam* – gegenüber Christus und seinem Beauftragten – *wiederhergestellt* (wörtlich: *vollendet*) *sein wird,* erst dann wird er durch entsprechende Aktionen seine Gegner endgültig in die Schranken weisen. Vermutlich rechnet er damit, dass es dazu bei seinem bevorstehenden Besuch in Korinth kommt.
Dennoch muss Paulus noch kurz bei diesem Thema bleiben. Allerdings ist der nächste Satz auf den ersten Blick zweideutig (7). Er könnte als Vorwurf (oder als vorwurfsvolle Frage) verstanden werden: *Ihr seht (nur) das, was vor Augen ist.* Das heißt: Die Korinther lassen sich von dem schlichten und wenig eindrucksvollen Auftreten des Paulus verleiten, seine Verkündigung und seine Arbeit gering zu schätzen. Wahrscheinlicher ist aber, dass Paulus eine Aufforderung ausspricht: *Seht doch auf das, was vor Augen liegt!* Auch hier bezieht sich *was vor Augen liegt* auf das persönliche Auftreten des Paulus in Korinth (in V. 1a und 7a stehen dieselben griechischen Worte für *im persönlichen Gegenüber* und *was vor Augen liegt*). Paulus fordert die Korinther also auf, einmal wirklich ins Auge zu fassen, was er bewirkt hat, als er selbst in Korinth war.
Aber Paulus führt das zunächst nicht weiter aus, sondern geht auf den Anspruch (das *Vertrauen*) gewisser Leute ein, *zu Christus zu gehören,* den diese offensichtlich gegen die Vollmacht des Paulus ausspielen. Damit ist klar, dass es nicht einfach darum geht, durch Glaube und Taufe als Christ *zu Christus zu gehören.* Es dürfte sich auch nicht um das Schlagwort der vermeintlichen »Christuspartei« in 1Kor 1,12 handeln: »Ich gehöre zu Christus«. Vielmehr geht es um den Anspruch von Leuten, die als christliche Verkündiger nach Korinth gekommen sind und behaupten, sie stünden in einem besonderen Dienstverhältnis zu Christus (vgl. 11,23: »Sie sind Diener Christi«).
Worauf sich dieser besondere Anspruch gründete, wissen wir nicht. Als Judenchristen könnten sie ihre besondere Nähe zu der Urgemeinde und ihrer Jesusüberlieferung geltend gemacht haben (11, 22). Sie könnten sich jedoch auch auf besondere Offenbarungen

Christi und geisterfüllte Visionen berufen haben (12,1). Paulus setzt sich zunächst gar nicht damit auseinander, sondern betont nur: Wer das beansprucht und darauf sein *Vertrauen* und ein exklusives Selbstbewusstsein stützt, soll bedenken: *wie er zu Christus gehört, so auch wir,* d.h. Paulus. Auch er ist in besonderer Weise in den Dienst Christi berufen worden und ist sein persönlicher Gesandter.

Paulus begründet das indirekt mit dem nächsten Satz (**8**). Im Grunde ist seine Vollmacht größer als die seiner Gegner, auch wenn er das jetzt nicht ausführen möchte. Aber selbst dann, wenn er das täte, und sich *noch etwas mehr im Blick auf die Vollmacht rühmen würde, die der Herr* (ihm) *gegeben hat,* so könnte er diesen Anspruch mit dem Hinweis auf seine besondere Berufung durch Christus belegen; er würde *nicht beschämt dastehen.* Allerdings schränkt der Apostel diese Vollmacht durch eine Zwischenbemerkung ein. Christus hat ihm diese *Vollmacht zum Aufbau* gegeben, also dazu, Gemeinden zu gründen und aufzubauen.

Dieser Auftrag ist Paulus gerade in diesen letzten Kapiteln sehr wichtig (vgl. 12,19), und er stellt ihn ganz bewusst einer denkbaren Vollmacht *niederzureißen* gegenüber (13,10). Für ihn ist sein Auftrag so etwas wie ein endzeitliches Kontrastprogramm zur Berufung Jeremias, bei der das »Ausreißen und Einreißen« im Vordergrund stand (Jer 1,10). Er verstand seine Berufung in Analogie zu der Jeremias (vgl. Jer 1,5 mit Gal 1,15). Zugleich aber dürfte die Ablehnung einer Vollmacht zum Niederreißen eine Spitze gegen seine Gegner in Korinth sein: Er hat die Gemeinde gegründet, während sie in seinen Augen dabei sind, die Gemeinde zu zerstören. Dazu hat er freilich keine Vollmacht, auch wenn ihm diese Gegner möglicherweise vorwerfen, er sei zu schwach, um auch einmal richtig durchzugreifen. Zwar hatte Paulus in V. 4 ausdrücklich von seiner Ermächtigung durch Gott gesprochen, den Widerstand gegen sein Wirken *niederzureißen* und entsprechende Hindernisse zu beseitigen. Aber darum geht es in V. 8 nicht; hier verneint er, dass er die Vollmacht von Christus habe, eine Gemeinde, die er aufgebaut hat, *niederzureißen* und zu zerstören.

V. **9** ist ein unvollständiger Satz und deshalb schwer zu deuten. Oft wird er als Einleitung zum nächsten Argument verstanden: *Ich möchte ja nicht den Anschein erwecken, als wollte ich euch mit meinen Briefen einschüchtern* (ZB; vgl. EÜ). Das wird dann in den V. 10f erläutert. Aber damit fehlt jede logische Verbindung zu dem, was Paulus eben in V. 8 gesagt hat. Darum ergänzen viele Übersetzer den Satz. Er heißt dann: *(Ich sage das,) damit ich nicht den Anschein erwecke, euch durch die Briefe einzuschüchtern* (vgl. REB; ähnlich LÜ). Paulus hat in V. 8 auf seine umfassende Vollmacht zum Aufbau der Gemeinde verwiesen, um den Eindruck zu vermeiden, er könne und wolle die Gemeinde nur durch seine Briefe erschrecken und einschüchtern. Ihre Wirkung wird auch von den Gegnern nicht bestritten; persönlich aber – so ihr Vorwurf – könne Paulus nichts ausrichten.

Davon spricht Paulus in V. **10**, indem er ein Schlagwort seiner Kritiker zitiert. Sie sagen: *Die Briefe,* die Paulus schreibt, *sind ja gewichtig und stark, aber das persönliche Auftreten* (wörtlich: *die leibliche Gegenwart, die körperliche Präsenz*) *ist schwach und die Rede nichts wert.* Dieses Zitat gibt uns einen Einblick in die Situation des Paulus. Dass seine Briefe in ihrer inhaltlichen und rhetorischen Argumentation beeindruckend waren, das mussten auch seine Gegner zugeben. Dass von den Briefen im Plural gesprochen wird, zeigt, dass schon mehrere Briefe an die Gemeinde in Korinth bekannt waren. Außer dem 1. Korintherbrief und dem in 1Kor 5,9 erwähnten Brief war das ziemlich sicher der Tränenbrief. Er hatte eine besonders tief greifende Wirkung in der Gemeinde gehabt und sie zumindest in ihrer Mehrheit wieder auf die Seite des Apostels zurückgebracht (vgl. 2,5–11).

Das hat die Stellung seiner Kritiker sehr geschwächt. Sie geben zu, dass diese Briefe eindrücklich und wirkungsvoll erscheinen. Aber das sei letztlich nur äußerliche Rhetorik, sozusagen die »Papierform« des Apostels. Wie der Zwischenbesuch ja gezeigt habe, sei er in seinem *persönlichen Auftreten,* dann, wenn es wirklich darauf ankommt, schwach und wenig überzeugend und seine *Rede* ein verächtliches Gestotter, schlicht *nichts wert.* Es spricht also viel dafür, dass Paulus erst jetzt von dieser Agitation der Gegner nach dem Besuch des Titus hörte und ihre Schlagworte (vgl. auch 10,1) zugetragen bekam – und deshalb in 10–13 noch einmal zu einer grundsätzlichen Auseinandersetzung mit ihnen ausholt.

Paulus zitiert diese Vorwürfe, um sie zu widerlegen. Dennoch war ihm bewusst, dass sie nicht einfach aus der Luft gegriffen waren. Gerade in der Auseinandersetzung mit den Korinthern hat er immer wieder das Handicap schmerzlich zu spüren bekommen, kein großer Volksredner zu sein und bei seinem öffentlichen Auftreten nicht die »Bühnenpräsenz« zu haben, die man von einem erfolgreichen Verkündiger eigentlich erwartet. Er hat mit diesem Mangel immer wieder gerungen und ihn mit Hilfe seiner Kreuzestheologie für sich verarbeitet und dann auch nach außen begründet. Dass seine Verkündigung nicht »in überredenden Worten von Weisheit« bestand, sollte die Korinther gewiss machen, dass ihr Glaube »nicht in menschlicher Weisheit (begründet ist), sondern in der Kraft Gottes« (1Kor 2,5f). In 2Kor 2,14 – 4,15 hat er versucht, den Christen in Korinth deutlich zu machen, dass sein

eher unscheinbares Auftreten keine Verhüllung des Evangeliums darstellt, sondern dem Wesen der Botschaft entspricht. Und in 12,9f wird er an seiner Behinderung deutlich machen, dass sich Gottes Kraft gerade in der Schwachheit vollendet.
Gegenüber seinen Kritikern in Korinth scheint diese theologische Argumentation aber nicht am Platz zu sein. Ihnen schreibt er ins Stammbuch, und zwar ganz persönlich: *Der Betreffende,* also jeder, der diese Parolen verbreitet, *soll bedenken* und *damit rechnen: So, wie wir in unserer Abwesenheit im Wort der Briefe sind,* also ausgerüstet mit gewichtigen Argumenten, die ihre Kraft aus dem Evangelium selbst beziehen, so *werden wir auch in unserer Anwesenheit durch die Tat sein.* Paulus wählt hier absichtlich nicht die Formulierung *durch unsere Rede,* die durch das gegnerische Schlagwort eigentlich vorgegeben war. Er ist der Überzeugung: Wenn er nach Korinth kommt, wird er diesen Leuten nicht nur Rede und Antwort bieten, sondern ihren Machenschaften durch konkrete Taten ein Ende setzen. Wie das aussehen wird, erklärt er freilich nicht. Mit den Stichworten *Abwesenheit/Anwesenheit* hat Paulus jedoch die Thematik, mit der er in 10,1f die Auseinandersetzung eröffnet hat, zu einem ersten Abschluss gebracht.

So beeindruckend dieser »Gegenangriff« des Paulus ist, es bleiben auch Fragen: Autorität kraft der Sanftmut und Milde Christi – geht das? Schon in Korinth gab es Zweifel daran – gerade auch seitens der Gegner. Paulus möchte jedoch daran festhalten. Was aber heißt das für den Umgang mit Gegnern und dem Widerstand in der Gemeinde? Paulus verwendet dafür überraschend kriegerische Bilder. Er will Frieden mit geistlichen Waffen schaffen. Wie lässt sich das vom Evangelium her gestalten?
Paulus sieht diesen Zwiespalt; darum betont er am Schluss noch einmal, dass seine Vollmacht zum Aufbau und nicht zum Abbruch bestimmt ist. Aber ist wirksamer Gemeindeaufbau ohne Abreißen alter Mauern und Beseitigung von »Pfusch am Bau« denkbar? Paulus spürt dieses Dilemma. Deswegen möchte er zwei Grundsätze zusammenhalten: Autorität in der Kirche wird dann in der Vollmacht Christi ausgeübt, wenn sie konstruktiv eingesetzt wird und dem Aufbau dient. Das schließt aber in bestimmten Situationen eine kritische Funktion, die Fehlentwicklungen aufzeigt und zu beseitigen versucht, nicht aus. Die Nagelprobe für diese Haltung ist für Paulus die Frage, ob er diese Position nur aus der Ferne, wenn er abwesend ist, eindrucksvoll vertreten kann oder auch vor Ort, wenn er anwesend ist, und sich mit Menschen und schwierigen Verhältnissen konfrontiert sieht.

10,12–18
Der rechte Maßstab für die missionarische Arbeit

[12]Denn wir erkühnen uns nicht, uns selbst gewissen Leuten gleichzustellen, die sich selbst empfehlen, oder uns mit ihnen zu vergleichen. Indem sie sich an sich selbst messen und mit sich selbst vergleichen, zeigen sie ja ihr Unverständnis. [13]Wir aber wollen uns nicht maßlos rühmen, sondern nach dem Maß des Wirkungskreises, den uns Gott als Maß zugemessen hat, (nämlich) dass wir auch bis zu euch kommen sollten. [14]Denn wir überdehnen (das uns gesetzte Maß) nicht, als seien wir gar nicht bis zu euch gekommen; denn wir haben ja mit dem Evangelium Christi auch euch erreicht. [15]Wir rühmen uns also nicht maßlos aufgrund der Mühen anderer, sondern haben die Hoffnung, wenn euer Glaube wächst, entsprechend dem uns zugemessenen Wirkungskreis unter euch noch zu viel größerer Wirksamkeit zu kommen, [16]sodass wir auch über eure Grenzen hinaus das Evangelium verkündigen, (doch) nicht um uns in einem anderen Wirkungskreis im Blick auf schon Geleistetes zu rühmen. [17]Aber *wer sich rühme, der rühme sich des Herrn* (Jer 9,23); [18]denn nicht, wer sich selbst empfiehlt, ist bewährt, sondern der, den der Herr empfiehlt.

Hatte sich Paulus in den V. 1–11 mit den Vorwürfen seiner Kritiker auseinandergesetzt, so kommt er jetzt auf die Vorzüge zu sprechen, die sie für sich beanspruchen (**12**). Zunächst sagt er mit deutlich ironischem Unterton, dass er sich ja gar nicht *erkühnen* will, sich bestimmten Leuten *gleichzustellen* oder sich mit ihnen zu *vergleichen*. Sie scheinen in einer anderen Liga zu spielen. Wenn er freilich die Leute als solche charakterisiert, *die sich selbst empfehlen,* zeigt sich, dass er das nicht unbedingt positiv meint. Dass Paulus *sich selbst empfehle,* war ein Vorwurf, mit dem er sich im 2. Korintherbrief mehrfach auseinandergesetzt hat (3,1; 4,2; 5,12; 6,4). Denn seine Konkurrenten, von denen in 3,2 die Rede war, hatten ja Empfehlungsbriefe anderer vorzuweisen. Sollten die Leute, die Paulus hier im Auge hat, zur gleichen Gruppe gehören, dann dreht er jetzt gewissermaßen den Spieß um: Sie sind es, die sich mit den Vorzügen, die sie beanspruchen, selbst empfehlen.

Aber, wie sie das tun, *zeigt* im Grunde ihr *Unverständnis*: *Sie messen sich an sich selbst und vergleichen sich mit sich selbst*. Sie setzen ihre eigenen Maßstäbe für das fest, was sie als Zeichen geistlicher Vollmacht ausgeben, und »bewerten sich nach eigenen Kriterien« (Wolff, 205). Darin zeigt sich aber gerade ihr *Unverständnis* für das, worin das Wesen des Dienstes für Christus besteht. Es fehlt ihnen wirkliche Erkenntnis Gottes. Das Verständnis für das, was Paulus in den Kap. 3–5 als Kennzeichen des Dienstes der Versöhnung und der Gerechtigkeit herausgearbeitet hat, geht ihnen ab, und damit ist ihnen auch der richtige Maßstab für diesen Dienst, nämlich der einer hingebungsbereiten Liebe, fremd. Vor allem aber fehlt ihnen ein von Gott gesetztes Maß, nämlich das ihnen von Gott zugewiesene Arbeitsfeld, in dem sie verantwortlich handeln können und müssen. Genau das aber unterscheidet die Wirksamkeit des Paulus von der subversiven Tätigkeit seiner Gegner. Paulus betont deshalb (**13**) nachdrücklich: *Wir aber werden uns nicht maßlos rühmen.* Gegen die maßlose Selbstüberschätzung seiner Gegner, die sich anmaßen, auch in einer Gemeinde, für die sie keine Beauftragung haben, ihre eigenen Maßstäbe durchzusetzen, stellt er seine eigene Beschränkung auf den Bereich, für den er von Gott einen Auftrag erhalten hat. Das ist das *Maß des Maßstabs* oder *des Wirkungskreises,* den ihm *Gott zugemessen hat.*

Das griechische Wort, das wir hier mit *Maßstab* oder etwas frei mit *Wirkungskreis* übersetzt haben, steckt in dem deutschen Fremdwort *Kanon,* das die Gesamtheit der biblischen Bücher oder auch eine Maßstab setzende Sammlung literarischer Werke bezeichnet. Es ist auch im Griechischen ein Lehnwort aus dem Semitischen und bedeutet ursprünglich *Schilfrohr* und daraus abgeleitet: *Messrute, Maßstab.* Aus der Bedeutung *Maßstab* leitet sich dann die übertragene Bedeutung *Regel, Norm* ab. So verwendet Paulus das Wort in Gal 6,16. In 2Kor 10,13.15f aber nutzt er die doppelte Bedeutungsnuance, die in dem Wort steckt und die auch noch im deutschen Wort Kanon vorliegt: Einerseits liefert der *Kanon* der biblischen Bücher oder auch ein *Literaturkanon* den Maßstab und die Norm für die christliche Lehre oder für ein bestimmtes Wissensgebiet. Andererseits legt ein solcher Kanon auch die Grenzen einer Sammlung von Büchern fest und beschreibt einen »abgemessenen« Bereich des Wissens. Diese Doppelbedeutung liegt auch in 2Kor 10 vor, lässt sich im Deutschen aber schwer durch *ein* Wort ausdrücken.

Das *Maß,* an dem sich Paulus selbst misst und sich messen lassen möchte, wird durch den *Maßstab* vorgegeben, den ihm Gott durch seinen Auftrag gegeben hat, nämlich Gottes Handeln in seinem Sohn »unter den Völkern zu verkündigen« (Gal 1,16). Damit ist eine inhaltliche »Norm« für das Wirken des Apostels vorgegeben, aber auch ein geographischer Bereich, ein *Wirkungskreis* bzw. ein *Arbeitsfeld,* umschrieben. An diesen Aspekt der Bedeutung des Wortes *Kanon* denkt Paulus hier in erster Linie. Denn er beschreibt das *Maß,* das ihm *Gott zugemessen hat,* mit dem erläuternden Zusatz: *(nämlich) dass wir auch bis zu euch gelangen sollten.* Paulus sieht es als Gottes Führung und maßgebliche Vorgabe für sein Wirken an, dass er die Gemeinde in Korinth gründen konnte. Das begründet aber auch seinen Anspruch auf eine Leitungsaufgabe dieser Gemeinde gegenüber.

Das erläutert Paulus in den folgenden Versen. Er scheint allerdings das Gefühl zu haben, dass er sich dabei auf schwierigem Terrain befindet. Denn die V. 14–16 stellen im Griechischen ein einziges kompliziertes Satzgefüge dar, das nicht leicht zu entwirren ist. Aber der Sinn ist klar. Zunächst grenzt sich Paulus noch einmal von seinen Gegnern ab (**14**). Er *überdehnt* das ihm von Gott gesetzte Maß nicht, das heißt: Er maßt sich nicht an, in einer Gemeinde und einem Gebiet, wo andere gearbeitet haben, den Ton anzugeben. Das wäre der Fall, wenn er nicht in Erfüllung seines Auftrags, Gemeinden zu gründen, nach Korinth gekommen wäre. Dabei ist der springende Punkt seiner Argumentation, dass er es war, der als erster *mit dem Evangelium* Korinth *erreicht* hat. Das aber gilt nicht für die, die dort jetzt das Sagen haben wollen.

Daraus ergibt sich die nächste Folgerung (**15**). Er *rühmt sich nicht maßlos aufgrund der Mühen anderer,* das heißt: Er schreibt sich nicht voll Stolz missionarische Erfolge zu, wo andere die Mühe harter missionarischer Kärrnerarbeit geleistet haben. Wie sooft in seinen Briefen benutzt Paulus das Wort für *Mühe, harte Arbeit,* um die Anstrengung wirklichen Engagements für andere Menschen und des persönlichen Einsatzes für die Weitergabe des Evangeliums zu beschreiben (vgl. 6,5; 1Thess 2,9; 1Kor 4,12). Gerade deswegen findet er die Art, wie hier Leute von den Früchten der Arbeit anderer leben und sie zugleich madig machen, für unangemessen, ja maßlos.

Paulus bleibt aber nicht im Negativen stecken. Er entfaltet auch eine hoffnungsvolle Perspektive. Er ist zuversichtlich, dass die Krise in Korinth vollends überwunden wird und der *Glaube* der Christen dort *wächst,* das heißt, dass sie immer mehr im Evangelium verwurzelt werden und damit ihr Glaube und ihr Vertrauen auf Gott ihr Leben und Handeln immer mehr durchdringt. Dann aber hat er die Hoffnung, dass *entsprechend dem Maßstab,* den Gott für seinen Auftrag gesetzt hat, oder – anders übersetzt – *entsprechend dem* ihm *zugemessenen Wirkungskreis* seine Arbeit unter den korinthischen Christen *noch zu viel größerer Wirksamkeit* kommt (wörtlich: *überschwänglich groß gemacht wird*), *sodass wir auch über eure Grenzen hinaus das Evangelium verkündigen* (**16**). Etwas einfacher gesagt: Paulus hofft darauf, dass seine Arbeit mit der Gemeinde in Korinth mit neuer Kraft vorangeht und dies die Grundlage für neues missionarisches Wirken in anderen Regionen sein wird. Denn genau das entspricht dem *Maßstab* für seinen Auftrag, Apostel der Völker zu sein, also dem ihm *zugemessenen Wirkungskreis.*

Paulus möchte unter allen Umständen vermeiden, sich *in einem anderen Wirkungskreis im Blick auf schon Geleistetes zu rühmen.* Er will sich nicht dort einnisten, wo andere schon die grundlegende Arbeit getan haben, und sich das, was sie geleistet haben, als Erfolg des eigenen Wirkens aneignen. Paulus hat etwas später diesen Grundsatz seiner missionarischen Arbeit in Röm 15,20 noch einmal klar ausgesprochen. Über seine Missionsarbeit in Kleinasien und Griechenland sagt er, dass er sich immer bemüht habe, »nicht dort das Evangelium zu verkündigen, wo Christus schon bekannt war, damit ich nicht auf dem Fundament eines anderen baue«. Das Pikante an dieser Aussage ist, dass sie im Römerbrief steht, in dem er den Christen in Rom seinen Besuch in der Absicht ankündigt, »auch euch in Rom das Evangelium zu verkündigen« (1,15), obwohl in Rom Christus schon bekannt war! Der Unterschied ist aber, dass Paulus dies ausdrücklich zusammen mit den Christen in Rom tun will. Er will vermeiden, dass der Eindruck entsteht, er meine, eine Art »Nachmission« der Gemeinde durchführen zu müssen.

Fast hat man den Eindruck, Paulus merke plötzlich, dass er in dieser Diskussion, wer sich wessen rühmen dürfe, schon ein Stück zu weit gegangen ist. Denn die entscheidende Frage kann für ihn nicht sein, wer sich auf welche Leistung berufen dürfe und auf sie stolz sein könne. Entscheidend ist etwas ganz anderes (**17**). Wie schon in 1Kor 1,31 formuliert Paulus das mit einem verkürzten Zitat aus 1Sam 2,10 oder Jer 9,22f: *Wer sich rühmt, der rühme sich des Herrn.* Es kann gar nicht darum gehen, auf welche missionarische Leistung man sein Selbstvertrauen und seinen persönlichen Ruhm bauen darf und auf welche nicht. Paulus schließt das *Rühmen* nicht einfach aus. Auch Christen müssen sagen, worauf sie ihr Leben bauen und was sie mit Freude und Stolz erfüllt. Das aber kann nur dies sein, was Gott durch Christus an ihnen getan hat und weiterhin tun wird. Darüber können sie sich freuen, und das können sie dankbar als Grund ihres Lebensmutes nennen. Für diejenigen, die wie der Apostel einen besonderen Auftrag haben, heißt das: »Er rühmt sich nicht eigener Qualitäten, sondern er rühmt den, dessen Werkzeug er ist« (Wolff, 207).

Das hat aber auch Konsequenzen für das Thema, mit dem Paulus diesen Abschnitt begonnen hat (**18**). *Sich selbst zu empfehlen* ist genauso sinnlos, wie *sich selbst zu rühmen.* Es trägt nicht, selbst wenn es kurzfristig wirken sollte; *denn nicht, wer sich selbst empfiehlt, ist bewährt, sondern der, den der Herr empfiehlt.* Nicht die Werbung, die jemand für sich selbst inszeniert, ist der Beweis dafür, dass er oder sie sich in ihrer Arbeit bewährt hat, sondern das Zeugnis, das Gott selbst seinen Beauftragten ausstellt. Paulus sagt hier nicht, woran das abzulesen ist. Aber in 3,3 hat er der Gemeinde nahegelegt, dass das, was Gott durch seinen Dienst unter ihnen getan hat, Empfehlungsschreiben genug für ihren Apostel sein müsste.

Paulus berührt hier Fragen, die bis heute aktuell sind. Kann es in der Christenheit so etwas wie geschützte »kanonische Territorien« geben, in denen nur die Kirche wirken darf, die dort als erste tätig war? Oder gibt es ein legitimes Neben- und Miteinander unterschiedlicher christlicher Bewegungen im selben Gebiet? Wann wird eine berechtigte Abwehr fremder Einflüsse zum egoistischen Schutz der eigenen Machtsphäre (»turf protection«)? Und wo wird aus neu erwachtem missionarischen Eifer ein Wirken auf Kosten der Mühen anderer (»sheep steeling«)? Auch wenn man die Lage in Korinth nicht ohne weiteres mit heutigen Spannungssituationen vergleichen kann, können folgende Beobachtungen bis heute hilfreich sein: Paulus ist nicht grundsätzlich dagegen, dass andere Verkündiger auf ihre Weise in seinen Gemeinden arbeiten. Er hat das Wirken des Apollos in Korinth ausdrücklich begrüßt (vgl. 1Kor 3,5f; 16,12). Wichtig aber ist, dass dabei auf das schon Vorhandende aufgebaut und es nicht schlechtgemacht wird. Wenn neue Bewegungen in Länder mit christlicher Tradition mit dem Anspruch kommen, jetzt werde dort das Evangelium zum ersten Mal verkündigt, ist das eine unchristliche Anmaßung. Umgekehrt ist freilich auch zu fragen, inwieweit neue Bewegungen helfen können, verkrustete und erlahmte Traditionen des christlichen Glaubens aufzubrechen und neu in Bewegung zu setzen. Ob die Gegner des Paulus, wenn sie sich anders verhalten hätten, nicht auch wichtige Impulse für die Weiterarbeit der Gemeinde hätten einbringen können, ist eine Frage, die Paulus nicht aufgreift.

11,1 – 12,10
Die Rede eines »Narren« und die Kraft der Gnade

Mit 11,1 nimmt Paulus einen neuen Anlauf, um den Einfluss seiner Kritiker zurückzudrängen und die Gemeinde in Korinth wieder auf seine Seite zu bringen. Er lässt sich auf einen Vergleich mit ihnen und den Vorzügen, die sie geltend machen, ein, obwohl er weiß, dass dies eigentlich »verrückt« ist. Aber wenn es denn sein muss, will er auch einmal den »Narren« spielen, der sich prahlend vor sein Publikum stellt. In 11,1–15 beschreibt er sehr eindringlich den Ernst der Lage, der ihn dazu zwingt, sich auf dieses Vorgehen einzulassen; 11,16 – 12,10 bietet dann die eigentliche »Narrenrede«. Die V. 12,11–13, die viele Ausleger noch zu diesem Abschnitt rechnen, blicken zwar noch einmal auf die Narrenrede zurück, leiten aber schon zum nächsten Teil über.

11,1-15
Der Ernst der Lage

Paulus beschreibt im Folgenden, was ihn dazu bringt, diese schwierige Auseinandersetzung zu führen. Der Abschnitt hat zwei Schwerpunkte, die wir aus praktischen Gründen getrennt behandeln werden: 11,1–4 *Die Sorge des Apostels um die Gemeinde* und 11,5–15 *Die wahre Natur der Gegner des Paulus.*

11,1-4
Die Sorge des Apostels um die Gemeinde

11 1Würdet ihr doch (auch) von mir ein wenig Narrheit ertragen!
Aber ihr ertragt mich ja auch! 2Denn ich eifere um euch mit dem Eifer Gottes, denn ich habe euch mit *einem* Mann verlobt, um (euch)
als reine Jungfrau Christus zuzuführen. 3Ich befürchte aber, dass,
wie die Schlange Eva mit ihrer List verführt hat, (auch) eure Gedanken von der auf Christus ausgerichteten Schlichtheit und Reinheit
weg verdorben wurden. 4Denn wenn einer kommt und einen anderen Jesus verkündet, den wir nicht verkündet haben, oder ihr einen anderen Geist empfangt, den ihr (so vorher) nicht empfangen habt, oder ein anderes Evangelium, das ihr nicht (von uns) angenommen habt, ertragt ihr das sehr wohl!

Die Spannung, in der sich Paulus befindet, zeigt sich schon im ersten Vers dieses Abschnitts (**1**): Paulus beginnt mit einer Formulierung, die im Griechischen einen unerfüllbaren Wunsch kennzeichnet: *Wolltet ihr doch (auch) von mir ein wenig Narrheit ertragen!* Dahinter steht der versteckte Vorwurf: »Von diesen anderen Leuten ertragt ihr so viel *Unsinniges,* so viel *Verrücktes,* so viel *Unverstand,* dass ihr euch ein wenig davon auch von mir gefallen lassen könntet! Aber bei mir seid ihr ja viel kritischer in dieser Hinsicht!« Oft wird das Wort für *Narrheit* auch mit *Torheit* übersetzt. Das ist nicht falsch, verdeckt aber, dass Paulus hier ein anderes Wort verwendet als in 1Kor 1,18–25. Denn es geht auch um eine andere Sache. Dort stehen sich Weisheit Gottes und Torheit der Menschen dialektisch gegenüber. Was den Menschen als Tor-

heit erscheint, ist in Wirklichkeit Weisheit Gottes. Aber wie der nächste Abschnitt zeigen wird, meint Paulus hier mit *Narrheit* inhaltlich das Selbstlob, mit dem seine Gegner die Korinther beeindrucken. Für Paulus ist solches Selbstlob unsinnig und unvernünftig, weil es Gott die Ehre raubt (Lang, 335). Aber ein bisschen *Verrücktheit* möchte er sich doch auch erlauben dürfen!
Aber neben den resignierenden Wunsch *Würdet ihr doch ...*, der signalisiert: Ich darf mit so viel Entgegenkommen wohl nicht rechnen, stellt Paulus die korrigierende Feststellung: *Aber ihr ertragt mich ja auch!* Manche Ausleger wollen diese Spannung mildern, indem sie übersetzen: *Ja, wirklich, ertragt mich doch!* Von der Form des griechischen Verbs ist das möglich, das klare *Aber* am Beginn des Satzes spricht jedoch dagegen. Paulus ist wirklich hin und her gerissen zwischen Resignation im Blick auf das, was er noch von der Gemeinde erwarten darf, und der Zuversicht, dass sie immer noch bereit ist, auf ihn zu hören.
Warum aber will er sich ein wenig auf die *Narrheit* des Selbstlobs einlassen? Nicht, um sich selbst herauszustellen, sondern weil er in großer Sorge im Blick auf den Weg der Gemeinde ist (**2–4**), darum meint er, zu diesem Mittel greifen zu müssen. Sein *Eifer* für die Gemeinde gleicht dem *Eifer Gottes*, der nach dem Zeugnis des Alten Testament *eifersüchtig* über die Ausschließlichkeit und Einzigartigkeit der Beziehung des Volks zu ihm wacht (vgl. Ex 20,5; 34,14; Dtn 5,9). Während für uns der Begriff *eifersüchtig* einen negativen Klang hat, beschreibt er für die Tradition Israels den tiefen Ernst der Liebe Gottes, der um die ausschließliche Liebe derer wirbt, die zu ihm gehören. »Wie Gott mit Eifer über die Bundestreue seines Volkes wacht ... so tritt Paulus mit heiligem Eifer für den rechten Glauben der Korinther ein« (Lang, 335).
Vielleicht hat man Paulus in Korinth vorgeworfen, er benehme sich in seinem Kampf gegen die neu in Korinth aufgetauchten Missionare wie ein eifersüchtiger Ehemann, der nicht aushalten könne, dass seine Frau auch einmal mit anderen Männern ein intensiveres Gespräch führe (**2**). Paulus versucht klarzumachen, dass seine Sorge nicht dem Verhältnis der Gemeinde zu ihm, sondern ihrer Beziehung zu Christus gilt. Um das zu verdeutlichen, gibt er dem Vergleich der Gemeinde mit einer verheirateten Frau eine ganz andere Wendung. Er greift dabei auf das traditionelle Bild der Ehe zwischen Gott und seinem Volk zurück, mit dem die Propheten die enge Bindung zwischen Gott und seinem Volk beschreiben (Jes 50,1; 54,4–6; Jer 3,1; Ez 16,8). In diesem Bild hat auch das Motiv von Gottes *Eifer* seinen Platz (vgl. Ez 23,25).
Paulus wendet das Bild auf das Verhältnis der Gemeinde zu Christus an, allerdings mit einer kleinen Veränderung: Die Gemeinde

ist mit Christus erst *verlobt* (so in Hos 2,21f auch für das Verhältnis zwischen Gott und Israel). Eine Verlobung hatte ja im Alten Testament und im Judentum rechtlich und gesellschaftlich eine völlig andere Bedeutung als in unserer heutigen Gesellschaft. Mit der Verlobung war die Ehe rechtlich geschlossen; wurde eine Verlobung aufgelöst, musste der Frau ein Scheidebrief ausgestellt werden. Allerdings lebte die Braut noch im Haus des Vaters; vollzogen wurde die Ehe, wenn sie in das Haus ihres Bräutigams zog. Wenn Paulus also von einer *Verlobung* zwischen Christus und der Gemeinde spricht, dann führt er einen endzeitlichen Vorbehalt ein: Die Gemeinde ist gültig und unauflöslich mit Christus verbunden. Das Leben in der völligen Gemeinschaft mit ihm steht jedoch noch bevor (vgl. die entsprechenden Bilder in Offb 19,7–9; 21,2).

Das Bild von der Verlobung gibt Paulus auch die Möglichkeit, seine eigene Rolle zu definieren. Im Bild gesprochen versteht er sich als Brautführer. Das war im Alten Testament und im Judentum der Vertraute des Bräutigams, den dieser mit der Werbung beauftragte und der die Braut später ins Haus des Bräutigams führte (vgl. Ri 14,20; Joh 3,29). Paulus hat »an Christi statt« (vgl. 5,20) um die Gemeinde geworben und sie mit Christus verlobt; denn durch seine Verkündigung haben die Korinther Christus kennengelernt und sind durch Glaube und Taufe in ein verbindliches Verhältnis mit ihm getreten. Dabei betont Paulus das an und für sich Selbstverständliche: Mit *einem* Mann hat er sie verlobt. Denn als Brautführer hat er auch die Aufgabe, über die Jungfräulichkeit der Braut zu wachen. *Als reine Jungfrau,* d.h. als Gemeinde, die treu zu Christus hält und sich nur ihm hingibt, will er sie *Christus zuführen.* Die Sorge um die Bewahrung der Integrität seiner Gemeinden bis zur endgültigen Begegnung mit ihrem Herrn ist ein Anliegen, das Paulus oft bewegt (1Kor 1,9; Phil 1,6; 1Thess 5,23; vgl. auch Eph 5,27).

Indirekt lässt Paulus damit durchblicken, warum er über die Situation in Korinth so besorgt ist. Es geht in erster Linie nicht um das Verhältnis der Korinther zu ihm (obwohl es natürlich normalerweise auch nur *einen* Brautführer gibt), sondern um ihr Verhältnis zu Christus. Bleiben sie wirklich Christus treu, den er ihnen einst verkündigt hat? Paulus spricht diese Befürchtung in Anlehnung an eine andere symbolträchtige biblische Erzählung aus, nämlich die Sündenfallgeschichte (**3**). Auch die Fragen, die die Schlange damals an Eva richtete, schienen zunächst harmlos und ungefährlich, und doch hat sie *mit ihrer List* die ersten Menschen *verführt,* ihr ungeteiltes Vertrauen zu Gott zu brechen und sein Gebot zu übertreten (Gen 3,1–13).

Paulus befürchtet, dass dasselbe in Korinth durch die Wirksamkeit seiner Gegner geschehen ist und das Denken und Wollen der korinthischen Christen (*eure Gedanken*) durch deren Vorstellungen und Lehren *von der auf Christus ausgerichteten Schlichtheit und Reinheit weg*geführt und *verdorben wurden*. Paulus sieht also das, was für ihn Christsein ausmacht, in Gefahr, nämlich die konsequente, aufrichtige und ohne Einschränkungen und Hintergedanken gelebte Hingabe an Christus. Warum das Wirken seiner Gegner so gefährlich ist, wird er gleich sagen. Aber mit diesem Vergleich deutet er schon an, dass er sie für Werkzeuge des Teufels hält (vgl. V. 14f).

V. **4** begründet und erläutert die Befürchtung, die Paulus gerade geäußert hat. Sosehr er damit rechnen muss, dass die Gemeinde ihm »ein wenig Unverstand« nicht durchgehen lässt (V. 1), so sehr scheint sie bereit zu sein, Dinge *anzunehmen*, die sich grundlegend von dem unterscheiden, was er verkündigt und gelehrt hat. Paulus nennt gravierende Beispiele. Er formuliert sie zwar formal als Eventualfälle: *Wenn einer ...* Aber es ist klar, dass er davon ausgeht, dass solche Dinge geschehen. Es scheint vorzukommen, dass *einer kommt und einen anderen Jesus verkündet, den wir nicht verkündet haben*, ohne dass es Widerspruch vonseiten der Gemeinde gibt. Wahrscheinlich verweist Paulus mit *einer* auch nicht nur auf eine einzelne Person, sondern auf eine ganze Gruppe von Leuten, die in der Gemeinde aufgetaucht waren.

Was aber unterscheidet deren Verkündigung von Jesus so deutlich von der des Paulus, dass er von der Verkündigung eines *anderen* Jesus sprechen muss? Paulus erläutert das nicht, und so sind die Ausleger auf Vermutungen angewiesen. Paulus benutzt den Namen *Jesus* ohne weiteren Titel vor allem, wenn es um den irdischen und gekreuzigten Jesus geht, und zwar gerade im 2. Korintherbrief (4,5.10f.14; vgl. 1Kor 12,3; Röm 3,26; 10,9). Das lässt darauf schließen, dass die Gegner des Paulus Jesus vor allem als Wundertäter sahen und verkündigten und deshalb gefordert haben, ein richtiger Apostel Jesu müsse sich dadurch ausweisen, dass er in der Kraft des erhöhten Christus Wunder und Zeichen wirke. Das vermissten sie bei Paulus (vgl. 12,12). Diese Ausrichtung ihrer Verkündigung würde auch erklären, warum die Gemeinde in Korinth so offen für sie war. Denn das entsprach ja den Vorbehalten gegen die Verkündigung des Kreuzes, mit denen sich Paulus schon in 1,17–25 auseinandersetzen musste.

Für Paulus wird aber dann, wenn nicht mehr Jesus als der Gekreuzigte im Mittelpunkt steht (vgl. 1Kor 2,2), alles falsch. Wird ein anderer Jesus verkündigt, empfängt man auch einen *anderen Geist* als den, den man *empfangen hat*, als man zum Glauben an den

gekreuzigten und auferstandenen Jesus Christus kam. Der Geist der Liebe, dessen Quelle die Lebenshingabe Jesu ist (Röm 5,5–10), wird zum Geist der Selbstbestätigung und der Selbstdarstellung aufgrund eindrucksvoller Geistesgaben – ein Problem, von dem Paulus gehofft hatte, es sei überwunden (vgl. 1Kor 12–14).
Und wo man sich der Verkündigung eines anderen Jesus öffnet, da wird man auch bereit, *ein anderes Evangelium* als das, das Paulus verkündigt und man im Glauben *angenommen* hat, zu akzeptieren. Die Warnung vor einem *anderen* Evangelium spricht Paulus auch in Gal 1,6 aus. Aber die Problematik in Korinth ist eine andere. Denn anders als im Galaterbrief hören wir hier nichts von einer Forderung, dass sich Heidenchristen beschneiden lassen und das Gesetz halten müssten. Aber hier wie dort ist die frohe Botschaft verfälscht, wenn in ihrem Zentrum nicht mehr die Nachricht davon steht, dass Gott im Leben, Sterben und Auferstehen Jesu zum Heil aller Menschen gehandelt hat, sondern menschliches Tun oder besondere Erfahrungen zum Schlüssel für den Zugang zu Gott gemacht werden.

Wer das Evangelium auch über kulturelle Grenzen hinweg zu den Menschen bringen will, darf neue Wege nicht scheuen. Paulus selbst ist das beste Beispiel dafür (vgl. 1Kor 9,19–23). Und doch warnt er hier die Christen in Korinth eindringlich, auf der Suche nach Neuem nicht die Grundlage des Glaubens aufzugeben und einem anderen Jesus, einem anderen Geist und einem anderen Evangelium zu folgen. Wo er die Grenze zwischen dem Mut zu neuen Wegen und der Bewahrung des Fundaments zieht, sagt er hier nicht. Der Brief als Ganzer macht klar: Es geht darum, bei der Botschaft von Gottes Handeln im gekreuzigten und auferstandenen Jesus zu bleiben – und zwar in den Worten und im Verhalten.

11,5–15
Die wahre Natur der Gegner

[5]Denn ich bin überzeugt, in nichts den »Superaposteln« nachzuste-
hen. [6]Wenn ich auch im Reden ein Laie (sein mag), so (doch) nicht
in der Erkenntnis; vielmehr haben wir (sie) in jeder Hinsicht bei al-
len für euch offenbar gemacht. [7]Oder habe ich eine Sünde begangen,
als ich mich erniedrigte, um euch zu erhöhen, dass ich euch Gottes
Evangelium unentgeltlich verkündigt habe? [8]Andere Gemeinden
habe ich geplündert, indem ich Bezahlung annahm, um euch zu die-
nen. [9]Und als ich bei euch war und nicht genug (zum Leben) hatte,
bin ich niemand zur Last gefallen, denn was mir fehlte, haben die

**Brüder ausgeglichen, die aus Mazedonien kamen, und in allem habe
ich mich davor gehütet, euch zur Last zu fallen, und werde mich
(auch weiterhin) davor hüten. [10]Bei der Wahrheit Christi, die in mir
ist: Dieser Ruhm soll im Gebiet von Achaia für mich nicht zum
Schweigen gebracht werden! [11]Warum? Weil ich euch nicht liebe?
Gott weiß es.**

**[12]Was ich aber tue, werde ich auch (weiterhin) tun, damit ich de-
nen die Gelegenheit abschneide, die eine Gelegenheit suchen, damit
sie sich in dem, worin sie sich rühmen, so erweisen wie auch wir.
[13]Denn solche (Leute) sind Falschapostel, betrügerische Arbeiter,
die die Gestalt von Aposteln Christi annehmen. [14]Und das ist kein
Wunder. Denn auch der Satan selbst nimmt die Gestalt eines Engels
des Lichts an. [15]Es ist also nichts Besonderes, wenn auch seine Diener die Gestalt als Diener der Gerechtigkeit annehmen. Ihr Ende
wird ihren Werken entsprechend sein.**

Paulus kommt immer noch nicht zu dem, was er mit »ein wenig Unverstand« vorbringen will. Er hat sich gedanklich in die Auseinandersetzung mit seinen Gegnern und ihren angeblichen Vorzügen verhakt und muss dazu noch etwas sagen. Es tut ihm weh, dass ihm offensichtlich immer wieder berichtet oder sogar vorgehalten wird, wie über alle Maßen überragend jene anderen Apostel seien. Dagegen setzt er seine tiefe Überzeugung, *in nichts diesen »Superaposteln« nachzustehen* (**5**). *Überapostel* schreiben die meisten Übersetzungen, aber im heutigen Deutsch gibt es keine treffendere Wiedergabe für die ironische Charakterisierung, die Paulus für diese in Korinth so hochgejubelten Leute findet, als *Superapostel.* In 12,11 wird er noch einmal in gleichem Sinn von ihnen sprechen. Damit meint er mit ziemlicher Sicherheit nicht, wie gelegentlich vermutet, die Jerusalemer Urapostel, sondern jene christlichen Verkündiger, die in Korinth aufgetaucht waren und von sich beanspruchten, in ganz besonderer Weise Apostel Jesu Christi zu sein. Paulus aber ist überzeugt, dass er diesen Leuten in seinem Dienst in keiner Weise nachsteht.

Paulus leugnet nicht, dass es in seinem Wirken Schwachstellen gibt, was offensichtlich von diesen Leuten weidlich ausgenutzt wurde. Er räumt ein (**6**), dass er im Reden ein *Laie,* also kein Fachmann in der hohen Kunst der Rhetorik und des Überredens sein mag. Man hat ihm das immer wieder vorgeworfen, und Paulus hat das akzeptiert, aber darauf beharrt, dass dies für die Sache des Evangeliums sogar angemessen und hilfreich sein kann (1Kor 2,4f; 2Kor 10,10). Vor allem aber betont er, dass er auf keinen Fall in Fragen geistlicher *Erkenntnis* ein Laie sei, also einer, der von der Sache nichts versteht. Möglicherweise beanspruchten jene Lehrer, dass

sie die Gemeinde in eine viel tiefere und umfassendere Erkenntnis als Paulus führen könnten. Auch das kam einer schon im 1. Korintherbrief erkennbaren Neigung der korinthischen Christen entgegen (vgl. 2,6–16; 8,2f; 13,2).
Hier aber gibt Paulus nicht nach. Er besteht darauf, dass er die Erkenntnis Jesu Christi, um die es hier allein gehen kann, *in jeder Hinsicht* und *bei allen* für die Gemeinde *offenbar gemacht* hat. Es gibt für Paulus keine andere Erkenntnis und Weisheit als die, die Gott durch sein Handeln im Gekreuzigten offenbart hat (vgl. 1Kor 1,18–25). Und diese Erkenntnis hat er in *all* ihren Aspekten und Konsequenzen in seiner Verkündigung für die Korinther erschlossen und *offenbar gemacht*. Wieder taucht dieses Stichwort auf, das für die Auseinandersetzung im 2. Korintherbrief so kennzeichnend ist (2,14; 3,3; 4,2). Das Offenbarungsdefizit, das manche in seiner Verkündigung feststellen, gibt es nicht. Vielleicht sieht Paulus hier wie in 1Kor 2,4f einen tieferen Zusammenhang zwischen fehlender rhetorischer Kunst und echter Erkenntnis Christi: »Gerade in der Schlichtheit seiner Rede kommt seine Erkenntnis zum Ausdruck, nämlich die Erkenntnis der Niedrigkeit des Gekreuzigten« (Wolff, 218f).
Paulus nennt ein zweites Beispiel für einen Konfliktpunkt, bei dem er überzeugt ist, dass er in keiner Weise hinter dem, was die »Superapostel« beanspruchen, zurückstehen muss. Überraschenderweise geht es dabei um die Frage, warum Paulus auf eine Bezahlung oder sonstige Unterhaltsleistungen für seinen Dienst verzichtet (**7–12**). Paulus beginnt mit einer rhetorisch zugespitzten Frage (7): *Oder habe ich (etwa) eine Sünde begangen …, dass ich euch Gottes Evangelium unentgeltlich verkündigt habe?* Die Antwort darauf kann natürlich nur Nein lauten. Aber wo liegt das Problem? Paulus deutet in einem Zwischensatz an, was seine Motivation dazu war. Für ihn waren der Verzicht auf Unterhalt und die Lebensumstände, die sich dadurch ergaben, durchaus eine Weise, *sich* selbst *zu erniedrigen* und *zu demütigen*. Wer sich von schwerer Handarbeit ernährte, war in der griechischen Gesellschaft nicht angesehen, und offensichtlich reichte das, was man dabei verdiente, manchmal nicht einmal für das Nötigste. Aber Paulus sah darin eine Konsequenz seines Weges mit Christus, der *sich selbst erniedrigte* (Phil 2,8). Für ihn war dies ein Stück gelebte Kreuzestheologie (vgl. 4,7–15). Vor allem aber war dieses Verhalten ja nicht Selbstzweck, nicht Ausdruck einer selbst gewählten Askese, sondern hatte ein Ziel: diejenigen, denen er das Evangelium verkündigt, *zu erhöhen*. Aus »der Tiefe der Gottferne« sollen sie »in die heilvolle Gemeinschaft mit Gott versetzt« werden (Wolff, 220). Das Verhalten des Apostels soll etwas davon veran-

schaulichen, dass Christus »arm wurde ..., damit ihr durch seine Armut reich würdet« (8,9).
Das haben in Korinth nicht alle so verstanden. Manche sahen in diesem Verzicht und dieser Selbsterniedrigung ein Zeichen von Schwäche (10,1) und vielleicht auch eine Missachtung ihrer Fähigkeit und Bereitschaft, Paulus und seine Mission zu unterstützen. Schon in 1Kor 9 musste er sich mit dieser Frage auseinandersetzen. Paulus bejaht grundsätzlich die Regel, dass ein Apostel Unterhalt oder finanzielle Unterstützung von einer Gemeinde beanspruchen kann (vgl. dazu Mt 10,10 mit 2Kor 10,8). Für sich selbst aber hat er den Grundsatz befolgt, keine Unterstützung von einer erst im Entstehen begriffenen Gemeinde anzunehmen (vgl. 1Thess 2,9; 1Kor 9,18). Er wollte damit von vorneherein den Verdacht entkräften, er wolle mit seiner Verkündigung Geld machen (vgl. 1Kor 9,12; 1Thess 2,5). *Gottes* Sache und *Gottes* Evangelium, wie Paulus hier sehr betont schreibt, sollten im Mittelpunkt stehen. Nur gelegentlich hat er von schon bestehenden Gemeinden (vor allem Philippi; vgl. Phil 4,10–20), wo ein solches Missverständnis ausgeschlossen war, Unterstützung angenommen.
So hat Paulus es auch beim Beginn seiner Mission in Korinth gehalten. Das war nicht immer einfach, wie er in **8f** schildert. Dass er von anderen Unterstützung annehmen musste, weil sein Verdienst einfach nicht reichte, beschreibt er in gewollter Übertreibung mit Begriffen aus der Soldatensprache: *Andere Gemeinden habe ich geplündert, indem ich Bezahlung annahm.* Die Notwendigkeit, um Unterstützung bitten zu müssen, vergleicht er mit der *Plünderung* eroberter Gebiete durch Soldaten; umgekehrt benutzt er für das Geld, das er bekommen hat, das griechische Wort für *Sold, Lohn,* also die *Bezahlung* für geleistete Dienste. Dabei hat er das Geld nur angenommen, *um euch zu dienen.* Er stand also im Dienst der Gemeinde von Korinth, aber bezahlt haben andere!
Die erste Zeit dort scheint wirklich schwer gewesen zu sein. Manchmal fehlte es am Nötigsten. Und doch hat sich Paulus daran gehalten, *niemand zur Last zu fallen,* und erst *die Brüder, die aus Mazedonien kamen,* haben die Unterstützung gebracht, die Paulus nötig hatte. Nach Apg 18,5 waren es Timotheus und Silas/Silvanus, die wohl aus Thessalonich Geld mitbrachten. Aber in all diesen Schwierigkeiten hat Paulus sich *davor gehütet,* der Gemeinde in Korinth *zur Last zu fallen.* Und fast aggressiv betont er: *und werde mich (auch weiterhin) davor hüten.*
Wie wichtig ihm das ist, betont V. **10**. In einer schwurartigen Beteuerung beruft sich Paulus auf *die Wahrheit Christi,* die in ihm ist. Die Wahrhaftigkeit und Zuverlässigkeit des Christus, dessen Bote Paulus ist, soll für die Verlässlichkeit des Verhaltens des Apos-

tels bürgen (vgl. die ähnliche Argumentation in 1,18–22). Und darum muss er daran festhalten: *Dieser Ruhm*, d.h. die *dankbare Anerkennung* für seinen besonderen Einsatz, *soll im Gebiet von Achaia nicht zum Schweigen gebracht werden*. Die Ausleger sind sich nicht einig, wer hier wen rühmt. Ist es Paulus, für den sein Verzicht auf das Unterhaltsrecht ein unverzichtbares Merkmal seines persönlichen Einsatzes für seinen Auftrag ist (so 1Kor 9,15f)? Oder sind es die Leute in und um Korinth, die anerkennend davon sprechen, dass Paulus keiner der üblichen Wanderprediger ist, die ihre Botschaft so gut wie möglich vermarkten? Der ungewöhnliche Hinweis auf das *Gebiet von Achaia* könnte für das Letztere sprechen und zugleich eine Spitze gegen die Korinther darstellen. Außerhalb Korinths sah man die Sache viel positiver.
Paulus schließt mit der entscheidende Frage (**11**): *Warum?* Warum hält er so hartnäckig an dieser Entscheidung fest? Warum will er sich gerade von der Gemeinde in Korinth nicht unterstützen lassen? Und er schiebt die nächste Frage nach, die gleichzeitig deutlich macht, wie das manche in Korinth empfinden: *Weil ich euch nicht liebe?* Hängt seine Weigerung, sich helfen zu lassen, damit zusammen, dass er die Korinther nicht schätzt, ihnen misstraut und Distanz halten will? Angesichts dessen, was er zusammen mit der Gemeinde erlebt und durchlitten hat, empfindet Paulus diese Unterstellung als absurd und antwortet nur kurz: *Gott weiß es!* Aber jeder wird spüren, dass er innerlich anfügt: Und ihr wisst doch auch, dass es nicht so ist!

Für uns heute ist es relativ schwer nachzuvollziehen, warum der Verzicht des Paulus auf sein Unterhaltsrecht in Korinth solche Irritationen auslöste, dass er sein Verhalten zweimal ausführlich verteidigen muss (1Kor 9 und 2Kor 11; vgl. auch 12,13). In der neueren Auslegung hat man immer wieder darauf hingewiesen, dass die Weigerung des Paulus, sich von wohlhabenden Gemeindegliedern versorgen und unterstützen zu lassen, diese nach den Regeln antiker Freundschaftsethik brüskieren und verletzen musste. Paulus scheint aber gerade in Korinth die Gefahr gespürt zu haben, durch die Annahme solcher Unterstützung abhängig von den entsprechenden Patronen und Sponsoren zu werden. Die Gruppenbildung, von der 1Kor 1,13ff berichtet, könnte mit solch rivalisierenden Klientelen zusammenhängen. Die »Apostel«, die nun in Korinth aufgetaucht sind, scheinen diese Bedenken nicht gehabt und die angebotene Gastfreundschaft genossen zu haben. Das hat ihnen zunächst die Sympathie einflussreicher Leute eingebracht. Auf das andere Verhalten des Paulus hingewiesen, haben sie ihm unterstellt, dadurch zeige sich, dass er nicht wage, von den Rechten eines wirklichen Apostels Gebrauch zu machen. Paulus scheint im Übrigen seine rigide Haltung in dieser Frage etwas korrigiert zu haben. Im Römerbrief richtet er die Grüße des Gaius aus und nennt ihn »meinen Gastgeber und den der ganzen Gemeinde« (16,23). Nach Klärung der schwierigsten Fragen in Korinth und mit der Perspektive des Aufbruchs zu neuen Aufgaben kann auch Paulus die Bereitstellung von Kost und Logis durch ein Gemeindeglied akzeptieren!

Paulus fügt noch einen Satz zu dieser Angelegenheit hinzu, der die gegenwärtige Situation betrifft (**12**). Er wird bei seiner Praxis bleiben: *Was ich aber tue, werde ich auch (weiterhin) tun.* Das hat auch sehr viel mit den Leuten zu tun, die in Korinth Wühlarbeit gegen ihn betreiben. Leider drückt er das, was er dazu sagen möchte, ziemlich kompliziert aus, sodass seine Aussagen nicht eindeutig zu verstehen sind. Sein Anliegen als Ganzes ist aber klar. Paulus hat die Vermutung, dass seine Gegner in Korinth durchaus spüren, dass seine Position als Apostel durch den Unterhaltsverzicht auf Dauer doch sehr viel gefestigter ist als ihre. Der Verdacht, nur für die eigene Tasche zu arbeiten, lag immer in der Luft. Ihre Polemik gegen sein Verhalten mag darum auch darin begründet sein, dass es für ihre Stellung sehr hilfreich wäre, wenn Paulus sich ihrer Praxis angleichen würde. Das wird er nicht tun, und zwar – wie er sagt: *damit ich denen die Gelegenheit abschneide, die eine Gelegenheit suchen, damit sie sich in dem, worin sie sich rühmen, so erweisen wie auch wir.* Diese Leute *rühmen sich,* Apostel zu sein. Zwar behaupten sie, ihre Vollmacht als Apostel sei größer und umfassender als die des Paulus. Seine klare Haltung in der Frage der Unterstützung ist jedoch ein unausgesprochenes Fragezeichen hinter ihrem Anspruch. Würde er diese Haltung aufgeben, würden sie sich auch in dieser Hinsicht *erweisen* (wörtlich: *erfunden werden*) wie er. Das aber wird Paulus nicht tun und damit – wie es die LÜ knapp formuliert – *denen den Anlass nehmen, die einen Anlass suchen, sich zu rühmen, sie seien wie wir.*

Warum er gegen diese Leute so klar Stellung bezieht, begründet Paulus in den letzten Versen unseres Abschnitts (**13–15**). Was er hier sagt, gehört zum Schärfsten, was er theologischen Widersachern vorwirft. Man kann zwar die einleitenden Worte: *Denn solche (Leute)* auch mit *Leute wie diese* übersetzen (vgl. ZB: *Leute ihres Schlages*). Dann wäre eine direkte Identifizierung der Gegner in Korinth mit dem, was folgt, vermieden. Aber es kann kein Zweifel daran sein: Sie sind gemeint.

Dabei geht es vor allem um ihren Anspruch, Apostel zu sein. Sie, die von manchen geradezu als »Superapostel« gerühmt werden, sind in Wirklichkeit *Falschapostel,* Leute, die sich fälschlicherweise als Apostel ausgeben, obwohl sie keinen Auftrag von Christus haben (**13**). Sie sind *betrügerische Arbeiter,* also Leute, die durchaus etwas tun, aber nicht für die Sache des Evangeliums, wie sie vorgeben, sondern zu ihrem eigenen Nutzen. Der Kirchenvater Johannes Chrysostomos (344–407) sagte von ihnen: »Sie arbeiten zwar, aber sie reißen das Gepflanzte aus« (nach Wolff, 223). Sie *nehmen* zwar *die Gestalt von Aposteln Christi an*, erwecken also durch ihr Auftreten den Anschein, als seine Beauftragte zu handeln, aber was sie tun, ist nicht von der Person und der Botschaft des Gekreuzigten geprägt.

Dass dies so ist, *ist kein Wunder* (**14**). Die Art, wie sie handeln, weist auf die Prägung durch eine andere Macht, die als Gegenspieler immer dort auf dem Plan ist, wo das Evangelium verkündigt wird (vgl. 4,3f). Paulus wird deutlicher: *Auch der Satan selbst nimmt die Gestalt eines Engels des Lichts an*. Paulus knüpft hier an Anschauungen im frühen Judentum an, dass Satan ein von Gott abgefallener Engel, also ein Engel der Finsternis sei, der sich aber immer noch als Engel des Lichts verkleiden kann, um Menschen zu verführen (VitAd 9; ApkMos 17). Der scharfe Widerspruch, den Paulus zwischen dem gewinnenden Auftreten seiner Gegner und dem, was sie tatsächlich bewirken, feststellt, führt ihn zum Schluss, dass diese Macht mit ihrer Art zu handeln hinter dem Wirken dieser falschen Apostel steckt.

Die Folgerung für ihn ist klar (**15**): Wenn der Satan selbst so handelt, dann *ist es nichts Besonderes*, und niemand sollte davon überrascht sein, *wenn auch seine Diener die Gestalt als Diener der Gerechtigkeit annehmen*. Obwohl diese Leute wie Diener Christi und daher auch als *Diener der Gerechtigkeit* auftreten, also als Verkündiger des Heils, das Gott durch Christus bewirkt hat (vgl. 3,9), entlarven sie sich für Paulus als Leute, die im Dienst Satans stehen. Vielleicht wissen sie das gar nicht. Aber ihre Verkündigung entwertet die Botschaft des Evangeliums, und dadurch tun sie das Werk Satans. Da Paulus uns nicht sagt, worin die Irrlehre dieser Leute inhaltlich besteht, können wir nur vermuten, dass sie die Bedeutung des Kreuzes Christi infrage stellten oder auf die Seite schoben. Wo die Bedeutung des Kreuzes geleugnet wird, da wird für Paulus die Mitte des Evangeliums geleugnet (vgl. 1Kor 1,17–25; Phil 3,18). Damit aber stellt man sich gegen Gott und wird zum Handlanger Satans. Das letzte Urteil darüber steht Gott zu. Aber mit der Ankündigung, *ihr Ende wird ihren Werken entsprechend sein*, die Paulus gelegentlich gegen Gegner verwendet (Phil 3,19), macht er deutlich, dass er überzeugt ist, dass dann der wahre Charakter ihres Wirkens aufgedeckt werden wird.

Paulus wird hier sehr deutlich, überdeutlich sogar. Überschreitet er in seiner Polemik nicht eine Grenze? Eine Verteufelung der Gegner ist immer gefährlich. Es verhindert, darauf zu hören, was sie wirklich

sagen und wollen. Darum ist auch das Urteil der Ausleger gespalten. Manche sagen: Hier kämpft auch Paulus *nach dem Fleisch*; er verwendet Waffen, die seinem Evangelium nicht entsprechen (Gräßer II, 148f). Manche fragen, ob es nicht doch Situationen gibt, wo der Kampf gegen eine dämonische Bedrohung der Kirche geführt werden muss (Wendland, 218; Wolff, 217). So haben manche scharfen Worte, die D. Bonhoeffer im Kirchenkampf formuliert hat, damals auch bei Gutwilligen Kopfschütteln ausgelöst, sich aber nachher als sehr berechtigt erwiesen.
Die Gemeinde in Korinth hat die Beurteilung des Paulus offensichtlich akzeptiert, und darum ist sie zusammen mit dem ganzen Brief in den biblischen Kanon aufgenommen worden. Damit hat sie einen gewissen Autoritätsvorsprung. Wir sitzen nicht über Paulus zu Gericht, sondern haben zunächst die Aufgabe, »die paulinische Selbstaussage als richtige und legitime zu interpretieren« (Klauck, 86). Aber auch wenn wir das ernst nehmen, ist dies keine Lizenz für uns heute, theologisch unbequeme Kontrahenten als Satansdiener zu brandmarken. Paulus kann mit konkurrierenden Verkündigern auch anders umgehen, selbst wenn er ihnen unlautere Absichten unterstellen muss. In Phil 1,18 sagt er von der Verkündigung solcher Leute: »Was tut's aber? Wenn nur Christus verkündigt wird auf jede Weise, es geschehe zum Vorwand oder in Wahrheit, so freue ich mich darüber«. *Wenn nur Christus verkündigt wird* – das ist der entscheidende Maßstab!

11,16 – 12,10
Das Selbstlob des Paulus

Mit 11,16 nimmt Paulus den Faden von 11,1 wieder auf. Obwohl es verrückt ist, will er nun doch einmal sich selbst loben, wie das seine Gegner tun. Nach einer nochmaligen recht zwiespältigen Begründung dieses Vorgehens (11,16–21a) zählt er dann in 11,21b – 12,10 auf, was er hier zu sagen hat. Aus praktischen Gründen teilen wir den Abschnitt in zwei Unterteile, die sich durch die verschiedenen inhaltlichen Schwerpunkt ergeben: 11,16–33 *Der Ruhm des wahren Apostels*; 12,1–10 *Das Lob der Schwachheit*

11,16–33
Der Ruhm des wahren Apostels

16Noch einmal sage ich: Es soll niemand meinen, ich sei ein Narr. Wenn aber doch, dann nehmt mich eben an wie einen Narren, damit

**auch ich mich ein klein wenig rühmen kann. [17]Was ich sage, das sa-
ge ich nicht im Sinn des Herrn, sondern wie in der Rolle des Narren
bei diesem Geschäft des Sich-Rühmens. [18]Da sich viele nach dem
Fleisch rühmen, will auch ich mich rühmen. [19]Denn ihr ertragt ja
gerne die Narren, obwohl ihr so klug seid. [20]Denn ihr ertragt (auch),
wenn euch jemand versklavt, wenn (euch) jemand auffrisst, wenn
(euch) jemand einfängt, wenn jemand sich aufspielt, wenn euch jemand ins Gesicht schlägt. [21]Zu meiner Schande muss ich gestehen,
dass *wir* uns (in dieser Hinsicht) schwach gezeigt haben.**

**Was irgendeiner (vorzubringen) wagt – ich sage das in der Rolle des
Narren –, das wage ich auch. [22]Hebräer sind sie? Ich auch. Israeliten
sind sie? Ich auch. Nachkommen Abrahams sind sie? Ich auch.
[23]Diener Christi sind sie? Ich rede als Verrückter: Ich noch mehr: in
mühevollen Arbeitseinsätzen überreichlich, in Gefangenschaften
überreichlich, unter Misshandlungen im Übermaß, oft in Todesnö-
ten. [24]Von den Juden habe ich fünfmal die ›Vierzig weniger Einen‹
(Geißelhiebe) empfangen, [25]dreimal bin ich ausgepeitscht worden,
einmal gesteinigt worden, dreimal habe ich Schiffbruch erlitten,
eine Nacht und einen Tag trieb ich auf hoher See, [26]auf vielen (müh-
seligen) Reisen, unter Gefahren durch Flüsse, Gefahren durch Räuber, Gefahren durch (mein) Volk, Gefahren durch Heiden, Gefah-
ren in der Stadt, Gefahren in unbewohnten Gegenden, Gefahren auf
dem Meer, Gefahren durch Falschbrüder, [27]unter Mühe und Plage,
mit vielen durchwachten Nächten, unter Hunger und Durst, mit
vielen Entbehrungen, unter Kälte und dürftiger Kleidung, [28]außer
(all) dem, was ich außen vor lasse: der tägliche Ansturm auf mich,
die Sorge für alle Gemeinden. [29]Wer ist schwach, und ich bin nicht
auch schwach? Wer kommt zu Fall, und ich brenne nicht (vor Eifer)?**

**[30]Wenn es nötig ist, sich zu rühmen, dann will ich mich dessen rüh-
men, was mit meiner Schwachheit (zu tun hat). [31]Der Gott und Vater des Herrn Jesus – gelobt sei er in Ewigkeit – weiß, dass ich nicht
lüge. [32]In Damaskus ließ der Statthalter des Königs Aretas die Stadt
der Damaszener bewachen, um mich zu verhaften, [33]und durch ein
Fenster wurde ich in einem Korb über die Mauer heruntergelassen
und entkam seinen Händen.**

Paulus greift noch einmal zurück auf V. 1, wo er mit ironischem Unterton die Korinther gebeten hatte, auch von ihm einmal etwas Verrücktheit und Unverstand zu ertragen, wenn auch er damit anfangen sollte, sich selbst zu rühmen. Das soll aber niemand auf die falsche Idee bringen, Paulus sei wirklich *verrückt* oder *ein Narr* und halte sich nicht mehr an die eigenen Grundsätze (**16**). Wenn dieser Eindruck jedoch unvermeidlich sein sollte, dann bittet er die Ge-

meinde, ihn dennoch *anzunehmen* und ihn zu *akzeptieren* und zu *ertragen,* wenn auch *wie einen Narren.* Denn er möchte sich nun doch auch selbst *ein klein wenig rühmen* und seine Arbeit ins rechte Licht stellen, wie das die anderen sog. Apostel tun.
Dass dies nicht in Einklang mit seinen theologischen Grundsätzen steht, stellt Paulus noch einmal ausdrücklich fest (**17**). Wenn er so redet, redet er *nicht im Sinn des Herrn* und nicht dem Willen Gottes entsprechend. Wie der lautet, hat er mehrmals eindeutig formuliert: »Wer sich rühmt, der rühme sich des Herrn« (10,17; 1Kor 1,31; vgl. Jer 9,23). Aber hier meint er eine Ausnahme machen zu müssen. Weil ihn die Situation in Korinth dazu zwingt, muss er eben auch, sozusagen *wie in der Rolle des Narren* reden bei diesem *Geschäft des Sich Rühmens,* frei übersetzt: Wenn *das Rühmen nun einmal an der Tagesordnung ist* (Menge). Allerdings deutet das einschränkende *wie* an, dass für Paulus doch auch eine gehörige Portion Ernst in dem Unternehmen steckt, sodass der törichte Selbstruhm bald in ein Rühmen der Gnade Christi umschlagen wird.

Man hat in der Geschichte der Auslegung immer wieder vermutet, dass Paulus hier in eine Rolle aus der antiken Komödie schlüpfe, nämlich die des *Prahlers, Großsprechers* und *Gauklers,* die auch Züge des *Hanswursts* und *Narren* der deutschen Jahrmarktsbühnen in der frühen Neuzeit aufweist. Für diese These spricht, dass Paulus sagt, er müsse in die Rolle des *Narren* schlüpfen, um sich auf das *Rühmen,* das *Selbstlob* bzw. die *Prahlerei* seiner Gegner einzulassen. Mit dieser These würde auch die merkwürdige Ambivalenz dieser Narrenrede erklärt, die einerseits Dinge sagt, die unvernünftig und verrückt sind, aber andererseits – wie das bei Narren so ist – auch ein kräftiges Körnchen Wahrheit enthält. Gegen die These spricht aber, dass Paulus für diese Rolle nicht das Wort verwendet, mit dem sie im Griechischen bezeichnet wird. Das Wort, das er verwendet, bezeichnet in der griechischen Übersetzung des Alten Testaments in der Weisheitsliteratur (vor allem im Buch der Sprüche) den *Toren,* der sich nicht um Gott und seine Gebote kümmert (vgl. Ps 14,1 ZB: »Der Tor spricht in seinem Herzen: Es ist kein Gott«). Mit *Toren* und *Gottlosen* wird der gleiche Personenkreis beschrieben (vgl. Ps 93,3–8). Sie meinen lebensklug zu handeln und verwerfen die Weisheit Gottes und verfehlen gerade so ihr Leben. Im Neuen Testament ist es der reiche Kornbauer, der so handelt und zu dem Gott sagen muss: »Du Narr!« (Lk 12,20). Aber ist es denkbar, dass Paulus auch nur zum Schein zeitweilig in diese Rolle schlüpft? Wir hatten schon darauf hingewiesen (s.o. zu V. 1), dass Paulus hier auch nicht von der *Torheit* spricht, die er in 1Kor 1,18–29 im Blick hat. Paulus scheint mit einer doppelten Bedeutung des Stichworts *Narr* zu arbeiten: Einerseits will auch er sich einmal die Narrenfreiheit nehmen, sich wie seine Gegner selbst zu rühmen; andererseits will er damit zugleich demonstrieren, wie unsinnig und verrückt dieses Unternehmen ist.

Was Paulus bei seinen Gegnern wahrnimmt, ist freilich nicht ein dankbares und demütiges Lob Gottes, das Gott für das rühmt, was er bewirkt und schenkt. Ihre Art, sich selbst zu loben, bedeutet für ihn, sich *nach dem Fleisch (zu) rühmen* (**18**). Das aber heißt, die eigenen, menschlichen Leistungen und Vorzüge herauszustellen und dabei auch auf das zu achten, was leicht den Beifall der Menge findet (vgl. Phil 3,4f). Es ist das Gegenteil zu dem Reden *im Sinn des Herrn* (wörtlich: *nach dem Herrn*, V. 17). Solcher Selbstruhm ist letztlich Selbstrechtfertigung und deshalb Kennzeichen eines Verhaltens, das nicht mehr an Gott, sondern am eigenen, von Gott getrennten Ich, dem *Fleisch*, orientiert ist (Wendland, 214). Aber dennoch: Weil es so *viele* tun, begibt sich Paulus auf dieses gefährliche Terrain und hat beschlossen, dass *auch* er sich *rühmen* will.

Damit müsste er bei den Korinthern eigentlich gut ankommen, denn merkwürdigerweise ertragen gerade sie, die (angeblich) so *klug* sind, *gerne* das Treiben von *Narren* (**19**; Paulus nutzt im Griechischen ein Wortspiel *verständig/Unverständige*). Dann sollten sie es doch auch ertragen, wenn er einmal in der Rolle des Narren auftritt (vgl. V. 1). Paulus lässt sich hier auf eine nicht ungefährliche Strategie ein: Einerseits möchte er die Korinther gewinnen und sich auf ihre Voraussetzungen einlassen, andererseits kann er es nicht lassen, ihr ihm unverständliches Verhalten mit ironischen Spitzen aufzuspießen. Müssten die Korinther, die sich für so klug halten (vgl. 1Kor 4,10; 10,17), nicht die Hohlheit der Prahlerei dieser Leute durchschauen?

Paulus wird noch schärfer in seinen ironischen Seitenhieben (**20**). Was lassen sich die Christen in Korinth nicht alles von diesen Leuten gefallen und ertragen es willig! Paulus spricht Klartext: *Ihr ertragt (auch), wenn euch jemand versklavt.* Diejenigen, die sich als Diener Christi bezeichnen, wollen die Herrschaft über die Gemeinde ausüben, und die Gemeinde lässt sich das gefallen. Paulus malt, was hier geschieht, in drastischen Bildern aus: Die Korinther ertragen auch, wenn sie *jemand auffrisst* – ein geläufiges alttestamentliches Bild für feindliche Ausbeutung (Ps 14,4) und eine Anspielung auf die materiellen Ansprüche seiner Gegner. Oder wenn sie *jemand einfängt*, also Leute auf ihre Seite zieht und gefügig macht; oder *wenn sich jemand aufspielt* und die anderen Christen seine Überlegenheit spüren lässt, ja selbst *wenn euch jemand ins Gesicht schlägt*, also entehrend und entwürdigend behandelt – die Christen in Korinth nehmen das anscheinend hin.

All das klingt auf den ersten Blick maßlos übertrieben. So zu argumentieren entsprach dem Stil polemischer Auseinandersetzungen jener Zeit. Aber auch wenn wir in Rechnung setzen, dass

Paulus hier holzschnittartig karikiert, könnte er doch auch auf ein Problem hinweisen, das in bestimmten christlichen Milieus nicht selten beobachtet werden kann: Mit suggestiven Fähigkeiten ausgestatteten Führerpersönlichkeiten können mit ihrer Anhängerschaft sehr hart und grob umgehen und hohe Forderungen, auch finanzieller Art, stellen und verstärken gerade damit die Loyalität und Abhängigkeit ihrer Gefolgschaft. Solches Verhalten wird zumindest von manchen Leuten als Ausdruck geistlicher Vollmacht und Stärke gewertet und gewürdigt. Paulus scheint in Korinth ähnliche psychologische Zusammenhänge zu befürchten. Darauf weist sein sarkastischer Kommentar: *Zu meiner Schande muss ich gestehen, dass wir uns (in dieser Hinsicht) schwach gezeigt haben* (**21a**). Wenn das als Ausweis von Führungsstärke und geistlicher Vollmacht gilt, dann lässt er den Vorwurf, er mache in der persönlichen Auseinandersetzung eine schwache Figur (10,10), gerne auf sich sitzen.

Noch einmal hat sich Paulus davon abhalten lassen, zu seinem eigentlichen Thema, sich auch einmal selbst zu loben, etwas zu sagen. Zu besorgniserregend ist für ihn, was er aus der Ferne von dem Treiben der Leute wahrnimmt, die ihm in Korinth Schwierigkeiten machen, als dass er das unkommentiert hinnehmen kann. Die beißende Ironie, mit der er das vorträgt, war wahrscheinlich für die Korinther nicht leicht zu ertragen. Aber wenn sie genau zuhörten, konnten sie in den Worten des Apostels auch die fast verzweifelte Frage hören: Merkt ihr denn gar nicht, auf wen ihr euch da eingelassen habt und »dass ihr für diese Leute nur Mittel für ihre Zwecke seid«? (Bultmann, 214).

Aber Paulus kommt wieder zurück auf sein eigentliches Thema (**21b**). Seine Gegner sind kühn genug, sich auf eine ganze Reihe von Qualitätsmerkmale ihres Dienstes zu berufen. Paulus ist überzeugt, dass er dahinter nicht zurückstehen muss. *Was irgendeiner (vorzubringen) wagt,* also *worauf* andere sich zu berufen *wagen, das wagt* er *auch* für sich zu beanspruchen. Seine Ausdrucksweise, die man nur schwer exakt ins Deutsche übersetzen kann, schillert zwischen positiven und negativen Nuancen. Man könnte etwas frei auch übersetzen: Was andere *die Stirn haben* zu beanspruchen, das kann ich mit dem gleichen Recht beanspruchen. Und noch einmal macht Paulus klar, dass er so eigentlich nur *in der Rolle des Narren* sprechen kann, weil diese Art, durch Aufrechnen der eigenen Ruhmestitel Vollmacht und Autorität zu beanspruchen, dem Wesen des Evangeliums widerspricht.

Aber dann beginnt Paulus doch, einmal aufzuzählen, was seine Gegner zu ihren Gunsten anführen (**22**). Die ersten drei Punkte sind Begriffe, die auf ihre jüdische Herkunft weisen. Dabei wird

nicht die schlichte Bezeichnung *Juden* gebraucht, vielmehr sind alle drei Begriffe auf ihre Weise Ehrentitel. Am schwierigsten ist die genaue Bedeutung der Bezeichnung *Hebräer* zu ermitteln. Sie hat zweifellos einen feierlichen und ehrwürdigen Klang. So ist das Wort in 2Makk 7,31 der Ehrenname von Juden reiner Abstammung, die das von den Vätern überlieferte Gesetz treu bewahrt haben. Paulus selbst beansprucht in Phil 3,5 in einer ähnlichen Auseinandersetzung »Hebräer von Hebräern« zu sein. Nach Apg 6,1 sind *Hebräer* die aus Judäa und Galiläa stammenden aramäisch sprechenden Juden, die von den Hellenisten unterschieden werden, also den Juden, die aus der Diaspora stammen und griechisch sprachen, aber in Jerusalem ansässig geworden sind. Nun waren zweifellos auch die Gegner des Paulus griechisch sprechende Juden, darauf weist ihr Stolz auf ihr rhetorisches Geschick. Aber sie rühmten sich offensichtlich einer besonderen Verbundenheit mit der jüdischen Heimat und verwiesen möglicherweise auch auf ihre Kenntnisse des Aramäischen oder Hebräischen. (Dass in Korinth eine Inschrift aus späterer Zeit mit den Worten »Synagoge der Hebräer« gefunden wurde, zeigt das Gewicht dieser Bezeichnung, hat aber nichts mit den Leuten zu tun, mit denen sich Paulus auseinandersetzte.)
Diesem Ruhmestitel kann Paulus ein getrostes *Ich auch* entgegensetzen. Zwar war er in Tarsus geboren und Griechisch sicher seine Muttersprache, aber seine Familie stammte wohl aus Judäa, und er dürfte dort auch eine Zeit seiner Ausbildung verbracht haben (vgl. Phil 3,5 und Apg 22,3.16). Das gilt auch für die beiden weiteren jüdischen Ehrennamen, auf die sich seine Gegner beriefen. Der Begriff *Israeliten* kennzeichnet gerade im griechisch sprechenden Judentum die Angehörigen des von Gott erwählten Volkes *Israel*. Paulus selbst gebraucht das Wort gerne, wenn er die Bedeutung der Erwählung dieses Volkes und derer, die dazugehören, signalisieren möchte (Röm 9,4; 11,1). In die gleiche Richtung weist die Bezeichnung *Nachkomme* (wörtlich: *Same*) *Abrahams*. Abraham ist der Träger der Verheißung, die allen seinen Nachkommen gilt.
Dass nach Gen 12,3 in ihm »alle Geschlechter der Erde gesegnet werden« sollen, wurde auch im hellenistischen Judentum so verstanden, dass durch ihn das heilsame Wissen von dem *einen* Gott zu den anderen Völkern kommen wird. Wer also von seiner Herkunft her *Nachkomme Abrahams* war, konnte sich als Segensträger für die Heiden verstehen.
Wir wissen nicht genau, in welchem Sinn die Gegner des Paulus diese Ehrentitel und damit ihre jüdische Herkunft geltend gemacht haben. Anders als die Leute, die Paulus in Galatien Schwie-

rigkeiten bereiteten, haben sie nicht gefordert, dass auch die Heidenchristen durch Beschneidung und Befolgung bestimmter Vorschriften des Gesetzes in die Gemeinschaft des Judentums eingegliedert werden müssten. Wir können nur vermuten, dass sie sich auf ihre enge Verbindung zu Jerusalem beriefen (u.U. mit dem Hinweis auf eine besondere Überlieferung des Wirkens Jesu; vgl. V. 4). Vielleicht beanspruchten sie auch, zu einer besonderen geisterfüllten Auslegung der Schrift, vor allem der Tora, befähigt zu sein (vgl. Kap. 3). Paulus lässt sich nicht auf eine eingehendere Diskussion ein, denn auch bei diesen beiden Ruhmestiteln kann er guten Gewissens sagen: *Ich auch.* Ob ihm die Gegner aus irgendeinem Grund, diese Qualifikation abgesprochen haben, wissen wir nicht. Vielleicht hat Paulus sie auch nur deshalb ausgewählt und an den Anfang gestellt, weil hier der Beweis der Ebenbürtigkeit leicht zu führen war.

Dann kommt Paulus zu einem weiteren Titel, den seine Gegner beanspruchen (**23**): *Diener Christi.* Die Bezeichnung *Diener* (griechisch: *diakonos*) rückt im 2. Korintherbrief sehr nahe an den Titel *Apostel.* Auch Paulus beschreibt mit diesem Wort seine Aufgabe als Missionar und Verkündiger der guten Botschaft von der Versöhnung (vgl. 3,6; 5,18; 6,4). Seine Bedeutung *Beauftragter, Bote* berührt sich mit der von *Apostel* als *Gesandter.* Während Paulus selbst den Titel *Diener Christi* nie zur Selbstvorstellung benutzt, scheinen ihn seine Gegner zusammen mit *Apostel Christi* zur Bezeichnung ihrer Vollmacht verwendet zu haben. Sie sahen sich als Beauftrage und Gesandte Christi und beanspruchten daher Gehör und Gehorsam. Damit verbunden war offensichtlich die Behauptung, in besonderer Weise Christus zu gehören (10,7).

Darum markiert dieser Begriff eine Wende in der Argumentation des Paulus. Er hält sich nicht damit auf, wie in 11,14f zu bestreiten, dass sie wirklich im Dienst Christi stehen. Er begnügt sich auch nicht damit, kurz festzustellen, dass auch er ein *Diener Christi* sei. Wenn man wirklich bedenkt, was es heißt, *Diener Christi* zu sein, dann ist er es *noch mehr* als seine Gegner, ja man darf sogar übersetzen: *unvergleichlich mehr.* Dass er sich zu diesem Thema überhaupt auf ein Vergleichen einlässt, ist eigentlich Unsinn, richtiger noch: Wahnsinn. Wenn er es tut, spricht er nicht nur als Narr, sondern als ein *Verrückter.* Aber er tut es. Freilich nicht so, wie man das erwarten könnte. Er beginnt nicht mit einer Aufzählung all der wunderbaren Dinge, die Christus durch ihn getan hat, etwa von Bekehrungen einflussreicher Leute, von Heilungen unheilbar Kranker oder dem neuen Leben stadtbekannter Säufer. Er zählt all das auf, was er im Dienst Christ erleiden und ertragen muss. Das soll ihn als *Diener Christi* erweisen.

Die folgende Aufzählung beginnt mit der Nennung von vier allgemeinen Lebensumständen, *in* oder *unter* denen sich der Apostel bewähren musste. Es folgen vier besonders einschneidende Erfahrungen mit genauen Angaben, wie oft sie bisher zu überstehen waren. Dann zählt Paulus unter der Überschrift »Schwierigkeiten auf Reisen« acht Gefahren in unterschiedlichen Situationen und von verschiedener Seite auf. Dann folgen weitere acht Ursachen für Schwierigkeiten und Entbehrungen, von denen sechs paarweise angeordnet sind, und jeweils dazwischengeschoben ein weiteres Problem mit dem Stichwort *viele*. Und zum Schluss, durch eine Zwischenbemerkung abgesetzt, werden noch zwei Belastungen genannt, die sich aus der Arbeit mit den Gemeinden ergeben, die dann noch durch zwei Beispiele erläutert werden. Wir haben also einen relativ sorgfältigen Katalog von Erfahrungen des Apostels in seinem Dienst für Christus vor uns.

Solche listenartigen Aufzählungen widriger Lebensumstände (man nennt dies *Peristasenkatalog*) waren in der Antike nicht ungewöhnlich. Sie finden sich vor allem in Werken kynischer und stoischer Philosophen, die damit ihre innere Unabhängigkeit von allen denkbaren Lebensumständen dokumentieren wollen (vgl. bei Paulus Phil 4,11f). Bei Paulus finden sich mehrere solcher Listen, interessanterweise mit Ausnahme von Phil 4,11f alle in den Korintherbriefen (1Kor 4,9–13; 2Kor 4,8–10; 6,3–10; 11,23–29; 12,10). 2Kor 6,3–10 und 11,23–29 sind die umfangreichsten dieser Leidenslisten und haben auch inhaltlich viele Berührungen. (Das könnte ein Argument dafür sein, dass sie in ursprünglich selbstständigen Briefen standen.) In 11,23–28 erinnert die konkrete Auflistung einzelner Vorkommnisse an die Aufzählung der Errungenschaften von Politikern auf Inschriften, insbesondere an den Rechenschaftsbericht *Meine Taten* des Kaisers Augustus, der in mehreren Exemplaren in Kleinasien aufgestellt war und den Paulus gesehen haben könnte. Aber während dort von Siegen, Baumaßnahmen oder Stiftungen die Rede ist, spricht Paulus von Strafen, die er erlitten hat. Einerseits stellt seine Aufzählung eine Parodie ruhmrediger öffentlicher Rechenschaftsberichte dar, andererseits wird aber mit großem Ernst aufgezählt, worauf es im Wirken eines *Dieners Christi* wirklich ankommt. Anders als bei vergleichbaren Ausführungen von Philosophen soll sein Leidenskatalog auch nicht seine innere Unabhängigkeit und sein Durchhaltevermögen demonstrieren, sondern seine völlige Abhängigkeit von seinem Auftraggeber.

In einer ersten Gruppe von Erfahrungen, die er als *Diener Christi* macht, nennt er vier schwierige Begleitumstände seines Wirkens für Christus, und zwar in der Reihenfolge ihrer steigenden Gefährlichkeit für Leib und Leben: Sein Dienst geschieht *in mühevollen Arbeitseinsätzen* (wörtlich: *in Mühen*). Dieses Motiv erscheint immer wieder in diesen Listen (vgl. 1Kor 4,12; 2Kor 6,5) und kennzeichnet die Tätigkeit eines »Pioniermissionars« wie Paulus als harte Arbeit, zumal sie für ihn ja oft mit der Notwendigkeit verbunden war, seinen Lebensunterhalt durch eigener Hände Arbeit zu verdienen (1Thess 2,9; 1Kor 4,12). Hinzu tritt die Erfahrung häufiger Verhaftungen und *Gefangenschaften*, von denen die Apostelgeschichte aus der Zeit vor dem 2. Korintherbrief nur den Vorfall in Philippi schildert (16,23). Wie die Geschichte aus Philippi zeigt, waren damit fast immer *Misshandlungen* und *Schläge* verbunden. Das aber bringt den Apostel immer wieder an den Rand des Todes und in vielfältige *Todesnöte* und *-gefahren* (Paulus schreibt drastisch: *Tode*). In 1,8–11 hatte er ganz aktuell über eine solche Situation berichtet.

All das sind für ihn keine einmaligen Ereignisse. Er erlebt sie immer wieder, *überreich, im Übermaß* oder *oft*, wie er für jede dieser Erfahrungen anmerkt. Viele Übersetzungen verstehen die entsprechenden Aussagen als Komparativ: Paulus habe *mehr* gearbeitet, war *öfter* im Gefängnis, hat *mehr* Schläge erlitten (LÜ) als seine Gegner. Obwohl das sprachlich möglich ist, ist es doch wahrscheinlicher, dass Paulus hier schon die Perspektive des Vergleichens verlässt, zumal es fraglich ist, ob seine Kritiker auch von solchen Erfahrungen berichtet haben. Im Blick auf die Frage, was einen *Diener Christi* ausmacht, kann es nicht mehr darum gehen, wer häufiger im Gefängnis war. Hier ist entscheidend, ob jemand überhaupt bereit ist, den Weg des Kreuzes zu gehen und etwas vom Übermaß des Leidens auf sich zu nehmen, das dieser Weg bereiten kann.

Paulus fühlt die Notwendigkeit, seine Behauptungen noch etwas genauer zu belegen. So nennt er zunächst vier besonders einschneidende Erfahrungen, die er machen musste, und gibt auch genaue Zahlen, wie oft ihm das widerfahren ist (**24f**). Nicht weniger als *fünfmal* ist gegen ihn die Synagogenstrafe von 39 Geißelhieben verhängt worden. Sie beruht auf Dtn 25,1–3, wo von 40 Schlägen die Rede ist. Da aber dort ausdrücklich davor gewarnt wird, einen Schlag mehr auszuteilen, war man im Judentum dazu übergegangen, nur ›Vierzig weniger Einen‹ auszuteilen, was der Strafe auch ihren Namen gab. Die Apostelgeschichte berichtet über keinen solchen Vorfall. Vielleicht gehört diese Erfahrung eher in die Frühzeit der paulinischen Mission. Wir wissen auch nicht, warum diese Strafe über Paulus verhängt worden war. Da es eine Strafe der Synagogengemeinschaft war, die keine Polizeigewalt hatte, hätte sich Paulus der Bestrafung auch entziehen können. Aber damit hätte er sich aus der Gemeinschaft der Juden ausgeschlossen. Um »den Juden wie ein Jude sein« zu können (1Kor 9,20), hat er diese harte Strafe auf sich genommen, deren Vollzug durchaus le-

bensbedrohlich sein konnte (vgl. dazu auch Mt 10,17; Mk 13,9; Apg 5,40).
Die *Auspeitschung* mit Stöcken oder Ruten war meist Bestandteil der Verurteilung zu einer kürzeren Haftstrafe und wurde in der Regel von den örtlichen Behörden wegen Unruhestiftung angeordnet und vollstreckt. Gegen einen römischen Bürger durfte diese Strafe nicht verhängt werden (vgl. Apg 16,37f; 22,25). Dennoch musste Paulus diese Strafe drei Mal über sich ergehen lassen, obwohl er das römische Bürgerrecht besaß (Apg 22,27). Manche Forscher meinen deshalb, dass die Angaben der Apostelgeschichte über das Bürgerrecht unzutreffend seien. Aber diese Vorschrift ist wohl häufig übergangen worden. Es gab um die Verkündigung des Paulus nicht selten heftige Auseinandersetzungen, die dazu geführt haben, dass Paulus als ihr Urheber verhaftet und ausgepeitscht wurde, ohne dass man sich um seine Rechte gekümmert hätte. Apg 16,19–22 erzählt von solch einem Vorfall in Philippi.
Auch von dem Versuch, Paulus zu *steinigen,* gibt es einen Bericht in der Apostelgeschichte (14,19). Diese Begebenheit in Lystra zeigt, dass es sich nicht um ein offizielles Todesurteil durch Steinigung, wie sie das jüdische Gesetz kennt (vgl. Lev 24,14–16; Num 15,35; Dtn 17,2–5), gehandelt haben kann, sondern um den Versuch der Lynchjustiz, die in der Antike auch außerhalb des Judentums vorkam (vgl. Lk 20,6; Apg 14,5). Dass Paulus schon vor seiner Reise nach Rom drei Mal Schiffbruch erlitten hat und dabei sogar einmal einen ganzen Tag und eine ganze Nacht auf hoher See trieb, davon erfahren wir aus der Apostelgeschichte nichts. Es zeigt aber sehr deutlich die Gefährdung eines Vielreisenden wie Paulus.
Von den *vielen Reisen* und den *Gefahren,* die dabei zu bestehen sind, handelt der nächste Abschnitt (**26**). Achtmal wiederholt Paulus das Wort *Gefahren* und zählt auf, wo oder von wem sie drohen. Er bleibt dabei aber nicht streng beim Thema Reisen, sondern nennt auch andere Bedrohungen seiner missionarischen Arbeit. Die acht Gefahren sind zu Paaren geordnet. Das erste hat Reisen auf dem Land vor Augen. Gefahr droht hier bei der Überquerung von *Flüssen,* insbesondere bei Hochwasser im Frühjahr oder auch durch heftige Regenfälle im Winter, da es nur wenige Brücken gibt. Für den antiken Reisenden waren trotz der relativen Sicherheit im Römischen Reich *Räuber* und *Wegelagerer* eine Gefahr, mit der man immer rechnen musste (vgl. Lk 10,30).
Daneben stellt Paulus die Bedrohung, die von feindlich gesinnten Menschen ausgeht. Er nennt zuerst seine jüdischen *Landsleute* (sein *Volk*), von denen er immer wieder heftigen Widerstand er-

leben musste (vgl. V. 24; 1Thess 2,14f und die zahlreichen Berichte darüber in der Apostelgeschichte, z.B. für Korinth in 18,5–17). Aber auch von den *Heiden,* also den *Nichtjuden,* wurde er immer wieder angefeindet (vgl. Apg 16,19–22; 19,23–40). Paulus und seine Christusverkündigung erweist sich offensichtlich für viele »zum Zeichen, dem widersprochen wird«, wie es nach Lk 2,34 der greise Simeon für Jesus vorausgesagt hat. Für Paulus ist dies Auswirkung seiner Verkündigung des Kreuzes und daher Ausweis für einen *Diener Christi.*

Die Liste kehrt wieder zum Thema Reisen zurück: Es gibt vielfältige Gefahren *in der Stadt,* etwa von feindlich gesinnten Gegnern, aber auch die typischen Gefährdungen in einer Großstadt, ebenso *in unbewohnten Gegenden,* und zwar nicht nur durch Räuber, sondern auch durch fehlende Unterkünfte und Möglichkeiten, sich zu versorgen. In manchen Gegenden, wo die an und für sich gut ausgebauten römischen Straßen fehlten, gab es auch Probleme mit der Orientierung. Am Ende steht ein merkwürdiges Paar: Noch einmal wird das Meer genannt, für den antiken Landmenschen Inbegriff aller Gefahr, obwohl man im Mittelmeerraum auf die Schifffahrt als Transportmittel angewiesen war. Daneben stellt Paulus die *Falschbrüder,* nach Gal 2,4 Leute, die sich für Christen halten, aber gegen die Verkündigung des Evangeliums arbeiten und deshalb den Ehrennamen »Brüder« nicht verdienen. Ist das Zufall? Oder will Paulus damit sagen: Sie sind »das Schlimmste, gefährlicher als das Meer«(Lietzmann, 151)?

Paulus fügt seiner Liste noch eine weitere Reihe von Entbehrungen an, die er auf sich nehmen muss (**27**). Auch diese acht Begriffe sind sorgfältig geordnet. Sechs sind zu drei eng zusammenhängenden Paaren verbunden: *Mühe und Plage* kennzeichnen die Anstrengung und Mühsal harter körperlicher Arbeit (1Thess 2,9; 2Thess 3,8), *Hunger und Durst* beschreiben plastisch den Mangel an Nahrung, der auf Reisen, aber auch in Zeiten knapper Einkünfte (V. 9) quälend werden konnte, und der Verweis auf *Frost und Blöße* (LÜ) bzw. *Kälte und dürftige Kleidung* erinnert daran, wie es schlecht ausgestatteten Wanderern im anatolischen Winter, aber auch an kalten Tagen in Mazedonien erging. Dazwischen werden noch zwei weitere Begriffe eingeschoben, die auf häufige Problemsituationen hinweisen: *viele durchwachte Nächte,* entweder wegen der Notwendigkeit, bis in die Nacht hinein zu arbeiten, oder auch wegen menschlicher Schwierigkeiten, die dem Apostel den Schlaf raubten; dazu *viele Entbehrungen,* ein Wort, das meist mit *Fasten* übersetzt wird, aber hier im Zusammenhang mit den anderen Notlagen kaum ein Fasten aus religiösen Gründen meinen wird, sondern wie in 6,5 den Mangel an genügend Nahrung bedeutet. (In beiden Fällen wird es in Verbindung mit durchwachten Nächten genannt, vielleicht ein Indiz dafür, dass Paulus davon spricht, er opfere seinen Schlaf, um für andere zu beten, und verzichte auf Nahrung, um nicht auf problematische Unterstützung angewiesen zu sein.)

Paulus bricht die Aufzählung mit einer zusammenfassenden Formulierung ab (**28**): *außer (all) dem, was ich außen vor lasse* oder *unerwähnt lasse*. Damit deutet er entweder an, dass er von diesen Schwierigkeiten noch sehr viel mehr aufzählen könnte, dies aber nicht tun will. Oder er verweist schon auf das Folgende, wie das Redner gerne machen, wenn sie sagen: Von dem, was hier noch zusätzlich zu sagen wäre, will ich gar nicht erst reden, um dann doch einige wichtige Punkte zu nennen. Das scheint tatsächlich die Absicht des Paulus zu sein. Denn nach all diesen Bedrohungen und Belastungen durch äußere Umstände oder feindliche Menschen will er jetzt wenigstens noch kurz von dem reden, was durch die Arbeit in den Gemeinden für einen wirklichen *Diener Christi* zu bewältigen ist.

Paulus nennt dafür zwei Stichworte: *der tägliche Ansturm auf mich* und *die Sorge für alle Gemeinden*. Paulus erinnert die Christen in Korinth daran, wie die vielen Rat- und Trostsuchenden und alle Menschen, die von dieser neuen Botschaft Hilfe für ihre Lebensfragen erwarteten, bei ihm immer eine offene Tür fanden (Gräßer II, 171). Und er macht darauf aufmerksam, wie ihn die bleibende Begleitung der von ihm gegründeten Gemeinden und die *Sorge* um sie umtreiben und belasten. Paulus war nicht der Pioniermissionar, der den Samen des Evangeliums ausstreute, um dann die aufwachsenden Pflänzlein sich selbst zu überlassen. Zwar ist er meist nach relativ kurzer Zeit zu einem neuen Arbeitsfeld weitergezogen, aber er blieb durch ein Netzwerk von Mitarbeitern und vor allem durch seine Briefe in enger Verbindung mit ihnen. Das brachte ihn zwar oft in ein Dilemma, das der von ihm beanspruchten Rolle eines »Vaters« der Gemeinde entsprach: Wo musste er weiter seine Verantwortung für die Gemeinde wahrnehmen? Und wo sollte er sie los- und ihren eigenen Weg gehen lassen? Dem Versuch, diese Spannung in Verantwortung vor seinem eigentlichen Auftraggeber, also als *Diener Christi*, zu verarbeiten, verdanken wir den theologischen Rang und Tiefgang seiner Briefe!

Paulus nennt zwei Beispiele für die Art, wie er die Fragen und Nöte, die in den Gemeinden auftauchen, selbst durchleidet (**29**). Er fragt: *Wer ist schwach, und ich bin nicht (auch) schwach?* Und es ist klar, welche Antwort er erwartet. Und so fügt er die zweite Frage an: *Wer kommt zu Fall, und ich brenne nicht (vor Eifer)?* Viele Ausleger sind der Meinung, Paulus denke hier noch einmal an die Fragen, die er in 1Kor 8–10 zu behandeln hatte. Denn dort ging es um Christen, deren Gewissen noch zu *schwach* und an alte Vorstellungen gebunden war, um ohne Bedenken und Gefährdung Fleisch zu essen, das von einem Opfer für die heidnischen Götter stammte. Der Bezug auf diese Stelle liegt vor allem auch deswegen nahe, weil Paulus auch dort von der Gefahr spricht, dass manche dieser Leute durch die freizügige Haltung ihrer Mitchristen *zu Fall kommen* und wieder dem Bann der alten Götter verfallen. Dann wäre in der Frage: *Wer ist schwach, und ich bin nicht (auch) schwach?* die gleiche Haltung zu erkennen, die Paulus in 1Kor 9,22 mit der Aussage beschreibt, er sei »den Schwachen ein Schwacher« geworden. Er versetzt sich innerlich in ihre Situation und verhält sich so, dass sie keinen Schaden erleiden.

So einleuchtend dies auf den ersten Blick scheint, so darf die Bedeutung von V. 29 doch nicht auf diese Situation beschränkt werden. Die Frage des Götzenopferfleisches wird im 2. Korintherbrief nirgends mehr angesprochen, während das Thema *Schwachheit/ Schwäche* in diesem Zusammenhang eine sehr viel breitere Bedeutung einnimmt. Paulus dürfte eine ganze Bandbreite von Situationen im Auge haben, in denen Christen *schwach sind* oder sich *schwach fühlen*: in ihren körperlichen Kräften, in der Bewältigung gewisser Aufgaben, möglicherweise auch im Glauben. Gerade er, der in den Augen vieler als Apostel so *schwach* ist, ist den Schwachen nahe als einer, der nicht nur mitfühlen kann, sondern mitleidet und die Schwäche der anderen teilt, um mit ihnen von der Kraft Christi zu leben.

Und so bezieht sich auch die Frage: *Wer kommt zu Fall?* (die Übersetzung *nimmt Anstoß* ist zu schwach und irreführend), nicht nur auf die Verführung durch das Essen von Götzenopferfleisch, sondern betrifft alle Situationen, in denen Christen sich zur Sünde verführen lassen oder an einer Aufgabe, die sie im Glauben angepackt haben, scheitern. Das aber kann Paulus nicht gleichgültig lassen. Wo das geschieht, ist er gepackt und gefordert. *Ich brenne* – sagt er –, und wir müssen uns ausmalen, ob vor Schmerz, vor Eifer oder gar vor Zorn. Jedenfalls lässt es ihn nicht kalt; die Not solcher Menschen entflammt ihn vielmehr zu klären, zu helfen, zurechtzubringen. Hier wird das Leiden an der Gemeinde und manchen ihrer Glieder zur Leidenschaft für die Sache Christi.

Paulus fasst den ganzen bisherigen Gesprächsgang zu einer knappen Zwischenbilanz zusammen (**30**): *Wenn es* (wirklich) *nötig ist, sich zu rühmen, dann will ich mich dessen rühmen, was mit meiner Schwachheit (zu tun hat)*. Der Apostel lässt es weiterhin offen, ob es wirklich nötig ist, an dem Projekt »Sich rühmen« teilzunehmen. Er hat sich nun aber einmal darauf eingelassen und eine wichtige Erkenntnis gewonnen: Wenn schon sich rühmen, dann sich nur *der Dinge rühmen, die mit meiner Schwachheit* zu tun haben, die man mir in Korinth zum Vorwurf macht, oder *dessen, was aus meiner Schwachheit kommt* (ZB). Die geläufige Übersetzung *mich meiner Schwachheit rühmen* verkürzt und vereinfacht den griechischen Text und damit das, was Paulus herausstellen will.

Durch die genauere Übersetzung wird auch eine Frage beantwortet, die manche Ausleger bewegt: Was Paulus aufzählt, sind ja eigentlich keine Schwächen, sondern eher Schwierigkeiten, die er überwindet oder erträgt. Die *Schwachheit,* von der er hier spricht, besteht auch nicht in dieser oder jener Schwachstelle seiner Amtsführung, die man ihm in Korinth vorhält, sondern in seiner Entschlossenheit, seinen Weg mit dem gekreuzigten Christus zu gehen. Gerade deshalb ist *Schwachheit* auch das Gebiet, auf dem die Kraft Christi erfahren wird. Sich ihrer zu rühmen bedeutet in Wirklichkeit, sich *des Herrn* zu rühmen! »Nicht *seine* in allen Entbehrungen und Gefahren ja unzweifelhaft bewiesene Stärke ist es, deren Paulus sich auf diese Weise rühmt, sondern die darin auf paradoxe Weise wirkende *Kraft Gottes«* (Gräßer II, 172f). In der Schwachheit und in dem, was mit ihr zusammenhängt, wird Christus im Dienst seiner Diener gegenwärtig.

Wie wichtig Paulus dieser Grundsatz ist, macht die beschwörende Beteuerung deutlich, die er in V. **31** einfügt. Wie es jüdische Sitte ist, folgt auf die Erwähnung Gottes ein Lobspruch, der die Feierlichkeit seiner Versicherung noch unterstreicht. Es ist *der Gott und Vater unseres Herrn Jesus,* also der Gott, der im Leben, Sterben und in der Auferweckung Jesu gehandelt hat, den er zum Zeugen dafür anruft, dass er die Wahrheit sagt. Und damit meint er sicher nicht nur die einzelnen Ereignisse, die er erwähnt hat oder noch berichten wird, sondern die Grundhaltung, auf die er sich für seinen Dienst beruft. Die Art, wie Paulus hier darauf beharrt, *nicht* zu *lügen,* spricht auch gegen die Auffassung vieler Ausleger, die ganze vorausgegangene Aufzählung sei eine Parodie auf das Selbstlob der Gegner. Auch wenn im Ansatz ein parodistisches Element nicht zu leugnen ist, im Ganzen geht es Paulus in tiefem Ernst um die Frage: Was weist einen *Diener Christi* aus?

Bevor er ein neues Thema anschneidet, berichtet Paulus noch einmal von einem einzelnen Erlebnis, nämlich seiner abenteuerlichen Flucht aus Damaskus (**32**). Ein hoher Beamter oder *Statthalter* (wörtlich: *Ethnarch*) des Nabatäerkönigs Aretas will Paulus, der sich in der Stadt aufhält, verhaften und lässt deshalb längere Zeit die Stadttore bewachen. Als Grund dafür wird vermutet, dass Paulus sich während eines längeren Aufenthalts im Nabatäerreich, dem »Arabien« von Gal 1,17, durch Vorkommnisse bei seiner missionarischen Tätigkeit missliebig gemacht hat und deshalb bestraft werden sollte. Freunde, vermutlich Christen aus der Gemeinde von Damaskus, lassen ihn in einem großen Korb durch ein Fenster in der Stadtmauer, wahrscheinlich in einem an die Stadtmauer angebauten Haus, herunter und verhelfen ihm so zur Flucht.

Die Geschichte wirft eine Reihe von Fragen auf. Der erwähnte Nabatäerkönig ist mit großer Wahrscheinlichkeit Aretas IV. Philodemos, der von 9 v.Chr. bis ca. 40 n.Chr. König der Nabatäer war. Damaskus gehörte aber nicht zum Nabatäerreich. Die Stadt war 66 v.Chr. in die römische Provinz Syrien eingegliedert worden, genoss aber als Mitglied der *Dekapolis* (der *Zehn Städte*; vgl. Mk 5,20) eine gewisse Selbständigkeit in Fragen der örtlichen Verwaltung. Es gibt drei Erklärungen für die Aktivitäten eines Beauftragten (*Ethnarch*) des Königs Aretas: 1. Es könnte sein, dass die Stadt um das Jahr 37 n.Chr. (Tod des Tiberius) für kurze Zeit dem Nabatäerkönig unterstellt war und dieser dort einen Statthalter einsetzte. 2. Da es in Damaskus eine größere nabatäische Handelskolonie gab, könnte der Beauftrage eine Art nabatäischer Konsul gewesen sein, der genügend Einfluss hatte, um eine Personenkontrolle an den Stadttoren zu veranlassen. 3. Der *Ethnarch* war Gouverneur jenes Teils des Nabatäerreichs, der an Damaskus angrenzte, und ließ die Stadttore von außen bewachen. Dass dies möglich war, ist jedoch unwahrscheinlich. In Frage kommen eher die erste oder die zweite Erklärung.
In Apg 9,23–26 wird diese Geschichte mit etwas anderen Details erzählt: Es sind die *Juden* in Damaskus, die die Bewachung der Stadttore veranlassen, und der Vorfall ereignet sich schon beim ersten Damaskusaufenthalt des Paulus, während seine eigene Version sich bei seinem zweiten Besuch dort (vgl. Gal 1,17) abgespielt haben muss. Lukas kannte also wohl die Geschichte, jedoch keine genauen Einzelheiten. Die Ähnlichkeit dieses Ereignisses mit dem Bericht vom Entkommen der Kundschafter aus Jericho (Jos 2,15) wird Paulus nicht entgangen sein; er scheint aber nicht darauf anzuspielen.

Die Ausleger rätseln darüber, warum Paulus diese Begebenheit hier noch nachträglich einschiebt und relativ ausführlich erzählt. Manche vermuten sogar, er habe das gar nicht gewollt, sondern die Geschichte nur seinem Schreiber in einer Diktierpause als Beispiel erzählt, der sie aber dann doch eingefügt habe, weil sie ihm so gut gefiel (Windisch, 364). So wenig scheint der Bericht hierher zu passen. Und doch dürfte Paulus ihn sehr bewusst hier noch nachgetragen haben. Die Geschichte soll weder ein Beweis für seinen Mut noch ein Geständnis seiner Feigheit sein. Die Parallele zu der Geschichte der Kundschafter in Jericho spricht auch dagegen, in ihr einen Beleg für eine besondere Demütigung oder Schwäche zu sehen. Vielmehr zeigt sie besonders anschaulich, wie Diener Christi immer wieder gefährdet sind und gerade darin Gottes Hilfe – manchmal auch durch ganz menschliche Fluchthelfer – erfahren. Der Korb, an dem die Freunde in Damaskus Paulus an der Stadtmauer herunterlassen, wird zum Sinnbild für die Geborgenheit eines verfolgten Boten Christi in Gottes Hand.

Paulus begibt sich auf einen gefährlichen Weg. Dass er dies weiß, hat er mehrfach signalisiert. Kippt die konkurrierende Präsentation geistlicher Alleinstellungsmerkmale nun um in die Zurschaustellung von Leidenserfahrungen oder in einen Wettbewerb im Märtyrertum? Paulus gibt ein klares Signal, dass er gerade dies nicht will. Er rühmt sich nicht einfach seiner Schwachheit, ist nicht stolz auf seine Leiden. Er will das herausstellen, was mit seiner Schwachheit zu tun hat: was ihr Grund ist und was sie bewirkt, denn das weist auf Christus hin, dem er dient. Ganz deutlich werden wird das erst, wenn er mit dem nächsten Abschnitt seinen Beweisgang zu Ende geführt hat.

12,1–10
Das Lob der Schwachheit

12 [1]Gerühmt muss werden! Es ist zwar nicht hilfreich, aber (dann) will ich (eben auch) zu den Erscheinungen und Offenbarungen des Herrn kommen. [2]Ich weiß von einem Menschen in Christus, dass derjenige vor vierzehn Jahren – ob im Leib, weiß ich nicht, ob außerhalb des Leibes, weiß ich nicht, Gott (allein) weiß es – in den dritten Himmel entrückt worden ist, [3]und ich weiß, dass dieser Mensch – ob im Leib oder außerhalb des Leibes, weiß ich nicht, Gott (allein) weiß es – [4]dass er ins Paradies entrückt wurde und unaussprechliche Worte hörte, die kein Mensch aussprechen darf. [5]Für diesen Menschen will ich mich rühmen, für mich selbst aber will ich mich nicht rühmen, es sei denn der Schwachheiten. [6]Denn wenn ich mich (dennoch) rühmen wollte, würde ich kein Narr sein, denn ich würde die Wahrheit sagen. Aber ich verzichte (darauf), damit mir nicht jemand etwas anrechnet über das hinaus, was er an mir sieht oder etwa von mir hört, [7]auch im Blick auf das Außerordentliche der Offenbarungen. Deshalb, damit ich mich nicht überhebe, ist mir ein Stachel ins Fleisch gegeben worden, ein Engel des Satans, damit er mich mit Fäusten schlage, damit ich mich nicht überhebe. [8]Im Blick auf ihn habe ich den Herrn dreimal dringlich gebeten, dass er von mir ablassen möge. [9]Und er hat zu mir gesagt: Meine Gnade genügt dir, denn die Kraft wird in Schwachheit vollendet. Am liebsten will ich mich also noch mehr meiner Schwachheiten rühmen, damit die

Kraft Christi in mir wohne. 10Deshalb sage ich Ja zu Schwachheiten, zu Misshandlungen, zu Notlagen, zu Verfolgungen und Ängsten um Christi willen, denn wenn ich schwach bin, dann bin ich stark.

Mit dem ironischen Seufzer: *Gerühmt muss werden!* betont Paulus noch einmal wie in 11,30, dass ihm diese Art der Selbstdarstellung aufgezwungen ist (**1**). Er hält das aber nicht für *hilfreich* und gut. Denn dabei wird das eigene Ich in den Vordergrund gerückt und nicht genügend beachtet, was die Gaben und Kräfte, die Gott schenkt, für andere und die Gemeinschaft bedeuten können und sollen (vgl. 1Kor 6,12; 12,7). Dennoch sieht er sich gezwungen, sich weiter auf dieser Ebene mit dem auseinanderzusetzen, was andere für sich geltend machen. Er kommt deshalb zu einem weiteren Thema, das in den Diskussionen in Korinth eine große Rolle gespielt zu haben scheint, nämlich *Erscheinungen und Offenbarungen des Herrn.* Was ist darunter zu verstehen?
Erscheinungen sind nach dem Verständnis der Paulus *Visionen,* die durch das Wirken des Geistes Einblick in die himmlische Welt geben. Wie die folgende Schilderung zeigt, rechnet Paulus seine Begegnung mit dem auferstandenen Christus nicht unter diese Art von Erscheinungen (trotz der Formulierung »*erschien* auch mir« in 1Kor 15,8; anders Apg 26,19). *Offenbarungen* sind konkrete Weisungen des auferstandenen Herrn für bestimmte Situationen (1Kor 14,6.30; Gal 1,12; auch hier zählt Paulus die Aussage in Gal 1,16, dass ihm der Sohn Gottes *offenbart* wurde, nicht zu dieser Art von Offenbarungen). Offensichtlich haben sich die Verkündiger, die in Korinth aufgetaucht sind, auf solche besonderen Erscheinungen und Offenbarungen berufen, vielleicht auch Paulus vorgeworfen, er könne sich nicht damit rühmen. Paulus hat jedenfalls schon an einer anderen Stelle des Briefs deutlich gemacht, dass seiner Meinung nach ekstatische oder visionäre Erlebnisse nicht Teil seiner Verkündigung sein können (5,13).
Hier nennt Paulus aber nun doch je ein Beispiel für eine solche *Erscheinung* (2–5) und eine *Offenbarung,* also eine Botschaft des Herrn in einer bestimmten Situation (8f). Das erste Beispiel erzählt er in einer merkwürdig verschlüsselten Form (**2**). Er spricht von *einem Menschen in Christus,* also von jemand, der zu Christus gehört, oder einfach gesagt: von einem *Christen.* Was oder wer diese Person sonst noch sein mag, tut jetzt nichts zur Sache. Von diesem Menschen erzählt Paulus, dass er vor *vierzehn Jahren* eine ganz besondere Erfahrung gemacht habe: Er sei in den *dritten Himmel entrückt* worden.
Eine Fülle von Fragen tun sich hier auf: Wer war dieser Mensch? Die Forschung ist sich ziemlich einig, dass es sich dabei um Paulus

selbst handelt. Das zeigen seine weiteren Ausführungen in V. 5f. Würde er von einem Freund erzählen, wie gelegentlich angenommen wird, würde das seiner ganzen Argumentation die Pointe nehmen. Nächste Frage: Um welche Art von Erlebnis handelt es sich? Oder sind es sogar zwei unterschiedliche Ereignisse, von denen Paulus berichtet? Denn in V. **3f** spricht er davon, dass derselbe Mensch *ins Paradies entrückt* worden sei. Der fast gleiche Wortlaut der beiden Schilderungen lässt darauf schließen, dass es sich dabei um dasselbe Ereignis handelt, von dem Paulus in zwei Anläufen berichtet.

Die genaue Zeitangabe *vor vierzehn Jahren* zeigt, dass es sich um ein sehr eindrückliches Erlebnis gehandelt hat, das sich ihm tief ins Gedächtnis geprägt hat. Sie schließt auch aus, dass er von seiner Bekehrungs- und Berufungserfahrung spricht, die einige Jahre früher stattgefunden haben muss und auch inhaltlich ganz anders gefüllt war. Paulus beschreibt die Erfahrung als ein *Entrückt werden,* das heißt: Jemand wird plötzlich und für kurze Zeit in die himmlische Welt aufgenommen. Die Wortwahl erinnert an die Erzählungen der »Entrückung« von Henoch (Gen 5,24) und Elia (2Kön 2,11f); diese beiden wurden allerdings bleibend in die himmlische Welt geholt. Im Judentum zur Zeit des Paulus war die Vorstellung von einer zeitweiligen Entrückung oder einer Reise in die himmlische Welt durchaus verbreitet. Nach einer späteren Legende der Rabbinen sind vier der bedeutendsten Lehrer jener Zeit ins Paradies aufgestiegen, aber nur einer, Rabbi Ben Akiba, »kam in Frieden heraus« (bChag 14b–15b), das heißt: Nur er konnte dieses Erlebnis positiv verarbeiten.

Dabei gab es unterschiedliche Vorstellungen: Die einen schilderten solche Erfahrungen als eine wunderbare leibliche Entrückung des ganzen Menschen in die himmlische Welt, andere sprachen von einer Himmelsreise der Seele, während der Leib auf der Erde blieb. Paulus kann sich hier nicht festlegen; zweimal betont er nachdrücklich: *ob im Leib, weiß ich nicht, ob außerhalb des Leibes, weiß ich nicht.* Was hier geschah, war eine Erfahrung, die sich seiner bewussten und kontrollierenden Beobachtung entzog. Dass er beide Male hinzufügt: *Gott (allein) weiß es,* ist nicht nur ein selbstverständlicher Hinweis auf Gottes Allwissenheit, sondern betont: Was hier geschah, unterstand ganz Gottes Regie.

Ähnlich offen bleiben auch die Aussagen über den Ort der Erfahrung. Die Vorstellung, dass es in der himmlischen Welt verschiedene Sphären oder »Stockwerke« gibt, lag im Judentum nahe, da das hebräische Wort für *Himmel* grammatikalisch eine Pluralform hat. Zur Zeit des Paulus dachte man sich die himmlische Welt in drei Sphären aufgeteilt, in deren oberster sich der Thron Gottes befindet. Erst später kam dann die Vorstellung von sieben Himmeln auf. Manche jüdische Schriften bezeugen, dass sich das *Paradies* im dritten Himmel befindet (ApkMos 37,5; 2Hen 8,1; so auch aramäische Teile des Henochbuchs aus Qumran; vgl. auch 4Esr 4,8). Das Wort *Paradies,* ein persisches Lehnwort für einen eingezäunten Park, war in der griechischen Übersetzung des Alten Testaments anstelle von »Garten Eden« eingeführt (Gen 2,9f.15) und damit die jüdisch-christliche Vorstellung vom Paradies begründet worden. Man stellte sich im Judentum vor, dass das Paradies in die himmlische Welt versetzt worden sei und in der Endzeit wieder auf die Erde zurückkehren werde. Jetzt galt es als Aufenthaltsort für die Seelen der Gerechten (vgl. Lk 23,43). Obwohl Paulus sonst nicht von dieser Paradiesvorstellung spricht, signalisiert er durch die doppelte Ortsbestimmung: Gott hat mich in dieser wunderbaren Erfahrung in die unmittelbare Nähe seiner Gegenwart geführt (*dritter Himmel*) und zu dem Ort, wo die geborgen sind, die zu Gott gehören (*Paradies*).

Aber Paulus tut nun gerade nicht das, was sonst die Funktion der Erzählung von Entrückungen oder Himmelsreisen ist: Er berichtet nicht über die Geheimnisse der himmlischen Welt, die er dort gesehen und erfahren hat. Inhaltlich macht er nur eine Angabe: Er hörte *unaussprechliche Worte, die kein Mensch aussprechen darf. Unaussprechlich* hat im Griechischen eine doppelte Bedeutung: Es sind Worte, die man nicht aussprechen *kann* und nicht aussprechen *darf.* Die zweite Bedeutung wird von Paulus ausdrücklich noch einmal unterstrichen: Es ist *keinem Menschen erlaubt,* das weiterzusagen, was er bei diesem Erlebnis gehört hat. Aber Paulus deutet zugleich an, dass er es gar nicht könnte. Damit ist aber auch schon ein wichtiges Argument im Streit mit den Gegnern in Korinth genannt. Es liegt im Wesen einer solchen Erfahrung, dass man über sie nicht berichten und darum sich auch nicht mit ihr rühmen kann. Das ist auch der Grund dafür, dass Paulus in all diesen Jahren nicht davon gesprochen hat. Im Grunde erläutert er mit diesem Beispiel seine Aussage von 5,13: »Denn sind wir außer uns gewesen, so für Gott«.

Paulus nennt die Folgerung, die er aus dieser Erfahrung zieht (**5**). Dabei distanziert er sich noch einmal von »diesem Menschen«, der das erlebt hat: *Für diesen Menschen will ich mich rühmen.* Er kann durchaus bezeugen, dass es solche Erfahrungen gibt. Insofern kann er in das Rühmen seiner Gegner einstimmen. Aber für seine eigene Identität und für seine Vollmacht als Apostel haben diese Erfahrungen keine Bedeutung. Wenn das *Sich rühmen* bedeutet, zu sagen, worauf man sein Leben baut und was den Dienst kennzeichnet, mit dem man von Christus beauftragt ist, dann kommen solches Selbstlob und die Berufung auf besondere ekstatische Erfahrungen nicht infrage. Wenn überhaupt, dann sind hier die *Schwachheiten* zu nennen, und zwar nicht um ihrer selbst willen, als seien sie Ruhmestitel, sondern weil sie den Ort markieren, an dem er Christus und seiner Kraft begegnet.

Paulus erläutert diesen Gedanken noch einmal ausführlich (**6**). Er möchte dem Missverständnis wehren, er traue sich nicht, von diesen Dingen zu reden. »Nein«, sagt er: »Wenn ich mich doch entschließe, mich solcher Erscheinungen zu rühmen, dann werde ich keineswegs als *Narr* dastehen oder als *Verrückter,* der nicht weiß, wovon er spricht. Im Gegenteil: Wenn ich es tue, werde ich *die Wahrheit sagen*«. Paulus gebraucht hier den Begriff *Narr* etwas anders als in 11,1.16 und nachher wieder in 12,11. Dort sagt er, er mache sich zum *Narren,* weil er sich überhaupt darauf einlasse, etwas zum eigenen Ruhm zu sagen. Hier stellt er fest, dass es durchaus nicht *närrisch* und *unsinnig* wäre, wenn er über diese Dinge sprechen würde, weil sie der Wahrheit entsprechen. Aber er will es ja gar nicht tun; vielmehr *verzichtet* er darauf.

Paulus gibt eine klare Begründung für diesen Entschluss: Er verzichtet darauf, sich auf solche persönlichen Erfahrungen zu berufen, *damit mir nicht jemand etwas anrechnet über das hinaus, was er an mir sieht oder etwa von mir hört.* Paulus greift mit dem *anrechnen* ein Wort aus der Geschäftssprache auf: *aufs Konto setzen.* Hier werden also Punkte gesammelt, bestimmte Erfahrungen und Errungenschaften gutgeschrieben! Paulus wehrt das zunächst gar nicht ab. Aber er besteht darauf: Auf einem solchen Konto kann nur das stehen, was im persönlichen Miteinander erlebt und erfahren wird. »Wie man ihn bei der Ausübung seines Dienstes ... sieht und hört, so soll er als Apostel anerkannt werden ..., eben in seiner Schwachheit und Stärke, in denen er vollmächtiger Gesandter und Zeuge des Evangeliums ist« (Wolff, 246). Dass er alles andere ablehnt, hängt nicht nur damit zusammen, dass sich solche persönlichen Erscheinungen und Offenbarungen leicht behaupten, aber schlecht nachprüfen lassen. Dahinter steht auch seine tiefe Überzeugung, dass das Evangelium im zwischenmenschlichen Füreinander gelebt wird und nicht in noch so eindrucksvollen Höhepunkten der persönlichen Begegnung mit Gott (vgl. 4,15; 5,13).

Anders als in unseren traditionellen Übersetzungen gehören die ersten Worte von V. 7 noch zum voranstehenden Satz. Paulus trägt noch eine Begründung nach, warum er darauf verzichtet, sich auf entsprechende Erfahrungen zu berufen: Dies geschieht *auch im Blick auf das Außerordentliche* (oder: *das Übermaß*) *der Offenbarungen* (vgl. REB; sehr schön die ZB: *die Offenbarungen mögen noch so überwältigend sein*). Sie gehören ihrem Wesen nach in die persönliche Begegnung mit Gott; in der Verkündigung von Mensch zu Mensch und im alltäglichen Miteinander von Christen sprengen sie das Maß dessen, was an andere weitergegeben werden kann. Sie würden höchstens zu einem bewundernden Bestaunen solcher Erlebnisse, aber nicht zu konstruktiver Hilfe führen. Die geläufige Übersetzung *damit ich mich wegen der hohen Offenbarungen nicht überhebe* (LÜ; EÜ), gibt zwar einen guten Sinn und wird weiterhin von manchen Auslegern vertreten, widerspricht aber den Regeln der Grammatik.

Es geht Paulus also darum, auf dem Boden der von allen erfahrbaren Wirklichkeit zu bleiben. Und aus dieser Perspektive kann er von einer anderen Erfahrung berichten (**7b**), zu der auch eine besondere Offenbarung eines Wortes des Herrn gehört, die aber einen ganz anderen Charakter hat. Durch die Offenbarung weiß er auch, wozu diese Erfahrung gut ist, nämlich *damit ich mich nicht überhebe*. Damit er nicht aufgrund solcher Erlebnisse auf andere herabschaut und sie als Christen zweiter Klasse betrachtet und damit er selbst auf dem Boden der Wirklichkeit bleibt, darum ist ihm *ein Stachel ins Fleisch gegeben worden*.

Welche Erfahrung beschreibt Paulus mit diesem Bild? Das griechische Wort, das Paulus hier verwendet, bedeutet etwas *Zugespitztes*, und zwar entweder einen *spitzen Pfahl* in einer Befestigungsanlage bzw. als Folter- und Tötungswerkzeug oder einen *Stachel, Splitter* oder *Dorn* als schmerzender Fremdkörper im Leib (Lang, 348f). Obwohl Luthers Übersetzung mit *Pfahl* fast sprichwörtlich geworden ist, erfordern das Bild, das Paulus hier verwendet, und entsprechende Parallelen im Alten Testament (Num 33,55; Ez 28,24) die Übersetzung mit *Stachel*. Paulus erleidet heftige körperliche Schmerzen, die er mit dem Bild eines Stachels, der sich tief ins Fleisch gebohrt hat, beschreibt. Dieser *Stachel* ist ihm *gegeben* bzw. *ins Fleisch gestoßen worden* (EÜ). Wie oft im Neuen Testament umschreibt eine Aussage im Passiv das Handeln Gottes. Gott steht auch hinter diesem Geschehen.

Dem widerspricht nicht die nächste Erläuterung, dass *ein Engel des Satans* diesen Schmerz verursacht. In der Bibel ist der Satan noch nicht überall der absolute Gegenspieler Gottes. Manchmal ist er, wie in Hiob 1 und 2 (vgl. auch Lk 13,16), mit seinen *Boten* oder *Engeln* Verursacher von Krankheit und schmerzlichen Prüfungen, die zwar nicht Gottes eigentliches Werk sind, aber nicht ohne seine Zulassung geschehen und in seinen Plan eingebunden sind. So auch hier: Die Erfahrung von Schmerz und Schwachheit, die Paulus als Werk eines Boten des Satans erlebt, »ist von Gottes Absichten abhängig und bleibt dessen Zielen untergeordnet: der

Apostel soll vor Überheblichkeit bewahrt werden«, was dieser am Ende des Verses noch einmal ausdrücklich feststellt (Gräßer II, 198): Der Engel des Satans ist gesandt, *damit er mich mit Fäusten schlage, damit ich mich nicht überhebe*. Das neue Bild *mit Fäusten schlage* verrät, dass es sich bei dem Problem des Paulus um heftige Schmerzattacken handelt, die möglicherweise vor allem den Kopf betreffen. Im Griechischen ist auch deutlich, dass es sich dabei um ein schon lange dauerndes Problem handelt.

Worin dieser »Stachel im Fleisch« des Paulus bestand, darüber ist unendlich viel gerätselt worden. Man hat an die Gewissensbisse wegen der Verfolgung der Gemeinde, an quälende sexuelle Versuchungen, Stottern oder hysterische Anfälle und vieles andere mehr gedacht. Es ist heute fast allgemein anerkannt, dass es sich dabei um eine Krankheit handelte. Auch hier gibt es ein breites Feld von Vorschlägen: Depression, Epilepsie, Malaria, Augenmigräne (wegen Gal 4,13–15) oder Kopfschmerzen. Aufgrund der Bilder, die Paulus wählt (*Stachel, mit Fäusten schlagen*), wird heute meist angenommen, dass es ein Leiden ist, bei dem heftige stechende Schmerzen (vermutlich im Bereich des Kopfes) anfallartig auftreten. Der neueste Vorschlag lautet *Trigeminusneuralgie* (Heckel, Dorn, 90); angesichts der Symptomatik spricht manches dafür. Aber Gewissheit über die Diagnose ist bei einem Patienten, der schon vor über 1900 Jahren verstorben ist und nur wenige Angaben gemacht hat, nicht möglich – und auch nicht nötig.

Wenn wir diese Erfahrung des Paulus als Krankheit bezeichnen, verwenden wir eine moderne Kategorie. Für Paulus waren diese Schmerzattacken zunächst Angriffe dämonischer Mächte und eine Behinderung in seiner Arbeit. Die Einsicht, dass ihm Gott diese Schmerzen geschickt habe, um ihn vor geistlichem Hochmut zu bewahren, war ihm offensichtlich nicht von Anfang an gegeben. Er ordnet diese Erfahrung auch nicht von vorneherein unter die vielen Leiden um Christi willen ein, von denen er immer wieder ganze Listen zusammenstellt. Dort ging es um äußere Widerstände, hier um eine schmerzhafte Einschränkung, die seinen Körper betraf. Paulus sagt auch nicht, dass diese Anfälle in unmittelbarem Zusammenhang mit seiner Entrückung vor vierzehn Jahren aufgetreten sind.
Jedenfalls *bittet* er *den Herrn dringlich* und *inständig, dass er*, nämlich der Engel Satans, von ihm *ablassen möge* (**8**). Weil Paulus in diesen schmerzlichen Attacken das Werk dämonischer Mächte sieht, denkt er keineswegs von vorneherein daran, sich in dieses Leiden demütig zu ergeben. Wie er ausdrücklich sagt, bittet er seinen Herrn *dreimal* um Befreiung. Er stellt sich damit in die Reihe der Beter der Psalmen, die mit Gott um Rettung und Heilung ringen. Dabei meint *dreimal* wohl kaum eine genau abge-

zählte Zahl von Gebeten, sondern ist Ausdruck eines intensiven, aber auch abgeschlossenen Ringens mit seinem Herrn (vgl. auch Jesu Gebet in Gethsemane [Mk 14,35–41]). Der *Herr,* zu dem er bittet, ist sicher Christus, dessen Diener er ist und den er bittet, ihn von dieser Behinderung seines Dienstes zu befreien. Obwohl man in der Urchristenheit in der Regel zu Gott, dem Vater, im Namen Jesu Christi betete, sah man kein Problem darin, in bestimmten Situation auch Christus als den Herrn anzurufen. Christus war ja auch der Beauftragte, durch den Gott die Herrschaft des Satans überwinden würde (1Kor 15,24–26).

Paulus wird »erhört«, aber nicht so, dass die gewünschte Heilung erfolgt, sondern so, dass er eine Antwort seines Herrn bekommt (**9**). Das ist die »Offenbarung«, von der er hier spricht. Wie er dieses Wort gehört hat, sagt er nicht. War es ein prophetisches Wort, das ihm zugesprochen wurde? Oder hörte er diese Worte plötzlich in seinem Inneren? Oder wurde ihm ihr Inhalt zur Gewissheit? Paulus erklärt das nicht. Er stellt nur fest: *Er* (d.h. der Herr) *hat zu mir gesagt* – und in der Zeitform des griechischen Verbs steckt der Unterton: *hat ein für alle Mal zu mir gesagt: »Meine Gnade genügt dir«*. In dieser Feststellung steckt ein zweifacher Akzent. Da ist der mahnende Unterton: *Meine Gnade muss dir genügen,* oder wie Luther das übersetzt hat: *Lass dir an meiner Gnade genügen!* Doch der Hauptakzent ist der Zuspruch: *Meine Gnade genügt dir,* du brauchst nicht mehr, denn in meiner Gnade hast du, was du zu deinem Leben und Dienst brauchst!

Die *Gnade,* die Christus seinem Diener zusagt, ist seine umfassende Zuwendung zu ihm. Dazu gehört die besondere Begnadung, Apostel Jesu Christi zu sein (»die *Gnade,* die mir gegeben ist« [Röm 1,5; 12,3]), eine Gnade, die aus dem Verfolger ein besonders befähigtes Werkzeug ihres Wirkens macht. Diese ist aber nicht zu trennen, von der befreienden und erlösenden *Gnade Gottes,* die ihr gnädiges Werk durch Christus wirkt (Röm 3,24f). Darum ist sie als die *Gnade unseres Herrn Jesu Christi,* die der ganzen Gemeinde zugesprochen wird (13,13), das Lebenselement, von dem der Apostel und alle Christen leben. Die bleibende Zuwendung und helfende Gegenwart Christi *genügt,* auch angesichts diabolisch scheinender Schmerzen – das ist die Botschaft, die Paulus empfängt.

Paulus fügt eine Begründung an: *Denn meine Kraft ist in den Schwachen mächtig.* So hat Luther diesen Satz übersetzt und damit die Begründung unmittelbar in den Zuspruch des erhöhten Christus einbezogen. Allerdings ist diese Übersetzung ziemlich frei, und das *meine,* das Luther in seinem griechischen Text las, dürfte nicht im ursprünglichen Text gestanden haben. Die genaue

Übersetzung lautet: *denn die Kraft wird in Schwachheit vollendet*. Was aber heißt das?

Die Kraft, von der hier gesprochen wird, ist die Kraft der Gnade, und damit die Kraft des auferstandenen Christus, wie Luthers Text sinngemäß ergänzt. Es ist die Kraft von Gottes Ja, das er in Christus zu uns gesprochen hat und das ein Leben trägt, auch wenn die selbst gezimmerten Stützen brechen; es ist die Kraft der Liebe, die zum Dienst befähigt, auch wenn die eigene Kraft nicht reicht. Daher gilt: Diese Kraft *wird in Schwachheit vollendet* bzw. *kommt in Schwachheit zur Vollendung* (REB): Gerade dort, wo die eigenen Kräfte schwinden und die eigenen Möglichkeiten enden, zeigt sich die Kraft der Gnade in ihrer wirklichen Stärke. Dann erweist sich, dass auch ein kranker, verfolgter und schwacher Apostel die gute Botschaft Gottes so kraftvoll verkündigen kann, dass Menschen zum Glauben kommen und gerettet werden (1Kor 2,1–5). Für Paulus zeigt sich an dieser Erfahrung: Der Gott, der uns in Christus begegnet und dessen Kraft gerade in den Schwachen mächtig ist, ist derselbe Gott, der die Gottlosen rechtfertigt, der aus dem Nichts schafft und die Toten auferweckt (Röm 4,5. 17).

Die Folgerung ist für Paulus klar, und er zieht sie mit fast überschwänglichen Worten: *Am liebsten will ich mich also noch mehr meiner Schwachheiten rühmen.* Er zieht damit auch das Fazit der »Narrenrede«. Wenn es darum geht, sich zu rühmen, dankbar auf das zu verweisen, was Christus im eigenen Leben getan hat, dann will er noch viel mehr von seinen Schwächen und Leiden sprechen, denn dies ist der Ort, an dem er Christus und seiner Kraft am intensivsten begegnet. Und er hat die Erfahrung gemacht, dass er gerade dann, wenn er das tut, auch am offensten für das Wirken der Gnade ist. Darum rühmt er sich seiner Schwachheiten nicht nur, *weil* er in ihnen Gottes Kraft und Hilfe am deutlichsten erfahren hat, sondern auch, *damit die Kraft Christi in mir wohne.* Die Kraft Christi soll im Leben und Wirken des Apostels *wohnen;* das erinnert an das *Wohnen* Gottes im Heiligtum inmitten des Volkes (Ex 25,8; Lev 26,11; Ez 37,27), aber auch an das Wohnen der Weisheit (Sir 24,11–13) und des Wortes unter den Menschen (Joh 1,14). Es sind nicht die Spitzenerfahrungen ekstatischer Erlebnisse, die die Gegenwart Christi im Leben erweisen, sondern die bleibende Nähe seiner Kraft in den Schwierigkeiten und Schwächen des täglichen Lebens.

Diese Erkenntnis führt Paulus zu einer letzten Folgerung (**10**). Noch einmal nimmt er all das in den Blick, was er an Leiden und Schwierigkeiten in 11,23–33 aufgezählt hat. Er fasst das alles unter dem Begriff *Schwachheiten* zusammen, der jetzt fast die Bedeutung gewinnt: besondere Gelegenheiten, die Kraft Christi zu erfahren. Darum kann er auch diese Erfahrungen *bejahen.* Manche Übersetzungen übertreiben, was Paulus hier sagen will. Er sagt nicht: *Ich habe Wohlgefallen an* (REB) oder gar: *Ich freue mich über alle Schwachheit* (ZB). Er ist kein Masochist. Aber er hat ein Ja dazu gefunden. Noch einmal stellt er sorgfältig eine Liste zusammen; der vermutliche Urtext zeigt das besonders schön:

Deshalb sage ich Ja zu Schwachheiten:
zu Misshandlungen und Notlagen,
zu Verfolgungen und ausweglosen Situationen um Christi willen,
denn wenn ich schwach bin, dann bin ich stark.

Nun ist der Blick nicht mehr nur auf die Krankheit des Apostels gerichtet. Alle Schwierigkeiten, denen sein Dienst immer wieder ausgesetzt ist, fasst er unter dem Begriff *Schwachheiten* zusammen. Es sind Situationen, in denen ihm das Heft des Handelns aus der Hand genommen ist. Er ist anderen Mächten und Gewalten ausgeliefert und weiß sich doch in der Hand seines Herrn. Als Beispiele nennt er die *Misshandlungen,* denen er häufig ausgesetzt ist, und die *Notlagen* und Entbehrungen durch den Mangel am Nötigsten. Er spricht von den *Verfolgungen,* die er erleidet, und von den *Ängsten* in *ausweglosen Situationen,* in die er um Christi willen, also durch den Widerstand gegenüber seiner Verkündigung, gerät (vgl. 6,4).

Dieses Ja aber ist begründet durch die Gewissheit: *wenn ich schwach bin, dann bin ich stark.* Das klingt paradox, aber das ist die Erfahrung, die Paulus weitergeben möchte: Wenn er in solche Situationen gerät, dann erfährt er die Nähe Christi und die Wirklichkeit seiner Kraft auf eine ganz besondere Weise, die ihn stärkt und stark macht, auch wenn er mit seiner Kraft am Ende ist.

Meine Gnade genügt: Das ist kein Appell, sich in jede Behinderung und chronische Erkrankung zu ergeben. Sich gegen den Schmerz und die Einschränkung zu wehren und dringend um Heilung zu bitten, ist auch für Paulus die normale und richtige Reaktion eines Christen. *Meine Gnade genügt* ist aber auch keine ganz spezielle Anweisung, die nur für Paulus gilt. Was Paulus erfährt, kann auch für andere ein wichtiges Modell zur Bewältigung von Schwierigkeiten und Einschränkungen werden. Aber es darf niemand durch andere aufgedrängt werden. Für Paulus hat seine Krankheit erst in einem längeren Prozess des Betens und Hörens eine Bedeutung gewonnen, die ihm den Zugang zu Gottes Handeln in Christus aus einer neuen Perspektive eröffnete. Er verbindet seine Schmerzen, seine Behinderung und seine Schwachheit mit dem Weg des gekreuzigten Christus und erfährt, dass die Kraft des Auferstandenen nicht nur dort wirksam ist,

wo Schmerzen und Schwachheit überwunden oder weggenommen werden, sondern gerade auch dadurch, dass Christus seiner Botschaft in den Worten eines schwachen Apostels Kraft und Wirkung verleiht. So werden Leben und Leiden des Apostels zum Zeichen der Gegenwart des gekreuzigten *und* des auferstandenen Herrn.
Aber wie erlebt Paulus *die Kraft in der Schwachheit*? Sind es die kleinen Zeichen der Erfahrung von Hilfe und Stärkung in schwierigen Situationen, die ihn ermutigen? Oder bleibt diese Erfahrung das reine Paradox: »Wenn ich auch gleich nichts fühle von deiner Macht«, weiß ich, du bist dennoch da? Paulus sieht hier kein Entweder-oder. Er schließt Zeichen durch »Wunder und Machttaten« keineswegs aus (vgl. V. 12). Aber die Kraft Christi wirkt nicht nur dort, wo sie geschehen. Sie wirkt auch, wo Menschen am Ende der eigenen Kräfte sind und bleiben. Ehrlich zu sagen: »Wenn ich schwach bin, bin ich schwach« ist kein Widerspruch zur Aussage des Paulus: *Wenn ich schwach bin, bin ich stark.* Denn dies *bin ich stark* bezieht sich nicht auf die neuen seelischen oder körperlichen Kräfte, die ihm zugewachsen sind, sondern auf die Kraft Christi in ihm – »wenn ich auch gleich nichts fühle von deiner Macht«!
Geistliche Erfahrungen, die einen Menschen schon jetzt in die Welt Gottes zu versetzen scheinen, können eine persönliche Bereicherung sein. Aber da sie zur Flucht aus der Auseinandersetzung mit der schmerzlichen Wirklichkeit in der real existierenden Welt verleiten können, gehören sie nicht in die Verkündigung. Sie spricht von dem, was Menschen hier und jetzt erleben.
Friedrich Hölderlin hat in seinem Gedicht *Patmos* die Erfahrung des Paulus in eigene Worte gefasst: »Nah ist und schwer zu fassen der Gott. Wo aber Gefahr ist, wächst das Rettende auch«. Für Paulus ist dies freilich keine allgemeine Wahrheit. Ihm ist der rettende Gott im gekreuzigten Christus unfassbar nahe geworden als ein Gott, der auch in Gefahr, Schwachheit und Tod gegenwärtig bleibt (vgl. 1,9f).

12,11 – 13,10
Eine Perspektive für die Zukunft

Im Schlussteil geht Paulus noch einmal eine Reihe von Punkten durch, die er im Blick auf seinen bevorstehenden dritten Besuch in Korinth klären möchte. Dabei fragt er in einem ersten Abschnitt, der auch noch einmal auf die »Narrenrede« zurückblickt, was es denn wirklich an konkreten Vorwürfen gegen ihn gibt (12,11–18). In einem zweiten Teil wendet er sich nach der Devise »Angriff ist die beste Verteidigung« an die Korinther und benennt, was möglicherweise bei ihnen alles nicht in Ordnung ist (12,19 – 13,10).

12,11–18
Unhaltbare Vorwürfe gegen Paulus

**[11]Ich bin zum Narren geworden, ihr habt mich ja dazu gezwungen.
Denn ich hätte von euch empfohlen werden müssen. Denn ich stand
den Superaposteln in nichts nach, wenn ich auch nichts bin.
[12]Wenigstens sind die Zeichen eines Apostels unter euch in aller
Geduld gewirkt worden, und zwar mit Zeichen und Wundern und
Machttaten. [13]Was ist es denn, worin ihr gegenüber den anderen
Gemeinden benachteiligt wart, außer dass ich selbst euch nicht zur
Last gefallen bin? Verzeiht mir dieses Unrecht!
[14]Siehe, jetzt bin ich zum dritten Mal bereit, zu euch zu kommen,
und werde euch (wieder) nicht zur Last fallen. Denn ich suche nicht
das Eure, sondern euch! Denn die Kinder müssen nicht Schätze
sammeln für die Eltern, sondern die Eltern für die Kinder. [15]Ich aber
will gerne Opfer bringen, ja mich aufopfern für euer Leben. Wenn
ich euch über alles liebe, soll ich dann weniger geliebt werden?
[16]Nun gut, ich (selbst) habe euch nicht belastet. Aber, (so heißt es,)
gerissen wie ich bin, habe ich euch auf hinterlistige Weise gefangen!
[17](Doch) habe ich euch etwa durch einen von denen, die ich zu euch
gesandt habe, übervorteilt? [18]Ich habe Titus dringend gebeten und
habe den Bruder mit (ihm) gesandt; hat euch etwa Titus übervorteilt? Sind wir nicht im selben Geist gewandelt? Nicht in denselben Fußstapfen?**

Zunächst blickt Paulus noch einmal kurz auf seine »Narrenrede« zurück (**11**). Deshalb sehen manche Ausleger in den V. 11–13 ein Nachwort zu dieser Rede. Aber Paulus benutzt diesen Rückblick, um zum letzten Abschnitt seines Briefs überzuleiten. Er beginnt mit einer zusammenfassenden Bilanz dessen, was er gerade geschrieben hat. Sie fällt eher negativ aus: *Ich bin zum Narren geworden.* Er hat zwar dem Unterfangen, nun auch selbst einmal etwas zu seinem Ruhm zu sagen, am Ende eine äußerst positive Wende gegeben, die ihn zu einer der tiefsten Aussagen über christliche Existenz in seinen Briefen geführt hat. Dennoch kann er das Ganze nicht positiv beurteilen. Sich auf irgendeine Form von Selbstlob einzulassen, bleibt töricht, verrückt, unsinnig. Seine Entschuldigung: Es war das Versagen der Gemeinde in Korinth, ihr Unvermögen, für ihren angegriffenen Apostel in die Bresche zu springen, das ihn dazu *gezwungen* hat.

Denn eigentlich hätte die Gemeinde ihn *empfehlen* und gegen die Angriffe anderer Verkündiger auf seine Autorität als Apostel verteidigen müssen. Dann wäre es ihm erspart geblieben, sich selbst auf den Versuch einzulassen, seine Vollmacht als Apostel ins rechte Licht zu stellen. Aber bestimmte Leute haben seine Vollmacht infrage gestellt und angezweifelt, vielleicht auch nur ihre eigene Arbeit und Befähigung so stark herausgestrichen, dass die Autorität des Paulus dagegen völlig verblasste. Dass es um dieses Problem ging, macht die folgende Beteuerung deutlich: *Denn ich stand* (in meinem bisherigen Wirken) *den Superaposteln in nichts nach.* Wie in 11,5 bezeichnet Paulus seine Gegner als *Superapostel,* eine ironische Reaktion auf die Bewunderung, die diesen *überaus hohen Aposteln* in der Gemeinde gezollt wurde. Was sie über ihre Visionen und Offenbarungen berichteten und wie sie ihre geistliche Vollmacht in mitreißenden Worten und wunderbaren Taten darzustellen wussten, das stellte alles in den Schatten, was man von Paulus kannte, und schien sein Wirken bedeutungslos zu machen.

Paulus hält dagegen: Er ist mit seinem Dienst in keinem Punkt hinter dem Wirken der Gegner zurückgeblieben. Bevor er aber beginnt, den Beweis für seine Behauptung anzutreten, fügt er eine Zwischenbemerkung ein: *wenn ich auch nichts bin.* Vermutlich möchte er verhindern, dass der Eindruck entsteht, er wolle nun doch – entgegen allen Versicherungen in 12,9f – seine spirituellen Fähigkeiten herausstellen und sich selbst groß machen. Manche Ausleger sind freilich der Meinung, diese Bemerkung könne hier nur ironisch gemeint sein, etwa: *wenn ich auch in euren Augen nichts bin.* Möglicherweise schließen sich beide Deutungen nicht aus. In 1Kor 15,9f argumentiert Paulus ähnlich, wenn er in einem Atemzug sagt, eigentlich sei er »nicht wert, ein Apostel zu heißen«, um gleich anzufügen: »aber durch Gottes Gnade bin ich, der ich bin«. Auf die stolze Feststellung »mehr als alle anderen habe ich mich abgemüht«, folgt dort sogleich die Korrektur: »aber nicht etwa ich, sondern Gottes Gnade mit mir«. Der Stolz auf das, was Gott durch ihn gewirkt hat, und das Wissen um den eigenen Unwert schließen sich bei Paulus nicht aus, und beides kann er auch mit einem Seitenhieb auf die Leute verbinden, die ihn für nichts halten und sich selbst groß machen.

Doch dann nennt er die Gründe für seine Behauptung, nicht hinter seinen Gegnern zurückzustehen (**12**): *Wenigstens sind die Zeichen eines Apostels unter euch in aller Geduld gewirkt worden.* Von *Zeichen der Apostel* spricht Paulus sonst nicht. Es scheint ein Schlagwort der Gegner gewesen zu sein. Ihr Erfolg dürfte darauf beruht haben, dass sie ihren Anspruch, Apostel Christi zu sein, durch aufweisbare und sichtbare Zeichen belegen konnten. Zu diesen Zeichen gehörte es auch, Wunder wirken zu können. Möglicherweise haben sie bezweifelt, dass auch Paulus diesen Nachweis erbringen könne. Obwohl Paulus an und für sich ganz andere *Zei-*

chen für die Echtheit der Berufung zum Apostel nennt, stellt er sich doch dieser Herausforderung. Er beansprucht, dass auch in seiner Anwesenheit solche Zeichen in der Gemeinde in Korinth geschehen sind, und er nennt auch, was er darunter versteht, nämlich *Zeichen und Wunder und Machttaten.*
Vermutlich bezeichnet Paulus mit diesen drei Begriffen keine unterschiedlichen Erscheinungsformen wunderbarer Ereignisse. Eher sind es drei verschiedene Aspekte solcher Erfahrungen: Sie weisen hin auf das Handeln Gottes (*Zeichen*), erregen Staunen (*Wunder*) und zeigen, wie Gottes Kraft in außerordentlicher Weise wirkt (*Machttaten*). Von *Zeichen und Wundern* spricht schon das Alte Testament: Sie begleiten den Auszug aus Ägypten (Ex 7,3; Dtn 4,34; 6,22 u.ö.) und beglaubigen prophetisches Wirken, wobei damit aber nicht nur mirakulöse Erscheinungen gemeint sind (Jes 8,18; 20,3). Das Begriffspaar erscheint häufig in der Apostelgeschichte, um das Wirken der Apostel zu beschreiben (5,12; 14,3); auch Paulus verwendet es so (Röm 15,19). Die Evangelien berichten aber auch, dass sich Jesus mit der Forderung nach *Zeichen* kritisch auseinandergesetzt hat (Mt 16,1; Mk 8,11; Lk 11,16; Joh 4,48). Markus nennt Jesu Wunder *Machttaten* (6,2.5.14). Für Paulus ist die Fähigkeit, *Machttaten* zu wirken, ein Charisma (1Kor 12,10), und deshalb fügt er den Begriff hier an.
Für den Apostel scheint es fast selbstverständlich gewesen zu sein, dass sein Wirken auch von wunderbaren Erfahrungen wie Heilungen, Befreiung von Abhängigkeiten und anderen erstaunlichen Lebenswenden begleitet war. In Röm 15,18f verweist er auf das, was Gott in seinem Dienst »durch Wort und Werk, in der Kraft von Zeichen und Wundern« bewirkt hat. Auch in 1Thess 1,5 erinnert er daran, dass seine Verkündigung des Evangeliums nicht nur »im Wort, sondern auch in der Kraft« geschah und verweist damit auf solche Erfahrungen (vgl. auch 1Kor 2,4). Erstaunlich aber ist, dass Paulus in seinen Briefen nie ein Beispiel dafür nennt, obwohl die Apostelgeschichte von einer Reihe solcher Wunder berichtet (13,6–12; 14,8–10; 16,16–18). Wunder sind für ihn Ausrufezeichen, aber nicht Inhalt des Evangeliums.
Zwei Besonderheiten der Formulierung, die Paulus hier wählt, zeigen sehr schön den Grund für dieses Verhalten. Paulus schreibt: Solche Zeichen sind unter euch *gewirkt worden.* Auch hier umschreibt das Passiv das Tun *Gottes.* Paulus sieht sich nicht als der große Wundertäter. Er ist Werkzeug des Handelns Gottes, und er ist es nicht allein, denn unter seiner Verkündigung werden in der Gemeinde heilende und helfende Charismen erweckt, die gemeinsam bewirken, dass Menschen auf wunderbare Weise geholfen wird. Dazu tritt die zweite Auffälligkeit: Dies geschah *in aller Geduld*

bzw. *Ausdauer.* Wunder haben sofort zu geschehen – das ist wenigstens die landläufige Meinung. Für Paulus geschehen Zeichen und Wunder aber gerade auch in der geduldigen und standhaften Begleitung von Menschen in schwierigen Situationen. Heilungswunder unter Erfolgsdruck entsprechen nicht dem paulinischen Verständnis des Handelns Gottes.

All das ist in Korinth während der Wirksamkeit des Paulus geschehen. Daher die Frage (**13**): *Was ist es denn, worin ihr gegenüber den anderen Gemeinden benachteiligt wart?* Was hat Paulus für andere Gemeinden getan, was die Gemeinde in Korinth entbehren musste? Paulus fällt nur das alte, leidige Problem seines Unterhaltsverzichts ein. Hat er ihnen eine Gunst dadurch vorenthalten, dass er ihnen persönlich *nicht zur Last gefallen* ist? Angesichts dieser Anschuldigung kann Paulus nur ironisch werden: *Verzeiht mir dieses Unrecht!* Es fällt ihm schwer zu verstehen, warum dieser Vorwurf im Raum steht. Dass er aber immer wieder darauf eingeht, zeigt, dass das auf dem Hintergrund des antiken Verständnisses von Gastfreundschaft und Sponsoring eben doch ein Problem war.

Aber Paulus möchte an dieser Einstellung auch nichts ändern, wenn er bald wieder nach Korinth kommen wird (**14**). Dabei signalisiert er trotz der Formulierung: *jetzt bin ich zum dritten Mal bereit* nicht nur zum dritten Mal seine *Bereitschaft* zu kommen, sondern sagt, dass er sich zu einem dritten *Besuch* rüstet. Dieser Briefteil ist also in jedem Fall nach dem sog. »Zwischenbesuch« (siehe 2,1) geschrieben worden. Jedenfalls will Paulus auch bei diesem Besuch die Gemeinde oder Einzelne in ihr nicht *belasten,* sondern selbst für seinen Unterhalt sorgen. Er begründet das mit einem einprägsamen Grundsatz: *Denn ich suche nicht das Eure, sondern euch!* Das beschreibt sehr schön das Motiv für das Verhalten des Paulus: Er möchte jeden Verdacht zerstreuen und auch sich selbst innerlich von dieser Vorstellung freihalten, dass er irgendetwas von den Korinthern wolle oder brauche. Es geht ihm nur um die Menschen, um ihr Verhältnis zu Gott und sich selbst, aber auch zu anderen und zu ihm, aber nicht um das, was sie haben oder geben könnten. Das ist ein guter Grundsatz. Paulus bedenkt nur nicht, dass man sich manches Mal auch helfen lassen muss, um eine Beziehung zu leben.

Paulus sucht noch eine weitere Begründung, und er findet sie in einem Bild, das ihm sehr naheliegt, weil er sich ja gerne als Vater der Gemeinde bezeichnet (1Kor 4,14f). Nach allgemeinem Verständnis sind es nicht *die Kinder,* die *für die Eltern* ein Vermögen zusammentragen (*Schätze sammeln*), *sondern die Eltern für die Kinder.* Also will auch Paulus kein Geld von der Gemeinde annehmen. Ja er intensiviert diesen Gedanken (**15**) und deutet mit einem Wortspiel an, dass er für die Gemeinde nicht nur Geld *ausgeben,* sondern sich ganz *verausgaben* möchte, oder etwas freier übersetzt: *Ich aber will sehr gerne Opfer bringen, ja mich aufopfern für euer Leben.* Das Bild von Eltern, die für das Leben und die Zukunft ihrer Kinder alles geben wollen, steht deutlich im Hintergrund. Darum die erstaunte und fast traurige Frage: *Wenn ich euch* (so) *über alles liebe, soll ich dann* (wirklich) *weniger* (von euch) *geliebt werden?* Man versteht die Enttäuschung des Apostels; er aber bedenkt wohl zu wenig, dass zur Liebe nicht nur das Geben gehört, sondern auch das Annehmen-Können!

Aber die Frage der Unterhaltsleistung scheint gar nicht mehr das Hauptproblem zu sein (**16**). Dass er die Gemeinde persönlich nicht belastet hat, müssen auch seine Gegner zugeben. Aber, so fragen sie, steckt dahinter nicht eine List? Paulus macht sich selbst zum Sprecher dieser Beschuldigung: *Gerissen wie ich bin, habe ich euch auf hinterlistige Weise gefangen!* Die folgenden Rückfragen zeigen, worauf sich der Verdacht richtet: Paulus hat unter der Maske des selbstlosen Missionars auf Unterstützung verzichtet, um sich umso leichter mit dem für Jerusalem gesammelten Geld bereichern zu können.

Nun hatte Paulus ja noch gar nichts mit dem bisher gesammelten Geld zu tun, sondern hat dazu Leute nach Korinth gesandt. Darum lautet die erste Frage, ob er die Gemeinde durch irgendeinen von ihnen *übervorteilt,* d.h. finanziell geschädigt habe (**17**). Paulus ist sich seiner Sache sicher; hier kann es keinen Grund zu Verdächtigungen geben. Darum formuliert er seine Frage so, dass man eigentlich nur mit Nein antworten kann. Er spezifiziert seine Aussage aber noch. Er hat *Titus dringend gebeten,* nach Korinth zu gehen und die Sammlung weiter zu organisieren, und hat zur Sicherheit auch noch einen vertrauenswürdigen *Bruder mitgesandt* (**18**). Paulus erinnert also an die Maßnahmen, die er in 8,17 und 22 getroffen hat. Dass er den anderen Bruder, von dem er in 8, 18f berichtet hat, hier nicht erwähnt, dürfte damit zusammenhängen, dass dieser ja im Auftrag anderer Gemeinden reiste und nicht unter seiner Verantwortung stand. Titus aber galt wohl als absolut integer, und darum kann Paulus auch im Blick auf ihn fragen: *Hat euch etwa Titus übervorteilt?* – und erwartet auch hier ein klares Nein.

Dieser Vers hat Bedeutung für die zeitliche Einordnung von Kap. 10–13. Wer dieses Kapitel für den Hauptteil des Tränenbriefs hält, muss annehmen, dass Titus schon früher in Korinth in der Sache der Geldsammlung tätig war. Die Befürworter dieser These lesen das auch aus 8,6 (»wie schon früher begonnen«) heraus. Aber die Erwähnung des mitgesandten Bruders macht dies sehr unwahrscheinlich. Doch auch, wenn sich die Bemerkungen auf die Sendung des Titus in 8,16–22 beziehen, gibt es verschiedene Möglichkeiten: Entweder sind die Vergangenheitsformen (*Ich habe … gebeten und … gesandt*) wie in 8,16 Vorwegnahmen dessen, was beim Empfang des Briefs schon geschehen sein wird, aber in Wirklichkeit jetzt erst geschieht; Titus und seine Partner sind noch bei Paulus und warten, bis sie den Brief endlich mitnehmen können. Oder die Vergangenheitsformen verweisen auf einen Vorgang, der schon geschehen ist: Die beiden Männer sind also schon abgereist. Da Paulus schon auf die Durchführung der Sammlung durch sie zu blicken scheint, ist dies wahrscheinlicher. Für die Geschichte des Briefs gibt es dann noch einmal zwei Möglichkeiten: Entweder die beiden sind ohne den Brief abgereist und Kap. 10–13 sind ein Nachtrag, den Paulus jetzt noch anfügt. Oder sie haben einen Brief, der aus Kap. 1–9 (oder 1–8) bestand, mitgenommen und Paulus schreibt in Kap. 10–13 einen weiteren Brief, der dann später ohne seinen Eingangsteil an den vorhergehenden angehängt wurde. Der sachliche Unterschied zwischen beiden Möglichkeiten ist allerdings nicht sehr groß.

Wichtig aber ist Paulus, dass die Korinther die Gemeinsamkeit zwischen Titus und ihm anerkennen. Titus ist einer seiner engsten Mitarbeiter; sie arbeiten und handeln beide im *selben Geist*. Sie sind von der gleichen Gesinnung geprägt, weil sie beide vom Geist Christi geleitet sind. Paulus spricht vom *wandeln* im selben Geist, einem etwas veralteten Bild dafür, wie man konkret Schritt für Schritt Entscheidungen trifft und Dinge tut. Dieses Bild verwendet er, um die Korinther zu fragen, ob sie nicht erkennen, dass Titus und er *in denselben Fußstapfen wandeln*, also Schritt für Schritt derselben Spur folgen. Er sagt nicht, dass Titus als sein Schüler in seinen Spuren wandelt. Beide gehen in denselben Fußstapfen, sie folgen Christus und seiner Gesinnung der Selbstlosigkeit und Hingabe (vgl. Phil 2,5–11).

Für Paulus ist das Nebeneinander von *Lob der Schwachheit* und Berufung auf *Zeichen, Wunder und Machttaten* kein Widerspruch. Die Kraft der Gnade wird in Schwachheit vollendet. Das schließt aber nicht aus, dass diese Gnade auch in Rettung und Heilung erfahren wird. Es wäre gut, wenn auch heute in unseren Gemeinden beides, das Lob der Gnade, die in der Schwachheit erfahren wird, und der Dank für wunderbare Hilfe, Raum haben und nicht miteinander konkurrieren würde. Nur muss klar bleiben: Die Wunder sind *nicht* die Vorzeichen, die das Wesen der Offenbarung definieren; sie sind die Ausrufezeichen, die die Kraft der Botschaft unterstreichen. Markus hat das in seinem Evangelium veranschaulicht: Wer Jesus ist, wird erst am Kreuz erkannt (15,39) und nicht an seinen Wundern.

Gerade so bezeugen die Wunder die heilende und rettende Kraft, mit der Gott durch den nahekommt, der ans Kreuz geht.
Dass das Thema Unterhaltsleistung und Geld immer wieder auftaucht, ist erstaunlich. Paulus scheint die Dynamik dieses Problems unterschätzt zu haben. Verschmähte Großzügigkeit schlägt oft in Verdächtigungen um. Die Haltung des Paulus ist integer und kommt aus einer tiefen Überzeugung im Blick auf das Wesen seiner Sendung. Aber nur der Gebende zu sein und ganz von der Aufopferung leben zu wollen, ist nicht ungefährlich. Es demütigt die Empfänger und trägt die Gefahr in sich, vom Stolz auf die eigene Opferbereitschaft zu leben (vgl. 11,10; 1Kor 9,18). Dass Paulus seine Haltung in dieser Frage wohl korrigiert hat (vgl. Röm 16,23), könnte zeigen, dass er dies gemerkt hat.

12,19 - 13,10
Die wirklichen Probleme erkennen

**19 Ihr denkt (sicher) schon lange, dass wir uns vor euch verteidigen.
(Nein:) Vor Gottes Angesicht reden wir in Christus, alles aber, Geliebte, zum Aufbau eurer Gemeinde. 20 Ich fürchte nämlich, dass
ich, wenn ich komme, euch nicht so vorfinde, wie ich euch (vorfinden) möchte, und ich wiederum von euch so vorgefunden werde,
wie ihr nicht möchtet! (Denn ich fürchte,) dass Streit, Eifersucht,
Zornausbrüche, Zerwürfnisse, Verleumdungen, üble Nachreden,
Fälle von Aufgeblasenheit und Unordnung (herrschen) 21 (und) dass
mich, wenn ich wiederkomme, mein Gott vor euch demütigt und
ich trauern muss über viele, die schon vorher gesündigt und nicht
Buße getan haben über die Unreinheit und Unzucht und Ausschweifung, die sie verübt haben.
13 1 Zum dritten Mal komme ich zu euch: »Aufgrund zweier oder
dreier Zeugen Mund hat jede Sache Bestand« (Dtn 19,15). 2 Ich habe
gewarnt und warne (noch einmal) – wie als ich zum zweiten Mal
anwesend war, so auch jetzt, wenn ich abwesend bin – die, die vorher gesündigt haben und (auch) alle Übrigen, dass ich, wenn ich wiederkomme, (euch) nicht schonen werde. 3 Denn ihr fordert ja einen
Beweis dafür, dass Christus in mir redet, der euch gegenüber nicht
schwach, sondern mächtig unter euch ist. 4 Denn er wurde zwar aus
Schwachheit gekreuzigt, aber lebt aus Gottes Kraft. Denn auch wir
sind schwach in ihm, aber werden mit ihm leben aus Gottes Kraft
(auch) euch gegenüber.
5 Prüft euch (doch) selbst, ob ihr im Glauben seid, stellt euch selbst
auf die Probe. Oder erkennt ihr nicht an euch selbst, dass Christus in
euch ist? Andernfalls (hieße das ja), dass ihr die Probe nicht bestan-**

den habt! [6]Ich hoffe aber, dass ihr wisst, dass wir nicht unerprobt sind. [7]Wir beten aber zu Gott, dass ihr überhaupt nichts Böses tut, (und zwar) nicht, damit *wir* als erprobt erscheinen, sondern damit *ihr* das Gute tut, *wir* aber dastehen, als hätten wir (die Probe) nicht bestanden. [8]Denn wir können nichts gegen die Wahrheit ausrichten, sondern (nur etwas) für die Wahrheit. [9]Ich freue mich aber, wenn wir schwach sind, ihr aber stark seid. Darum beten wir auch, nämlich (um) eure grundlegende Erneuerung. [10]Deshalb schreibe ich dies, während ich abwesend bin, damit ich, wenn ich anwesend bin, nicht Strenge gebrauchen muss gemäß der Vollmacht, die mir der Herr gegeben hat, (und zwar) zum Aufbau und nicht zum Niederreißen.

Paulus überdenkt, welchen Eindruck dieser Brief und vor allem sein letzter Teil auf die Christen in Korinth machen wird. Sicher denken sie, der Apostel wolle sich angesichts mancher Beschuldigungen *vor ihnen verteidigen* (**19**). Dieser Eindruck ist ja auch nicht von der Hand zu weisen. Dennoch besteht Paulus darauf: Das eigentliche Forum seiner Ausführungen ist ein anderes. Nicht die Christen in Korinth bilden den Gerichtshof, der über seine Amtsführung entscheidet. In dem, was er schreibt, *redet* er *vor Gottes Angesicht.* Ihm gegenüber ist er verantwortlich, und in dieser Verantwortung tut er seine Arbeit. Vor allem aber geschieht sein Reden und Tun *in Christus,* d.h. in der lebendigen Verbindung mit dem gekreuzigten und auferstandenen Christus, in dem ihm Gott auf ganz neue Weise begegnet ist und ihn in seinen Dienst gerufen hat.
Darum ist das eigentliche Ziel des Ringens des Apostels um die Gemeinde in Korinth nicht die Sicherung seiner Position, sondern der *Aufbau* der Gemeinde. Die traditionelle Übersetzung *eure Erbauung* gibt leider nicht mehr wieder, was dieses Bild, das Paulus sehr liebt, ursprünglich sagen wollte (vgl. 10,8; 1Kor 3,9; 14,5. 12). Während *Erbauung* oder *erbaulich* fast zum Synonym für fromme Selbstbeschäftigung und Selbstbestätigung geworden ist, geht es Paulus um die konstruktive Weiterentwicklung der Gemeinschaft der Gemeinde und der Fähigkeit der einzelnen Christen, die Herausforderungen des Lebens im Glauben zu bewältigen. Im Zusammenhang von 2Kor 10–13 (vgl. 13,10) tritt der Akzent der Neuorientierung und des Neuaufbaus in den Vordergrund, ja man hat sogar von einer nötigen Neugründung der Gemeinde gesprochen (Wolff, 258). Die Gesinnung, aus der heraus das geschieht, kennzeichnet Paulus durch die Anrede *Geliebte* (vgl. 7,1). Als von Gott Geliebte (so Röm 1,7) sind auch Apostel und Gemeinde in Liebe miteinander verbunden (vgl. 1Thess 2,8).

Damit lenkt Paulus den Blick auf die Situation in Korinth und den Zustand der Gemeinde. Er befürchtet, dass es bei seinem bevorstehenden Besuch in Korinth erneut zu einer gegenseitigen Enttäuschung kommt (**20**). Weder wird er die Gemeinde so *vorfinden*, wie er sich das wünscht, noch wird die Gemeinde ihn so erleben (wörtlich: *vorfinden*), wie sie das möchte. Was er damit meint, erklärt Paulus sogleich. Zunächst beschreibt er seine Befürchtungen im Blick auf den Zustand der Gemeinde. Er tut das mit einer eindrucksvollen Liste von verschiedenen Ausprägungen gemeinschaftsschädlichen Fehlverhaltens. Paulus verwendet solche Aufzählungen problematischer Verhaltensweisen (sog. *Lasterkataloge*) nicht selten (vgl. Röm 1,29–31; 13,13; 1Kor 5,10; 6,9; Gal 5,19–21). Vergleichbare Zusammenstellungen gibt es auch in der hellenistischen Popularphilosophie und im Judentum. Sie sind ihrer Natur nach eher plakativ und pauschal, und man darf sie nicht als differenzierte Darstellung der Situation in der betreffenden Gemeinde lesen.

Dennoch dürften die acht Begriffe, die Paulus hier zusammenstellt, eine nicht unzutreffende Beschreibung der Problemlage in Korinth darstellen. Das hängt damit zusammen, dass es bei allen genannten Begriffen um Störungen der Beziehungen innerhalb einer Gemeinschaft geht. War das schon im 1. Korintherbrief ein Problem (1,12f), so hatte sich das durch die Wirksamkeit fremder Missionare wohl noch verstärkt.

Wieder ordnet Paulus die Begriffe paarweise an; die ersten beiden, die als einzige im Singular stehen, dürften das Grundproblem beschreiben: *Streit* und *Eifersucht.* Unterschiedliche Meinungen führen zu heftigen Auseinandersetzungen und ein fehlgeleiteter *Eifer* für bestimmte Personen und Positionen zu einem eifersüchtigen Beharren auf dem eigenen Standpunkt. Das aber führt zu ganz konkreten Störungen im Miteinander (deswegen stehen die weiteren Begriffe im Plural): Man wird heftig (*Zornausbrüche*), und es kommt zwischen Gliedern der Gemeinde zu *Zerwürfnissen.* Aus schnell erhobenen Beschuldigungen werden leicht *Verleumdungen,* und das Gerede hinter dem Rücken anderer führt zu *üblen Nachreden* (wörtlich: *Zischeleien, Ohrenbläsereien*). Hinzu kommen alte Probleme der Korinther: die Neigung zu großspurigen Behauptungen bzw. zur *Aufgeblasenheit* (1Kor 4,6.18f; 5,2; 13,4) und das großzügige Übersehen von Verhaltensweisen, die *nicht in Ordnung* sind.

Das sind also die unerwünschten Zustände, die Paulus in der Gemeinde in Korinth anzutreffen befürchtet. Welches Problem die Korinther mit ihm in dieser Situation haben könnten, sagt er nicht ganz so gerade heraus (**21**). Er befürchtet, dass bei diesem Besuch

mich mein Gott vor euch demütigt. Das scheint eine Anspielung auf den Zwischenbesuch (2,1–5) zu sein, als Paulus unverrichteter Dinge wieder aus Korinth abziehen musste. Darum übersetzen manche: *dass mich mein Gott noch einmal … demütigt.* Aber warum wäre das ein Problem für die Korinther und nicht eher für Paulus? Und warum wäre Gott, den Paulus hier sehr betont und fast innig *mein Gott* nennt, und nicht die Korinther der Verursacher dieser »Demütigung«?
Der Zusammenhang gibt die Antwort darauf. Gedemütigt würde Paulus, wenn er über bestimmte Leute *trauern* müsste. Das aber bedeutet nicht nur, dass er persönlich *traurig* über ihr Verhalten wäre. Die *Trauer,* von der Paulus hier spricht, ist aktive *Klage,* wie sie etwa für die Totenklage typisch ist (vgl. 1Kor 5,2). Paulus müsste darüber *trauern* und *klagen,* dass bestimmte Leute nicht lebendige Glieder am Leib Christi geblieben, sondern durch ein Verhalten, das sie von ihm trennt, quasi abgestorben sind. Und darum könnte er sie diesmal *nicht schonen* (13,2). Die *Demütigung* würde also nicht darin bestehen, dass Paulus den Angriffen von Gemeindegliedern hilflos gegenübersteht, sondern darin, dass er durchgreifen und damit auch das Scheitern eines Teils seiner Arbeit erfahren müsste. Aber seine Verantwortung vor Gott (*mein Gott*) würde ihm keine andere Möglichkeit offenlassen, und er würde die Notwendigkeit eines strafenden Handelns als persönliche Erniedrigung und Demütigung hinnehmen müssen.
Welche Leute hat Paulus hier im Auge? Es geht um Leute, *die schon vorher gesündigt … haben.* Vermutlich kommt Paulus hier auf Probleme zurück, die er schon im 1. Korintherbrief ansprechen musste. Es gab in Korinth nicht wenige Christen, die sich von bestimmten Formen der Lebensführung, die sie aus der Zeit vor ihrem Christwerden gewohnt waren, nicht lösen konnten und wollten. Wie die Beispiele zeigen, die Paulus gleich nennen wird, ging es hier vor allem um Verhaltensweisen auf dem Gebiet der Sexualität. Manche hatten sich von diesem Lebensstil abgewandt. Andere aber (Paulus sagt: *viele*) haben *nicht Buße getan* und keine Umkehr vollzogen, die auch diesen Bereich ihres Lebens umfasste.
Paulus macht klar, was er meint, indem er noch einmal einen kleinen »Lasterkatalog« zitiert, diesmal mit Problemanzeigen im Blick auf sexuelles Verhalten: *Unreinheit* weist auf einen Umgang mit der Sexualität hin, die nicht an der personalen Begegnung orientiert ist, sondern am reinen Lustgewinn, und so sich selbst und andere beschmutzt. *Unzucht* beschreibt Formen sexueller Betätigung, die sich nicht an die von Gott dafür gesetzten Grenzen halten und die Würde anderer verletzen. *Ausschweifung* verweist sehr allgemein auf *Zügellosigkeit,* dürfte aber auch hier vor allem

ein ungezügeltes Ausleben der Sexualität bedeuten. Die Begriffe sind aber nicht scharf gegeneinander abgegrenzt, sondern umschreiben insgesamt eine Sexualität, die nicht in Verantwortung vor Gott gelebt wird. Paulus lässt offen, ob diese Problematik etwas mit den in V. 20 angesprochenen Schwierigkeiten in der Gemeinde zu tun hat.

Noch einmal kündigt Paulus sein Kommen an (**13,1**), und noch einmal weist er sehr betont darauf hin, dass dies sein dritter Besuch sein wird (vgl. 12,14). Dann sollen die offenen Fragen endgültig geklärt werden. Er bekräftigt seine Absicht, zu einem abschließenden Urteil über die Situation zu kommen, mit einer Anspielung auf eine Regelung aus dem alttestamentlichen Gesetz: *Aufgrund zweier oder dreier Zeugen Mund soll jede Sache festgestellt werden* (Dtn 19,15). Im alttestamentlichen Zusammenhang geht es um Regeln über die Urteilsfindung vor Gericht. Dort ist natürlich von verschiedenen Zeugen die Rede. Paulus knüpft an dieses Wort an, weil er deutlich machen möchte, dass auch er kein vorschnelles Urteil über die Situation fällen wird, sondern bei zwei Besuchen gewarnt hat und beim dritten nach nochmaliger Prüfung der Situation das entscheidende Wort sprechen wird. »Beim ersten Besuch hatte Paulus die Korinther zur Abkehr vom heidnischen Wesen veranlaßt (vgl. 1Kor 6,9–11); beim zweiten hatte er grobe Verstöße gebrandmarkt (12,21); vom dritten erwartet er eine tiefgreifende Reinigung« (Wolff, 261).

Schon bei seinem letzten Besuch hat Paulus einige Leute *gewarnt* (so die richtige Übersetzung für *vorausgesagt*), und was er damals – persönlich *anwesend* – gesagt hat, wiederholt er noch einmal, auch wenn er jetzt noch *abwesend* ist (**2**). Die Warnung gilt insbesondere denen, *die vorher gesündigt haben*. Von ihnen war schon in 12,21 die Rede; es handelt sich wohl um Gemeindeglieder, die sich schwer taten, problematische Verhaltensweisen, die sie aus ihrem vorchristlichen Leben gewohnt waren, aufzugeben. Die Warnung richtet sich allerdings auch an *alle Übrigen*, also an alle anderen Gemeindeglieder, die selbst von diesem Vorwurf zwar nicht betroffen waren, aber das Verhalten der anderen duldeten.

Allen kündigt er an, *dass ich, wenn ich wiederkomme, (euch nicht schonen werde*. Er will also diejenigen, die nicht bereit sind, sich zu ändern, in aller Härte mit den Konsequenzen ihres Handeln konfrontieren. An welche konkreten Maßnahmen er dabei denkt, sagt er nicht. Die Ausleger denken an einen (zeitweiligen) Ausschluss aus der Gemeinde, manche an eine Übergabe an den Satan wie in 1Kor 5, andere aber auch an eine so eindeutige Verurteilung des Verhaltens dieser Leute durch den Apostel, dass den Betroffenen nur die Wahl zwischen Umkehr oder Verlassen der Gemeinde bleibt. In jedem Fall aber hätte er keine anderen Zwangsmittel als die Überzeugungskraft seiner Worte. Das mag auch der Grund dafür sein, warum er die Frage, was er tun wird, offenlässt.

Als Begründung weist Paulus die korinthischen Christen auf eine merkwürdige Inkonsequenz in ihren Erwartungen an ihn hin (**3**). Sie möchten ja gern einen *starken* Apostel. Sie *fordern* geradezu *einen Beweis dafür, dass Christus in mir* Paulus *redet*! Das führt uns noch einmal in die Mitte der Auseinandersetzung und könnte ein wörtliches Zitat eines Vorwurfs sein, den man Paulus in Korinth machte: Man vermisst eindeutige Kennzeichen dafür, dass Christus in ihm gegenwärtig ist und durch ihn und seine Verkündigung redet (vgl. 10,10; 11,6). Das aber konnten die anderen christlichen Missionare, die in Korinth aufgetaucht waren, offensichtlich eindrücklich demonstrieren. Wie das genau geschah, wissen wir nicht. Die Andeutungen, die wir in dem Brief finden, verweisen auf eine mitreißende Redegabe, auf spektakuläre Wunder, die als »Zeichen eines Apostels« angesehen wurden (12,12), und wohl auch auf Aufsehen erregende ekstatische Erscheinungen (vgl. zu 5,13).

Auch Paulus beansprucht, dass Christus in ihm ist und durch ihn redet. Das zeigt sich jedoch nicht so sehr an einem imposanten Auftreten, sondern in der Botschaft von der Versöhnung (vgl. 5, 20) und einem Leben, das geprägt ist von der Teilhabe am Leiden Christi (4,10f). Dennoch wird es sich zeigen, dass Christus der Gemeinde *gegenüber nicht schwach ist, sondern mächtig unter euch*. Die Korinther werden eindrücklicher, als ihnen lieb sein mag, erfahren, dass der Christus, der in Paulus wirkt und durch ihn redet, nicht schwach ist, sondern mächtig genug, um die Dinge in Korinth in Ordnung zu bringen. Sie haben es im Grunde schon erfahren und erleben es auch schon jetzt (Paulus spricht im Präsens!): Christus, der in der angeblich so schwachen Verkündigung des Apostels gegenwärtig ist, ist mächtig genug, um Menschen aus ihrer Gottesfinsternis und Gottesfeindschaft herauszurufen und in die rettende Gemeinschaft mit Gott zu stellen; er ist mächtig genug, die Gemeinde mit einem Reichtum an geistlichen Gaben, Diensten und Kräften zu beschenken; und er ist darum mächtig genug, auch jetzt zu ihren Herzen zu reden und sie zur Besinnung und Umkehr zu rufen.

V. **4** begründet diese Zuversicht. Das Ineinander von Schwachheit und Kraft im Leben und in der Verkündigung des Apostels hängt ursächlich mit seiner Verbindung mit Christus zusammen. Was für Christus gilt, gilt auch für ihn. Paulus formuliert dazu eine klare und einprägsame Aussage:

Denn er wurde zwar aus Schwachheit gekreuzigt,
aber lebt aus Gottes Kraft.
Denn auch wir sind schwach in ihm,
aber werden mit ihm leben aus Gottes Kraft
(auch) euch gegenüber.

Wenn die Korinther einen Beweis dafür fordern, dass Christus in Paulus redet, dann müssen sie sich auf den wirklichen Christus ausrichten. Von ihm aber gilt, dass er *aus Schwachheit gekreuzigt wurde.* Die Formulierung *aus Schwachheit* scheint befremdlich. Man hat sie daher umgedeutet zu *in Schwachheit* oder *als Schwacher.* Aber mit *aus Schwachheit* nennt Paulus die Ursache des Kreuzestodes Jesu: seinen Weg der Erniedrigung in die Begrenzung, Armut und Schwachheit einer menschlichen Existenz (vgl. 8,9; Phil 2,6–8). Dem entspricht auf der anderen Seite, dass er durch die Auferweckung *lebt aus Gottes Kraft.* Aber damit verliert die Schwachheit nicht ihre Bedeutung für die Verkündigung und Vergegenwärtigung Christi. Sie bleibt wesentlich als Verkörperung seiner Menschwerdung und seiner Nähe zum menschlichen Geschick. Es ist »die menschliche Ohnmacht Jesu«, die »für Gott zum Anlass wurde, um seine Kraft in Schwachheit zur Vollendung zu bringen« (Heckel, Kraft, 130).

Dem entsprechen Leben und Wirken des Apostels. Mit einem zweiten *Denn* begründet Paulus noch einmal, was er in V. 3 gesagt hat: Auch ein angeblich schwacher Apostel kann in der Kraft Christi wirken. Zwar gilt: *auch wir sind schwach in ihm* – aber das ist nicht der Ausdruck eines menschlichen Versagens oder Mangels an geistlicher Kraft. Es ist vielmehr Konsequenz seiner Verbundenheit mit Christus, seines Lebens *in ihm.* In 4,10f hat Paulus den Christen in Korinth schon gezeigt, wie ihnen gerade in seinem Leiden und den Schwierigkeiten, die er erträgt, die Menschlichkeit Christi und sein Leben und Sterben für sie nahekommen.

Aber das ist nur die eine Seite der Christuswirklichkeit, wie sie sich im Wirken des Apostels zeigt. Auch sein Leben ist erfasst von Gottes Kraft, wie sie in Jesu Auferweckung offenbar geworden ist: *auch wir … werden mit ihm leben aus Gottes Kraft (auch) euch gegenüber.* Dabei scheint die Formulierung *werden mit ihm leben* zunächst auf die Zukunft zu deuten, wenn auch die Christen durch die Kraft Gottes zum ewigen Leben erweckt und *mit* Christus vereinigt werden (vgl. die ähnlichen Formulierungen in 1Kor 6,14; 2Kor 4,14; Röm 6,8; 1Thess 4,14). Aber das nachgestellte *euch gegenüber,* das dieselben Worte aus V. 3 aufnimmt, zeigt, dass Paulus doch schon an eine gegenwärtige Wirkung denkt. Wie die Gewissheit des zukünftigen neuen Lebens mit Gott die Christen befähigt, schon jetzt ihren »Weg in der Wirklichkeit eines neuen Lebens zu gehen« (Röm 6,4 ZB), so befähigt sie auch den Apostel, den Korinthern mit der Leben schaffenden Kraft Gottes zu begegnen. Das ist im Grunde schon in der Verkündigung des Evangeliums geschehen, in der die Christen in Korinth dieser Kraft schon begegnet sind: Sie wurden hineingenommen in die Wirklichkeit eines neuen Lebens in Christus und sind Teil von Gottes neuer Schöpfung geworden. Diese Kraft wird aber auch all das aufdecken, was in ihrem Leben nicht dieser neuen Wirklichkeit entspricht.

Aber Paulus will sich nicht immer selbst verteidigen. Statt von ihm Beweise und Proben dafür zu verlangen, dass Christus in ihm ist (vgl. V. 3), sollen die Korinther sich doch selbst prüfen, ob sie *im Glauben* sind (**5**). *Im Glauben sein* oder *stehen* bedeutet für Paulus nicht nur, die Aussagen des Glaubensbekenntnisses für wahr zu halten. Es bedeutet, auch das ganze Leben von dem bestimmen zu lassen, woran man sich im Glauben hält, also von der Wirklichkeit des Handelns Gottes in Kreuz und Auferweckung Jesu zum Heil für uns Menschen. *Im Glauben zu sein* hat deshalb Konsequenzen für das Verhalten gegenüber anderen, für den Umgang mit dem eigenen Körper und für die Gestaltung der Gemeinschaft. Das, was Paulus in der Gemeinde in Korinth an Problemen sieht, verletzt nicht nur irgendwelche zusätzlichen Ausführungsbestimmungen, sozusagen das Kleingedruckte des christlichen Glaubens, sondern widerspricht ganz grundsätzlichen Folgerungen aus dem Glauben an Jesus Christus.

Daher noch einmal nachdrücklich die Aufforderung: *Stellt euch selbst auf die Probe.* Hier »dreht Paulus den Spieß um« (Wolff, 263). Denn in dem griechischen Wort für *auf die Probe stellen* steckt der gleiche Wortstamm wie in dem Wort für *Beweis.* Wenn die Korinther Beweise dafür suchen, dass Christus in ihm redet, dann sollten sie sich doch auch fragen, ob an ihrem eigenen Verhalten und am Leben ihrer Gemeinschaft (*an euch selbst*) erkennbar ist, *dass Christus in euch ist.* Paulus hat hier nicht nur die Gegenwart Christi im Leben der Einzelnen im Blick, sondern auch sein Wirken im Leben der Gemeinde; wir könnten also auch übersetzen: *dass Christus unter euch ist.* Während Paulus sehr häufig die Formel *in Christus sein* als Orts- und Wesensbestimmung des Christseins verwendet (vgl. nur 5,17), ist die Aussage *Christus in euch/mir* eher selten (vgl. aber Gal 2,20). Das Zitat in V. 3 legt nahe, dass es eine Formulierung ist, die die Christen in Korinth gerne gebrauchten. Sie behaupteten: *Christus ist in und unter uns* und verwiesen auf die vielfältigen Gaben des Geistes, die in der Gemeinde und bei den Einzelnen zu erkennen waren. Paulus bestreitet das nicht, aber er fragt nach: Ist denn an euch und eurer Ge-

meinschaft zu erkennen, dass der Christus, der aus Liebe zu uns sein Leben hingab und in dem Gott die ganze Welt versöhnt hat, unter und in euch wohnt? Kann es dort, wo Christus ist, so viel Streit und persönliches Fehlverhalten geben? Das müsst ihr prüfen.
Andernfalls seid ihr unbewährt, sagt Paulus, lässt aber offen, was genau er damit meint. Es bedeutet entweder: *Wenn ihr euch nicht selbst prüft, seid ihr unerprobt,* das heißt: Eure tollen Behauptungen sind nichts wert, weil ihr sie nicht dem Test der Wirklichkeit ausgesetzt habt. Oder es bedeutet: *Wenn die Prüfung nicht erkennen lässt, dass Christus in euch ist, dann habt ihr die Probe nicht bestanden,* weil euer Leben und das, was ihr zu sein beansprucht, einander widersprechen. Paulus lässt das in der Schwebe. Er möchte die Korinther zum selbstkritischen Überdenken ihrer Position veranlassen. Deshalb setzt er auch das Wortspiel mit den Begriffen *Beweis, Probe, unerprobt/erprobt* bzw. *unbewährt/ bewährt* fort, in denen allen im Griechischen der gleiche Wortstamm steckt.
Er kann sich aber doch eine Zwischenbemerkung im Blick auf seine Situation nicht verkneifen (**6**): *Ich hoffe aber, dass ihr wisst, dass wir nicht unerprobt sind.* Nach allem, was er in diesem Brief über seinen Einsatz für andere und sein Leiden um Christi willen geschrieben hat und was sie ja teilweise aus eigener Anschauung kennen, sollten sie nicht daran zweifeln, dass sein Christuszeugnis nicht *unerprobt* und nicht *unbewährt* ist, sondern nicht nur einmal den Härtetest von Verfolgung und Widerstand bestanden hat. Deshalb sollte es eigentlich unnötig sein, dass Paulus die Gegenwart Christi in seiner Verkündigung und seinem Leben durch entsprechend kraftvolles Auftreten in Korinth erst unter Beweis stellen muss.
Es geht Paulus jedoch nicht darum, als Sieger dazustehen oder als der, der immer Recht hat. Das beteuert er in den nächsten Sätzen (**7**). Es geht ihm darum, dass die Gemeinde und ihre Glieder wieder in Ordnung kommen. Darum betet er zu Gott, *dass ihr überhaupt nichts Böses tut.* Paulus nennt damit einen zweiten Grund, warum er hofft, dass er seine Vollmacht nicht in einer Konfrontation mit der Gemeinde bewähren muss. Er betet ständig darum, dass die Korinther alles Tun und Verhalten, das ihre Gemeinschaft zerstört und das Leben anderer verletzt (das ist mit *Böses* gemeint), aufgeben. Dann würde es sich erübrigen, dass Paulus kraft seiner apostolischen Autorität durchgreifen muss.
Und auch diese grundlegende Veränderung erbittet er nicht, *damit wir als erprobt erscheinen* oder, wie man hier übersetzen könnte: *damit wir Recht behalten.* Er will gar nicht Sieger bleiben. Er betet um einen Neubeginn in Korinth, *damit ihr das Gute tut.* Es

geht ihm also darum, dass in Korinth statt Streit Versöhnung herrscht, dass an die Stelle aggressiver religiöser Selbstdarstellung der Einsatz für die Schwachen und Verfolgten tritt und statt Misstrauen und Eifersucht geschwisterliche Liebe und Zuwendung das Klima bestimmt (das ist mit *das Gute* gemeint). Dafür würde er gerne in Kauf nehmen, dazustehen, *als hätten wir die Probe nicht bestanden*. Wenn es Paulus erspart würde, in Korinth für Ordnung sorgen zu müssen, dann käme es nicht zum großen Showdown, bei dem er seine Macht beweisen könnte. Manche könnten sogar behaupten, Paulus hätte mit seinen ständigen Warnungen nicht *Recht behalten*. Diesen Anschein aber würde er gerne in Kauf nehmen, wenn es dafür der Gemeinde wieder gut geht.
Die Begründung, die Paulus für diese Haltung gibt (**8**), ist zu einem oft zitierten philosophischen Motto geworden: *Wir können nichts gegen die Wahrheit ausrichten, sondern (nur etwas) für die Wahrheit*. Vielleicht war dies schon zur Zeit des Paulus eine sprichwörtliche Wendung. Bei Plato z.B. heißt es: »Der Wahrheit vermagst du nicht zu widersprechen« (Gastmahl 201c; vgl. Sir 4,25 [LÜ 4,30]). Aber: Was ist für Paulus in diesem Zusammenhang Wahrheit (vgl. Joh 18,32)? Es gibt zwei verschiedene Deutungen. Die erste bezieht *Wahrheit* auf die wahrheitsgetreue Beurteilung der Situation in Korinth. Wenn die Korinther sich wirklich geändert haben, kann und will Paulus nicht dagegen angehen, nur um seine Führungskraft zu demonstrieren. Aber obwohl diese Deutung gut in den Zusammenhang passen würde, ist sie unwahrscheinlich, weil Paulus das Wort *Wahrheit* selten in dieser Bedeutung gebraucht (doch vgl. 12,6). Bei Paulus ist der Begriff fast immer inhaltlich gefüllt; es geht um die *Wahrheit Gottes*, wie sie im Evangelium offenbar wird (vgl. 4,2; Gal 2,5.14).
Davon geht die zweite Deutung aus. Wenn sich die *Wahrheit* und *Wirklichkeit* der Botschaft des Evangeliums auch in Korinth wieder voll durchsetzt, wenn wieder der gekreuzigte und auferstandene Christus die Mitte ihres Glaubens und Handelns wird, dann kann und will der Apostel sich nicht dagegen stellen, nur um seine Autorität abzusichern. Seine Aufgabe kann es dann nur sein, *mit der Wahrheit* und *für die Wahrheit* an der Seite der Korinther zu stehen. Paulus deutet hier, ähnlich wie in Gal 1,8, an, dass auch die Autorität des Apostels sich allein am Maßstab des Evangeliums orientiert. »Die Wahrheit kann [und muss] über ihr eigenes Gewicht hinaus nicht noch einmal durch die Unfehlbarkeit des Apostels gesichert werden« (H. Freiherr v. Campenhausen, zitiert bei Gräßer II, 263).
Paulus unterstreicht diese Haltung, in dem er ausdrücklich betont (**9**): *Ich freue mich aber, wenn wir schwach sind, ihr aber stark seid.*

Noch einmal greift er den Gegensatz *stark/schwach* auf, der die Diskussion mit den Korinthern so intensiv bestimmt (vgl. 1Kor 4,10; 2Kor 12,5–10). Wenn die Korinther wirklich *stark* sein werden, das heißt, wenn die Kraft des gekreuzigten und auferstandenen Christus ihr Leben und ihr Miteinander erfüllt und prägt, dann wird er sich darüber freuen, auch wenn es bedeutet, dass er weiterhin als *schwach* und wenig eindrucksvoll gilt. Das ist nicht ironisch gemeint. Schon in 4,12 hat Paulus festgestellt: »Deshalb wirkt der Tod in uns, das Leben aber in euch«. Er sieht es als Teil seines apostolischen Auftrags an, Leiden und Schwachheit auf sich zu nehmen, damit die Gemeinden die Kraft Christi umso deutlicher erfahren. Für ihn ist das auch eine Weise, wie Gott »die Kraft in Schwachheit vollendet« (12,9).
Allerdings ist das im Urteil des Apostels in der Gemeinde in Korinth noch nicht Wirklichkeit geworden. Daher bleibt es sein Gebet, dass das Leben der Gemeinde wieder *völlig in Ordnung kommt.* Viele übersetzen das griechische Wort, das das Gebetsanliegen des Paulus benennt, mit *Vollkommenheit* (LÜ) oder *Vervollkommnung* (REB; vgl. ZB). Das aber ergibt einen falschen Akzent. Das entsprechende Wort kommt sonst in der Bibel nicht vor, aber das zugehörige Verb bedeutet *zurechtbringen, in Ordnung bringen* (vgl. V. 11; Gal 6,1; 1Kor 1,10), im medizinischen Sprachgebrauch *einrenken.* Es geht also nicht um die Vervollkommnung eines an und für sich schon ganz brauchbaren Zustands, sondern um die *grundlegende Erneuerung* der Gemeinde.
Diesem Ziel dient auch der Brief, den Paulus gerade diktiert (**10**). Noch einmal greift er das Thema seines angeblich so unterschiedlichen Verhaltens auf, je nachdem, ob er *abwesend* oder *anwesend* ist (vgl. 10,1f.9f). Er will die Chance nutzen, durch diesen Brief noch während seiner Abwesenheit die Situation in Korinth zum Guten zu wenden, und zwar gerade deswegen, damit er nicht später, während seiner Anwesenheit, mit der *Strenge* eines Richters auftreten muss. Und noch einmal zeigt sich bis in die Formulierung hinein das Dilemma, in dem sich Paulus sieht: Einerseits ist er der Überzeugung, dass ihm *der Herr,* also Christus, die *Vollmacht gegeben hat,* in der Gemeinde auch gegen den Widerstand mancher dafür zu sorgen, dass sie Gemeinde bleibt, in der die Botschaft vom gekreuzigten und auferstandenen Christus das erste und das letzte Wort behält. Andererseits betont er zugleich, dass ihm diese Vollmacht *zum Aufbau und nicht zum Niederreißen* gegeben ist, dass er also möglichst alle Aktionen meiden möchte, die eine zerstörende Wirkung für die Gemeinde und manche ihrer Glieder haben werden. Er hat nicht ausgeschlossen, dass es nötig werden könnte, so zu handeln (10,5f). Aber er hat

immer wieder betont, dass diese Aufgabe eigentlich nicht zu seinem Auftrag gehört und er deshalb vermeiden möchte, dass er so vorgehen muss – allerdings nicht dadurch, dass er Kompromisse mit Verhaltensweisen schließt, die er als Fehlentwicklung ansieht, sondern dadurch, dass er versucht, mit seinem Gebet und mit der Kraft seiner Worte, die er aus dem Evangelium schöpft, die Dinge zum Guten zu wenden.

An dieser Stelle ist noch einmal auf die Frage der Einordnung der Kap. 10–13 einzugehen. Die Kapitel erscheinen als ein einheitliches Schreiben mit einer klaren Thematik. Doch es gibt auch klare thematische Verbindungen zum ersten Teil des Briefs. Es gibt Berührungen und Überschneidungen, vor allem zum Thema Ruhm, Selbstempfehlung und dem Wirken der Gegner des Paulus. Die Kapitel sind ziemlich sicher nicht der Tränenbrief und wurden wohl auch nicht vor dem Versöhnungsbrief (1–7) geschrieben. Entweder bilden sie einen »Nachtrag« zu Kap. 1–9 (dann wären Titus und seine Begleiter wohl ohne den Brief abgereist) oder ein eigenständiges »Postskript«, das einige Zeit nach Absendung von 1–9 geschrieben wurde.

Paulus möchte nicht den Eindruck erwecken, er müsse sich der Gemeinde gegenüber verteidigen. Weder ist sie das Forum, vor dem er sich verantworten muss, noch bringt dies der Gemeinde etwas. Er möchte der Gemeinde helfen, ihr Christsein besser zu leben. Dazu wäre nötig, dass sie nicht nur danach fragt, ob Paulus ihr genügend geistliche Leckerbissen bietet. Nötig ist, dass die Christen in Korinth sich selbst prüfen, inwieweit ihr Leben als Einzelne und als Gemeinde dem Auftrag Christi entspricht. Anlass dazu gibt es für Paulus genug. Es ist jedoch leichter, die mit der Verkündigung Beauftragten zu kritisieren als sich selbstkritisch der eigenen Situation zu stellen.
So angriffig Paulus aber seine Position vertritt, so sehr betont er noch einmal, dass es ihm nicht darum geht, als Sieger in diesem Streit dazustehen. Ein Sprichwort sagt: »Das Glück der Liebenden ist es, nicht Recht zu behalten.« Dieses Glück möchte Paulus genießen.

13,11–13 Der Briefschluss

11Im Übrigen, Brüder und Schwestern, freut euch, lasst euch (wieder) zurechtbringen, lasst euch etwas sagen, seid auf dasselbe bedacht, haltet Frieden, und der Gott der Liebe und des Friedens wird mit euch sein. 12Grüßt euch mit dem heiligen Kuss. Es grüßen euch alle Heiligen.
13Die Gnade des Herrn Jesus Christus und die Liebe Gottes und die Gemeinschaft des Heiligen Geistes (sei) mit euch allen.

Paulus kommt zum Schluss. Noch einmal redet er die Christen in Korinth ganz persönlich mit *Brüder und Schwestern* an (**11**). Das hat er im zweiten Korintherbrief sehr viel seltener getan als im ersten (nur 1,8; 8,1). Nun betont er mit dieser Anrede seine bleibende Verbundenheit mit ihnen und zeigt, dass er mit ihnen auf gleicher Ebene, als einer von ihnen, reden will.
In knappen Worten fasst er zusammen, was er ihnen abschließend sagen möchte. Aber bevor er ausspricht, was er an Mahnungen auf dem Herzen hat, ruft er ihnen zu: *freut euch*. Das ist am Schluss dieses Briefs erstaunlich. Aber es nimmt auf, was Paulus schon am Anfang des Briefs sagte: Er und seine Leute wollen »Mitarbeiter der Freude« für die Christen in Korinth sein. Auch in anderen Briefen steht diese Ermutigung am Ende (vgl. 1Thess 5,16). In Phil 3,1; 4,4 schreibt Paulus mehrfach: »Freut euch im Herrn« und erklärt, warum er das den Gemeinden auch in schwierigen Situationen zurufen kann: Der Grund zur Freude liegt nicht in diesem oder jenem freudigen Ereignis, sondern in dem neuen Leben mit Gott, das durch Christus und die Verkündigung des Evangeliums für die Christen Wirklichkeit geworden ist.
Diese frohe Botschaft und die Freude über sie sind die Grundlage für die folgenden Mahnungen, die noch einmal die Probleme in Korinth ins Auge fassen und sie positiv überwinden wollen. Die erste Aufforderung lautet: *lasst euch (wieder) zurechtbringen*. Das griechische Verb greift auf das Wort in V. 9 zurück, das wir mit »grundlegende Erneuerung« übersetzt haben. Es geht darum, dass die Dinge in der Gemeinde in Korinth wirklich wieder in Ordnung kommen und die Gemeinde sich dabei helfen lässt. Das fasst die zweite Aufforderung ins Auge: *lasst euch etwas sagen* haben wir ein Wort übersetzt, das im 2. Korintherbrief oft mit *trösten* oder *ermutigen* zu übersetzen ist (1,4–6), an anderen Stellen *dringend bitten* heißt (5,20; 6,1; 12,8), hier aber meist mit *ermahnen* wiedergegeben wird (vgl. 10,1; ZB: *lasst euch zureden*). Es ist wichtig, gerade an unserer Stelle die ganze Bedeutungsbreite des Wortes aufzunehmen: Paulus möchte die Korinther dazu bringen, sich *etwas sagen zu lassen*. Das umfasst den ermutigenden und tröstenden Zuspruch ebenso wie das ratende und mahnende Zureden.
Das zweite Paar der Mahnungen betrifft die Gemeinschaft der Christen miteinander: *seid auf dasselbe bedacht* schärft Paulus ein. Diese Mahnung, die meist mit *seid eines Sinnes* übersetzt wird, ist ihm wichtig, denn sie taucht immer wieder in seinen Briefen auf (Röm 12,16; 15,5; Phil 2,2). Dabei zeigt die Art, wie er im Römerbrief mit den Meinungsverschiedenheiten unter den Christen in Rom umgeht, dass er damit nicht meint: Seid in allem einer Meinung. In Röm 14,1 – 15,6 plädiert Paulus dafür, dass

man in einer christlichen Gemeinde auch unterschiedliche Ansichten zu bestimmten Fragen aushalten kann. Ihm geht es darum, dass sich diejenigen, die zu einer Gemeinde gehören, auf das gleiche Ziel ausrichten. Das gilt gerade für Korinth. Nur wenn sich die Christen dort einig sind, was Christsein ausmacht und wozu Gemeinde da ist, können sie ihren Auftrag erfüllen.

Das unterstreicht die nächste Mahnung: *haltet Frieden.* Auch sie meint mehr als nur: Vermeidet Streit untereinander. Denn der *Friede,* von dem die Bibel spricht, ist mehr als ein schiedlich-friedliches Nebeneinander; *Friede* (*Schalom*) ist das konstruktive und organische Miteinander in einer Gemeinschaft, in dem sich das Leben der Einzelnen durch die gegenseitige Unterstützung und Förderung entfalten kann und durch das sie hilfreich und heilsam auch nach außen wirkt. Gerade der immer wieder zerstrittenen und in Lager zerfallenden Gemeinde in Korinth wünscht Paulus diesen Frieden.

Wenn das geschieht, dann wird die Gemeinde auch ganz neu die Gegenwart Gottes erfahren: *der Gott der Liebe und des Friedens wird mit euch sein.* Diese Aussage irritiert manche Ausleger. Kann Gott erst aktiv werden, wenn die Gemeinde von sich aus alle diese Dinge bereinigt hat? Das würde der sonstigen Theologie des Paulus widersprechen. Und braucht die Gemeinde nicht gerade die Hilfe des *Gottes der Liebe und des Friedens,* um diese Probleme zu bewältigen? Dass Paulus das auch so sieht, zeigt die Tatsache, dass er diese Fragen zum Inhalt seines Gebets macht. Aber anders als das Römische Reich »befriedet« Gott nicht durch Zwang. Er erwartet die Bereitschaft zum Frieden und zur Bereinigung der Probleme. Wo sie vorhanden ist, da darf man gewiss sein, dass Gott und seine Hilfe nahe sind.

Der Gott des Friedens ist eine Wendung, die Paulus gerne gebraucht, um am Ende eines Briefs Gott und sein Wirken zu kennzeichnen (vgl. Röm 16,20; Phil 4,9; 1Thess 5,23). Er nimmt damit die Formulierung des Eingangsgrußes auf: »Friede von Gott …« (1,2). Die Formulierung beschreibt Gott als Gott, der Frieden will und Frieden schafft. Hier erweitert Paulus die Aussage: Es ist der *Gott der Liebe,* der mit der Gemeinde sein wird, wenn sie sich auf den Veränderungsprozess einlässt. Die Liebe, die die Verkündigung des Paulus trägt und prägt (vgl. 5,14), stammt von Gott und charakterisiert sein Wesen und Handeln. Durch die Kraft dieser Liebe wird auch in Korinth eine Veränderung zum Guten und zu einem Miteinander möglich, das von dieser Liebe erfüllt ist.

Wie in vielen seiner Briefe fordert Paulus die Gemeinde auf, sich *mit dem heiligen Kuss zu grüßen* (**12**; vgl. Röm 16,16; 1Kor 16,20; 1Thess 5,26, aber auch 1Petr 5,14). Die Sitte, sich in der Familie, unter guten Freunden oder als Zeichen der Wertschätzung (Lk 7,45) so zu grüßen, war in der Antike verbreitet und ist ja auch heute noch im mediterranen Bereich üblich. Die Christen haben dies aufgegriffen und zeigten damit, dass sie sich als Geschwister einer großen Familie ansahen und einander über alle gesellschaftlichen Schranken hinweg mit Achtung und Wertschätzung begegneten. *Heilig* wird dieser Kuss genannt, weil er Ausdruck der Gemeinschaft der *Heiligen* ist, die nicht durch familiäre oder freundschaftliche Bande, sondern die gemeinsame Zugehörigkeit zu Gott begründet wird. Vielleicht geht Paulus davon aus, dass die gottesdienstliche Versammlung nach Verlesung seines Briefs und des Friedensgrußes zu Ende ging und sich die Anwesenden so grüßten. Das sollte zu einem ersten symbolischen Schritt werden, den Frieden in der Gemeinde zu erneuern.

Die Grüße am Schluss, die in manchen Paulusbriefen sehr umfangreich sind (vgl. Röm 16,1–16.21–23; 1Kor 16,19–21), fallen sehr kurz aus. Paulus richtet keine persönlichen Grüße aus und grüßt auch niemand mit Namen. Selbst der eigenhändige Schlussgruß, die »Unterschrift« im antiken Brief, fehlt. Das dürfte zeigen, dass die Situation – trotz der freundlichen Schlussmahnung – doch noch recht angespannt war. Nur ein knappes *Es grüßen euch alle Heiligen* signalisiert die Verbindung zwischen den Gemeinden in Mazedonien und der Gemeinde in Korinth und den Christen in der Provinz Achaia. Weil sie durch Christus zu Gott und in seine Gemeinschaft gehören, darum sind sie *Heilige* und gehören sie *alle* zusammen (vgl. zu 1,1). Darin liegt aber auch die Verpflichtung, aufeinander zu hören und gemeinsam die Verantwortung wahrzunehmen, Gottes Liebe und Gottes Frieden miteinander zu leben.

Auffallend umfangreich fällt dagegen der Segenswunsch am Schluss aus (**13**). Die dreigliedrige Formel, die Paulus vermutlich für diesen Brief verfasst hat, geht von dem Segenswort aus, das am Ende der meisten Paulusbriefe steht: »Die Gnade des Herrn Jesus sei mit euch« (Röm 16,20[.24]; 1Kor 16,23; vgl. 1Thess 5,28; Gal 6,18; Phil 4,23). Es steht auch hier am Anfang, erweitert zu einem feierlicheren *Herrn Jesus Christus. Die Gnade unseres Herrn Jesus Christus* ist seine gnädige Zuwendung zu uns Menschen. Sie umfasst das Geschenk seines Lebens und Sterbens zum Heil der Menschen (8,9), in ihr liegt die Fülle der neuen Lebensmöglichkeiten, die die Gemeinde und ihre Glieder reichlich (und hoffentlich nicht vergeblich) empfangen haben (9,8; 6,1), und sie trägt das Werk des Apostels, gerade auch in seiner Schwachheit (12,9). Dass sie auch weiterhin das Leben der Gemeinde bestimmt, ist der Inhalt des ersten Teils des Segenswunsches.

Paulus fügt jedoch einen zweiten Teil hinzu: Auch *die Liebe Gottes* möge die Gemeinde begleiten und erfüllen. Denn sie offenbart sich in Gottes Handeln in Christus (Röm 5,8; 8,39) und muss die Herzen der Christen in Korinth erfüllen, damit sie in seinem Frieden miteinander und für andere leben können (1Kor 13). Als drittes Glied in der Reihe tritt hinzu: *die Gemeinschaft des Heiligen Geistes.* Gemeint ist damit zunächst *die Gemeinschaft mit* Gottes Geist, *die Teilhabe an* ihm und seinem Wirken (vgl. Phil 2,1). Aber die Art, wie Paulus das griechische Wort für *Gemeinschaft* (*koinonia*) sonst gebraucht (vgl. 1Kor 10,16f), legt nahe, dass auch die Bedeutung mitschwingt: die Gemeinschaft, die durch die gemeinsame Teilhabe am Geist entsteht, also *die Gemeinschaft, die der Geist schenkt.* Beides braucht die Gemeinde: immer wieder neu die Erfahrung des Wirkens des Geistes in ihrer Mitte und das Geschenk einer Gemeinschaft, die von Gottes Liebe erfüllt und gestaltet wird.

Das dreigliedrige Segenswort, das Paulus hier gestaltet, setzt noch keine ausgebildete Trinitätslehre voraus. Christus steht am Anfang, die Bezeichnungen »Vater« und »Sohn« fehlen. Aber ähnlich wie die vergleichbaren Aussagen in 1Kor 12,4–6 weist die Formulierung in diese Richtung: Um die Fülle dessen zu bekennen, was Gott in Christus getan hat und durch den Geist vergegenwärtigt, wurde die christliche Verkündigung schon früh zu Formulierungen gedrängt, in denen das Handeln Gottes, des Herrn Jesus Christus und des Geistes als »dreifaltige« Einheit dargestellt wurde. Die altkirchliche Trinitätslehre stellte sich dann der Herausforderung, das Verhältnis zwischen Einheit und Dreiheit begrifflich zu klären.

Auch bei diesem Segenswort fehlt im griechischen Text das Verb; wir könnten also entweder *ist* oder *sei mit euch allen* ergänzen. Angesichts der Situation des Briefs ist es wahrscheinlicher, dass Paulus der Gemeinde einen Segenswunsch zuspricht als vergewissernd festzustellen, was für sie gilt.

Am Schluss einer spannungsgeladenen Korrespondenz wünscht Paulus der Gemeinde also, dass sie immer wieder neu die Gnade ihres Herrn Jesus Christus erfährt, in der sich für sie die Liebe Gottes offenbart, die für sie im Wirken des Geistes lebendige Wirklichkeit wird. Das gilt für das persönliche Leben genauso wie für die Gemeinschaft untereinander und die Sendung in die Welt. Das ist es, was Paulus der Gemeinde durch seine Botschaft vom gekreuzigten und auferstandenen Christus weitergegeben hat und worin er sie festmachen will. Den Wunsch, dass das für die ganze Gemeinde wieder zum Fundament und zum Inhalt ihres Christseins wird, zeigt Paulus durch ein besonders betontes »mit euch *allen*«.

Paulus schließt diesen Brief mit wenigen Worten. Noch ein paar zusammenfassende Ermahnungen, aber auch ein Stück Aufmunterung, Worte, die noch einmal auf die spezielle Situation zielen, und Worte, die jeder Gemeinde gesagt werden müssen und dürfen. Das Entscheidende nach all der mühevollen Argumentation ist der Zuspruch dessen, was Gott schenken und wirken muss: Friede, Liebe und die Gemeinschaft mit Gottes Gegenwart in seinem Geist.

Die Botschaft des zweiten Korintherbriefs – eine Zusammenfassung

Der 2. Korintherbrief ist ein Brief »von unterwegs«. Will man ihn verstehen, muss man sich das vor Augen halten. Der 1. Korintherbrief wurde während eines längeren Aufenthalts in Ephesus geschrieben, und Paulus hatte die Zeit und die Ruhe, die Anfragen an die Gemeinde und aus der Gemeinde systematisch abzuarbeiten (1Kor 16,5–20).
Als Paulus den Römerbrief schrieb, war er wieder in Korinth. Die Situation dort scheint sich in der Zwischenzeit einigermaßen geklärt zu haben, und er sieht seine Mission im Ostteil des Römischen Reiches als abgeschlossen an. Das gibt ihm die Gelegenheit, den Brief an die ihm unbekannte Gemeinde in Rom zu einer umfassenden und sorgfältig aufgebauten Darstellung seiner Theologie zu nutzen, ohne dabei die Situation in Rom aus den Augen zu verlieren (Röm 15,22 – 16,20).
Den zweiten der uns erhaltenen Briefe nach Korinth schreibt Paulus unterwegs. Er lässt seine Leser und Leserinnen in Korinth teilhaben an seinem schwierigen Abschied von Ephesus, nimmt sie mit hinein in seine Reise nach Troas, die erfreuliche Arbeit dort, seine innere Unruhe und den hastigen Aufbruch nach Mazedonien. Er teilt mit ihnen aber auch seine Freude über die guten Nachrichten, die Titus aus Korinth gebracht hat. Irgendwo auf diesem Weg, wahrscheinlich bei seinem Aufenthalt in Philippi, hat er begonnen, den Brief zu diktieren, und es spricht manches dafür, dass er dabei einige Male unterbrochen wurde und den Schluss (10–13) erst später, vielleicht in Thessalonich, zu Ende führte. Darum fehlt dem Brief auf den ersten Blick ein systematischer Aufbau. Er scheint mehr oder weniger ungeordnet um die Spannungen zu kreisen, die es zwischen der Gemeinde und dem Apostel gab.

I. Die Schwierigkeiten in Korinth

Obwohl der Brief uns viele Informationen über die Lage in Korinth zu bieten scheint, ist es nicht einfach, die Situation zu rekonstruieren. Weil die Auseinandersetzung so heftig ist, haben wir stärker als bei anderen Briefen den Eindruck, einem Gespräch zu folgen, von dem wir nur die Hälfte mitbekommen. Paulus antwortet auf Vorwürfe und Sachverhalte, die er und die Korinther kennen und auf die er deswegen nur andeutungsweise Bezug nimmt. Wir müssen an manchen Stellen raten, was genau gemeint ist. Dennoch lässt sich in Grundzügen sagen, worum es bei dem Konflikt ging. Ähnliches gilt auch für den Ablauf der Ereignisse in der Kommunikation mit der Gemeinde.

1. Der Ablauf der Ereignisse

Die Auslegung der Texte hat keine wesentlichen neuen Gesichtspunkte hinsichtlich der Fragen gebracht, die wir in der Einleitung offengelassen haben. Zwar wird immer wieder versucht, den genauen Ablauf der Ereignisse zu rekonstruieren. Der neueste dieser Versuche identifiziert die Person, die Paulus bei seinem Zwischenbesuch angegriffen und beleidigt hat, mit seinem späteren Gastgeber Gaius (vgl. Röm 16,23), der ihn beschuldigt habe, etwas von der Kollekte unterschlagen zu haben. Mit Hilfe einer Aufteilung der beiden Korintherbriefe in eine breit gefächerte Korrespondenz wird ein ganzer Roman um die Geschichte der Freundschaft zwischen den beiden entwickelt (vgl. L.L. Welborn). Aber das ist mehr, als wir wissen können.

Sicher sind folgende Punkte: Nachdem Paulus von Schwierigkeiten in Korinth gehört hat, hat er kurzfristig von Ephesus aus die Gemeinde besucht (1,23 – 2,11). In einer Gemeindeversammlung kommt es zum Zusammenstoß mit einem Gemeindemitglied, das Paulus persönlich angreift. Da die Gemeinde dies hinnimmt, reist Paulus überstürzt ab, schreibt aber von Ephesus aus einen Brief, in dem er das Unrecht, das ihm zugefügt wurde, deutlich benennt (der sog. Tränenbrief: 2,4; 7,8f). Mit diesem Brief schickt er seinen Mitarbeiter Titus nach Korinth mit dem Auftrag, das Verhältnis zwischen Apostel und Gemeinde zu klären. Paulus reist ihm über Troas nach Mazedonien entgegen. Vermutlich in Philippi trifft er auf Titus, der berichten kann, dass die Korinther die Angelegenheit bereinigt haben und dringend eine Versöhnung mit dem Apostel wünschen. Zu diesem Zeitpunkt beginnt Paulus damit, den Brief zu diktieren, der ihn in seinen Gedanken schon die ganze Zeit bewegt hat.

Unsere Auslegung hat gezeigt, dass die Kap. 10–13 wohl kaum ursprünglich der Tränenbrief gewesen sein können. Mit großer Wahrscheinlichkeit sind auch die Kap. 1–9 (oder zumindest 1–8) von Paulus im Zusammenhang diktiert und nicht erst später aus

verschiedenen Briefen zusammengesetzt worden. Das Rätsel der Stellung von Kap. 10–13 ließ sich freilich nicht endgültig lösen. Entweder sind diese Kapitel ein Nachtrag, der nötig wurde, weil noch vor dem Versand des Briefs neue Nachrichten aus Korinth eintrafen, insbesondere über Aktivitäten der von außerhalb Korinths in die Gemeinde gekommenen Gegner des Paulus. Oder es handelt sich um ein gesondert abgeschicktes späteres »Nachwort« zu dem Brief aus gleichem Anlass, das später an den Brief angefügt wurde. Es gibt Argumente für beide Möglichkeiten; wir neigen zur ersten, ohne die zweite ausschließen zu können. Für die Auslegung hat der Unterschied kaum eine Bedeutung.
Ein wichtiger weiterer Fixpunkt für die Geschichte des Briefs sind die Nachrichten aus Röm 16. Paulus schreibt den Brief nach Rom in Korinth, offensichtlich in bestem Einvernehmen mit der dortigen Gemeinde. Er macht keinerlei Andeutungen über Schwierigkeiten. Der 2. Korintherbrief hat also ganz offensichtlich seine Wirkung getan, und es kam spätestens nach der Ankunft des Paulus zu einer Klärung der offenen Fragen und einer Aussöhnung mit der Gemeinde.

2. Die Situation der Gemeinde und die Position der Gegner

Wie die Lage in der Gemeinde in Korinth zur Zeit der Abfassung des 2. Korintherbriefs war, lässt sich trotz der intensiven Kommunikation nur in Umrissen sagen. Keines der Probleme, die im 1. Korintherbrief ausführlich behandelt worden waren, wird ausdrücklich erwähnt. Sie waren also entweder gelöst oder sind angesichts anderer Herausforderungen in den Hintergrund getreten. Allerdings deutet Paulus in 12,20f an, dass die alten Schwierigkeiten nicht völlig überwunden waren; Rivalität von Gruppen oder eine ungeordnete Lebensführung, insbesondere im Blick auf sexuelle Beziehungen, blieben ein Problem. Die Neigung der Korinther, ekstatische Erscheinungen und persönliche Offenbarungen als besonderen Beweis für das Wirken des Geistes und die Gegenwart Christi zu bewerten, ist auch in diesem Brief immer wieder spürbar und führt zu Anfragen an Paulus und seine Verkündigung.
Die Spannungen verschärften sich aber dadurch, dass in Korinth christliche Missionare auftauchten, die diese Bedürfnisse der Christen in Korinth sehr viel besser bedienten als Paulus und die deshalb gegen ihn ausgespielt wurden.
Ob sie selbst offensiv gegen Paulus arbeiteten oder von bestimmten Gruppen in Korinth für ihre kritische Haltung gegenüber Paulus instrumentalisiert wurden, wissen wir nicht sicher. Sie haben sich auf jeden Fall abfällig über Paulus geäußert (10,10) und of-

fensichtlich nichts getan, um diese Konkurrenzsituation zu verhindern.
Über diese Leute erhalten wir eine ganze Reihe von Informationen, die sich aber nur schwer zu einem schlüssigen Bild von ihrer Herkunft und ihrer theologischen Position zusammenfügen lassen. Sie sind jüdischer Herkunft, stammen vielleicht sogar aus Judäa oder Galiläa (11,22), sie nennen sich »Diener Christi« und behaupten, dass Christus durch sie in besonderer Weise spricht (10,7; 11,4.13.23). Sie beanspruchen den Titel »Apostel« (11,5.13; 12,11) und werden von ihren Anhängern als »überaus große Apostel« (Paulus: »Superapostel«) bezeichnet (11,5). Sie weisen Empfehlungsbriefe vor, die wahrscheinlich von anderen Gemeinden ausgestellt worden waren (3,1; 10,12.18). Anders als Paulus nahmen sie das Unterhaltsrecht für Apostel in Anspruch (2,17; 11,7–11.20; 12,13f) und scheinen auch sonst nicht kleinlich in ihren Forderungen gegenüber der Gemeinde gewesen zu sein. Obwohl sie den Ehrentitel »Hebräer« beanspruchten, waren sie rhetorisch sehr viel versierter als Paulus (10,10; 11,6). Vor allem aber konnten sie von besonderen Offenbarungserlebnissen berichten (12,1) und als »Zeichen der Apostel« auf »Wunder und Machttaten« (12,13) verweisen, möglicherweise die Gemeinde auch durch ekstatische Reden und Zustände faszinieren (5,13).
Anders als die judenchristlichen Missionare, die in Galatien die Gemeinden gefährdeten, haben diese Leute nicht gefordert, dass sich die Heidenchristen beschneiden lassen und das mosaische Gesetz befolgen müssten. Vielleicht kann man aber aus 3,4–18 schließen, dass sie auch dadurch beeindruckten, wie sie durch ihre geistgewirkte Auslegung in den alttestamentlichen Schriften und insbesondere der Tora die ganze Herrlichkeit der Moseoffenbarung aufleuchten ließen.
Alle Versuche, diese urchristlichen Verkündiger mit einer bestimmten, uns auch sonst bekannten Gruppe zu identifizieren, haben zu keinen befriedigenden Ergebnissen geführt. Manche nahmen an, es seien Abgesandte der Jerusalemer Apostel (die dann auch oft als die »Superapostel« gesehen werden). Neuerdings sieht man sie als Angehörige der Missionsbewegung, die von Petrus ausging, weil das den Streit um das missionarische Territorium in 10,12–18 erklären würde. Dass Paulus aber Leute, die zu diesen Gruppen gehören, Satansdiener nennen würde (11,15), ist eher unwahrscheinlich, und die ekstatische Seite ihres Wirkens passt nicht in diesen Kontext.
Eine Zeitlang sah man in ihnen Vertreter einer frühen Gnosis oder Repräsentanten einer christlichen Bewegung von »Gottesmännern«, Wundertätern und Wanderpredigern, wie sie in der helle-

nistischen Welt häufig auftraten. Aber es gibt keine wirklichen Hinweise auf gnostische Lehren bei den Gegnern, und auch die Existenz eines Typs von Wandermissionaren, die sich als »Gottesmänner« ausgegeben haben, lässt sich nicht nachweisen.
Es scheint also keine auch sonst bekannte Gruppierung zu geben, der wir diese Leute zuordnen könnten. Sie waren judenchristliche Missionare, die durch ihre rhetorisch beeindruckende Verkündigung, verbunden mit Berichten über besondere Offenbarungen, ekstatische Erfahrungen und von Wundern durch Heilung und Dämonenaustreibungen und durch eine besonders geistgewirkte Auslegung der Schrift nicht nur Nichtchristen zum Glauben, sondern auch Christen zu einer erfüllteren Form ihres Christseins führen wollten.
Merkwürdigerweise ist von diesen Gegnern nur im mittleren Abschnitt des ersten Teils des Briefs (2,17 – 4,6) und im Schlussteil (10,1 – 12,13) die Rede, was mit ein Anlass für die Vermutung ist, dass dies Teile von Briefen sind, die in einer etwas anderen Situation versandt worden sind. Aber Paulus bleibt auch in diesen Abschnitten nicht bei der Gegnerproblematik stehen, sondern will die Gemeinde zu einem Verständnis des Glaubens zurückführen, das nicht mehr den verführenden Argumenten dieser Leute erliegt. Auch dort, wo Paulus auf deren Verkündigung und Verhalten eingeht, sieht er das Problem nicht nur bei ihnen, sondern in einer verfehlten Grundhaltung vieler Christen in Korinth, die den Einfluss dieser Leute erst möglich macht.

3. Die strittigen Punkte

Wenn im Verhältnis zwischen einer Gemeinde und der mit der Verkündigung beauftragten Person einmal das Vertrauen geschwunden ist, dann kann alles zum Problem werden. Jede Aktion und insbesondere jede Fehlleistung wird aus einer Perspektive des Verdachts und des Misstrauens bewertet. Fast scheint es so, als hätte die Beziehung zwischen Paulus und der Gemeinde in Korinth diesen Tiefpunkt schon erreicht. Selbst harmlose Dinge werden hinterfragt und negativ bewertet.
Angesichts der Änderung der Reisepläne des Apostels wird gesagt, Paulus sei eben unzuverlässig und fasse leichtfertig und eigenmächtig Pläne, um sie schnell wieder zu verwerfen (1,17). Die Frage, warum er darauf verzichtet, sich von der Gemeinde versorgen zu lassen, führt zur Vermutung, er traue sich nicht wirklich, als Apostel aufzutreten, oder aber zu dem Vorwurf, die Gemeinde sei ihm wohl nicht gut genug, um sich von ihr helfen zu lassen (11,7–11; 12,13–15). Auch der Verdacht, es habe bei der Samm-

lung der Kollekte Unregelmäßigkeiten gegeben, scheint hinter vorgehaltener Hand geäußert worden zu sein (12,17f). Was der Grund war, dass es bei dem Zwischenbesuch zu einem Zusammenstoß zwischen Paulus und einem Gemeindeglied kam, und worin diese Kränkung bestand, die Paulus sich gefallen lassen musste, wissen wir nicht. Diese Sache war offensichtlich bereinigt.

Aber das waren letztlich Äußerlichkeiten, schmerzlich zwar, aber eher Indizien dafür, dass das Problem tiefer lag. Es gab eine grundlegende Vertrauenskrise.

Obwohl Paulus die Gemeinde gegründet hatte, schien vielen seine Autorität schwach begründet zu sein. Paulus konnte keine Empfehlungsbriefe anderer Gemeinde oder übergeordneter Autoritäten vorweisen, wie das die anderen Missionare taten. Er musste »sich selbst empfehlen«, ein Vorwurf, mit dem sich Paulus mehrfach auseinandersetzt (3,1; 5,12; 10,12). Andere Schwächen treten plötzlich in ein schärferes Licht und stellen seine apostolische Vollmacht infrage. Dass er kein großer, rhetorisch blendender Redner war und sein persönliches Auftreten (seine »performance«) nicht den ganz großen Eindruck machte, hat Paulus nie geleugnet (1Kor 2,1–5). Jetzt aber wird es zum Angriffspunkt: In seinen Briefen, aus der Ferne, da gibt er starke Töne von sich, aber wenn er anwesend ist, schafft er es nicht, sich durchzusetzen und wirksam durchzugreifen (10,2.11f).

Vor allem aber vermisste man bei Paulus Berichte von besonderen Offenbarungen und Visionen und die Präsentation ekstatischer Erlebnisse. Hier wird die unterschiedliche Wertung bestimmter Geistesgaben, die schon hinter 1Kor 12–14 stand, zum persönlichen Vorwurf gegen den Apostel. Dazu gehört auch die Unzufriedenheit darüber, dass unter der Verkündigung des Paulus nicht mehr spektakuläre Zeichen und Wunder geschehen (12,12). Manche brachten das auf den Nenner: Wenn man sehe, wie oft Paulus in Schwierigkeiten und Bedrängnis gerate, dann müsse man leider feststellen, sein Wirken und seine Verkündigung würden eher das Evangelium »verdecken«, als dass sie es offenbaren (4,3f).

Hinter alldem steht ein grundsätzlicher Vorwurf gegen Paulus: Seinem Dienst fehle die eigentliche »Offenbarungsqualität«, die das Wirken eines Apostels auszeichnet, also die Vollmacht eines wirklichen Boten Christi. Das Licht und die Herrlichkeit des Evangeliums werden bei ihm nicht sichtbar (3,1 – 4,6). Oder einfacher ausgedrückt, man erwartete von Paulus überzeugendere Beweise dafür, dass wirklich Christus in ihm redet und durch ihn wirkt (13,3). Mit alldem muss sich Paulus in diesem Brief auseinandersetzen.

II. Das Botschaft des Paulus

Was kann, was will Paulus dagegen tun? Er muss sich selbst verteidigen und tut es auch. Große Teile des Briefs sind eine persönliche Verteidigung.
Aber es geht nicht nur um ihn. Wenn die grundsätzlichste Anfrage an ihn die ist, ob Christus in ihm redet, dann geht es auch um Christus: Wer ist der Christus, nach dem hier gefragt wird? Wie redet und handelt Christus durch seine Beauftragten? Diese Fragen sind die verborgene Mitte des Briefs.

1. Der thematische Aufbau des Briefs

Es ist nicht leicht, in dem Brief einen klaren Aufbau zu erkennen. Dass er »unterwegs« geschrieben wurde, hat auch seine Form beeinflusst. Dennoch lässt sich eine klare innere Ordnung entdecken. Die Argumentation des Paulus bewegt sich in einer Art konzentrischer Kreise hin zur Mitte seines Anliegens und führt von dort wieder zurück zu den praktischen Erfahrungen und Konsequenzen in der Gemeinde.
Das ist besonders eindrücklich im ersten Teil: An seinem Beginn und Ende spricht Paulus über Belastungen und erfreuliche Erfahrungen im persönlichen Verhältnis zur Gemeinde (1,12 – 2,12 / 7,4–16). Dann geht er zu Fragen seines Dienstes über, flicht aber auch Appelle an die Gemeinde ein, sich die Bedeutung ihrer Rolle bewusst zu machen (*Ihr seid unser Brief* [3,2f] / *Gebt uns Raum in euren Herzen* [7,2]). Das führt zu grundsätzlichen Ausführungen über die Art, wie in der Verkündigung des Evangeliums Gottes Heil in Christus sichtbar wird und wie dies auch Leben und Wirken des Apostels prägt. Die nächsten Abschnitte behandeln abwechselnd diese beiden Themen (2,14 – 4,6 / 4,7 – 5,10 / 5,11 – 6,2 / 6,3–10). Der entscheidende Abschnitt über das Wesen des Auftrags des Apostels und den Inhalt seiner Botschaft (5,11 – 6,2) steht also in der Mitte.
Ähnlich ist der dritte Teil aufgebaut (10–13): Er beginnt mit der Kontroverse mit den Gegnern und endet mit der Frage nach der Beziehung zwischen Paulus und der Gemeinde und deren Zukunftsperspektive (10,1–18 / 12,11 – 13,10). Dazwischen wird zwar die Polemik gegen die Gegner weitergeführt, aber unter der Hand tritt immer stärker in den Vordergrund, wie Christus Leben und Dienst des Apostels bestimmt (12,9f).
Im zweiten Teil (8/9) verläuft die inhaltliche Dynamik umgekehrt: Zu Beginn und am Ende dieser beiden Kapitel über die Sammlung steht die theologische Begründung großzügigen Ge-

bens (8,1–16 / 9,6–15), und in der Mitte finden sich Hinweise auf praktische Maßnahmen (8,16 – 9,5).
Den ganzen Brief aber durchzieht ein doppelter thematischer »roter Faden«: Der eine Strang wird durch das Thema: »Ganz auf Gott und seine Gnade angewiesen und in ihm geborgen« gebildet und wird in drei zentralen Aussagen sichtbar: Paulus erkennt, dass die tödliche Bedrohung, der er ausgeliefert war, ihn deshalb traf, damit »wir nicht (mehr) auf uns selbst unser Vertrauen setzen, sondern auf Gott, der die Toten auferweckt« (1,9). Im Blick auf die herrliche Botschaft, die ihm anvertraut ist, sagt er: »Wir haben aber diesen Schatz in tönernen Gefäßen, damit das Übermaß an Kraft Gott gehört und nicht von uns (kommt)« (4,7). Hinzu tritt das Wort, das Paulus für seine eigene Situation erhält und das diese Botschaft noch einmal für ihn persönlich klar formuliert: »Meine Gnade genügt dir, denn die Kraft wird in Schwachheit vollendet« (12,9). Der zweite Strang dieses roten Fadens beschreibt in knappen Sätzen das Handeln Gottes in Christus und den Weg, den dieser zum Heil der Menschen auf sich nahm. Er beginnt mit drei markanten Aussagen in Kap. 5, der christologischen Mitte des Briefs. Zunächst die Feststellung: »Einer ist für alle gestorben, folglich sind alle gestorben, und er ist für alle gestorben, damit die Lebenden nicht mehr für sich selbst leben« (5,14f). Ihr folgt als zweite Beschreibung dessen, was hier geschieht: »Gott versöhnte in Christus die Welt mit sich selbst« (5,19), und dann gewissermaßen als Erklärung für das, was Gott hier tut: »Den, der die Sünde nicht kannte, hat er für uns zur Sünde gemacht, damit wir in ihm zur Gerechtigkeit Gottes würden« (5,21). Um die gleiche Aussage mit ganz anderen Worten geht es in 8,9, wenn es von Christus heißt: »Um euretwillen wurde er arm, obwohl er reich war, damit ihr durch seine Armut reich würdet«. Oder in 13,4: »Er wurde zwar aus Schwachheit gekreuzigt, aber lebt aus Gottes Kraft«. Hier sind die beiden »Stränge« des roten Fadens schon deutlich miteinander verknüpft: Die Schwachheit des Apostels und der Weg Jesu Christi stehen in enger Beziehung zueinander.
Alle diese Aussagen machen trotz der unterschiedlichen Begriffe, die sie verwenden, klar: Es geht um die Botschaft von dem gekreuzigten Christus. Das wiederum prägt den Dienst seiner Boten. Und das ist die grundsätzliche Aussage, die den ganzen Brief inhaltlich zusammenhält.

2. Die Botschaft von Christus

Was Paulus über seinen Dienst zu sagen hat, gründet in der Botschaft, die ihm aufgetragen ist. Inhalt und Mitte dieser Botschaft ist Jesus Christus. Doch die Verkündigung informiert nicht nur über das, was Gott durch Jesus Christus getan hat. Im Wort des Apostels werden Christus und Gottes Handeln durch ihn für die Hörenden gegenwärtig.

Dabei zeigen sich in den Aussagen des Paulus im 2. Korintherbrief zwei Linien, die er eng miteinander verbindet. Die eine Linie benutzt Begriffe, die für Paulus eher ungewöhnlich sind; sie scheint von dem beeinflusst zu sein, was die Gegner des Paulus über Christus und seine Gegenwart in ihrer Verkündigung zu sagen hatten. Das zeigen Aussagen wie die in 3,18: »Wir alle aber, weil wir mit aufgedecktem Angesicht die Herrlichkeit des Herrn wie in einem Spiegel schauen, werden in dasselbe Bild verwandelt von Herrlichkeit zu Herrlichkeit, wie (es) vom Geist des Herrn (gewirkt wird)«. Oder auch in 4,6: »Gott, der sprach: Aus Finsternis soll Licht aufleuchten, der ist in unseren Herzen aufgeleuchtet, um die Erkenntnis der Herrlichkeit Gottes im Angesicht Jesu Christi ans Licht zu bringen«.

In Christus begegnet den Menschen Gottes Herrlichkeit, seine eigentlich unnahbare göttliche Wirklichkeit, in ganz neuer Weise. Wer sich dieser Begegnung öffnet, wird in die Herrlichkeit Gottes hineingenommen und durch die neue Beziehung zu Gott ein neuer Mensch. So wie Christus das menschliche Ebenbild Gottes ist, in dem Gott in unserer Welt gegenwärtig ist, so werden auch die, die zu ihm gehören, Ebenbilder Gottes und finden zu der Bestimmung, zu der wir Menschen geschaffen sind (Gen 1,27).

Diese Aussagen klingen ungewohnt für Paulus. Aber er meint sie ernst: In der Person Jesu Christi, wie er uns im Evangelium nahekommt, begegnen wir der Wirklichkeit Gottes, die unser Leben verwandelt und uns in die rettende und heilvolle Gemeinschaft mit Gott stellt. Worin unterschied sich diese Botschaft von der seiner Konkurrenten in Korinth? Vermutlich sahen diese die Offenbarung Gottes in Christus als direkte Weiterführung der Offenbarung durch Mose am Sinai. Das Neue, das durch das Christusereignis markiert wird, war nicht im Blick.

Darum stellt Paulus den alten Bund und den neuen Bund einander so pointiert gegenüber. Der unterschiedliche Auftrag, der mit den beiden Bünden verbunden ist, spiegelt die unterschiedliche Gotteserfahrung in ihnen wider. Im alten Bund begegnet Gott seinem Volk im Buchstaben des Gesetzes, der verurteilt und tötet – und zwar zu Recht. Im neuen Bund begegnet Gott den Menschen im Geist, der rechtfertigt und lebendig macht. In ihm wird Christus gegenwärtig. »Wo aber der Geist des Herrn ist, (da ist) Freiheit« (3,17): Freispruch vom tötenden Urteil des Gesetzes und Freiheit für eine neue unbefangene Gemeinschaft mit Gott. Möglicherweise steht im Hintergrund dieser Ausführungen auch die gleichzeitige Auseinandersetzung mit den Irrlehrern in Galatien über die Heilsbedeutung des Gesetzes und die Rechtfertigung aus Glauben.

Aber wie kann der Dienst des Todes zum Dienst des Lebens werden? Macht Gott mit dem neuen Bund einfach noch einmal einen anderen Versuch, den Menschen nahe zu sein, und gewährt relativ willkürlich einen neuen Beginn? Oder überwindet er die Macht der Sünde und des Todes auf ganz neue Weise?

Als Antwort auf diese Fragen begegnet uns die zweite Linie der Aussagen über Gottes Handeln in Christus. Am markantesten spricht 5,21 von dem, was Gott getan hat: »Den, der die Sünde nicht kannte, hat er für uns zur Sünde gemacht, damit wir in ihm zur Gerechtigkeit Gottes würden.« Gott zieht in Christus die verurteilende und zerstörende Macht der Sünde auf sich und lässt seinen Repräsentanten sich mit der Sünde identifizieren, damit alle, die sich »in Christus« in die Wirklichkeit dieses Handelns hineinnehmen lassen, mit seiner Gerechtigkeit identifiziert und zu Repräsentanten seines Wesens werden.

Die generelle Übernahme von Schuld und Schuldfolgen ist Grundlage für das versöhnende Handeln Gottes: »Gott versöhnte in Christus die Welt mit sich selbst« (5,19). In Christus hat Gott die Feindschaft der Menschen und ihre Folgen auf sich genommen und damit Frieden mit ihnen geschlossen. Obwohl im Griechischen das Motiv der Versöhnung und der Sühne als Begriffe nichts miteinander zu tun haben, gibt es doch sachlich eine enge Verflechtung zwischen der »Versöhnungsarbeit« Gottes, der selbst aufarbeitet, was zwischen den Menschen und ihm steht, und dem Sühnezeichen des Kreuzes, an dem das unübersehbar deutlich wird.

Paulus kann das, was hier geschah, aber auch noch mit ganz anderen Begriffen ausdrücken, wenn er z.B. in 8,9 »die Gnade unseres Herrn Jesus Christus« mit den Worten beschreibt: »Um euretwillen wurde er arm, obwohl er reich war, damit ihr durch seine Armut reich würdet«. Das ganze Leben Christi, vor allem aber sein Tod, wird als Übernahme des tiefen »Lebensmangels«, der existentiellen Armut von uns Menschen gesehen, durch die uns der Reichtum der Gemeinschaft mit Gott eröffnet wird.

In theologischer »Kurzschrift« heißt das: »Er wurde zwar aus Schwachheit gekreuzigt, aber lebt aus Gottes Kraft« (13,4). In seinem schändlichen Tod am Kreuz lässt sich Christus mit der ganzen Not menschlicher Gottestrennung identifizieren, die die »Schwachheit« und das Unvermögen der Menschen, ihr Leben richtig zu gestalten, verursachen, und eröffnet ihnen dadurch ein Leben in der Kraft, indem sie mit ihm leben.

All dies zeigt: Die »Theologie der Herrlichkeit« (*theologia gloriae*), die Paulus begrifflich von seinen Gegnern zu übernehmen scheint, ist eingebunden in die »Theologie des Kreuzes« (*theologia crucis*). Das »Angesicht Jesu Christi«, auf dem die Erkenntnis der Herrlichkeit Gottes aufscheint, ist das gequälte Antlitz des Gekreuzigten (vgl. Paul Gerhardts Strophe: »Du edles Angesichte, davor sonst schrickt und scheut das große Weltgewichte: wie bist du so bespeit« [EG 85,2]).
Die Herrlichkeit Gottes, die Wirklichkeit seines Wesen, die in Jesus Christus offenbart wird, ist also nichts anderes als seine Liebe. Das prägt auch die Art, wie dies weitergegeben wird: »Denn die Liebe Christi beherrscht uns, weil wir zu dem Urteil gelangt sind, dass einer für alle gestorben ist, folglich sind alle gestorben, und er ist für alle gestorben, damit die Lebenden nicht mehr für sich selbst leben, sondern für den, der für sie gestorben und auferstanden ist« (5,14f).
Die Erniedrigung Christi, in der sich Gottes Liebe zeigt, ist kein vergangenes Heilsereignis, sondern bleibt schmerzliche und doch heilvolle Wirklichkeit, die diejenigen prägt, die von ihr leben. Das zeigt sich zu allererst an den Verkündigern dieser Botschaft.

3. Die Botschaft und die Botschafter

Paulus spricht an mehreren Stellen des Briefs über Auftrag und Autorität eines Apostels. Obwohl es dabei aktuell vor allem um seine eigene Beauftragung und Autorität geht, signalisiert das apostolische »Wir«, in dem er spricht, dass es nicht um einen exklusiven Auftrag geht. Allerdings bleibt offen, ob Paulus dabei eine bestimmte Zahl anerkannter Apostel im Blick hat (vgl. 1Kor 15,7: »alle Apostel«) oder ob er einen sehr viel weiteren Kreis von Verkündigern des Evangeliums mit einschließt. Das ist nicht zufällig. Denn Paulus orientiert sich bei seinen Aussagen weniger an formalen Merkmalen, sondern sehr viel stärker an Inhalt und Ausübung der Verkündigung.
Die Verkündiger des Evangeliums sind *Diener des neuen Bundes* und stehen daher im *Dienst des Geistes* und der *Gerechtigkeit.* Paulus sieht sich und die mit ihm Beauftragten in einer Rolle, die der des Mose vergleichbar ist, auch wenn sie hinsichtlich des Inhalts und der Wirkung einen positiven Kontrast dazu bildet. Es ist eine neue »Mittlerrolle«: Menschen durch die Verkündigung des Evangeliums in die Begegnung mit Christus und dadurch in die Gemeinschaft mit Gott zu führen, die das Leben grundsätzlich verändert und verwandelt. Die Herrlichkeit, in die das Evangelium führt, ist die Herrlichkeit eines Lebens in der Gemeinschaft mit Gott.

Noch eindrücklicher ist diese Rolle der Verkündigung und der Verkündiger in 5,14–21 beschrieben. Gottes rettendes und versöhnendes Handeln besteht nicht nur in dem, was am Kreuz Christi ein für alle Mal zur Bewältigung menschlicher Schuld und Gottesfeindschaft geschehen ist. Gott schlägt eine Brücke von dieser Tat zu den Menschen durch das »Aufrichten« des »Wortes von der Versöhnung«: Die Botschaft, die Gottes Friedenshandeln zu den Menschen bringt, wird in Kraft gesetzt.

Das begründet den außerordentlichen Auftrag der Verkündiger des Evangeliums: Als Boten der Versöhnung sind sie »Gesandte Christi« und in dieser Funktion »Stellvertreter Christi«: Sie bitten an Christi statt. Das Kommen Christi zu den Menschen setzt sich in der Verkündigung fort. Das ist eine »Mittlerrolle«, die nicht einfach die Rolle Christi ergänzt oder fortsetzt, aber doch eine unersetzliche Funktion hat. Keiner kann sich die Botschaft selbst sagen. Nur dann, wenn Menschen die Einladung Gottes begegnet: »Lass dich versöhnen«, kann die Wirklichkeit der Versöhnung für sie persönlich Realität werden.

Vollmächtige Verkündigung geschieht also dort, wo diese Botschaft laut wird. Und die Botschaft ist der einzige Ausweis legitimer Verkündigung.

Für Paulus ist das eine Sache auf Leben und Tod. Die Welt ist versöhnt, und doch scheiden sich an der Botschaft die Geister (2,15f; 4,3f). Paulus scheint selbst mit der Frage zu ringen, woran das liegt. Ist die unterschiedliche Wirkung von Gott vorherbestimmt, gewissermaßen in die Botschaft einprogrammiert (2,16)? Oder zeigt sich darin, dass die Macht des Satans noch nicht gebrochen ist (4,4)? Oder liegt es an den Menschen, die sich im Unglauben der Botschaft verschließen (4,4)? Für Paulus als Apostel und Missionar ist aber klar, dass die dringende Bitte des Evangeliums »Lasst auch versöhnen mit Gott« allen gilt und dass es eine Einladung mit offenem Ausgang ist.

Indem Paulus diesen Ruf in einem Brief an eine Gemeinde zitiert, informiert er sie nicht nur darüber, was Inhalt seiner missionarischen Verkündigung ist. Er erinnert sie zugleich daran, wovon sie selbst lebt, und mahnt sie, genau dies das bleibende Fundament für ihr Leben und ihre Gemeinschaft sein zu lassen. Die Gnade »vergeblich« empfangen zu haben, sie nicht in einem Leben für andere und für Christus fruchtbar werden zu lassen, das ist eine Gefahr, in der er die Gemeinde sieht und vor der er sie bewahren möchte.

Das führt freilich zu der spannenden Frage, wie der Entschluss, sich ganz allein auf Gottes Gnade zu verlassen, sich zu der Frage verhält, was die Gnade aus dem Leben eines Menschen macht.

Paulus beantwortet diese Frage in Auseinandersetzung mit seinen Konkurrenten in Korinth. Er kritisiert sie äußerst scharf, weil er befürchtet, dass sie die Botschaft von Christus radikal verfehlen und verfälschen (11,4.13–15). Dass Paulus mit solchen Konkurrenten auch anderes umgehen konnte, »wenn nur Christus verkündigt wird«, zeigt der Philipperbrief (Phil 1,18).

Zu der Verfälschung des Evangeliums durch seine Gegner trägt nach Meinung des Paulus wesentlich bei, dass sie sich selbst und ihre Erfahrungen in den Vordergrund stellen. Aber die Botschaft – und nicht die Boten – gehört in den Mittelpunkt. »Wir verkündigen nicht uns selbst, sondern Jesus Christus als den Herrn«, formuliert er prägnant als Gegenthese (4,5). Allerdings heißt das für ihn nicht, dass die Verkündiger mit der Botschaft nichts zu tun haben. Sie gehören auch dazu, aber »als eure Diener um Jesu willen«. Nicht die Boten formen die Botschaft, sondern die Botschaft prägt die Boten. Darum spricht Paulus im 2. Korintherbrief doch sehr viel von sich selbst und seinem Dienst. Aber er tut das sehr bewusst in Form von »Leidenskatalogen«. Das Evangelium von Gottes Handeln in dem gekreuzigten und auferstandenen Christus verkörpert sich im Leben und Wirken eines Apostels, der Gottes Kraft gerade dort erfährt, wo er in Schwierigkeiten ist und mit seinen Schwächen kämpft.

Was er dabei erlebt, hat nicht nur Bedeutung für seine Aufgabe als Apostel. Dass er lernt, sich ganz auf Gott zu verlassen und sich an der Kraft seiner Gnade genügen zu lassen, ist ja nicht nur eine apostolische Erfahrung, sondern eine ganz existentielle, die für alle Christen gilt.

4. Die Gemeinde als Brief Christi

Bedingt durch das angespannte Verhältnis zwischen Apostel und Gemeinde kommt im zweiten Korintherbrief anders als im ersten das Leben der Gemeinde wenig in den Blick. Doch im Bild der Gemeinde als Brief Christi leuchtet knapp, aber eindrücklich auf, wie Paulus die missionarische Wirklichkeit der Gemeinde sieht. Paulus hat das Bild in der aktuellen Diskussion zunächst nur deswegen aufgegriffen, um zu zeigen, dass die Gemeinde der entscheidende Empfehlungsbrief für sein Wirken ist (3,2). Aber dann führt er das Bild weiter: Die Gemeinde ist grundsätzlich ein »Brief Christi«; an ihrem geistgewirktem Leben ist die Botschaft des neuen Bundes »abzulesen«. Und so bezieht sich wohl schon das »erkannt und gelesen von allen Menschen« in V. 2 nicht nur darauf, dass die Gemeinde ihren Apostel empfiehlt, sondern darauf, dass in dem, was in der Gemeinde durch das Wirken des Apostels entstanden ist, die »Handschrift« Jesu Christi und des Geistes Gottes für alle lesbar geworden ist.

Leider führt Paulus diesen Aspekt des Bildes nicht mehr weiter aus. In der Diskussion mit den Korinthern ging es vor allem um den Dienst des Apostels. Aber immer wieder weist Paulus darauf hin, dass das, was den apostolischen Dienst begründet und prägt, letztlich auch für das Wesen und das Leben der Gemeinde gilt. Gerade der Schlüsselsatz: »Wenn jemand in Christus ist, (dann ist das) eine neue Schöpfung« (5,17) spricht unterschiedliche Bedeutungsebenen an. Im engeren Zusammenhang begründet er, warum der Apostel durch seine Berufung zu ganz neuen Urteilen und zu einer ganz neuen Handlungsweise gekommen ist. Aber er tut das im Verständnis, dass dies im Grunde für alle Christen gilt: Alle, die sich in die Gemeinschaft mit Christus haben hineinnehmen lassen, also »in Christus« sind, sind auch in eine neue Wirklichkeit ihres Lebens hineingenommen worden, die nun ihr Leben trägt und bestimmt. Das aber ist – wie unsere Auslegung gezeigt hat – nicht nur eine Angelegenheit der Einzelnen; die Wirklichkeit der »neuen Schöpfung« ist etwas, was Christen gemeinsam betrifft und was sie gemeinsam leben. Und so liegt in dem, was Paulus über seinen eigenen Dienst sagt, gerade auch an Stellen wie 5,14 – 6,10 die unausgesprochene Einladung, doch auch als Gemeinde in dieser Weise für andere als Boten der Liebe Gottes zu leben. Deshalb weist Paulus die Gemeinde darauf hin, dass es ihre ureigenste Aufgabe ist, immer wieder zu überprüfen, ob das, was in ihr geschieht, diesem Maßstab entspricht (6,1f; 12,19 – 13,10).

Es sind die oft vernachlässigten Kapitel über die Geldsammlung für Jerusalem (Kap. 8–9), die Einblick geben, wie Paulus das Leben lebendiger Gemeinden sieht: Innerhalb der Gemeinden und zwischen den Gemeinden führt die Gemeinsamkeit eines Lebens von der Gnade zu gegenseitiger Hilfe, zum Austausch von geistlichen und materiellen Gaben, zur Fürbitte für die anderen und zum Dank für das, was Gott den anderen und durch sie schenkt. Hier zeigt sich auch, worin für Paulus echte Kirchengemeinschaft besteht: einander trotz bestehender Unterschiede auf der Grundlage des gemeinsamen Bekenntnisses und einer gegenseitigen Fürsorge, die von der Liebe Christi genährt und getragen wird, anerkennen.

Was Paulus über das Verhältnis zwischen Apostel und Gemeinde sagt, ist in der Korrespondenz mit der Gemeinde in Korinth sehr stark von der einzigartigen Beziehung zwischen Gemeindegründer und der von ihm gegründeten Gemeinde geprägt. Man wird also zurückhaltend sein müssen, seine Aussagen allzu schnell für eine Wesensbestimmung von Amt und Autorität in der Kirche zu verallgemeinern. Auffallend ist freilich, dass im 2. Korintherbrief formale Begründungen für den Auftrag des Apostels ganz zurücktreten. Es fehlt ein Hinweis auf seine Berufung durch den Auferstandenen (vgl. 1Kor 15,8f; Gal 1,15f) oder ein Bericht über die Anerkennung seiner besonderen Sendung durch die Jerusalemer Apostel (vgl. Gal 2,6–10). Seine Vollmacht ergibt sich daraus, dass er mit der Evangeliumsverkündigung betraut ist, und seine Legitimation besteht darin, dass er dieser Botschaft in seinen Worten und seinem Verhalten treu bleibt. Dabei ist Paulus von der tiefen Überzeugung getragen, dass das, was er im Dienst des Evangeliums und im Einsatz für seine Gemeinden erlebt und erleidet – und zwar bis in seine körperliche Existenz hinein –, Ausdruck des Evangeliums ist und den Menschen und den Gemeinden zugutekommt.

5. Der Mensch Paulus

In keinem anderen Brief lernen wir Paulus als Person so hautnah kennen wie im 2. Korintherbrief. Wir erleben ihn in seinem rastlosen Einsatz für seine Sendung und seine Gemeinden. Er spricht offen über sein Ringen mit Gott im Blick auf Behinderungen und Beschränkungen, die ihm auferlegt sind. Er ist nicht der Siegertyp, dem alles gelingt und der keine Probleme kennt. Es ist eher umgekehrt. Man kann von ihm lernen, mit Schwierigkeiten und Schwäche zu leben.

Andererseits empfinden es nicht alle als sympathisch, wie Paulus sich als »Antiheld« präsentiert. In seiner Argumentation wird auch seine Empfindlichkeit spürbar und seine Mühe, mit Konflikten umzugehen. Die Frage, ob er seinen Gegnern immer gerecht wird, bleibt ebenso offen wie die, ob er sich nicht an manchen Stellen selbst widerspricht – so etwa, wenn es um seinen »Ruhm« geht.

So scheiden sich an Paulus die Geister. Die einen sind fasziniert von seiner Persönlichkeit, von seiner Offenheit und seiner Bereitschaft, zu seinen Schwächen zu stehen und sie geistlich zu verarbeiten. Andere – interessanterweise sind das nicht selten Frauen – bleiben skeptisch, weil sie sein Verhalten als widersprüchlich empfinden. Sosehr er immer wieder versucht, sich zurückzunehmen, seine Person steht doch sehr stark im Mittelpunkt.

Wie kann man mit diesen unterschiedlichen Empfindungen umgehen? Und was bedeuten sie für die Auseinandersetzung mit der Botschaft des Paulus? Sagen wir es etwas plakativ und vielleicht auch missverständlich: Man muss Paulus nicht mögen. Er war ein

Mensch wie wir, auch in der Begrenzung seiner Möglichkeiten, Menschen anzusprechen und zu beeindrucken. Man muss Paulus nicht mögen, um auf seine Botschaft zu hören und zu verstehen, worum es ihm dabei geht. Man sollte ihn jedoch respektieren und bereit sein, gefühlsmäßige Aversionen auch einmal auf die Seite zu stellen, um herauszufinden, worum es ihm eigentlich geht. Wer das tut, wird sich kaum dem Eindruck entziehen können, dass Paulus gerade in diesem Brief, in dem er an seiner eigenen Existenz durchbuchstabiert, was Gnade und Rechtfertigung bedeuten, Wichtiges und Hilfreiches zu sagen hat. Er zeigt in aller Deutlichkeit: Das Evangelium ist keine abstrakte Weltformel und beschränkt sich nicht auf trockene und blutleere Katechismusformulierungen. Das Evangelium lebt in und durch Menschen, die mehr sind als nur Lautsprecher der frohen Botschaft, sondern in ihrem Leiden und Ringen etwas von der Barmherzigkeit, Nähe und Solidarität des Christus verkörpern. Sie tun das gerade dann, wenn sie – wie Paulus – nicht unbedingt Bilderbuchchristen oder Starevangelisten sind. Wer das erfasst, wird vielleicht irgendwann auch den Menschen Paulus ein wenig mögen.

III. Die Botschaft heute

Wer ist der wahre Apostel? Das ist die Frage, die im 2. Korintherbrief im Vordergrund steht. Aber sie war damals, als Paulus den Brief schrieb, noch ganz auf seine Person bezogen. Heute ist sie zu einer grundsätzlichen Frage geworden: Was ist »apostolische« Kirche? Und wer darf sich zur apostolischen Kirche zählen? In die Sprache des Glaubensbekenntnisses übersetzt: Im 1. Korintherbrief ging es vor allem um die *eine, heilige, katholische [mit allen verbundene]* Kirche. Im 2. Korintherbrief dagegen steht das Ringen um eine Gemeinde im Mittelpunkt, die die Verbindung zum Apostel und seiner Botschaft hält, also Teil der *apostolischen* Kirche ist.

1. Die Apostolizität der Kirche

Im 2. Korintherbrief finden wir die tiefgreifendste Beschreibung der Vollmacht der Apostel. Als Boten der Versöhnung sind sie Gesandte Christi und im Blick auf ihren Auftrag, Menschen zur Versöhnung mit Gott zu rufen, tatsächlich so etwas wie Stellvertreter Christi. Diese Vollmacht ist allerdings streng auf ihre Aufgabe beschränkt. Der Apostel tritt nicht an die Stelle Christi. Mit seiner Verkündigung hält er den Platz für Christus als Herrn seiner Gemeinde frei, der den Menschen im Evangelium begegnet. Darum ist er in seinem Dienst vor allem diesem Herrn verantwortlich. Und gerade zum Zeichen dafür, dass das eigentliche Gegenüber der Gemeinde Christus ist, ist sein Dienst für die Gemeinde nötig.

Die grundsätzliche Frage, die sich nun für spätere Generationen stellt, lautet: Wer setzt die Aufgabe der Apostel fort? Fast alle christlichen Traditionen begrenzen das Apostelamt auf die erste Generation. Aber gibt es nicht doch so etwas wie »Nachfolger« der Apostel? Und wenn ja, sind das die Bischöfe oder sind es alle berufenen Verkündiger des Evangeliums?

Paulus hat darüber, soweit wir wissen, nicht nachgedacht. Allerdings deutet der Einsatz seiner Mitarbeiter Titus und Timotheus an, dass es auch in der nächsten Generation Personen geben könnte, die wenigstens teilweise die Aufgaben des Apostels weiterführen, so wie es in 1Kor 4,17 von Timotheus heißt: »der wird euch an meine Wege in Christus Jesus erinnern, wie ich überall in jeder Gemeinde lehre«. Timotheus und Titus werden in den Pastoralbriefen ja dann auch zu Modellfiguren für die Fortsetzung des apostolischen Auftrags. Allerdings wird ihre Rolle nicht analog zu der von Bischöfen in zentralen Gemeinden, also als Patriarchen oder Metropoliten, beschrieben, sondern als eine Art reisender Superintendenten, die die Gemeinden besuchen (»visitieren«) und auf die Treue zur apostolischen Tradition der Evangeliumsverkündigung achten.

Die unterschiedlichen kirchlichen Traditionen haben unterschiedliche Wege eingeschlagen, um durch die Einrichtung eines geordneten Amtes das Bleiben in der apostolischen Tradition zu gewährleisten. Das Gewicht, das den unterschiedlichen Erfordernissen dafür beigemessen wird, ist eines der Haupthindernisse für eine intensivere Kirchengemeinschaft zwischen der römisch-katholischen Kirche, den orthodoxen Kirchen und den evangelischen Kirchen. Eine direkte Hilfe in dieser Frage von Paulus zu erwarten, wäre anachronistisch. Denn dass die Frage der Leitung von Kirche und Gemeinde einer strukturierteren Lösung bedurfte, als er in seinen Briefen vorsieht, das zeigen schon die späteren Schriften des Neuen Testaments, z.B. die Pastoralbriefe.

Dennoch sollten die Impulse, die sich für diese Frage aus der Botschaft des Paulus ergeben, gehört werden, insbesondere, wenn es um die Gewichtung solcher Regelungen für Sein oder Nichtsein von Kirche geht. Dass Paulus in einem Brief, in dem es so zentral um sein Apostelamt geht, auf eine formelle Begründung oder Beglaubigung dieses Dienstes völlig verzichtet, sollte zu denken geben. Das entscheidende Kriterium ist für ihn die Orientierung dieses Auftrags an Christus und an seinem Evangelium. Diese Orientierung zeigt sich aber nicht nur im Festhalten am richtigen Glaubensbekenntnis, sondern vor allem auch in der gelebten Verkündigung und bewährt sich immer wieder neu im Einsatz für andere. Das sind Maßstäbe, die nicht ohne Weiteres kirchenrechtlich einzufordern sind, die aber dennoch ein entscheidendes Kriterium für die Frage bilden, ob eine Kirche *apostolische* Kirche ist. In Konsequenz dessen, was Paulus an die Korinther schreibt, wäre das auch eine Frage, die zuerst nicht an andere Kirchen und Gemeinden zu richten ist, sondern an die eigene Tradition und die eigene Verwirklichung des apostolischen Auftrags.

Die Frage nach einem möglichen »Mangel« in der Verwirklichung der Apostolizität (*defectus ordinis*) ist also von Paulus her streng auf die Verkündigung von Gottes Handeln in dem gekreuzigten und auferstandenen Christus zu beziehen und auf die Bereitschaft, diese Botschaft auch im Leiden für andere und in der Solidarität mit den Schwachen zu leben und dabei auch zur eigenen Schwäche und zum eigenen Versagen zu stehen. Hier sollte es keinen »Mangel« geben.

Allein durch die Verkündigung des Evangeliums im gepredigten und gelebten Wort ist das kirchliche Amt in der Nachfolge des Apostels (»apostolische Sukzession«) Platzhalter für Christus. Niemand kann sich die Zusage der Versöhnung selbst geben. Es muss den Menschen gesagt werden, dass Gott Ja zu ihnen gesagt und Frieden mit ihnen geschlossen hat. Aber indem das durch Verkündigung und Leben der damit Beauftragten stellvertretend für Christus geschieht, setzen sie sich nicht an die Stelle Christi, sondern halten den Platz für Christus und sein Wort als dem eigentlichen Gegenüber der Gemeinde und ihrer Glieder frei.

2. Die Botschaft von der Versöhnung

Inhaltlich kennzeichnet Paulus die Botschaft, die durch seine Verkündigung weitergegeben wird, durch zwei Aussagen: Im Evangelium von Jesus Christus offenbart Gott seine Herrlichkeit für alle Menschen, das heißt: Sie begegnen der Wirklichkeit Gottes und werden in seine Gegenwart hineingenommen, und zwar so, dass dies für sie nicht Verurteilung und Vernichtung bedeutet, sondern Annahme und Verwandlung. In diesem neuen Gegenüber zu Gott finden sie zu ihrer wahren Bestimmung, Ebenbild Gottes zu sein und in seiner Gemeinschaft zu leben.

Die zweite Aussage lautet: Im Leben und Sterben Jesu Christi hat Gott die Welt mit sich versöhnt, die Schuld, das Leid und den Hader der Menschen auf sich genommen und so Frieden zwischen sich und den Menschen geschaffen. Es ist Aufgabe der Verkündigung, das den Menschen zu sagen und sie einzuladen, Gottes Versöhnung anzunehmen und im Frieden mit Gott zu leben.

Beide Aussagen scheinen dem heutigen Menschen wenig zu sagen. Zwar ist das Thema Versöhnung als solches aktueller denn je. Aber Versöhnung mit Gott, dafür scheint kein Bedarf zu sein. Die Menschen fühlen sich nicht als Feinde Gottes; die meisten würden die Gottesfrage offenlassen, aber ihr für ihr Leben keine allzu große Bedeutung zumessen. Nur wo sie sich durch das »Schicksal« ungerecht behandelt fühlen oder wo Katastrophen Fragen aufwerfen, da beginnen sie mit Gott zu hadern. Plötzlich gewinnt Gott als Gegenüber doch Bedeutung, gerade dann, wenn man sich keiner Schuld bewusst ist.

Aber auch der anscheinend Gott ferne und Gott vergessende heutige Mensch sehnt sich nach einem versöhnten Leben und hofft darauf, dass es ein letztes Ja zu diesem Leben gibt, auch wenn er das Gegenüber, das dieses Ja sprechen und das sein Leben mit sich selbst versöhnen könnte, aus dem Bewusstsein verloren hat. Zu versuchen, ihm zunächst zu beweisen, dass es dieses Gegenüber in Gott und Christus gibt, um ihm dann die Versöhnung zuzusprechen, wäre aber vergebliche Liebesmüh. Wir dürfen darauf vertrauen, dass sich in der Zusage der Versöhnung und im Zusprechen des Ja, das Gott in Christus zu den Menschen gesprochen hat, sich auch die Wirklichkeit Gottes erweist, der dieses Ja spricht, und die Liebe erfahrbar wird, die dieses Ja trägt. Die »Herrlichkeit Gottes« offenbart sich auch heute als die Wahrheit seiner Liebe.

Dabei darf freilich nicht vergessen werden, dass die Bitte: »Lasst euch versöhnen mit Gott« nicht nur nach außen geht, sondern auch uns als Christen betrifft. Was es heißt, als Versöhnte zu leben, gilt es auch in Kirchen und Gemeinden durchzubuchstabieren. Es bedeutet nicht weniger, als sich immer wieder neu auf die Botschaft der Gnade auszurichten, Konflikte nicht unter den Teppich zu kehren oder vor das Amtsgericht zu tragen, sondern sie zu bereinigen und zu bewältigen und auch im Zusammenleben der Kirchen konkret werden zu lassen, dass wir alle von der Versöhnung leben. »Versöhnte Verschiedenheit« ist ein oft – vielleicht zu oft – benutztes Schlagwort geworden. Ernst genommen könnte es einen wichtigen Schritt zu mehr Zusammenarbeit in unserer gemeinsamen Sendung bedeuten. Nur muss klar sein: Wir müssen nicht unsere Ämter versöhnen, sondern unsere Herzen: Vergebung suchen, wo wir aneinander schuldig geworden sind, und uns aus unserem Konkurrenzverhalten heraus zu einer gemeinsamen Mission versöhnen lassen.

3. Die Menschlichkeit des Wortes

Nicht alle Menschen in Kirche und Gesellschaft fühlen sich schwach. Manche fragen, ob es nicht auch ein Evangelium für die Starken und Erfolgreichen geben müsse. Falls es das gibt, es ist nicht das Thema des Paulus im 2. Korintherbrief. Er steht zu seiner Schwachheit und macht denen Mut, die sich am Rande ihrer Kräfte und von Schwierigkeiten umringt sehen. Es gibt auch in Kirche und Gemeinde einen großen Leistungs- und Erfolgsdruck – nicht nur bei den Hauptamtlichen. Paulus offeriert keine Alternative in Richtung von Nachfolge *light*. Im Gegenteil: Er fordert von sich vollen Einsatz. Aber er wehrt falschen Erfolgskontrollen. Für ihn gehört zu der Menschlichkeit des Wortes und der Solidarität der Liebe auch das Ja zu Grenzen und Schwächen.

Das gilt nicht nur für kirchliche Beauftragungen. Wer immer daran zweifelt, genügend geleistet zu haben, oder darüber verzweifelt, nicht genügend Kraft für alle Aufgaben zu haben, darf sich von Christus sagen lassen: Meine Gnade genügt. Sie genügt wirklich. Das paulinische Bekenntnis: »Wenn ich schwach bin, bin ich stark« ist auch keine versteckte Anleitung zu geistlichem Heroismus, der noch in der Schwäche seine Stärke demonstriert. Nein, gerade diejenigen, die ehrlich sagen: »Wenn ich schwach bin, bin ich schwach« dürfen Jesu Zusage für sich in Anspruch nehmen: »Meine Kraft ist in den Schwachen mächtig.« Darin liegt ihre Stärke.

Weiterführende Literatur

a) *Allgemein verständliche Auslegungen*

Klauck, Hans-Josef, 2. Korintherbrief (Die Neue Echter Bibel – Neues Testament 8), Würzburg [3]1994

Kremer, Jacob, 2. Korintherbrief (Stuttgarter Kleiner Kommentar – Neues Testament 8), Stuttgart 1990

Lang, Friedrich, Die Briefe an die Korinther (Das Neue Testament Deutsch 7), Göttingen 1986

Wendland, Heinz Dietrich, Die Briefe an die Korinther (Das Neue Testament Deutsch 7), Göttingen [15]1980

b) *Wissenschaftliche Kommentare*

Betz, Hans Dieter, 2. Korinther 8 und 9. Ein Kommentar zu zwei Verwaltungsbriefen des Paulus, Gütersloh 1993

Bultmann, Rudolf, Der zweite Brief an die Korinther, hg. v. E. Dinkler (Kritisch-exegetischer Kommentar über das Neue Testament, Sonderband), Göttingen 1976

Furnish, V. Paul, II Corinthians (Anchor Bible 32A), New York 1984

Gräßer, Erich, Der zweite Brief an die Korinther (Ökumenischer Taschenbuch-Kommentar 8,1/2), Gütersloh 2002/2005

Lietzmann, Hans / Kümmel, Werner Georg, An die Korinther I/II (Handbuch zum Neuen Testament 9), Tübingen [5]1969

Martin, Ralph P., 2 Corinthians (Word Biblical Commentary 40), Waco, Texas 1986

Schlatter, Adolf, Paulus, der Bote Jesu. Eine Deutung seiner Briefe an die Korinther, Stuttgart 1934 ([5]1985)

Thrall, Margaret E., The Second Epistle to the Corinthians (International Critical Commentary, Vol. 1/2, Edinburgh 1994/2000

Windisch, Hans, Der zweite Korintherbrief (Kritisch-exegetischer Kommentar über das Neue Testament 6), Göttingen [9]1924 (Neudruck 1970)

Wolff, Christian, Der zweite Brief des Paulus an die Korinther (Theologischer Handkommentar zum Neuen Testament 8), Leipzig 1989

Zeilinger, Franz, Krieg und Frieden in Korinth. Kommentar zum 2. Korintherbrief des Paulus, Teil I: Der Kampfbrief, der Versöhnungsbrief, der Bettelbrief; Teil II: Die Apologie, Wien/Köln/Weimar 1992/1997

c) *Sonstige zitierte Aufsätze und Werke*

Aejmelaeus, Lars, Schwachheit als Waffe. Die Argumentation des Paulus im »Tränenbrief« (2. Kor. 10–13), Helsinki/Göttingen 2000

Barth, Karl, Das Wort Gottes als Aufgabe der Theologie (1922), in: J. Moltmann (Hg.), Anfänge der dialektischen Theologie, Teil I (Theologische Bücherei 17), München 1977, 197–218

Heckel, Ulrich, Kraft in Schwachheit (Wissenschaftliche Untersuchungen zum Neuen Testament II,56), Tübingen 1993

Heckel, Ulrich, Der Dorn im Fleisch. Die Krankheit des Paulus in 2Kor 12,7 und Gal 4,13f., Zeitschrift für die Neutestamentliche Wissenschaft 84 (1993), 65–92

Hofius, Otfried, Paulusstudien (Wissenschaftliche Untersuchungen zum Neuen Testament 51), Tübingen 1989

Schröter, Jens, Der versöhnte Versöhner. Paulus als Mittler im Heilsvorgang (Texte und Arbeiten zum neutestamentlichen Zeitalter 10), 1993

Welborn, Laurence L., An End to Enmity. Paul and the »Wrongdoer« of Second Corinthians (Beihefte zur Zeitschrift für die neutestamentliche Wissenschaft und die Kunde der älteren Kirche 185), Berlin / New Y 2011

Abkürzungen

Altes Testament

Gen	Buch Genesis = 1. Buch Mose
Ex	Buch Exodus = 2. Buch Mose
Lev	Buch Levitikus = 3. Buch Mose
Num	Buch Numeri = 4. Buch Mose
Dtn	Buch Deuteronomium = 5. Buch Mose
Jos	Buch Josua
Ri	Buch der Richter
Rut	Buch Ruth
1/2Sam	Erstes und zweites Buch Samuel
1/2Kön	Erstes und zweites Buch der Könige
1/2Chr	Erstes und zweites Buch der Chronik
Esra	Buch Esra
Neh	Buch Nehemia
Est	Buch Ester
Hiob	Buch Hiob = Ijob
Ps	Buch der Psalmen
Spr	Buch der Sprüche Salomos = Sprichwörter
Pred	Buch des Predigers = Kohelet
Hld	Hoheslied
Jes	Buch Jesaja
Jer	Buch Jeremia
Klgl	Klagelieder Jeremias
Ez	Buch Ezechiel = Hesekiel
Dan	Buch Daniel
Hos	Buch Hosea
Joel	Buch Joel
Am	Buch Amos
Obd	Buch Obadja
Jon	Buch Jona
Mi	Buch Micha
Nah	Buch Nahum
Hab	Buch Habakuk
Zef	Buch Zefanja
Hag	Buch Haggai
Sach	Buch Sacharja
Mal	Buch Maleachi

Apokryphen

Jud	Buch Judith
Weish	Weisheit Salomos
Tob	Buch Tobias
Sir	Buch Jesus Sirach
1/2Makk	Erstes und zweites Buch der Makkabäer

Neues Testament

Mt	Evangelium nach Matthäus
Mk	Evangelium nach Markus
Lk	Evangelium nach Lukas
Joh	Evangelium nach Johannes
Apg	Apostelgeschichte
Röm	Brief an die Römer
1/2Kor	Erster und zweiter Brief an die Korinther
Gal	Brief an die Galater
Eph	Brief an die Epheser
Phil	Brief an die Philipper
Kol	Brief an die Kolosser
1/2 Thess	Erster und zweiter Brief an die Thessalonicher
1/2 Tim	Erster und zweiter Brief an Timotheus
Tit	Brief an Titus
Phlm	Brief an Philemon
Hebr	Brief an die Hebräer
Jak	Brief des Jakobus
1/2 Petr	Erster und zweiter Brief des Petrus
1/2/3Joh	Erster, zweiter und dritter Brief des Johannes
Jud	Brief des Judas
Offb	Offenbarung des Johannes

Bibelübersetzungen

BasisBibel	Basisbibel. Das Neue Testament
EÜ	Einheitsübersetzung
LÜ	Lutherübersetzung
NGÜ	Neue Genfer Übersetzung
REB	Revidierte Elberfelder Bibel
ZB	Zürcher Bibel

Frühe jüdische und christliche Schriften

1Hen	1. (Äthiopischer) Henoch
2Hen	2. (Slawischer) Henoch
1QH	Hymnenrolle von Qumran (aus Höhle 1; in [ ] die ältere Zählung der Kolumnen)
1QM	Kriegsrolle von Qumran (aus Höhle 1)
1QS	Gemeinderegel von Qumran (aus Höhle 1)
1QSa	Gemeinschaftsregel von Qumran (aus Höhle 1)
4Esr	4. Esra
ApkMos	Apokalypse des Mose

AssMos	Assumptio Mosis – Himmelfahrt Moses
bChag	Traktat Chagiga des Babylonischen Talmuds
BM	Traktat Bava Meziʿa der Mischna bzw. des Babylonischen Talmuds
CD	Damaskusschrift
Did	Didache – Lehre der zwölf Apostel
Jub	Buch der Jubiläen
Philo, Her	Philo von Alexandrien, Quis rerum divinarum heres sit
PsSal	Psalmen Salomos
SyrBar	Syrischer Baruch
TestJos	Testament Josefs (Teil der *Testamente der Zwölf Patriarchen*)
TestLev	Testament Levis (Teil der *Testamente der Zwölf Patriarchen*)

Register wichtiger Begriffe

Es werden nur die Stellen angeführt, an denen ausführliche Erläuterungen zu den genannten Begriffen zu finden sind.

Altes Testament 68.75
Amen 39
Angesicht (Jesu Christi) 49.78.87.95.106
Anstoß/Ärgernis 133.221
Anzahlung 439–41.104
Apostel 14f.68.110–133.140.158.169.203.208.273–276
Arm/reich 139.163f.166.205.266.268
Aufbau/Erbauung der Gemeinde 190–192.242.251
Auferstehung/Auferweckung 26.91.94f.100.116.247
Autorität 32.51.73.129f.185.190.192.264.273
Barmherzigkeit/Erbarmen 21f.82
Bedrängnis/Leiden/Verfolgung 22–25.46.90–92.98.109.134.161
Befähigung/fähig/tüchtig 59.65
Betrübnis s. Schmerzen
Bekehrung (Israels) 76
Beliar s. Satan
Brief Christi 63–68.271
Bruder 15.167.169.172f
Brüder und Schwestern 25.157.253
Buchstabe 66–68
Bund, alter/neuer 65–75.80f.267f
Christus / in Christus 117f.121.126f.130f.144f.164.248f
Dank 26f.95.177.179
Demut 185.204.244
Dienst/Diener 63.65–68.70–82.119f.123f.132f.162.168.171.190.208.215
Duft/Wohlgeruch 56f
Ebenbild (Gottes) 78f.81.85.267.276
Ehre (Gottes.des Herrn) 95.168f
Eifer 155.16.169.172.199.243
Empfehlen/Empfehlungsbriefe 61f.83.113.133.193.196f.235
Engel 17.145.208.229f
Erbarmen, s. Barmherzigkeit
Erkenntnis 87.188.203f
Ermutigung 22f.25.48.152f.156f.253
Evangelium 37.59f.84f.96.122–125.130–132.158.202.269f.276f

Finsternis 86.144.208
Fleisch 29f.36.63f.92.116.148.152f.186f.212
Freiheit 56.73.77f.188.267f
Freude 44.139.161.253
Friede 18.119–127.131.254
Fürbitte/Gebet 26f.95.179
Furcht Gottes / Ehrfurcht vor Gott 111.155.157
Geduld/Ausdauer 134.238
Gehorsam 48f.179.188f
Geist (der Menschen) 148.201f
Geist Gottes / Heiliger Geist 63f.66–68.77.79. 93.101.104f.136.240.256
Gemeinde (Gottes) / Kirche (Jesu Christi) 16.19.68.93.146
Gemeinschaft/Teilhabe/Koinonia 144.162.166.179.256
Gerechtigkeit (Gottes) 71f.126f.131.144.176f.208
Gericht 107–109.155
Gesetz/Tora 63–73.75.77.80.215.262
Gesetzlosigkeit 139.144
Gewand/Kleid 101–103
Gewissen 28.83.112
Glaube 44.94f.106.109.144.163.189.191.195.200.248
Gnade/Gnadengabe 18.27.30.35.95.128.160.163f.174.180.231–233.255
Götter/Götzen 84.146
Güte 87.135f.161.175.185
gut/schlecht, böse 108.249f
Haus (Körper) 99f.103
Heil 24.39.41f.44,57f.87.117f.131.144f.155.166.202.248.265f
Heilige/Heiligkeit/Heiligung 17.19.28f.148f.161.171.255
Heilung 154.230f.233.240.263
Herr 19.76f.79.85f.147f
Herrlichkeit (Gottes) 69–81.84f.87–89.98.267–269.276
Himmel 100f.103f.109.226f
Hölderlin, Friedrich 234
Hoffnung 24.26.72f.91.97.99.101–106.148
Israel/Israeliten 80.214
Ja Gottes 38–42.68.132.232.276f
Jesus 91f.116f.201
Kinder (Söhne und Töchter) Gottes 147.149f
Kirche s. Gemeinde
Kollekte(nbrief) s. Sammlung für Jerusalem
Kraft (Gottes) 89.95f.136.231–234.247f
Krankheit 26.89.229f.233
Kreuz/Kreuzigung 85.88.116f.247.266.268f
Langmut 135f
Lauterkeit 28f.59.135
Leben / lebendig machen 58.60.66f.71.91.93.138.150
Leib 91.99.103–109.226
Leiden Christi 23–25.90.92
Leidenskatalog 90.134–140.216–224.271

Licht 86f.96.144
Liebe Gottes/Christi 81.85.86.88.114f.131.164.254.256
Liebe (von Menschen) 46.136.148.163f.239
Lobpreis 20–22.25,27.152.222
Luther, Martin 66.70.79.82.96.105f.111.118f.126.232
Maß(stab)/Kanon 194–197
Mensch, äußerer/innerer 97f
Missionarische Verkündigung 132
Mitarbeiter 44.50.128.167–170
Mose 69f.73–76.87.267
Mühe/Arbeit 135.195.216f
Narr(heit) 198.210–213.228.235
Neues Testament 66.68
Offenbarung / offenbar machen/werden 57.63.80.82–88.91f.108.112.204.225.228f.264
Offenheit s. Zuversicht
Opfer(gabe) /Unterstützung 177f.239
Paradies 226f
Pfahl im Fleisch s. Stachel
Rechtfertigung 119.131.268.274
Reisepläne 34f.42.263
Rettung 20.24.26f.87.115.129.155.230.240
Ruhm/rühmen 28.31.152.157.195f.206f.211f.221f.225.227f
Sammlung für Jerusalem 10f,.159–181.272
Sanftmut 185.192
Satan 49f.84.87.144f.208f.229f
Schmerzen 44–48.139.154f.244
Schöpfung / neue Schöpfung 86f.117f.131
Schrift, Heilige 66–68.215.263
Schwachheit/Schwäche 89.220–222.224.228.231–234.246f.250f.268.278
Segen 21.173–175.255f
Silvanus 38
Sklave 86
Sohn Gottes 37f.106.194.225
Stachel im Fleisch 26.90.229f
Stellvertretung 115.270
Strafe 47f.155f.217
Sünde/Übertretung 115.122.125f.131.268
Synagoge 16.80.214
Tag (unseres Herrn Jesus Christus) 31.129
Taufe 40f.101.103.115.117.189.200
Tempel Gottes 146.149
Timotheus 15.169.275
Titus 53f.153f.157.162.167–169.172f.239f.260f.275
Tod/Sterben 26.58.60.66f.70f.92.138.150
Tod/Sterben Jesu 72.85.91.93.115f.131
Torheit s. Narr
Tür 54

Tränenbrief 9.46.49.260
Trauer s. Schmerzen
Treue Gottes 36.41
Triumphzug 54f
Trost 22f.25.48.152f.156f
Umkehr 154f.244
Unterhaltsverzicht 204–207.238–241
Ungläubige 84f.143–145.150
Vater (auf Gott bezogen) 18f.147
Vergeblich 31.92.128–130.177.270
Vergebung/Verzeihung 18.49–51.277
Verheißungen 38f.148
Verkündigung 53–57.59–63.67f.73.81–85.88.128.132.246.270f
Verlobung 200
Verloren gehen 57f.84
Versiegelung 40
Versöhnung 119–127.131f.268.276f
Verstand/Vernunft 114.187f
Vertrauen 26f.34.42.64.89f.105f.163.169f.190.195
Vollmacht 32.51.73.129f.185.190.192.238.251.264.274
Waffen (der Gerechtigkeit) 137.187.192
Wahrheit 83.136.138.250
Weisheit 29f.78f.83.85.117.187.191.198f
Welt 30.84.105.121–125.155.234.272
Wesley, John 81
Wiederkunft Christi 100.102–103.107
Wir (apostolisches) 23.38.96
Wort (Gottes) von der Versöhnung / der Wahrheit) 59f.82f.122–124.136
Wunder und Zeichen 201.236f.240f
Zuverlässigkeit 34–43.48 (205)
Zuversicht 64.73.106.152
Zwischenbesuch 40.45–49.158.186.191.238.244.260.264